모빌리티 시대의 윤리적 창업

이건희 지음

모빌리티 시대의 윤리적 창업

초판 1쇄 2026년 3월 1일

지은이 이건희

펴낸이 최외출

펴낸곳 영남대학교 출판부

*본 도서에 수록된 그래프 및 일러스트는 AI 이미지 생성 도구 '나노바나나(Nano Banana)'를 활용하여 자료를 재구성·시각화하여 제작되었습니다.

*표지 이미지는 AI 이미지 생성 도구 'Midjourney'를 활용하여 제작·편집하였습니다.

출판등록 1975년 9월 5일 경산 제16-1호

주소 경북 경산시 대학로 280

전화 053) 810-1801~5

FAX 053) 810-4722

홈페이지 book.yu.ac.kr

ISBN 978-89-7581-726-7 03320

Ethical Entrepreneurship in the Mobility Era

모빌리티 시대의 윤리적 창업

이건희 지음

영남대학교 출판부

책을 펴내며

인류를 지칭하는 여러 용어가 존재하지만, 지금의 인류를 일컫는 가장 적절한 단어는 호모 모빌리스(Homo mobilis)라고 할 수 있다. 4차 산업혁명의 기반 기술이라 부르는 인공지능(AI), 사물인터넷(IoT), 빅데이터 그리고 클라우드 컴퓨팅의 핵심 기술들의 집결체인 완전자율주행 자동차의 시대가 목전에 와 있는 상황에서, 인류가 호모 모빌리스라 불리어도 손색없는 시대가 찾아온 것이다.

그러나 기술의 눈부신 발전 앞에서 우리는 한 가지 본질적인 질문을 던지지 않을 수 없다. 과연 우리는 이 변화에 윤리적으로 준비되어 있는가? 모빌리티 혁명은 단순히 이동 수단의 변화가 아니라, 우리 삶의 방식과 가치관, 나아가 사회 구조 전체를 재편하는 거대한 전환이다. 이러한 시대적 변곡점에서 기술의 발전만큼이나 중요한 것은 그것을 다루는 우리의 정신과 윤리 의식이다.

이 책은 모빌리티 시대를 맞이하는 창업가와 엔지니어, 정책입안자들이 반드시 고민해야 할 윤리적 쟁점들을 다룬다. 1장에서는 모빌리티와 윤리가 만나는 교차로에서 우리가 직면한 근본적 질문들을 제기하며, 2장에서는 미래 모빌리티 기술의 실체를 이해한다. 3장 '프로그램된 선택'에서는 자율주행 시스템이 생명과 관련된 결정을 내려야 할 때의 딜레마를, 4장에서는 안전과 개인의 주권 사이의 균형을 탐구한다. 사이버보안과 해킹의 윤리(5장), 데이터 프라이버시와 투명성(6장), 환경윤리와 지속가능성(7장)을 거쳐, 8장에서는 모빌리티 시대가 가져올 노동시장나 라이다(LiDAR)는 만능이 아니다. 가장 큰 적은 '날씨'다. 비가 오거나 안개가 낀 날, 공기 중의 물방울은 레이저 빛을 산란시킨다. 마치 안개 낀 날 상향등을 켜면 앞이 더 안 보이는 것과 같은 이치다. 또한, 라이다(LiDAR)는 '형태'는 알지만 '색상'이나 '텍스트'는 읽지 못한다. 표지판이 네모난 것은 알지만 그 안에 '정지'라고 쓰여 있는지 '진입 금지'라고 쓰여 있는지는 알 수 없다. 마지막으로, 여전히 높은 가격은 대중화의 걸림돌이다. 초기 모델은 대당 7만 달러(약 1억 원)에 달했고, 가격이 낮아졌지만 지금도 수백만 원을 호가하며 차량 가격 상승의 주범이 되고 있다.

카메라는 인간의 눈을 가장 가깝게 모방한 센서다. 렌즈를 통해 들어온 빛을 디지털 신호로 바꾸는 카메라는 자율주행 시스템에서 색상, 질감, 문자를 인식할 수 있는 유일한 존재다. 카메라는 교통 표지판의 숫자를 읽어 제한 속도를 파악하고, 신호등이 빨간불인지 초록불인지 구분하며, 차선이 점선인지 실선인지를 식별한다. 최근에는 인공지능(딥러닝) 기술과 결합하여 그 능력이 비약적으로 향상되었다. 과거에는 단순한 영상 기록 장치였다면, 이제는 영상 속의 물체가 '사람'인지 '자전거'인지, 심지어 그 사람이 '스마트폰을 보고 있는지'까지 분류해 낸다. 두 개의 카메라를 사람의 양쪽 눈처럼 배치한 '스테레오 카메라' 시스템은 인간의 양안 시차 원리를 이용해 거리감까지 확보하고 있다. 카메라의 가장 큰 장점은 가격이다. 스마트폰 부품 산업의 발전 덕분에 고해상도 카메라 모듈은 매우 저렴하다. 수십만 원이면 차량 전방위(360도)를 감시하는 시스템을 구축할 수 있다. 이는 테슬라와 같은 기업이 라이다(LiDAR) 없이 카메라만으로 자율주행을 시도하는 경제적 근거가 된다. 하지만 카메라는 빛에 전적으로 의존한다는 태생적 한계를 가진다. 칠흑 같은 어둠 속이나, 터널을 빠져나오는 순간 강한 햇빛이 렌즈를 강타하는 '역광' 상황에서는 순간적으로 시력을 잃을 수 있다. 폭우나 폭설로 렌즈가 더러워지면 무용지물이 되는 것도 인간의 눈과 똑같다.

레이더(Radar, Radio Detection and Ranging)는 전파를 쏘아 물체와의 거리와 속도를 측정한다. 2차 대전 당시 적기를 감지하기 위해 개발된 이 오래된 기술은 자율주행 시대에 다시금 그 진가를 발휘하고 있다. 레이더의 전파는 파장이 길어 비, 눈, 안개, 먼지를 쉽게 통과한다. 카메라나 라이다(LiDAR)가 폭우 속에서 눈을 뜨지 못할 때, 레이더는 묵묵히 전방의 위험을 감지한다. 이것이 바로 레이더가 '최후의 안전 보루'로 불리는 이유다. 레이더는 '도플러 효과(Doppler Effect)'를 이용한다. 기차가 다가올 때 소리가 높아지고 멀어질 때 낮아지는 것처럼, 움직이는 물체에 반사된 전파의 주파수 변화를 감지하여 그 물체의 속도를 즉각적으로, 그리고 매우 정확하게 계산해 낸다. 그러나 레이더는 물체의 형체를 구체적으로 식별하는 데에는 서툴다. 레이더 화면에서 도로 위의 빈 깡통과 멀리 있는 자동차는 비슷한 점으로 보일 수 있다. 즉, "무언가 있다"라는 것은 확실히 알지만, "그것이 무엇인가"를 판단하는 능력은 떨어진다. 이 때문에 레이더 단독으로는 복잡한 도심 주행을 감당하기 어렵다.

이러한 센서들의 특성을 어떻게 조합할 것인가를 두고, 자율주행 업계는 크게 두 그룹으로 나뉘어 치열한 철학적 논쟁을 벌이고 있다. 첫 번째는 구글의 자율주행 자회사 웨이모가 주도하고 있는데, "안전은 타협의 대상이 아니다"라고 주장한다. 그들은 라이다(LiDAR), 레이더, 카메라를 모두, 그것도 여러 개씩 장착한다. 비록 차량의 가격이 비싸지고 외관이 복잡해지더라도, 서로 다른 센서들이 교차 검증(Cross-validation)을 수행하여 사고 확률을 0에 수렴시키겠다는 것이다. 이는 특정 지역에서 운전자 없이 승객을 태우는 '로보택시' 사업에 적합한 모델이다. 기계적 완벽함을 추구하는 접근법이다. 반면에 일론 머스크는 "인간은 두 개의 눈만으로 운전한다. 기계도 눈(카메라)과 뇌(AI)만 좋으면 가능하다"라는 논리를 편다. 그는 고가의 라이다(LiDAR)를 '목발(crutch)'이라고 비하하며 과감히 제거했다. 대신 전 세계에 깔린 수백만 대의 테슬라 차량에서 수집되는 방대한 주행 데이터를 인공지능에 학습시켜, 카메라의 한계를 소프트웨어적으로 극복하려 한다. 이는 기술의 범용성과 확장성, 그리고 비용 절감을 최우선으로 하는 접근법이다. 이 두 전략 중 누가 최후의 승자가 될지는 아직 미지수다. 하지만 분명한 것은 이 경쟁이 기술 발전을 가속하고 있다는 점이다.

2) AI 두뇌: 데이터를 행동으로 바꾸는 4단계 프로세스

센서가 아무리 좋아도 그것은 단지 0과 1의 데이터일 뿐이다. 이 원데이터(raw data)를 해석하여 "지금 브레이크를 밟아야 해"라는 판단을 내리는 것은 자율주행차의 '두뇌'인 AI 컴퓨팅 시스템이다. 이 과정은 인간의 인지 과정과 놀랍도록 유사하게 "인식(Perception) → 예측(Prediction) → 계획(Planning) → 제어(Control)"의 4단계 논리적 흐름을 따른다.

인식 단계에서 목표는 센서가 감지한 수많은 데이터 속에서 의미 있는 질서를 찾아내는 것이다. "내 앞의 저 물체는 트럭이고, 오른쪽의 저 것은 가로수이며, 현재 신호등은 빨간색이다."라는 것을 확정하는 단계다. 여기서 주인공은 "합성곱 신경망(Convolutional Neural Network, 이하 CNN이라 표기)이다. CNN은 인간의 시각 피질이 작동하는 방식을 모방한 딥러닝 모델이다. CNN은 이미지를 픽셀 단위로 보지 않는다. 마치 사람이 그림을 볼 때 선과 색을 먼저 보고 형태를 파악하듯, CNN의 초기 레이어(Layer)는 이미지에서 가로선, 세로선, 모서리 같은 단순한 특징을 추출한다. 층이 깊어질수록 눈, 바퀴, 창문 같은 복잡한 부품을 인식하고, 마지막 단계에서는 이들을 조합하여 '이것은 자동차다'라고 결론 내린다. 자율주행에서 0.1초의 지연은 사고로 직결된다. 따라서 YOLO(You Only Look Once)와 같은 고속 객체 검출 알고리즘이 사용된다. 이름 그대로 이미지를 단 한 번만 훑어보고(Look Once) 그 안에 있는 모든 물체의 종류와 위치를 동시에 파악한다. 이는 엄청난 연산 효율성을 제공하여, 시속 100km로 달리는 차가 주변 상황을 실시간으로 파악할 수 있게 해 준다.

주변에 차가 있다는 것을 아는 것만으로는 부족하다. 방어 운전을 위해서는 "저 차가 1초 뒤에 내 앞으로 끼어들 것인가?"를 알아야 한다. 예측 단계는 주변 물체들의 의도와 미래 경로를 추론하는 과정이다. 이때는 "순환 신경망(Recurrent Neural Network, 이하 RNN이라 표기)"이 무대에 오른다. CNN이 '정지된 순간'의 공간적 특징을 파악하는 데 강하다면, RNN은 '시간의 흐름'을 이해하는 데 특화되어 있다. RNN은 과거의 정보를 기억하고 있다가 현재의 판단에 활용한다. 예를 들어, 옆 차선의 차량이 3초 전부터 미세하게 내 차선 쪽으로 치우치고 있었고 속도를 조금씩 높이고 있다는 시계열 데이터를 분석한다. RNN은, 이 패턴을 읽고 "이 차량은 90%의 확률로 2초 안에 차선 변경을 시도할 것이다"라는 예측 결과를 내놓는다. 이를 통해 자율주행차는 미리 속도를 줄이거나 경고를 보낼 수 있다.

상황 파악과 예측이 끝났다면, 이제 "어디로 갈 것인가?"를 결정해야 한다. 계획 단계는 목적지까지 안전하고, 법규를 준수하며, 승객이 편안한 최적의 경로를 생성하는 것이다. A* (에이 스타) 알고리즘[34]은 우리가 흔히 쓰는 내비게이션의 원리다. 도로를 거미줄 같은 그래프로 보고, 출발점에서 도착점까지 가는 수많은 경로 중 거리 비용이 가장 적게 드는 길을 수학적으로 찾아낸다. 지도 정보가 명확한 도로 주행에 적합하다. 하지만 주차장이나 비포장도로처럼 정해진 길이 없는 곳에서는 어떨까? 이때는 급속탐색 랜덤 트리(Rapidly-exploring Random Tree, RRT) 알고리

34 출발점에서 현재점까지의 비용과 목적지까지의 예상 비용을 합산하여 최단 경로를 효율적으로 찾아내는 탐색 알고리즘이다.

즘[35]이 유용하다. 이는 나뭇가지가 뻗어 나가듯 무작위로 가상의 경로를 탐색하며 장애물에 부딪히지 않는 길을 찾는다. 비록 수학적으로 가장 짧은 길은 아닐지라도, 복잡한 장애물 사이를 빠져나가는 '실행 가능한' 경로를 매우 빠르게 찾아내는 데 탁월하다.

마지막으로, 계획된 경로를 따라 실제로 차량의 핸들을 돌리고 페달을 밟는 제어 단계다. 여기서 고전적인 '비례-적분-미분 제어기(Proportional-Integral-Derivative, 이하 PID로 표기)'와 현대적인 '모델 예측 제어(Model Predictive Control, 이하 MPC로 표기)'가 대조를 이룬다. PID 제어[36]는 "샤워기 온수 조절"과 비슷하다. 물이 너무 뜨거우면 찬물 쪽으로 돌리고, 너무 차가우면 뜨거운 쪽으로 돌린다. 즉, 현재의 오차(목표 경로와 실제 위치의 차이)를 줄이는 데 집중한다. 단순하고 계산이 빠르지만, 반응이 한 박자 늦을 수 있다. 급커브를 만났을 때 차가 밀리는 것을 느낀 후에야 핸들을 더 꺾는 식이다.

MPC 제어는 "프로 체스 선수"와 같다. "내가 지금 핸들을 5도 꺾으면 1초 뒤에 차가 어디에 있을까?"를 물리 모델을 통해 미리 시뮬레이션한다. 미래의 상태를 예측하고 현재의 행동을 결정하기 때문에, 급커브 진입 전에 미리 속도를 줄이고 부드럽게 핸들을 꺾는 선제적 제어가 가능하다. 이는 승차감과 안전성을 획기적으로 높여주지만, 차량 내 컴퓨터에 엄청난 연산 부하를 요구한다.

---

35 복잡한 공간에서 장애물을 피해 이동 경로를 찾기 위해 무작위로 점을 찍어 나무 모양의 그래프를 확장하며 경로를 탐색하는 방식이다.

36 제어 대상의 목표치와 현재 상태의 차이를 비례(P), 적분(I), 미분(D) 계산을 통해 보정하여 기기를 정밀하게 조절하는 대표적인 피드백 제어 방식이다.

3) 자율주행 레벨: 기술의 사다리와 책임의 무게

"그래서 이 차는 자율주행이 되나요?"라는 질문에 엔지니어들은 "레벨 몇인가요?"라고 되물을 것이다. 미국 자동차공학회(Society of Automotive Engineers, 이하 SAE로 표기)[37]가 정의한 레벨 0부터 5까지의 단계는 기술적 수준뿐만 아니라, 사고가 났을 때 '누가 책임을 지는가'를 가르는 중요한 법적 기준이 된다.

표 2.1 자율주행 레벨

레벨	명칭	운전의 주체	설명 및 비유	책임 소재
0~2	운전자 보조	운전자	"발만 떼세요." (크루즈 컨트롤 등). 시스템은 거들 뿐, 눈은 항상 도로에 있어야 한다.	운전자
3	조건부 자율주행	시스템 (제한적)	"손도 떼세요. 하지만 부르면 오세요." 고속도로 등 특정 구간에서만 작동. 시스템이 "모르겠어요!" 하고 경고하면 즉시 운전자가 개입해야 한다.	시스템 (작동 중일 때)
4	고도 자율주행	시스템	"주무셔도 됩니다(정해진 구역에서)." 시스템이 비상 상황에서도 갓길 정차 등 스스로 대처한다. 운전석이 없을 수도 있다.	시스템
5	완전 자율주행	시스템	"어디든 갑니다." 모든 도로, 모든 날씨. 운전대와 페달이 아예 없는 차.	시스템

현재 기술의 최전선은 레벨 3과 4의 경계에 있다. 레벨 3은 운전자가 딴짓하다가 위급 상황에서 갑자기 운전대를 잡아야 하는 '제어권 전환(Handover)'의 위험성 때문에 많은 제조사가 계륵처럼 여긴다. 인간은

37 현재는 SAE International로 불리며, 2006년에 자동차뿐 아니라 항공우주, 상용차 분야로 범위를 확대하며 명칭을 변경했다. 1905년 설립된 이 단체는 모빌리티 공학 표준 개발과 전문가 네트워킹을 주목적으로 하며, 자율주행 레벨(SAE J3016) 같은 기준을 정의한다.

기계의 알람 소리를 듣고 1초 만에 상황을 파악해 대처할 수 있는 존재가 아니기 때문이다. 그래서 구글의 웨이모 같은 선도 기업들은 아예 레벨 3을 건너뛰고, 특정 구역(Geofencing, 지오펜싱) 내에서 완전 자율주행을 하는 레벨 4 로보택시로 직행하는 전략을 택했다.

2. 동력원의 혁명: 엔진의 종말과 두 개의 대안

자율주행이 자동차의 '두뇌'를 바꾸는 것이라면, 동력원 혁명은 자동차의 '심장'을 교체하는 수술이다. 130년간 인류의 발이 되어준 내연기관은 기후 위기라는 시대적 소명 앞에서 무대 뒤로 퇴장하고 있다. 그 빈자리를 두고 배터리 전기차(Battery Electric Vehicle, 이하 BEV로 표기)와 수소 연료전지차(Fuel Cell Electric Vehicle, 이하 FCEV로 표기)가 경쟁하고 있다. 하지만 이 둘은 적이라기보다는 서로 다른 영토를 다스리는 파트너에 가깝다.

그림 2.2 배터리 기술들의 비교

리튬 인산철
(Lithium Iron Phosphate)
전해질
Electrolyte
Li+
LFP
양극 입자
cathode
particles)
흑연
(Graphite)
양극
(Cathode)
분리막
Separator
음극
(Anode)

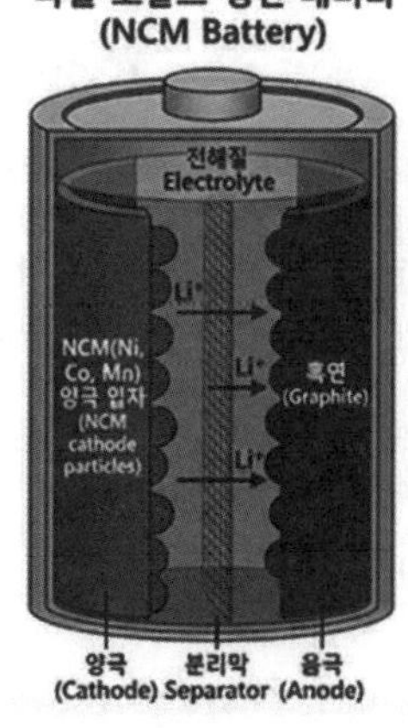

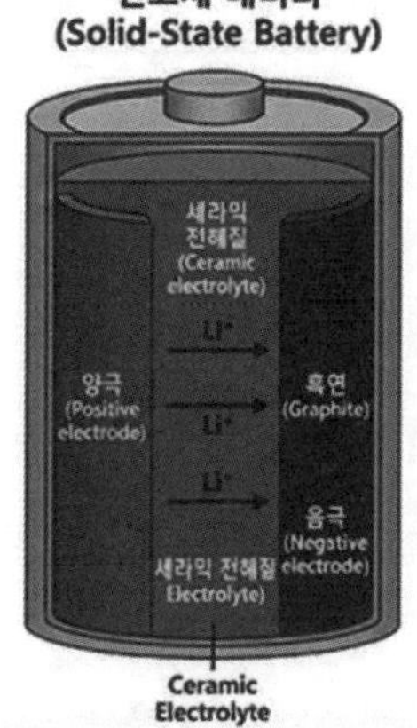

1) 전기차의 심장: 배터리 기술의 진화와 인프라의 그늘

전기차(BEV)는 배터리에 저장된 전기로 모터를 돌린다. 에너지 효율이 80% 이상으로 매우 높고(내연기관은 20~30% 불과), 전력망을 활용할 수 있어 승용차 시장을 빠르게 장악하고 있다. 하지만 전기차의 본질적 경쟁력은 '배터리'에서 나온다.

배터리 시장은 양극재의 성분에 따라 크게 세 가지 기술이 각축전을 벌이고 있다. 먼저, 인산철(LFP) 기술이다. 양극재로 리튬, 인산, 철을 사용하며, 특히 철을 주원료로 사용하여 가격이 저렴하고, 화학적 구조가 안정적이라 화재 위험이 매우 낮다. 배터리 자체의 수명도 길다. 중국이 주도권을 잡고 있으며, 최근 테슬라 모델 3 스탠다드 등 보급형 전기차들이 대거 채택하며 시장의 대세로 떠올랐다. 단점은 에너지 밀도가 낮아 주행 거리가 짧고 무겁다는 것이다. 다음은 삼원계(NCM) 배터리 기술이다. 한국 배터리 3사(LG, SK, 삼성)가 주력하는 기술이다. 니켈, 코발트, 망간을 양극재로 사용하며, 그중 니켈 함량을 높여 에너지 밀도를 극대화했기에 긴 주행 거리를 보장한다. 하지만 코발트 같은 희귀 광물이 들어가 비싸고, 열 제어가 까다로워 화재 안전성 확보에 고난도 기술이 필요하다. 최근에는 니켈 비중을 90% 이상으로 높인 '하이니켈' 기술로 성능을 극한으로 끌어올리고 있다. 마지막으로 전고체 배터리(Solid-State) 기술이다. 현재의 리튬이온 배터리는 액체 전해질을 쓴다. 이 액체는 가연성이라 화재의 원인이 된다. 전고체 배터리는 이 액체를 고체로 바꾼 것이다. 폭발 위험이 원천적으로 차단되고, 냉각 장치를 줄일 수 있어 에너지 밀도를 획기적으로 높일 수 있다. 도요타와 삼성SDI 등이 사활을 걸고 개발 중이지만, 아직은 양산 비용이 너무 비싸다는 과제가 남아 있다.

전기차 기술은 눈부시게 발전했지만, 한국 사회는 독특한 인프라 문제에 직면해 있다. 바로 '아파트'라는 주거 형태다. 개인 차고가 있는 미국과 달리, 한국은 좁은 지하 주차장을 공유한다. 이곳에서 "충전 난민"과 "주차 빌런"의 전쟁이 벌어지고 있다. 충전이 끝난 차를 빼지 않아 이웃끼리 고성이 오가고, 일반 차량이 충전 구역을 막는 아이싱(ICEing)[38] 현상도 빈번하다. 특히 최근 인천 청라 아파트 지하 주차장 전기차 화재 사건 이후, "전기차는 지하에 들어오지 마라"는 극단적인 님비(NIMBY)[39] 현상까지 나타나고 있다. 지하 충전소 설치를 반대하는 입주민 회의가 열리고, 전기차 차주들은 잠재적 방화범 취급을 받으며 사회적 갈등의 중심에 섰다. 이는 기술이 아무리 좋아도 사회적 수용성과 인프라가 뒷받침되지 않으면 혁신이 지체될 수 있음을 보여주는 뼈아픈 사례다.

수소 연료전지차(FCEV)는 차 안의 발전소다. 수소 탱크의 수소와 공기 중의 산소를 반응시켜 전기를 직접 만들어 쓴다. 배출구에서는 매연 대신 순수한 물만 나온다. 수소차의 가장 강력한 무기는 충전 시간이다. 전기차 급속 충전이 빨라야 20분, 저속은 수 시간이 걸리는 반면, 수소차는 주유소처럼 5분이면 완충된다. 또한, 배터리 무게의 압박이 없어 장거리 주행에 유리하다. 하지만 효율성이 발목을 잡는다. 전기로 수소를 만들고, 운송하고, 다시 차에서 전기로 바꾸는 과정에서 에너지가 줄줄 샌다(종합 효율 약 30~40%). 전기를 바로 배터리에 넣는 전기차(80%)에 비해 비효율적이다. 게다가 수소 충전소 하나를 짓는 데 30억 원 이상이 들어 인프라 확장이 거북이걸음이다.

결론적으로 승용차 시장은 충전의 불편함을 감수할 수 있고 유지비가 저렴한 "전기차(BEV)"가 패권을 쥘 것이다. 반면, 1분 1초가 돈인 물류 트럭이나, 무거운 배터리를 싣고 다니기 힘든 대형 버스, 선박 등은 "수

38 내연기관(Internal Combustion Engine) 차량이 전기차 충전 구역에 주차하여 전기차의 충전을 방해하는 행위를 일컫는 용어이다.

39 'Not In My Back Yard'의 약자로, 공공의 이익에는 부합하나 자신이 사는 지역에 위험 시설이나 혐오 시설이 들어오는 것을 반대하는 지역 이기주의 현상을 말한다.

소차(FCEV)"가 담당하게 될 것이다. 마치 스마트폰은 배터리로, 비행기는 연료로 가는 것처럼 각자의 영역을 구축할 것이다.

3. 커넥티드카와 V2X: 자동차, 침묵을 깨고 대화를 시작하다

자동차가 혼자서 똑똑해지는 것(자율주행)만으로는 부족하다. 도로 위는 수많은 변수가 존재하기 때문이다. 이제 자동차는 주변의 모든 것과 수다를 떨기 시작했다. 이것이 바로 차량-사물 통신(Vehicle-to-Everything, 이하 V2X로 표기) 기술이다. 자율주행 센서(카메라, 라이다(LiDAR))는 인간의 눈처럼 '가시거리' 내의 물체만 볼 수 있다. 앞의 큰 트럭에 가려진 승용차나, 골목길 코너 뒤에서 달려오는 오토바이는 볼 수 없다. 하지만 V2X가 있다면 이야기가 달라진다. V2X는 차량과 주변 모든 물체 간 통신의 총칭으로, 차량-차량 통신(V2V)과 차량-인프라(V2I)를 포함하는 상위 개념이다. V2V 기술의 경우, 앞서가는 차가 급정거를 하면, 뒤따르는 차에게 즉시 "나 급정거했어!"라는 신호를 보낸다. 뒤차의 센서가 브레이크 등을 인식하기도 전에 이미 통신으로 상황을 파악하고 제동을 걸 수 있다. 연쇄 추돌을 막는 결정적 기술이다. 마지막으로 V2I 기술은 신호등이 차에게 "5초 뒤에 빨간불로 바뀔 거야"라고 알려준다. 차는 무리해서 교차로를 건너려다 사고를 내는 대신, 부드럽게 속도를 줄여 정지선에 선다.

서울 상암동이나 제주도의 협력 지능형 교통체계(Cooperative Intelligent Transport Systems, C-ITS)[40] 실증 단지에서는 이러한 기술이 이미 현실이 되었다. 어린이 보호구역에 진입하면 스마트 횡단보도가 "보행자가 건너고 있습니다"라는 메시지를 차량 내비게이션에 띄워준다.

이는 물리적 센서의 한계를 통신이라는 네트워크로 극복하여 안전을 획기적으로 높이는 기술이다.

그림 2.3 V2X

이 모든 소통은 0.001초의 지연도 허용하지 않는 초고속 통신이 필요하다. 시속 100km로 달리는 차는 0.1초 동안 3m를 이동한다. 통신이 버벅거리는 순간 사고가 날 수 있다. 그래서 5G 통신이 필수적이다. 5G의 초저지연(Ultra-Low Latency) 특성은 차량 간 통신을 실시간으로 가능하게 한다. 더 나아가, 차량이 보내는 방대한 데이터를 멀리 있는 중앙 서버까지 보냈다가 받지 않고, 도로변 기지국 근처의 작은 서버에서 즉시 처리하는 엣지 컴퓨팅(Edge Computing)[41] 기술이 결합한다. 이제 자동차는 단순한 탈것이 아니라 도로 위를 달리는 '데이터 센터'이자, 스마트 시티의 움직이는 결절점(Node)이 된다.

4. 소프트웨어로 정의된 차량: 스마트폰이 된 자동차

여러분이 3년 전에 산 스마트폰이 오늘 아침 업데이트를 통해 새로

---

40 차량이 도로 인프라 및 다른 차량과 실시간으로 정보를 교환하며 안전을 확보하고 교통 효율을 높이는 차세대 지능형 교통 시스템이다.

41 데이터가 생성되는 위치(엣지 디바이스) 또는 그 근처에서 실시간 처리를 수행하는 분산 컴퓨팅 방식.

운 사진 편집 기능을 갖게 되었다면 놀라운 일이 아니다. 하지만 3년 전에 산 자동차가 오늘 아침 업데이트로 제로백이 빨라지고 주행 거리가 늘어난다면? 이것이 바로 소프트웨어로 정의된 차량(Software Defined Vehicle, 이하 SDV로 표기)가 가져올 혁명이다.

과거의 자동차는 공장을 나오는 순간 그 성능이 고정되었다. 낡아갈 일만 남았다. 하지만 SDV는 다르다. 하드웨어는 미리 충분한 성능으로 깔아두고, 소프트웨어를 통해 기능을 잠그거나 푼다. 테슬라는 이 분야의 선구자다. 그들은 무선 업데이트(Over-the-Air, 이하 OTA로 표기)[42] 를 통해 리콜[43] 문제를 서비스센터 방문 없이 해결하고, 크리스마스에는 차가 춤을 추는 기능을 선물하며, 돈을 내면 자율주행 기능을 활성화해 준다. 이는 자동차 산업의 비즈니스 모델을 '제조업'에서 '서비스업'으로 송두리째 바꾸고 있다. 제조사들은 차를 판 뒤에도 구독료를 통해 지속적인 수익을 올릴 수 있게 되었다. 이를 가능하게 하려면 자동차의 신경망 구조, 즉 'E/E(전기/전자) 아키텍처'[44]가 바뀌어야 한다. 기존 자동차는 와이퍼용 컴퓨터, 창문용 컴퓨터, 엔진용 컴퓨터 등 수백 개의 작은 제어기(ECU)가 복잡한 전선(와이어링 하니스)으로 얽혀 있었다. 서로 소통도 잘 안 되고 통합 제어도 불가능했다. SDV는 이를 고성능 중앙 컴퓨터 몇 대가 통합 관리하는 '중앙 집중형(Zonal)' 아키텍처로 바꾼다. 사람의 뇌가 온몸을 통제하듯, 중앙 컴퓨터가 차량의 모든 기능을 소프트웨어적으로 제어하는 것이다. 이 변화가 있어야만 진정한 의미의 자율주행과 커넥티드카 구현이 가능하다.

---

42 서비스센터 방문 없이 무선 통신을 통해 차량의 소프트웨어를 최신화하거나 기능을 추가하는 기술.

43 제품의 결함이 안전에 위협이 될 때 제조사가 이를 공표하고 무상으로 수리해 주는 조치. 자발적 리콜과 강제 리콜이 있음.

44 자동차 내의 수많은 전자 제어 장치(ECU)와 복잡한 배선을 효율적으로 통합하고 제어하기 위한 전기 및 전자 하드웨어 설계 구조이다.

반면에, 자동차가 거대한 스마트폰이 된다는 것은, 스마트폰이 겪는 해킹 위협을 그대로 겪게 된다는 뜻이기도 하다. 2015년, 보안 전문가들이 지프 체로키 차량을 원격으로 해킹해 고속도로 위에서 엔진을 끄고 와이퍼를 제멋대로 작동시킨 시연은 전 세계에 충격을 주었다. 스마트폰 해킹은 개인정보 유출로 끝나지만, 자동차 해킹은 생명을 위협한다. 따라서 자동차 보안은 이제 선택이 아닌 생존의 필수 조건이 되었다. 블록체인 기술을 이용해 차량 데이터를 보호하거나, '침입 탐지 시스템(Intrusion Detection System, 이하 IDS로 표기)'[45]을 의무화하는 등 보안 기술이 모빌리티의 핵심 경쟁력으로 떠오르고 있다.

5. 한국의 모빌리티 스타트업 생태계: 틈새를 파고드는 혁신가들

거대 자동차 기업들이 항공모함이라면, 스타트업은 날렵한 쾌속정이다. 현대자동차(Hyundai Motor Company, 이하 HMC)나 기아자동차 같은 대기업이 막대한 자본으로 인프라와 양산 차를 만든다면, 그 사이사이를 메우는 기발한 아이디어와 특화된 기술은 한국의 스타트업들이 주도하고 있다.

스타트업이 완성차를 만들어 대기업과 경쟁하는 것은 불가능에 가깝다. 대신 이들은 대기업이 미처 챙기지 못하는 핵심 문제점을 공략한다. 이러한 스타트업의 사례로 오토노머스에이투지(Autonomous a2z)를 들 수 있다. "왜 모든 자율주행차가 승용차여야 해?"라는 질문에서 출발했다. 이들은 복잡한 도심을 달리는 승용차 대신, 정해진 노선을 저속으로 운

45 네트워크나 시스템에 대한 비정상적인 접근이나 공격 시도를 실시간으로 감시하고 탐지하여 보안 위협을 알리는 시스템이다.

행하는 청소차, 순찰차, 셔틀버스 같은 목적 기반 모빌리티(Purpose Built Vehicle, 이하 PBV로 표기)[46]에 집중했다. 그 결과 한국에서 가장 많은 자율주행 실증 거리를 확보했고, 최근에는 중동 시장에 진출해 현지 기업과 합작사를 설립하는 등 글로벌 경쟁력을 증명했다. 서울 로보틱스(Seoul Robotics)의 경우, "차를 똑똑하게 만드는 건 너무 비싸니, 건물을 똑똑하게 만들자"라는 역발상을 했다. '인프라 기반 자율주행(ATI)' 기술이다. 차량에 수천만 원짜리 센서를 다는 대신, 공장이나 주차장 천장에 라이다(LiDAR) 센서를 달아 건물이 차를 원격 조종하게 만든 것이다. 이 기술은 BMW 독일 공장의 물류 시스템에 채택되어, 갓 생산된 차량을 자동으로 이동시키는 데 쓰이고 있다. 자율주행 로봇 서비스 기업 뉴빌리티는 배달 앱 '요기요'와 협력해 인천 송도 지역에서 로봇배달 서비스를 정식으로 선보였다. 라이다(LiDAR) 대신 저렴한 카메라 기반의 자율주행 기술을 고도화하여 로봇 가격을 낮췄고, 복잡한 한국의 도심 환경에서 수많은 주행 데이터를 쌓으며 '라스트 마일(Last Mile)'[47] 배송의 혁신을 이끌고 있다.

한국의 모빌리티 생태계에서 대기업과 스타트업은 협력하면서도 경쟁하는 묘한 관계다. 현대차그룹은 '제로원'이라는 엑셀러레이터를 통해 유망 스타트업을 육성하고 투자한다. 스타트업 입장에서 대기업의 자금과 양산 능력은 성장을 위한 필수 영양분이다. 하지만 위험도 있다. 기술만 탈취당하거나 대기업의 아래도급 업체로 전락할 수 있다는 두려움이다. 따라서 성공한 스타트업들은 독자적인 원천 기술(IP)을 철저히 보호하면서도, 한 기업에 종속되지 않도록 다양한 글로벌 파트너와 협력 관

46 이용자의 목적에 따라 실내 공간을 배달, 셔틀, 이동식 사무실 등 자유롭게 설계하고 활용할 수 있는 목적 기반 모빌리티이다.

47 물류나 모빌리티 분야에서 상품이나 서비스가 최종 소비자에게 전달되는 마지막 구간 또는 최종 접점을 의미한다.

계를 맺으며 협상력을 높이는 영리한 생존 전략을 구사하고 있다. 한국의 모빌리티 생태계에 대해서는 11장에서 조금 더 자세히 다룬다.

기술이 그리는 풍경,
그리고 우리가 준비해야 할 것들

지금까지 살펴본 기술들은 먼 미래의 이야기가 아니다. 2024년 9월부터 서울 강남에서는 국내 최초의 심야 자율주행 택시가 시범 운행 중이며, 고속도로에서는 화물 트럭들이 보이지 않는 끈으로 연결된 듯 군집 주행하는 실증 테스트가 성공적으로 진행됐다. 한국은 2027년 자율주행 레벨3 상용화를 목표로 관련 기술 개발에 박차를 가하고 있다. SDV 기술은 자동차를 매일 아침 새로워지는 스마트 기기로 바꿀 것이다. 하지만 기술적 장밋빛 미래 이면에는 우리가 해결해야 할 과제들이 산적해 있다. 아파트 주차장의 충전 갈등을 어떻게 풀 것인가? 자율주행차가 사고를 냈을 때 제조사와 소유자 중 누구에게 책임을 물을 것인가? 내 차의 이동 경로 데이터가 감시의 도구로 쓰이지 않게 하려면 어떻게 해야 하는가?

기술은 이미 준비되었다. 이제 필요한 것은 이 거대한 기술적 파도를 우리 사회가 어떻게 받아들이고 활용할 것인가에 대한 사회적 합의와 제도적 정비다. 우리는 지금 '운전자(Driver)'에서 '승객(Passenger)'으로 전환되는 역사적 변곡점에 서 있다. 이 변화의 흐름을 기술적으로, 그리고 인문학적으로 이해하는 것은 다가올 미래의 주도권을 잡기 위한 가장 중요한 첫걸음이 될 것이다.

참고문헌

BMW Group. (2022). Automated driving at the plant: New pilot project at BMW Group Plant Dingolfing [Press release].

Elish, M. C. (2019). Moral crumple zones: Cautionary tales in human-robot interaction. *Engaging Science, Technology, and Society,* 5, 40–60.

Floridi, L. (2014). *The fourth revolution: How the infosphere is reshaping human reality.* Oxford University Press.

Hart, P. E., Nilsson, N. J., & Raphael, B. (1968). A formal basis for the heuristic determination of minimum cost paths. *IEEE Transactions on Systems Science and Cybernetics,* 4(2), 100–107.

International Organization for Standardization. (2020). *ISO/TR 4804:2020: Road vehicles-Safety and cybersecurity for automated driving systems-Design, verification and validation.*

LaValle, S. M. (1998). *Rapidly-exploring random trees: A new tool for path planning*(Technical Report No. 98-11). Computer Science Department, Iowa State University.

LeCun, Y., Bottou, L., Bengio, Y., & Haffner, P. (1998). Gradient-based learning applied to document recognition. *Proceedings of the IEEE,* 86(11), 2278–2324.

Miller, C., & Valasek, C. (2015). Remote exploitation of an unaltered passenger vehicle. *Black Hat USA.*

Mittelstadt, B. D., Allo, P., Taddeo, M., Wachter, S., & Floridi, L. (2016). The ethics of algorithms: Mapping the debate. *Big Data & Society,* 3(2).

National Transportation Safety Board. (2019). *Collision between vehicle controlled by developmental automated driving system and pedestrian, Tempe, Arizona, March 18, 2018*(Highway Accident Report NTSB/HAR-19/03).

Rawls, J. (1971). *A theory of justice.* Harvard University Press.

Redmon, J., Divvala, S., Girshick, R., & Farhadi, A. (2016). You only look once: Unified, real-time object detection. In *Proceedings of the IEEE Conference on Computer Vision and Pattern Recognition (CVPR)*(pp. 779–788).

Rumelhart, D. E., Hinton, G. E., & Williams, R. J. (1986). Learning representations by back-propagating errors. *Nature,* 323, 533–536.

SAE International. (2021). *Taxonomy and definitions for terms related to driving automation systems for on-road motor vehicles*(Standard No. J3016_202104).

Tesla. (2024). *Tesla Vehicle Safety Report.*

뉴빌리티. (2024). 배달 로봇 뉴비가 배달 중 넘어지면 어떻게 되나요? 공식 블로그.

서울로보틱스. (2024). BMW 그룹을 위한 인프라 기반 자율주행(ATI). 공식 기술 소개.

신영빈. (2024, 9월 29일). [현장] 배달로봇 24대 송도 누빈다…뉴빌리티X요기요 시범운행. *ZDNet Korea.*

오토노머스에이투지. (2025). 기업 소개 - AUTONOMOUS a2z.

이주영. (2024, 8월 1일). 주차장 벤츠 전기차 폭발로 21명 부상. 코리아중앙데일리 (국문 참조: 중앙일보).

인천광역시 서구. (2025). 2024 청라아파트 지하주차장 전기차 화재 백서.

3장

프로그램된 선택

CASE STUDY THREE.

템피 사고 재조명: ‘트롤리 문제’를 넘어 ‘예방 윤리’로

1. 사례의 재소환: 왜 다시 템피인가?

1장 사례에서 우리는 2018년 3월 미국 애리조나주 템피에서 발생한 우버 자율주행차 사망 사고를 통해 ‘도덕적 완충지대(Moral Crumple Zone)’라는 개념을 학습했다. 1장에서 시스템의 구조적 결함이 인간 안전 요원에게 책임을 전가하는 메커니즘을 언급했고, 의무론·공리주의·덕(德)윤리라는 세 가지 윤리적 렌즈를 소개하였다.

그러나 이 비극적 사건은 단순히 ‘누가 책임져야 하는가’라는 문제에서 끝나지 않는다. 3장의 핵심 주제인 ‘프로그램된 선택’의 관점에서 다시 바라보면, 템피 사고는 자율주행 알고리즘이 마주하는 근본적 한계를 드러내는 교과서적 사례가 된다. 3장에서는 1장의 논의를 전제로, 세 가지 심화 질문을 던지고자 한다. 첫째, 이 사고는 ‘트롤리 딜레마’와 어떻게 다른가? 둘째, AI의 ‘블랙박스’ 문제는 사고 조사에서 어떤 어려움을 초래했는가? 셋째, ‘딜레마 윤리’가 아닌 ‘예방 윤리’의 관점에서 무엇을 배울 수 있는가?

2. 트롤리 문제의 무력함: 현실은 선로가 아니다

앞서 본문에서 살펴보았듯이, 트롤리 문제는 “A를 살릴 것인가, B를 살릴 것인가”라는 명확한 이분법적 선택지를 전제한다. 그러나 템피 사고는 이러한 사고실험의 가정이 현실에서 얼마나 무력한지를 보여준다. 첫째, 정보의 불확실성 문제다. 트롤리 문제에서는 "선로 위에 5명, 다른 선로에 1명"이라는 확정된 정보를 준다. 그러나 우버 차량의 AI는 자전거를 끌고 무단횡단하는 헤르츠버그를 단 한 번도 '보행자'로 확정하지 못했다. 시스템은 5.6초 동안 그녀를 '알 수 없는 물체', '차량', '자전거' 사이에서 끊임없이 재분류하며 혼란에 빠졌다. 현실의 AI는 "확실한 5명과 1명"이 아니라, "전방에 성인일 확률 80%의 물체"와 같은 확률적 추론[48]의 연속 속에서 판단해야 한다. 둘째, 선택지의 연속성 문제다. 트롤리 문제는 '직진' 아니면 '선로 변경'이라는 두 가지 옵션만 강요한다. 하지만 자율주행차는 제동 강도를 10%씩 조절하거나, 핸들을 5도만 꺾거나, 경적을 울리며 감속하는 등 무한에 가까운 행동 공간(Action Space)[49]을 가진다. 템피 사고에서 AI가 마주한 것은 "누구를 칠 것인가"의 딜레마가 아니라, "어떻게 하면 아무도 치지 않을 수 있는가"에 대한 연속적 최적화의 문제였다. 셋째, 가장 결정적인 차이는 '딜레마 자체가 발생하지 말았어야 했다'라는 점이다. 1장에서 살펴보았듯이, 우버 엔지니어들은 '승차감' 개선을 위해 비상 제동 기능(Automatic Emergency Braking, 이하 AEB로 표기)을 의도적으로 비활성화했다. 볼보 차량의 순정 AEB가 정상 작동했다면, 혹은 AI의 관찰 지연 시간(Latency)'이 설정되지 않았다면, 시스템은 충돌 1.3초 전 제동을 시작하여 사

48 불확실한 상황에서 확률 이론을 활용해 결론을 도출하는 과정이다. 이는 논리적 추론과 달리 완벽한 정보가 아닌 불완전한 데이터나 증거를 바탕으로 각 가설의 가능성을 수치화한다.

49 자율주행차가 취할 수 있는 모든 움직임의 범위를 말한다. 트롤리 문제처럼 '좌회전 아니면 우회전' 같은 단순한 선택이 아니라, '핸들을 15도 꺾으면서 브레이크를 30% 강도로 밟기'처럼 연속적이고 무한에 가까운 경우의 수를 의미한다.

고를 피하거나 최소한 충격을 완화할 수 있었다. 트롤리 문제는 ‘사고가 불가피하다’라는 전제에서 출발하지만, 템피 사고는 예방 가능한 비극이었다.

3. 블랙박스가 드리운 그림자: “왜?”라는 질문에 답할 수 없는 AI

NTSB의 사고 조사관들은 전례 없는 난관에 부딪혔다. 항공기 추락 사고에서는 블랙박스를 열어 조종사의 대화와 비행 데이터를 분석하면 원인을 규명할 수 있다. 그러나 자율주행차의 ‘블랙박스’인 AI 신경망은 수억 개의 가중치(weight)가 얽힌 미로였다. 조사관들은 “왜 시스템이 헤르츠버그를 ‘보행자’로 분류하지 못했는가?”라는 핵심 질문에 명확한 답을 얻지 못했다.

이 사건은 설명 가능한 AI(Explainable AI, 이하 XAI로 표기)[50]의 필요성을 절감하게 만든 계기가 되었다. 만약 우버의 시스템이 XAI 기능을 갖추고 있었다면 어떠했을까? 먼저, 충돌 직전 AI가 카메라 영상에서 어느 부분에 주의를 기울이고 있었는지 시각화하여, 왜 자전거의 반사판은 감지했으나 그것을 끌고 가는 사람의 다리는 인식하지 못했는지 분석할 수 있었을 것이다. 그리고 “만약 헤르츠버그가 형광 조끼를 입고 있었다면 0.8초 더 일찍 인식했을 것이다”와 같은 가정법적 분석을 통해, 알고리즘의 취약점을 정확히 짚어낼 수 있었을 것이다. 그러나 본문에서 경고했듯이, XAI는 양날의 검이다. 만약 우버가 XAI를 악용하여 “역광 때문에 인식이 지연되었다”라는 식의 그럴듯한 거짓 변명을 생성했

50 XAI (eXplainable AI, 설명 가능한 인공지능): 인공지능이 특정한 결론을 내린 이유를 인간이 이해할 수 있는 논리적인 방식으로 제시하는 기술이다.

다면, 이는 오히려 진실을 은폐하는 도구가 될 수도 있었다. 이 사건은 XAI 기술 개발과 함께, 그 결과물에 대한 독립적 검증 체계가 반드시 필요함을 시사한다.

4. 예방 윤리의 관점: 사고는 '운명'이 아니었다

1장에서 우리는 "사고가 발생한 뒤 책임을 어떻게 나눌 것인가"를 논의했다. 이는 전형적인 딜레마 윤리(Dilemma Ethics)의 접근이다. 그러나 3장의 핵심 메시지인 예방 윤리(Preventive Ethics)[51]의 관점에서 템피 사고를 재분석하면, 우리는 전혀 다른 결론에 도달한다.

템피 사고는 피할 수 있었다. NTSB 보고서가 밝힌 '실패의 그날'을 단계별로 역순으로 되돌려 보면, 1단계(근본 원인)로 미성숙한 자율주행 기술이 충분한 검증 없이 공공 도로에 투입되었다. 이는 폐쇄된 테스트 트랙에서 충분히 검증한 후 단계적으로 도입했어야 방지할 수 있었다. 2단계(기술적 한계)에서는 AI 훈련 데이터에 '자전거를 끄는 보행자'와 같은 엣지 케이스가 포함되지 않았다. 체계적인 시뮬레이션과 데이터 확충을 통해 다양한 상황을 학습시켰다면 예방 가능했다. 3단계(설계 결함)에서는 AI의 '관찰 대기 시간'이 과도하게 설정되어 즉각 대응하지 못했다. 처음부터 '승차감보다 안전'이라는 설계 철학을 내재화했다면 이런 설정은 없었을 것이다. 4단계(안전장치 무력화)에서는 비상 자동 제동(AEB) 기능이 비활성화되어 있었다. 안전 기능 비활성화를 금지

51 '예방 윤리(Preventive Ethics)'라는 용어를 최초로 쓴 사람은 Joan Levine-Ariff로 중환자 간호 윤리에서 사전 정책 수립으로 윤리적 딜레마를 최소화하는 'preventive ethics'를 정의했다.

하는 규정과 독립적인 감사 체계가 있었다면 막을 수 있었다. 마지막 5단계(최후 방어선 붕괴)에서, 안전 요원이 전방 주시를 게을리했다. 운전자 모니터링 시스템(DMS)으로 졸음이나 딴짓을 실시간 감지했다면 최종 단계에서라도 사고를 막을 수 있었다.

표 3.1 되돌려 보는 실패의 그 날

단계	실패 요인	예방 가능성
5	안전 요원의 전방 주시 태만	운전자 모니터링 시스템(DMS) 설치로 졸음/딴짓 감지 가능
4	비상 제동(AEB) 비활성화	안전 기능 비활성화 금지 규정 및 독립 감사 체계 구축
3	AI의 '관찰 대기 시간' 설정	'승차감보다 안전' 원칙의 설계 철학 내재화
2	훈련 데이터에 '자전거를 끄는 보행자' 부재	엣지 케이스 발굴을 위한 체계적 시뮬레이션 및 데이터 확충
1	미성숙한 기술의 공공 도로 테스트	폐쇄 테스트 트랙에서의 충분한 검증 후 단계적 도입

표 3-1이 보여주듯, 비극의 사슬에서 단 하나의 고리만 끊어졌어도 헤르츠버그는 살아 있었을 것이다. 예방 윤리를 통해 "사고는 필연이 아니라 예방 가능한 실패의 누적"이라는 관점에서 시스템 전체를 설계하고 감독하는 것이 필요하다.

5. 시사점

템피 사고의 재분석은 이번 3장의 핵심 논의들을 관통한다. 첫째로는 트롤리 문제의 한계로서, 현실의 자율주행차 사고는 "누구를 살릴 것인가"라는 깔끔한 딜레마가 아니라, 불확실성과 연속적 선택지가 얽힌 복잡계 문제라는 것이다. 우리는 트롤리 프레임에 갇혀 '딜레마 상황에서의 선택'에만 집착할 것이 아니라, '딜레마 상황 자체를 만들지 않는 설계'에 집중해야 한다. 둘째, 블랙박스와 XAI 관점에서, AI의 판단 과정을 설명할 수 없다면, 사고 원인 규명과 재발 방지는 불가능하다. XAI는 사후 책임 규명뿐 아니라, 사전에 알고리즘의 취약점을 발견하고 수정하는 예방적 도구로도 활용되어야 한다. 마지막으로, 예방 윤리와 회복 탄력적 설계 부분이다. 단일 장애 지점(SPOF)을 제거하고, 센서, 소프트웨어 그리고 인간의 감독이 상호 보완하는 다층 방어 체계가 필수적이다. 결론적으로, 템피 사고에서 볼보의 순정 AEB가 작동했다면, 혹은 운전자 모니터링 시스템이 있었다면 결과는 달랐을 것이다.

6. 토론 질문

1) 1장에서는 "안전 요원에게 책임을 묻는 것이 정당한가?"를 논의했다. 3장의 '예방 윤리' 관점에서 볼 때, 이 질문 자체가 적절한가? 우리가 먼저 물어야 할 질문은 무엇인가?
2) 만약 우버가 XAI 시스템을 통해 "역광과 무단횡단이라는 복합 요인 때문에 인식이 지연되었다"라고 설명했다면, 이를 어떻게 검증할 수 있을까? 독립적인 알고리즘 감사(Algorithm Audit) 체계는 어떻게 구축되어야 하는가?
3) 본문에서 다룬 '도덕 기계(Moral Machine)' 실험 결과에 따르면, 문화권마다 윤리적 선호가 다르다. 만약 템피 사고가 한국에서 발생했고, 피해자가 노인이었다면, 사회적 반응과 법적 판단은 어떻게 달라졌을까?

누가 브레이크를 밟을 것인가: 자율주행차의 두 얼굴과 예방 윤리

우리는 매일 아침 출근 시 스마트폰으로 버스 일정을 확인하고, 주말이면 내비게이션이 안내하는 낯선 길을 따라 여행을 떠난다. 이 익숙한 일상에서 우리는 이미 알게 모르게 기계의 판단에 우리의 안전을 위탁하고 있다. 하지만 운전석에 사람이 아예 사라지는 완전 자율주행의 시대는 차원이 다른 이야기를 우리에게 들려준다. 이것은 단순히 운전이라는 노동으로부터의 해방이 아니다. 그것은 위험, 책임, 그리고 안전에 관한 우리 사회의 암묵적 계약[52]을 밑바닥부터 다시 써야 하는 거대한 문명적 전환이다.

한편에서는 자율주행 자동차의 장밋빛 미래가 펼쳐진다. 세계보건기구(WHO)의 통계에 따르면 매년 약 135만 명이 도로 위에서 목숨을 잃고 있다. 이 비극의 90% 이상이 졸음, 음주, 부주의 등 인간의 실수에서 비롯된다는 점을 고려하면, 지치지 않고 감정에 휘둘리지 않는 인공지능(AI) 운전자는 인류에게 내려진 기술적 축복이 될 수 있다. 인간의 불완전함을 기계의 정밀함으로 대체함으로써, 우리는 도로 위의 대학살을 멈출 수 있을지도 모른다. 그러나 다른 한편에는 깊은 심연과도 같은 불안

52 도로 위의 운전자들이 서로의 안전을 지키기 위해 무언중에 맺은 사회적 약속을 뜻한다. 예를 들어 "서로 중앙선을 침범하지 않는다"라는 믿음이 이에 해당한다. 자율주행 시대에는 인간끼리의 약속이 아닌, 인간과 기계 사이의 새로운 계약이 필요함을 의미한다.

이 도사리고 있다. 기계가 생사여탈(生死與奪)의 권한을 쥐는 순간, 우리는 누구도 경험해 보지 못한 윤리적 공백 상태에 빠지게 된다. 알고리즘이 브레이크를 밟아야 할 순간과 가속해야 할 순간을 결정할 때, 그 결정의 근거는 무엇이 되어야 하는가? 만약 사고가 발생한다면, 그 책임은 코드를 짠 프로그래머에게 있는가, 차를 만든 제조사에 있는가, 아니면 그저 운 없게 그 자리에 있었던 탑승자에게 있는가?

이 장에서는 자율주행 기술이 우리에게 던지는 다양한 질문들을 마주하고자 한다. 우리는 먼저 1장에서 잠깐 언급한 철학 분야에서 오래된 난제인 '트롤리 문제'에서 출발한다. 그리고 그 사고실험이 현실의 복잡한 도로 위에서 어떻게 길을 잃는지, 그리고 MIT의 '도덕 기계' 실험과 같은 데이터 기반 접근이 어떻게 '다수의 폭정'이라는 새로운 위험을 잉태하는지 살펴볼 것이다. 이어 2018년 애리조나주 템피에서 발생한 우버 자율주행차 사망 사고라는 냉혹한 현실을 해부하며, 기술적 실패가 어떻게 조직의 안전 불감증과 결합하여 비극을 낳는지, 그리고 이로 인해 책임의 무게중심이 어떻게 이동하고 있는지 추적한다. 또한, 현대 AI의 근본적 한계인 '블랙박스 문제'와 이를 극복하기 위한 설명 가능한 인공지능(XAI)의 가능성과 한계를 짚어본다. 마지막으로, 우리는 '딜레마 윤리'라는 막다른 골목을 벗어나 '예방 윤리(Preventive Ethics)'를 새롭게 살펴본다. 사고 직전의 선택에 매몰되기보다, 사고 자체를 원천적으로 차단하는 회복 탄력적 시스템 설계와 진화하는 국제 안전 표준(ISO 2148 등), 그리고 한국에서 하는 실험들을 통해 신뢰할 수 있는 자율주행 사회를 위한 청사진에 관해 얘기하고자 한다.

3장 프로그램된 선택

1. 트롤리 문제의 우회로: 사고실험에서 현실의 왜곡으로

1) 철학자의 갈림길: 필연적 출발점

자율주행차 윤리 논쟁의 입구에는 언제나 '트롤리 문제(Trolley Problem)'가 문지기처럼 서 있다. 1967년 영국의 철학자 필리파 푸트(Philippa Foot)가 처음 제기하고, 1985년 미국의 철학자 주디스 자비스 톰슨(Judith Jarvis Thomson)이 정교하게 다듬은 이 사고실험은 수십 년간 윤리학자들의 지적 유희였으나, 이제는 엔지니어들이 반드시 풀어야 할 현실의 숙제가 되었다. 상황은 단순하지만 잔혹하다. 브레이크가 고장 난 전차가 선로를 달리고 있다. 그대로 두면 선로 위에서 작업 중인 인부 5명이 죽는다. 당신이 선로 변환기 옆에 서 있고, 레버를 당기면 전차는 다른 선로로 방향을 틀어 1명의 인부만 희생시키게 된다. 당신은 레버를 당길 것인가?

그림 3.1 트롤리 딜레마

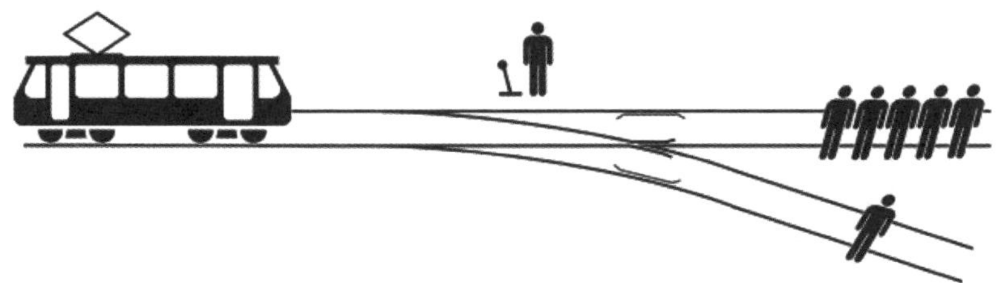

출처: Trolley Problem diagram, © McGeddon, CC BY-SA 4.0, Wikimedia Commons

이 질문은 현대 윤리학의 두 거대한 산맥인 공리주의와 의무론을 충돌시킨다. 우선 공리주의(Utilitarianism)의 대표선수라 할 수 있는 제러미 벤담(Jeremy Bentham)과 존 스튜어트 밀(John Stuart Mill)의 후예들은 망설임 없이 레버를 당길 것이다. '최대 다수의 최대 행복'이라는 대원칙 아래, 5명을 살리기 위해 1명을 희생하는 것은 수학적으로나 도덕적으로나 타당한 선택이다. 의무론(Deontology)을 대표하는 임마누엘 칸트(Immanuel Kant)의 제자들은 멈칫한다. 결과가 아무리 좋을지라도, 무고한 한 사람을 수단으로 삼아 희생시키는 행위 자체가 도덕적 법칙에 어긋나기 때문이다. 특히 톰슨이 변형한 '육교 위 거구의 남자' 시나리오(전차를 멈추기 위해 육교 위의 거구의 남자를 밀어 떨어뜨려야 하는 상황)에서 의무론적 직관은 빛을 발한다. 대부분 사람은 레버를 당기는 것(간접적 개입)에는 동의할지라도, 사람을 직접 밀어버리는 행위(직접적 가해)에는 강한 거부감을 느낀다. 이 사고실험은 자율주행차가 마주할 수 있는 극단적 상황, 즉 '피할 수 없는 사고' 앞에서 알고리즘이 어떤 가치를 우선순위에 두어야 하는지에 대한 근본적 질문을 던진다.

2) 유추의 한계: 현실의 도로는 선로가 아니다

트롤리 문제는 윤리적 직관을 테스트하는 데는 유용하지만, 이를 자율주행차의 현실에 그대로 대입하는 것은 위험한 왜곡을 낳을 수 있다. 현실의 도로는 철학자가 설정한 깔끔한 선로와는 너무나 다르기 때문이다.

첫째, 완벽한 정보라는 착각이다. 트롤리 문제에서는 신(神)의 시점처럼 모든 정보가 명확하다. "저기 5명, 여기 1명"이라는 확정된 사실이 주어진다. 그러나 현실의 자율주행차는 불확실성의 안개 속을 달린다. 라이다(LiDAR), 카메라, 레이더가 수집하는 데이터는 폭우, 안개, 역광과 같은 악천후 속에서 노이즈(Noise)[53]가 섞일 수밖에 없다. AI가 마주하는 상황은 "확실한 5명과 1명"이 아니라, "전방에 성인일 확률 80%의 물체 3개와 좌측에 어린이일 확률 60%의 물체 1개"와 같은 확률적 추론[54]의 연속이다. 센서가 비닐봉지를 바위로 오인하거나, 자전거를 탄 사람을 단순히 빠른 보행자로 잘못 분류할 수 있는 현실에서 트롤리 문제와 같은 명쾌한 계산은 불가능하다. 둘째, 이분법적 선택이라는 환상이다. 사고실험은 '직진' 아니면 '선로 변경'이라는 두 가지 선택지만 강요한다. 하지만 현실의 물리적 공간은 연속적이다. 자율주행차는 제동 강도를 조절하거나, 핸들을 15도만 꺾거나, 경적을 울리며 차선에 걸쳐 주행하는 등 무한에 가까운 행동 공간(Action Space)을 가진다. 각 행동은 '누군가의 확실한 죽음'으로 귀결되는 것이 아니라, '탑승자의 부상 확률 20%, 보행자의 부상 확률 40%'와 같은 복잡한 피해 확률 분포로 이어진다. 셋째, 가장 치명적인 문제는 '해로운 주의 분산(Harmful Distraction)'[55]

---

53 악천후(폭우, 안개, 역광)로 인해 발생하는 잘못된 또는 불필요한 신호를 의미한다.

54 AI가 세상을 인식하는 방법이다. 인간처럼 "저것은 사람이다."라고 단정 짓는 것이 아니라, "저 물체는 90%의 확률로 사람이고, 10%는 마네킹일 수 있다"라고 계산하며 불확실성 속에서 최선의 판단을 내리는 방식을 말한다.

55 트롤리 문제 같은 윤리 딜레마에 과도하게 집중하면 자율주행의 실제 기술적·실용적 과제(센

이다. 트롤리 문제에 대한 대중과 미디어의 과도한 집착은 자율주행 기술의 논의를 극히 희박한 확률로 발생하는 파국적 시나리오에 가두어 버린다. 이는 자율주행차가 매일 도로 위에서 결정해야 하는 수많은 평범하지만 중요한 윤리적 결정들을 외면하게 만든다. 예를 들어, 옆 차선의 차량이 무리하게 끼어들 때 얼마나 양보할 것인가? 어린이보호구역(School Zone)에서 법적 제한 속도보다 더 느리게 갈 것인가? 불법 주정차된 차량을 피하고자 중앙선을 살짝 넘는 위법을 감행할 것인가? 이러한 일상적 판단이 실제 안전에 미치는 영향은 트롤리 딜레마보다 훨씬 크다. 무엇보다 트롤리 프레임은 사고를 '기정사실화'한다. "사고는 피할 수 없다"라는 전제하에 논의를 시작함으로써, 우리는 시스템이 애초에 왜 그런 딜레마 상황에 빠지게 되었는지, 즉 센서의 사각지대는 없었는지, 브레이크 시스템은 왜 미리 작동하지 않았는지와 같은 '예방'의 문제를 간과하게 된다. 이는 기술적 실패를 운명적 비극으로 포장하여 제조사에 면죄부를 줄 위험을 내포한다.

2. 글로벌 배심원단과 컴퓨터 코드: 데이터 기반 윤리의 명암

1) 도덕 기계: 윤리적 선호에 대한 세계적 여론조사

철학자들의 탁상공론을 넘어, 실제 대중들이 생각하는 '기계의 윤리'는 무엇일까? MIT 미디어랩의 연구팀은 이 질문에 답하기 위해 2016년, '도덕 기계(Moral Machine)'라는 거대한 실험장을 웹상에 열었다. 그들은

서 노이즈, 인프라 구축 등)에서 주의를 분산시켜 해로운 결과를 초래한다는 맥락이다. 이는 철학적 논쟁으로 인한 실질적 진전을 방해하는 "주의 산만"을 비판적으로 지칭한다.

트롤리 문제를 현대적으로 각색하여 게임처럼 만들었고, 전 세계 사람들에게 자율주행차가 직면한 딜레마 상황에서 핸들을 어디로 꺾어야 할지 물었다.

그림 3.1의 왼쪽 상황을 보면 파란색 자율주행차가 직진할 경우의 시나리오가 그려져 있다. 브레이크가 고장 난 차량이 그대로 직진하면 횡단보도를 건너고 있는 빨간 옷을 입은 보행자 3명을 치게 된다. 차 안에는 파란 옷을 입은 승객 3명이 타고 있으며, 이들은 무사할 것이다.

오른쪽 상황은 차량이 핸들을 틀어 콘크리트 장애물로 방향을 전환할 경우를 나타낸다. 차량이 장애물과 충돌하면 차 안의 승객 3명이 사망하게 되지만, 횡단보도에 있던 보행자 3명은 무사할 것이다. 이 시나리오가 제시하는 핵심 질문은 다음과 같다: 자율주행차는 직진하여 합법적으로 횡단보도를 건너는 보행자 3명을 희생시켜야 하는가, 아니면 방향을 틀어 장애물과 충돌함으로써 차량 탑승자 3명을 희생시켜야 하는가? 두 선택 모두 같은 수의 사람이 희생되지만, 한쪽은 무고한 보행자를, 다른 한쪽은 차량을 이용하는 승객을 보호하는 선택이라는 점에서 윤리적 딜레마가 발생한다.

실험에는 희생자의 성별, 나이, 사회적 지위, 신체적 특징(비만 등), 그리고 교통법규 준수 여부 등 다양한 변수가 조합된 수백만 개의 시나리오가 제시되었다. 결과는 놀라웠다. 233개 국가에서 4천만 건이 넘는 의사결정 데이터가 수집되었고, 이는 인류 역사상 가장 큰 규모의 윤리적 선호도 조사로 기록되었다.

이 방대한 데이터 속에서 인류 공통의 보편적 윤리가 발견되었다. 크게 3가지로 분류되는데, 첫째 인간 우선이다. 동물을 희생시켜서라도 인간을 살린다. 둘째, 다수 우선이다. 한 명보다는 많은 사람을 살리는 공리주의적 선택을 선호한다. 마지막으로 약자 우선이다. 노인보다는 어린아이를 살리려는 경향이 뚜렷하다. 그러나 더욱 흥미로운 점은 문화권에 따른 미묘하지만 뚜렷한 차이였다. 연구진은 전 세계를 크게 세 개의 '도덕적 부족(Moral Tribes)'[56]으로 분류했다.

그림 3.2 글로벌 선호도

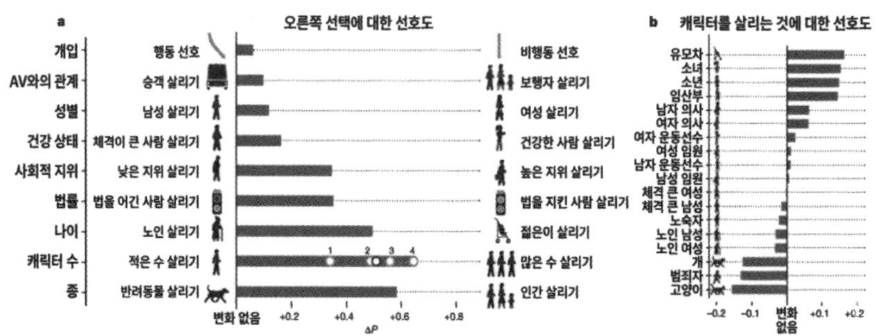

출처: Awad, E., Dsouza, S., Kim, R., Schulz, J., Henrich, J., Shariff, A., Bonnefon, J. F., & Rahwan, I. (2018). The Moral Machine experiment. Nature, 563(7729), 59–64.

그림 3.2는 사고 상황에서 자율주행차가 누구를 보호하고 누구를 희생시킬 것인지에 대한 전 세계 사람들의 선호도를 보여준다. 그림 a는 속성별 선호도 분석을 보여주는데, 평균 한계 구성요소 효과(Average Marginal Component Effect, 이하 AMCE로 표기)를 나타낸다. 이는 컨조인트 분석(Conjoint Analysis)에서 사용하는 지표로, 여러 조건이 복합적으로 주어졌을 때 특정 요소가 선택에 미치는 평균적인 영향력을 측정한다. 값이 양수(+)이면 해당 속성을 가진 대상을 살리려는 경향(선호)이 강함을, 음수(-)이면 희생시킬 가능성(비선호)이 큼을 의미한다. 0에 가까울수록 그 요소는 선택에 큰 영향을 주지 않는다는 뜻이다. 예를 들어 '어린이'의 AMCE가 +0.3이라면, 다른 조건이 같을 때 어린이가 포함된 쪽을 구

56 하버드대 심리학자 조슈아 그린(Joshua Greene)이 제시한 개념으로, 문화권마다 서로 다른 도덕적 가치관을 공유하는 집단을 의미한다. '도덕 기계' 실험에서는 서구권(개인 중시), 동아시아권(규범·어른 중시), 남방권(약자 중시) 등 크게 세 가지 부족으로 나뉘는 경향을 보였다.

할 확률이 30%포인트 더 높다는 것을 의미한다.

이 실험의 주요 조사 결과를 살펴보면, 사람들은 갑자기 방향을 틀어 개입하는 행동보다 기존 경로를 유지하는 무 행동(Inaction)을 약 0.5 정도 더 선호했다. 자율주행차 승객보다 보행자를 살리는 것을 선호했고, 남성보다는 여성을, 비만인보다는 건강한 체격의 사람을 보호하려는 경향이 있었다. 낮은 지위보다 높은 지위의 사람을(약 0.6), 불법 행위자보다 준법 행위자를 살리는 것을 선호했다. 그리고 노인보다 젊은 사람을 구하려는 선호도(약 0.8)가 매우 강했으며, 구할 수 있는 인원수가 많을수록 선호도가 점진적으로 높아졌다. 동물을 구하는 것보다 사람을 구하는 것에 대해 가장 압도적인 선호도(+0.8 이상)를 보였다.

그림 b는 성인 남녀를 기준점(0)으로 삼았을 때, 각 캐릭터(인물) 유형이 가지는 상대적 생명 가치를 보여준다. 유모차에 탄 아기(+0.2), 소녀와 소년, 임산부, 의사, 운동선수 등은 성인 남녀보다 더 보호받아야 할 대상으로 인식되었고, 노인, 노숙자, 비만인은 성인 남녀보다 상대적으로 낮은 선호도를 보였다. 특히 범죄자는 약 -0.2로 인간 중 가장 낮은 수치를 기록했으며, 개와 고양이 같은 반려동물은 그보다 더 낮은 순위에 머물렀다.

이 연구는 사람들이 딜레마 상황에서 '생명의 수', '사회적 유용성', '법적 책임' 등을 중요한 판단 기준으로 삼고 있음을 시사한다. 연구진은 지리적·문화적 특성에 따라 전 세계를 세 개의 '도덕적 부족(Moral Tribes)'으로 분류했다. 하지만 이러한 구분에는 다음과 같은 몇 가지 비판적 한계가 존재한다. 첫째, 일반화의 오류이다. 국가나 지역을 하나의 거대한 도덕적 집단으로 묶는 과정에서, 해당 문화권 내에 존재하는 다양한 가치관의 스펙트럼이 생략될 위험이 있다. 같은 문화권이라 하더라도 개인의 종교, 교육 수준, 정치적 성향에 따라 판단은 크게 달라질 수 있다. 둘째, 스테레오타입(고정관념)의 부정적 측면이다. 특정 지역을 '서구적(Western)', '동양적(Eastern)', '남부(Southern)' 부족으로 범주화하는 것은 자칫 해당 지역 사람들에 대한 편견을 강화할 수 있다. 이는 복잡한 윤리적 담론을 단순한 지역적 특성으로 치부해 버리는 결과를 초래할 수 있다. 마지막으로, 개별성의 상실이다. 도덕적 결정은 집단의 정체성만큼이나 개인의 독립적인 윤리적 직관과 경험에 근거한다. '부족'이라는 집단적 틀은 개개인이 가진 고유한 도덕적 자율성과 상황에 따른 판단의 유연성을 충분히 반영하지 못한다는 한계를 지닌다. 따라서 이러한 통계적 분류는 경향성을 파악하는 참고 자료로 활용되어야 하며, 이를 절대적 윤리 지도로 해석하는 데에는 신중한 주의가 필요하다.

표 3.2 도덕적 부족(Moral Tribes)

문화권 클러스터	주요 특징 및 선호 경향	해석
서구 (북미, 유럽)	개인주의와 평등주의를 중시한다. 특정 인물(의사, 운동선수 등)을 우대하거나 비만인을 차별하는 것에 강한 거부감을 보였다.	모든 생명은 동등한 가치를 지닌다는 의무론적 직관이 강하게 작용했다.
동아시아 (한국, 중국, 일본)	유교적 전통과 위계질서를 중시한다. 서구와 비교하면 노인을 구하려는 선호가 상대적으로 높았으며, 법규 준수 여부를 생명 선택의 중요한 기준으로 삼았다.	사회적 질서 유지와 어른에 대한 공경이라는 문화적 배경이 반영되었다.
남방 (라틴아메리카, 프랑스구식민지)	여성과 아이, 그리고 젊은이를 구하려는 성향이 다른 어떤 그룹보다 강하게 나타났다.	가족 중심의 문화와 약자 보호에 대한 사회적 합의가 강하다.

2) 민주적 윤리의 함정: 편향의 알고리즘화

도덕 기계 실험은 "전 세계적으로 통용되는 단일한 윤리 알고리즘은 존재할 수 없다"라는 사실을 보여주었다. 그러나 동시에, 다수의 의견을 그대로 따르는 '데이터 기반 윤리(Data-Driven Ethics)'가 얼마나 위험할 수 있는지도 경고했다.

첫째, '다수의 폭정[57](Tyranny of the Majority)'이 기술로 구현될 위험이 있다. 만약 어떤 사회의 다수가 노숙자나 소수 민족보다 고소득 전문직을 살리는 것을 선호한다고 응답했다면, AI는 이를 학습하여 사회적 약자를 체계적으로 배제하고 희생시키는 '혐오 기계'가 될 수 있다. 민주적 투표가 항상 도덕적 정답을 담보하지 않듯, 대중의 선호 데이터를 그대로 알고리즘에 반영하는 것은 차별을 자동화하고 고착화하는 결과를 낳을 수 있다. 둘째, 'WEIRD 편향'의 문제다. 현재 AI 기술 개발을 주도하는 엔지니어와 연구자들은 대부분 'WEIRD'한 배경을 가지고 있다. 즉, 서구의(Western), 교육받은(Educated), 산업화한(Industrialized), 부유하고(Rich), 민주적인(Democratic) 사회 출신들이다. 이들이 자신의 문화적 배경을 '보편적 상식'으로 착각하고 알고리즘을 설계할 때, 동아시아나 남미의 문화적 맥락은 무시되거나 오류로 취급될 수 있다. 이는 기술적 제국주의의 또 다른 형태가 될 수 있다. 셋째, 소비자들의 이중성, 즉 '사회적 딜레마'다. 연구에 따르면 사람들은 "다른 사람의 차는 전체의 피해를 줄이는 공리주의적 차여야 한다"고 생각하면서도, 정작 "내가 살 차는 나를 최우선으로 보호해야 한다"고 응답했다. 만약 자동차 제조사들이 소비자의 이기적 구매 욕구에만 부응한다면, 도로는 각자도생의 정글이 될 것이다. 이는 시장의 논리에만 윤리를 맡길 수 없으며, 강력한 규제와 사회적 합의가 필요함을 역설한다.

---

57 민주주의의 딜레마 중 하나로, 다수의 의견이 항상 옳은 것은 아니며 소수의 권리를 침해할 수 있음을 뜻한다. AI가 대중의 데이터만 학습할 경우, 인종 차별이나 소수자 혐오 같은 편향된 다수의 시각을 그대로 답습할 위험을 경고하는 용어이다.

3. 컴퓨터 코드가 혼돈을 만날 때: 실패의 해부와 책임의 이전

1) 템피의 비극: 시스템 실패의 해부

윤리적 논쟁이 탁상공론이 아님을 증명한 사건이 앞선 사례에서 소개한 바와 같이, 2018년 3월 18일 밤, 미국 애리조나주 템피(Tempe)에서 발생했다.

미국 국가교통안전위원회(NTSB)[58]가 발표한 사고 보고서는 이 비극이 어느 한순간의 실수가 아니라, 기술적 오만과 조직의 안전 불감증이 겹겹이 쌓여 만들어낸 '실패의 샌드위치'였음을 적나라하게 보여준다. 차량의 라이다(LiDAR)와 레이더 센서는 충돌 5.6초 전에 이미 보행자를 감지했다. 기계의 눈은 인간보다 밝았다. 하지만 뇌(AI)가 문제였다. 시스템은 자전거를 끌고 길을 건너는 헤르츠버그를 제대로 분류하지 못해 혼란에 빠졌다. 처음에는 '알 수 없는 물체'로, 그다음엔 '차량'으로, 충돌 1.2초 전에야 비로소 '자전거'로 인식했다. 훈련 데이터에 없었던 '자전거를 끌고 가는 보행자'라는 흔치 않은 엣지 케이스(Edge Case)에 마주치자 AI가 얼어버린 것이다. 그런데 시스템은 뒤늦게나마 충돌 1.3초 전 비상 제동이 필요하다고 판단했다. 하지만 차는 멈추지 않았다. 우버의 엔지니어들이 승차감을 개선하고 급정거를 줄인다는 명목으로, AI가 스스로 급제동을 거는 기능(AEB)을 비활성화해 두었기 때문이다. "안전보다 승차감"이라는, 믿기 힘든 개발팀의 윤리적 우선순위가 만든 결과였다. 운전석에는 만약의 사태에 대비한 안전 요원 라파엘라 바스케즈

---

58 미국의 교통사고를 조사하는 독립적인 연방 기관이다. 누구를 처벌할 권한은 없지만, 사고의 과학적 원인을 밝혀내고 재발 방지를 위한 '안전 권고안'을 내놓는 역할을 한다. 우버 자율주행 사고 조사를 주도했다.

(Rafaela Vasquez)가 앉아 있었다. 하지만 그녀는 전방을 주시하지 않았다. 경찰 조사 결과, 사고 당시 그녀의 스마트폰에서는 TV 쇼 '더 보이스(The Voice)'가 스트리밍되고 있었고, 그녀는 사고 직전 약 5.3초 동안 고개를 숙이고 있었다. 그녀가 고개를 든 것은 충돌 0.5초 전이었다. 결국, 인식의 실패(Perception Failure), 판단의 실패(Decision Failure) 그리고 인간-기계 상호작용의 실패(HMI[59] Failure)가 연이어 발생한 것이다.

그림 3.3 NTSB 재생화면

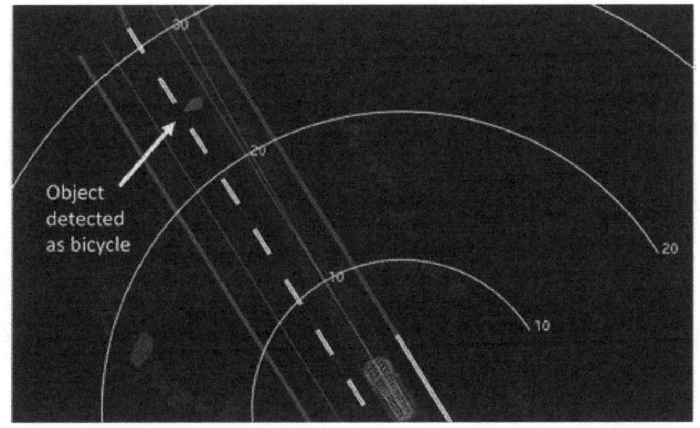

출처: NTSB

그림 3.3은 자율주행 시스템의 데이터 재생화면을 보여주는 것으로, 충돌 약 1.3초 전 시점의 상황을 나타낸다. 이 시점은 시스템이 충돌을 완화하기 위해 긴급 제동 조작이 필요하다고 판단한 순간이다. 화면 왼쪽에는 "Object detected as bicycle"이라는 텍스트가 표시되어 있다. 이는 시스템이 앞에 있는 물체를 자전거로 인식했다는 것을 의미한다.

---

59 자율주행차에서 운전자와 시스템 간 제어 전환, 상태 표시, 안전 통신을 위한 인터페이스를 의미한다. 이는 지연시간(latency)과 행동 공간(action space)을 최적화해 딜레마 윤리나 예방 윤리를 실현한다.

노란색 곡선들은 차량 전방의 거리를 m 단위로 나타낸다. 숫자 10과 20이 표시되어 있어 각각 10m, 20m 전방을 의미하는 것으로 보인다. 주황색 선들은 매핑된 주행 경로를 보여준다. 보라색으로 음영 처리된 영역은 차량이 실제로 주행한 경로를 나타낸다. 녹색 선은 그 경로의 중심선을 표시한다. 화면에 흩어져 있는 파란색 점들은 센서가 감지한 주변 물체나 환경 데이터를 나타내는 것으로 추정된다. 흰색 점선은 차량의 예상 진행 방향이나 기준선을 표시하는 것으로 보인다. 전체적으로 이 화면은 자율주행 차량이 주변 환경을 어떻게 인식하고, 어떤 경로로 주행했으며, 어느 시점에 위험을 감지했는지를 시각적으로 보여주는 데이터 기록이다.

2) 도덕적 완충지대: 책임은 누구에게 있는가?

이 사고는 "도덕적 완충지대(Moral Crumple Zone)"라는 개념을 우리에게 각인시켰다. 앞 장에서 언급한 것처럼 연구자 매들린 엘리시(Madeleine Elish)가 제안한 이 용어는, 자동화 시스템이 인간의 주의력을 구조적으로 떨어뜨려 놓고 정작 사고가 나면 그 책임을 인간에게 전가하는 현상을 꼬집는다.

우버의 시스템은 99%의 시간 동안 스스로 운전하며 인간을 지루하게 만들었다. 인간의 뇌는 감시자 역할에 적합하지 않다. 아무 일도 일어나지 않는 상황을 몇 시간이고 감시하다 보면 '자동화 안주(Automation Complacency)'에 빠질 수밖에 없다. 그러다 시스템이 처리하지 못하는 1%의 위기 상황이 닥치면, 기계는 1초도 안 되는 시간에 제어권을 인간에게 던져버린다. 마치 자동차의 범퍼가 충격을 흡수하듯, 인간 운영자는 기계의 실패에 대한 법적, 윤리적 비난을 대신 흡수하여 찌그러지는 존재가 된다. 사고 직후, 검찰의 칼날은 '더 보이스(The Voice)'를 보고 있던 안전 요원 바스케즈에게 향했다. 그녀는 과실치사 혐의로 기소되었고, 결국 유죄를 인정하고 집행유예를 선고받았다. 반면 우버는 형사 기소를 피했다. 이것이 과연 정의로운가? 우버는 미성숙한 기술을 도로에 올렸고, 안전장치를 껐으며, 안전 요원 교육을 소홀히 했다. 이 사건은 법적 책임이 개인(운전자)의 과실에서 기업(제조사)의 제조물 책임(Product Liability)[60]으로 이전되어야 함을 강력하게 시사한다.

3) 냉각 효과 대 도덕적 해이: 딜레마의 경제학

책임의 소재를 제조사로 옮기는 것은 경제적으로도 복잡한 딜레마를 낳는다. 한편으로는 "냉각 효과(Chilling Effect)"가 우려된다. 제조사에 너무 가혹한 책임을 지우면, 소송 리스크를 두려워한 기업들이 혁신을 멈추거나 기술 도입을 지연시킬 수 있다. 의료용 임플란트 산업에서 부품 공급업체들이 소송을 두려워해 시장을 철수한 사례가 이를 증명한다. 자율주행 부품사들이 "사고 나면 우리 책임"이라는 부담 때문에 사업을 포기한다면, 생명을 구할 수 있는 기술의 발전 자체가 멈출 수 있다. 반면에, "도덕적 해이(Moral Hazard)"도 존재한다. 만약 책임이 너무 가볍거나 모호하다면, 우버의 사례처럼 기업은 안전보다 속도와 이익을 우선시하게 된다. "조금 위험해도 일단 출시하고 보자"라는 식의 태도는 도로 위를 실험실로 만들고 시민을 실험실의 쥐로 전락시킨다.

결국, 법적 책임 구조는 단순한 처벌이 아니라, 기업이 안전 공학(Safety Engineering)에 더 과감히 투자하도록 유도하는 "진화적 압력"으로 작용해야 한다. 사고에 대한 책임을 엄격하고 투명하게 물을 때, 기업

---

60 제품의 결함으로 인해 소비자가 피해를 보았을 때 제조사가 지는 법적 배상책임이다. 자율주행 사고 시 운전자의 '과실'보다는 자동차라는 제품 자체의 '결함' 여부가 중요해지면서, 책임의 주체가 개인에서 기업으로 넘어가는 근거가 된다.

은 배상금을 피하기 위해서라도, 그리고 소비자의 신뢰를 얻기 위해서라도 "가장 안전한 차"를 만드는 경쟁에 뛰어들게 될 것이다.

4. 블랙박스 딜레마: 설명 가능한 AI의 약속과 함정

1) 설명할 수 없는 지능의 공포

자율주행차의 두뇌 역할을 하는 딥러닝(Deep Learning) AI는 인간 프로그래머가 한 줄 한 줄 짜 넣은 규칙대로 움직이지 않는다. 대신 수백만 시간 분량의 주행 데이터를 먹어 치우며 스스로 운전법을 터득한다. 문제는 이 과정에서 AI 내부에 형성된 수억 개의 신경망 연결 구조가 너무나 복잡해서, 심지어 개발자조차 AI가 왜 특정 상황에서 그런 결정을 내렸는지 완벽하게 설명할 수 없다는 점이다. 이를 '블랙박스(Black Box)' 문제라고 부른다. 2016년, 이세돌 9단과 대국을 펼친 알파고(AlphaGo)가 둔 전설적인 '37수'를 기억하는가?

2016년 3월 10일, 서울 포시즌스 호텔에서 열린 알파고(AlphaGo)와 이세돌 9단의 제2국에서 나온 '37수'는 바둑 역사는 물론, 인공지능 발전사에서도 가장 상징적 장면 중 하나로 꼽힌다. 당시 알파고가 둔 37수는 우변의 흑 돌이 백의 세력권에 '5선 어깨 짚기'를 한 수였다. 바둑의 정석과 격언에서 4선은 '승리의 선', 5선은 '패배의 선'으로 불린다. 5선에 돌을 놓는 것은 상대에게 아래쪽(4선)에 거대한 집을 지어주기 때문에, 인간 프로기사들의 세계에서는 '절대 두지 말아야 할 악수(惡手)'로 여겨졌다. 이 수가 놓이는 순간, 현장에서 중계하던 전문가들은 자신의 눈을 의심했다. 당시 영어 해설을 맡았던 마이클 레드먼드(Michael

Redmond) 9단은 "매우 생소한 수다. 실수인 것 같다"라며 당혹감을 감추지 못했다. 한국 해설진 역시 "바둑판이 잘못 찍힌 게 아니냐", "컴퓨터의 오류(버그)가 아니냐"는 의문을 제기했다. 돌이 놓인 직후, 이세돌 9단은 한참 동안 바둑판을 응시하다가 결국 자리에서 일어나 화장실을 다녀오며 평정심을 찾으려 노력했다. 그는 나중에 복기하며 "그 수는 인간의 직관으로는 절대 나올 수 없는 수였다"라고 회상했다. 대국이 진행될수록 이 37수의 진가가 드러나기 시작했다. 처음에는 백에게 아래쪽 집을 내어주는 듯 보였지만, 결과적으로 그 흑 돌은 중앙의 두터움을 형성하며 나중에 판 전체를 지배하는 핵심적 요충지가 되었다. 알파고는 인간이 가진 '금기'나 '고정관념' 없이, 오로지 승률이라는 확률적 계산에만 집중했다. 당시 알파고의 데이터에 따르면, 인간 프로기사들이 이 수를 둘 확률은 1만 분의 1 미만이었지만, 알파고는 이 수가 승리로 가는 가장 확실한 길이라고 판단한 것이다.

당시 경기를 중계한 해설자들은 그 수를 보고 "실수"라고 생각했다. 직관적으로 이해할 수 없었기 때문이다. 하지만 그것은 AI가 계산해 낸 승리의 수였다. 바둑판 위에서는 이런 '설명할 수 없는 천재성'이 감탄의 대상이지만, 도로 위에서는 공포의 대상이 된다. 사고가 났을 때 "왜 멈추지 않았습니까?"라는 판사나 유가족의 질문에 "알고리즘의 신경망 34번째 레이어의 가중치 값이 그랬습니다"라고 답할 수는 없는 노릇이다. 설명 불가능성은 사회적 신뢰를 무너뜨리는 가장 큰 장벽이다.

2) XAI: 투명성을 향한 시도와 그 한계

이 문제를 해결하기 위해 등장한 기술이 "설명 가능한 AI (XAI)"이다. XAI는 복잡한 AI의 내부 작동 원리를 인간이 이해할 수 있는 언어나 시각 자료로 번역해 준다. AI가 카메라 화면의 어느 부분을 보고 판단했는지 히트맵(Heatmap)처럼 보여준다. 이를 중요도 지도(Saliency Maps)[61]라 부른다. 예를 들어, 차가 멈췄을 때 AI가 무단횡단하는 보행자의 다리 부분을 붉게 표시하고 있었다면, "보행자를 인식해서 멈췄다"라고 설명할 수 있다. 반면에 반사실적 설명(Counterfactuals)[62]은 가정법을 사용하는 방식이다. "만약 보행자가 50cm만 더 인도 쪽에 있었다면 멈추지 않고 지나갔을 것입니다"라고 설명함으로써, AI가 어떤 경계선을 기준으로 판단했는지 보여준다.

그림 3.4는 동적 주행 장면에서 자율주행 시스템이 인간과 유사한 주의력을 바탕으로 중요한 물체를 추정하는 과정을 4단계로 보여준다. 도심 도로에서 보행자가 횡단보도를 건너고 있고, 주변에 여러 차들이 주행하는 상황이 담겨 있다.

첫 번째 이미지는 차량의 전방 카메라로 촬영한 실제 주행 장면을 보여준다. 도로 중앙에서 보행자 한 명이 횡단보도를 건너고 있으며, 왼쪽에는 검은색 차량, 오른쪽에는 흰색 SUV가 주행 중이다. 배경에는 건물들과 간판이 보이는 전형적인 도심 환경이다.

두 번째 이미지는 물체 탐지 알고리즘의 결과를 나타낸다. 장면 내의 모든 차량과 보행자가 청록색과 녹색의 바운딩 박스로 표시되어 있다. 횡단보도를 건너는 보행자, 왼쪽의 검은 차량, 오른쪽의 흰색 SUV, 그리고 배경의 다른 차량까지 모두 감지되었다. 이는 시스템이 시각적으로 인식할 수 있는 모든 물체를 탐지했다는 것을 의미한다.

세 번째 이미지는 인간과 유사한 주의력 메커니즘을 시각화한 것이다. 전체 이미지가 약간 흐릿하게 처리되어 있으며, 횡단보도를 건너는 보행

---

61 자율주행 AI에서 모델이 주목한 영역(예: 장애물)을 시각화하며, HMI와 결합해 운전자 신뢰를 높인다.

62 설명 가능한 AI(XAI) 기술 중 하나로, "만약 ~했다면 결과가 어땠을까?"를 보여주는 방식이다. 예를 들어 "만약 보행자가 50cm만 더 안쪽에 있었다면 차가 멈추지 않았을 것이다"라고 설명해줌으로써, AI가 어떤 기준으로 판단했는지 인간이 직관적으로 이해하게 돕는다.

자 주변에 무지개색의 밝은 영역이 집중되어 있다. 이 색깔이 다양한 히트맵은 시스템이 현재 상황에서 가장 주의를 기울여야 할 영역을 나타낸다. 인간 운전자가 횡단보도의 보행자에게 자연스럽게 시선을 집중하는 것처럼, 시스템도 위험도가 높거나 중요한 영역에 주의를 할당한다.

네 번째 이미지는 물체 탐지(Detection)와 주의력(Attention) 정보를 결합한 최종 결과를 보여준다. 탐지된 모든 물체가 네모 박스로 표시되어 있지만, 횡단보도의 보행자가 가장 현저한(salient) 물체로 강조되어 있다. 이는 시스템이 단순히 물체를 인식하는 것을 넘어, 현재 주행 상황에서 어떤 물체가 가장 중요하고 위험한지 판단할 수 있음을 의미한다.

그림 3.4 주행 상황에서 가장 중요한 대상에 주의를 집중하는 운전자

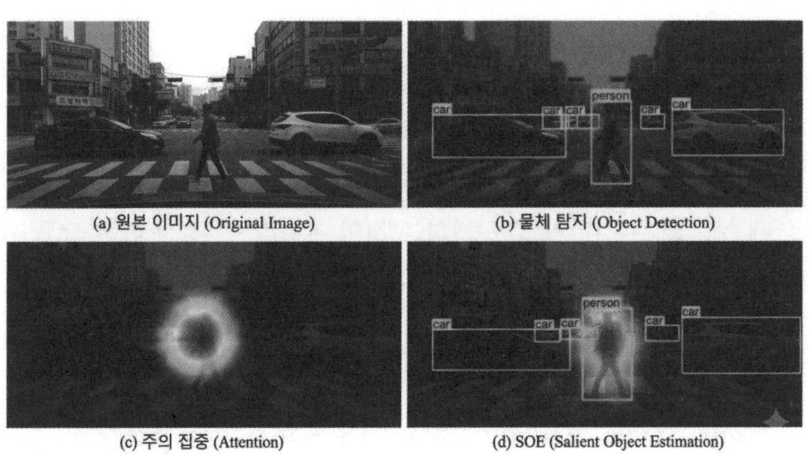

(a) 원본 이미지 (Original Image)
(b) 물체 탐지 (Object Detection)
(c) 주의 집중 (Attention)
(d) SOE (Salient Object Estimation)

하지만 XAI는 만병통치약이 아니다. 여기에는 "정확성-설명력 상충관계(Accuracy-Interpretability Trade-off)"라는 딜레마가 있다. 일반적으로 성능이 뛰어난 AI 모델일수록 구조가 복잡해 설명하기 어렵고, 설명하기 쉬운 단순한 모델(선형 회귀 등)은 복잡한 도로 상황을 처리하기엔 성능이 떨어진다. 안전이 최우선인 자율주행차에서 설명력을 높이겠다고 성능

을 낮추는 것은 주객전도가 될 수 있다. 더욱 우려되는 것은 "공정성 세탁(Fairwashing)"[63]과 같은 악의적 조작 가능성이다. 기업이 차별적 결정을 내리는 편향된 AI를 만들어놓고, XAI 모듈을 조작하여 마치 공정하고 합리적인 이유로 결정한 것처럼 포장할 수 있다. 예를 들어, 흑인 보행자를 늦게 인식하는 결함 있는 알고리즘이 "역광 때문에 인식이 지연되었다"라고 그럴듯한 거짓 변명을 내놓게 만들 수 있는 것이다. 이는 '거짓된 투명성'으로, 아예 모르는 것보다 더 위험한 기만이 될 수 있다.

5. 예방 윤리: 딜레마를 넘어선 공학적 해법

1) 딜레마 윤리에서 예방 윤리로의 전환

앞서 1절에서 우리는 트롤리 문제에 대한 집착이 '해로운 주의 분산'이 될 수 있음을 보았다. 자율주행 기술 개발의 지상 과제는 '사고가 났을 때 누구를 칠 것인가'를 고민하는 것이 아니라, '어떻게 하면 사고 자체를 안 낼 것인가'에 집중하는 것이다. 따라서 논의의 패러다임은 반응적 "딜레마 윤리(Dilemma Ethics)"에서 선제적 "예방 윤리(Preventive Ethics)"로 대전환을 이루어야 한다. 예방 윤리는 사고가 발생하기 전 단계에 모든 공학적, 정책적 자원을 쏟아붓는 것을 의미한다. 항공 산업이 수많은 사고를 겪으며 체크리스트와 안전 문화를 정착시켜 '가장 안전한 이동 수단'이 된 것처럼, 자율주행 역시 '나쁜 공학, 나쁜 관리, 나쁜 윤리'를 예방하는 시스템을 구축해야 한다. 구체적 실천 방안으로 회복 탄력적 설계(Resilient Design)를 들 수 있다. 단일 장애 지점(SPOF)을 없애는 것

63 기업이 편향되거나 차별적인 AI 모델을 만들었음에도, 설명 기술(XAI)을 조작하여 마치 공정한 것처럼 포장하는 기만행위를 뜻한다. '그린워싱(위장 환경주의)'의 AI 버전이라고 볼 수 있다.

이다. 라이다(LiDAR) 센서가 고장 나면 카메라와 레이더가 즉시 그 역할을 대신하고, 메인 컴퓨터가 다운되면 보조 컴퓨터가 차를 갓길에 세울 수 있도록 이중, 3중의 안전장치(Redundancy)를 마련해야 한다. 또한, V2X (Vehicle-to-Everything) 통신도 하나의 방안이 될 수 있다. 자동차가 고립된 섬이 아니라, 도로 인프라 및 다른 차량과 끊임없이 대화하는 존재가 되는 것이다. 교차로의 신호등이 "3초 뒤에 빨간불로 바뀐다"라고 알려주거나, 앞서가는 차가 "여기 빙판길이 있다"라고 경고해 준다면, AI는 인간의 시야 범위를 넘어선 '천리안'을 갖게 된다. 이는 돌발 상황 자체를 획기적으로 줄여 윤리적 딜레마가 발생할 확률을 0에 수렴하게 만든다.

2) 안전 표준의 진화: 요리 도구에서 요리사로 (ISO 26262 vs. ISO 21448)

자동차 산업의 안전 표준 역시 이러한 철학적 변화를 반영하여 진화하고 있다. 이를 이해하기 쉽게 '요리'에 비유해 보자. 과거의 표준 (ISO 26262 - 기능 안전)[64] 은 "요리 도구"가 고장 나지 않게 하는 것이다. 가스레인지가 폭발하거나, 칼날이 부러지거나, 오븐이 과열되는 것을 막는 데 집중한다. 자동차로 치면 브레이크 유압이 터지거나 전자 제어 장치 (ECU)가 먹통이 되는 하드웨어적/소프트웨어적 '고장'을 방지하는 것이다. 이것은 필수적이지만, AI 시대에는 충분하지 않다. 반면에 새로운 표준 (ISO 21448 - SOTIF, 의도된 기능의 안전성)[65]은 "요리사(AI)"가 멀쩡한

64 자동차의 전자 장치가 고장 나지 않도록(기능 안전) 규정하는 국제 표준. 브레이크나 센서 등의 하드웨어/소프트웨어 오류를 방지하는 데 초점을 맞추고 있어, 고장이 없어도 판단 착오를 일으키는 AI의 안전을 다루기에는 부족하다는 평가를 받는다.

65 2023~2024년에 걸쳐 제정되고 있는 최신 표준으로, 기존 표준들이 다루지 못한 'AI 고유의 안전성'을 다룬다. AI의 성능 한계, 데이터 편향성, 불확실성 등을 체계적으로 검증하여 자율주행차의 '두뇌' 안전을 보장하려는 국제 규범이다.

도구를 가지고도 요리를 망치지 않게 하는 것이다. 도구는 완벽하지만, 요리사가 설탕 대신 소금을 들이붓거나, 레시피를 잘못 이해할 수 있다. 자율주행차로 치면, 센서와 브레이크는 고장 나지 않았지만(ISO 26262 만족), AI가 눈 부신 햇살 때문에 앞차의 하얀 트럭을 하늘로 착각하여 그대로 들이받는 상황(SOTIF 위반)을 다룬다.

ISO 21448(SOTIF)은 고장이 없는 상태에서도 발생할 수 있는 AI의 인지 오류, 판단 착오, 그리고 예측 불가능한 외부 환경(정글과 같은 도로)에 대한 대응력을 검증한다. 더 나아가 ISO/PAS 8800은 AI 기술에 특화된 안전 표준으로, 학습 데이터의 편향성이나 모델의 불확실성까지 관리 체계 안에 포함한다. 이제 안전은 '증명(Verify)'하는 단계를 넘어, 수많은 시나리오 속에서 끊임없이 '타당성을 확인(Validate)'하는 과정이 되었다.

그림 3.5 자동차 안전 표준의 진화

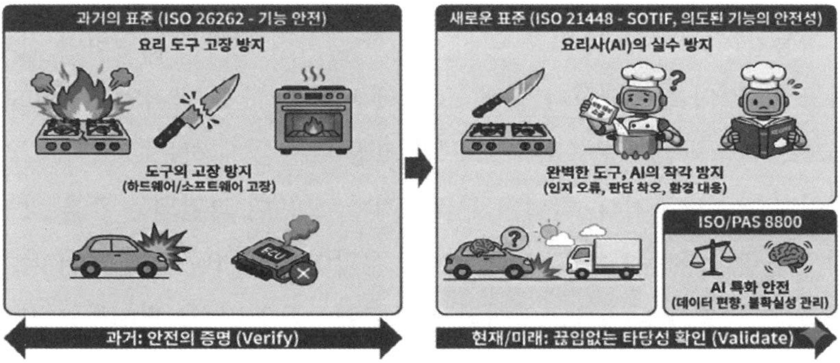

상암의 실험실과 강남의 도전

서울 상암동과 세종시는 자율주행 시범지구로 지정되어, 통제된 연구소가 아닌 살아 있는 도시의 혈관 속에서 기술을 테스트하고 있다. 특히 상암동의 5G 융합 자율주행 테스트베드[66]는 세계적으로도 주목받는 사례다. 이곳에서는 V2X 인프라가 촘촘하게 깔린 도로 위에서 자율주행 버스와 승용차가 일반 차들과 뒤섞여 주행한다. 최근에는 서울 강남 한복판에서 심야 자율주행 택시(로보택시) 서비스가 시작되었다. 강남은 자율주행 AI에게는 그야말로 '지옥의 난이도'를 자랑한다. 좁은 이면 도로, 쉴 새 없이 튀어나오는 배달 오토바이, 꼬리 물기를 하는 택시들, 그리고 무단횡단 보행자까지. 미국 피닉스의 넓고 한적한 도로에서 훈련된 웨이모조차 혀를 내두를 환경이다. 이곳에서의 성공 여부는 한국 자율주행 기술이 실험실을 벗어나 생활 속으로 들어올 수 있을지를 가늠하는 리트머스 시험지가 될 것이다.

하지만 도전 과제도 만만치 않다. 배달의 민족, 요기요 등 배달 플랫폼의 폭발적 성장으로 인해 늘어난 오토바이들은 AI가 예측하기 가장 어려운 변수다. 실제로 최근 연구들은 한국의 도로 환경에서 이륜차와의 상호작용이 자율주행 안전의 핵심 변수임을 지적하고 있다.

이러한 기술적 도전에 발맞춰 한국 정부(국토교통부)는 2020년 "자율

---

66 서울 마포구 상암동에 조성된 자율주행 실증 단지이다. 차량 혼자 달리는 것이 아니라, 5G 통신망을 통해 신호등, 도로, 다른 차량과 실시간으로 정보를 주고받으며(V2X) 복잡한 도심 주행을 시험하는 거대한 실험실 역할을 한다.

주행차 윤리 가이드라인"을 발표했다. 이 가이드라인은 인간 생명의 최우선 보호, 사고 시 피해 최소화 그리고 취약한 도로 이용자(보행자, 자전거 등) 보호를 핵심 원칙으로 삼는다.

흥미로운 점은 한국의 가이드라인이 독일이나 미국과 달리 "유연성"을 남겨두었다는 것이다. "인명은 재산보다 우선한다"라는 대원칙은 명확하지만, 트롤리 딜레마와 같은 상황에서 "노인을 구할 것인가, 아이를 구할 것인가"와 같은 구체적인 우선순위는 명시하지 않았다. 이는 아직 사회적 합의가 무르익지 않았음을 인정하고, 기술 발전과 공론화 과정에 따라 내용을 채워나가겠다는 의도로 해석된다. 한국 대중의 자율주행 수용성은 높은 편이지만, 동시에 '안전'에 대한 기준은 세계 최고 수준으로 까다롭다. 스크린도어 사고나 최근의 급발진 의심 사고들에서 보듯, 한국 사회는 기술 시스템의 실패에 대해 매우 엄격한 잣대를 들이댄다. 지하철 스크린도어가 자살률을 89%나 줄인 획기적인 '예방 기술'이었음에도, 유지보수 과정의 인재(人災)가 사회적 공분을 샀던 기억은 시사하는 바가 크다. 스크린도어는 방금 언급한 것처럼, 도입 후 10년간 투신자살을 89% 감소시킨 명백한 생명 보호 장치였다. 그러나 2016년 구의역 사고 당시, 이러한 통계적 성과는 단 한 명의 죽음 앞에서 아무런 방어막이 되지 못했다. 수백 명을 구한 기술보다, 그것을 유지하다 희생된 한 명의 청년이 더 큰 사회적 울림을 만들었다. 자율주행차도 마찬가지다. 통계적으로 교통사고를 줄인다는 장밋빛 전망은 첫 사망 사고 앞에서 무력해질 수 있다.

더 큰 문제는 책임의 구조다. 19세 비정규직 청년은 홀로, 2인 1조 원칙도 없이, 충분한 교육도 받지 못한 채 위험한 작업을 하다 목숨을 잃었다. 그러나 설계한 엔지니어도, 도입을 결정한 관료도, 유지보수를 외주화한 기업도 법정에 서지 않았다. 우버 사고 역시 같은 패턴이다. 시스템을 만든 이들이 아니라, 졸음을 참지 못한 안전 요원 한 명이 모든 책임을 떠안았다. 한국 사회가 기술 실패에 분노하는 진짜 이유는 기술 자체가 아니라, 책임이 불공정하게 분배되는 구조에 있다. 자율주행차 역시 통계적으로 인간보다 안전하다는 것만으로는 부족하다. 단 한 번의 사고라도 그 원인이 불투명하거나 책임 소재가 모호할 경우, 사회적 신뢰는 순식간에 무너질 수 있다.

자율주행차는 우리에게 끊임없이 묻는다. "당신은 기계가 운전하는 세상을 신뢰할 수 있는가?" 이 질문에 대한 답은 '완벽한 알고리즘' 하나로 얻을 수 없다. 트롤리 문제와 같은 윤리적 딜레마에 대한 100점짜리 정답은 애초에 존재하지 않기 때문이다. 우리가 추구해야 할 것은 정답 없는 문제에 매달려 시간을 허비하는 것이 아니라, 그런 끔찍한 선택의 순간을 마주치지 않도록 시스템을 설계하는 "예방 윤리"의 실천이다. 우리는 이전에 없던 새로운 사회 계약을 맺을 준비를 해야 한다. 그것은 기계가 인간보다 완벽할 것이라는 환상을 버리고, 기계도 실수할 수 있음을 겸허히 인정하는 것에서 시작한다. 대신 그 실수가 치명적인 비극으로 이어지지 않도록 다중의 안전장치(Redundancy)를 겹겹이 쌓고, V2X와 같은 인프라로 보완하며, 사고 발생 시 제조사가 투명하게 데이터를 공개하고 책임을 지는 구조를 만드는 것이다.

자율주행 기술은 인류의 이동성을 혁명적으로 개선하고, 매년 135만

명의 목숨을 앗아가는 도로 위의 비극을 획기적으로 줄일 잠재력을 가지고 있다. 하지만 그 운전대는 기술자들의 손에만 맡겨져서는 안 된다. 철학자, 법률가, 정책전문가, 그리고 매일 도로를 이용하는 시민들이 함께 참여하여 이 기계가 어떤 가치를 싣고 달릴지 결정해야 한다. 기술은 결코 가치 중립적이지 않다. 도로 위를 달리는 것은 차가 아니라, 그 차를 만든 사회의 철학이다.

참고문헌

Awad, E., Dsouza, S., Kim, R., Schulz, J., Henrich, J., Shariff, A., Bonnefon, J. F., & Rahwan, I. (2018). The Moral Machine experiment. Nature, 563(7729), 59–64.

Elish, M. C. (2019). Moral crumple zones: Cautionary tales in human-robot interaction. Engaging Science, Technology, and Society, 5, 40-60.

Foot, P. (1967). The Problem of Abortion and the Doctrine of the Double Effect. Oxford Review, 5, 5–15.

International Organization for Standardization. (2018). Road vehicles — Functional safety (ISO 26262:2018).

International Organization for Standardization. (2022). Road vehicles — Safety of the intended functionality (ISO 21448:2022).

International Organization for Standardization. (2024). Road vehicles — Safety and artificial intelligence (ISO/PAS 8800:2024).

Levine-Ariff, J. (1990). Preventive ethics: The development of policies to guide decision-making. AACN Clinical Issues in Critical Care Nursing, 1(1), 169-177.

Martin, M. W., & Schinzinger, R. (2004). Ethics in engineering (4th ed.). McGraw-Hill

Education.
National Transportation Safety Board. (2019). Collision between vehicle controlled by developmental automated driving system and pedestrian, Tempe, Arizona, March 18, 2018 (Highway Accident Report NTSB/HAR-19/03).
Thomson, J. J. (1985). The Trolley Problem. The Yale Law Journal, 94(6), 1395–1415.
World Health Organization. (2018). Global status report on road safety 2018.
국토교통부. (2020, 12월 15일). 자율주행차 윤리, 사이버보안에 이어 레벨4 자율주행차 제작·안전 가이드라인까지. *국토교통부.*
국토교통부·서울특별시. (2019, 6월 22일). 상암 자율주행페스티벌…세계최초 5G 자율주행 시험무대 열려 [보도자료]. *대한민국 정책브리핑.*
이희택. (2020, 12월 10일). 세종시, 미래형 '자율주행 특화 도시'로 급부상. *세종포스트.*
한우진. (2024, 6월 25일). 운전석이 텅~, 국내 최초 '무인 자율주행차' 상암동에서 운행 시작! *서울시 미디어허브*

4 장

모빌리티
안전과 주권

CASE STUDY FOUR.

테슬라 모델 X 마운틴뷰 사고: 기술적 과신과 양도된 주권의 대가

1. 사례 개요: 실리콘밸리 심장부에서의 충돌

2018년 3월 23일 오전 9시 27분경, 미국 캘리포니아주 마운틴뷰 인근 101번 고속도로에서 애플(Apple)의 엔지니어 월터 황(Walter Huang)이 운전하던 테슬라 모델 X가 도로의 안전지대(Gore point)의 콘크리트 장벽을 시속 약 114km로 들이받는 참사가 발생했다. 사고 당시 차량은 테슬라의 주행 보조 시스템인 '오토파일럿(Autopilot)'이 활성화된 상태였으며, 충돌 직후 배터리 폭발로 인한 화재가 발생하여 운전자는 결국 사망했다. 오토파일럿(Autopilot)은 SAE 레벨 2 수준의 고급 운전자 보조 시스템(ADAS)으로, 고속도로 주행에서 속도·차선 유지와 차선 변경을 지원한다. 이는 트래픽 어웨어 크루즈 컨트롤(Traffic-Aware Cruise Control, TACC)과 오토스티어(Autosteer)의 조합으로, 카메라·레이더 기반 AI가 주변 차량·차선을 인식해 핸들·페달을 자동 조작한다. 그런데 오토파일럿의 이름과는 사뭇 다르게 이 시스템은 완전 자율주행이 아니며, 운전자 감독(핸들 토크 감지)이 필수다. 상암동·강남 같이 복잡한 도시(배달 오토바이·무단횡단)에서는 FSD(Full Self-Driving)가 필요하며, 현재 국내는 규제로 신호등 인식만 표시하는 수준이다.

어쨌든, 이 마운틴뷰 사고는 자율주행 기술이 대중화되는 과정에서 '안전(safety)'과 '주권(sovereignty)'의 문제가 어떻게 충돌하는지를 보여주는 가장 상징적 사례 중 하나로 꼽힌다. 단순한 기계적 결함이나 운전자의 부주의라는 단편적 결론을 넘어, 시스템 설계의 철학, 인프라의 관리 부실, 그리고 인간의 인지적 한계가 얽힌 복합적 책임 소재의 전형을 제시한다. 특히 핸들에서 손을 떼는 순간 운전자가 기계에 양도한 '주권'이 위급 상황에서 어떻게 '책임의 부메랑'으로 돌아오는지를 극명하게 드러냈다.

2. 기술적 및 환경적 요인 분석: 시스템의 눈과 도로의 현실

미국 국가교통안전위원회(NTSB)의 조사 결과에 따르면, 사고 차량의 오토파일럿 시스템은 안전지대(Gore point)에서 차선을 유지하는 과정에서 치명적 오류를 범했다. 고속도로 본선과 진출로가 갈라지는 구간에서 도로표지 선이 흐릿해지자, 시스템은 분전함 쪽으로 난 공간을 차선으로 오인하여 차량을 장벽 방향으로 돌렸다. 더욱이 시스템은 충돌 6초 전 장애물을 감지했음에도 불구하고, 이를 고정된 구조물로 명확히 식별하지 못해 비상 제동을 수행하지 않았으며 오히려 설정된 속도로 속도를 올렸다.

사고의 또 다른 결정적 원인은 도로 인프라의 관리 소홀이었다. 차량이 충돌한 콘크리트 장벽 앞에는 충격을 흡수해야 할 '충격 흡수대(Crash attenuator)'가 설치되어 있었으나, 이미 11일 전 발생한 다른 사고로 인해 파손된 채 방치되어 있었다. 만약 이 장치가 정상이었나면 월터 황은 목숨을 건졌을 가능성이 크다. 이는 자율주행 기술이 완벽하더라도 이를 뒷받침하는 물리적 인프라가 부실할 때 시스템 전체의 안전망이 어떻게 붕괴하는지를 보여준다.

3. 인간-기계 상호작용(HMI)의 딜레마: 과신과 방관 사이

테슬라는 해당 시스템이 완전 자율주행이 아닌 '주행 보조'임을 명시하고 있으나, '오토파일럿'이라는 명칭 자체가 사용자에게 기술에 대한 과도한 신뢰를 심어준다는 비판을 받았다. 사고 기록에 따르면 월터 황은 사고 직전까지 스마트폰 게임을 실행 중이었던 것으로 드러났다. 이는 시스템이 주행의 상당 부분을 수행할 때 인간 운전자가 주의력을 상실하고 기계에 자신의 생존 주권을 완전히 맡겨버리는 '자동화 안주(Automation Complacency)'[67] 현상의 극단적 사례다.

당시 테슬라의 운전자 모니터링 방식은 운전자가 손을 핸들에 올려놓았을 때 감지되는 힘(Torque)을 식별하는 수준에 불과했다. 운전자가 손만 핸들에 얹어놓고 시선은 다른 곳을 향해도 시스템은 이를 적절히 제어하지 못했다. NTSB는 테슬라의 시스템이 운전자의 참여를 독려하고 주의력을 감시하는 데 있어 설계적으로 불충분했음을 지적했다. 이는 시스템이 인간에게 주권을 돌려주어야 할 시점을 제대로 판단하지 못할 때 발생하는 치명적 공백을 의미한다.

4. 법적·윤리적 쟁점: 쪼개진 책임과 주권의 행방

마운틴뷰 사고는 책임소재를 가리는 일이 얼마나 복잡한 네트워크 구조를 지니는지 보여준다. 제조사(Tesla)는 기술적 불완전성에도 불구하고 과도한 마케팅으로 사용자의 오용을 유도하고 모

67 인간 운전자나 운영자가 고도로 자동화된 시스템(예: 자율주행 오토파일럿)에 과도한 신뢰를 두고 감독 책임을 소홀히 하는 심리적 현상이다.

니터링 설계를 소홀히 한 책임이 있고, 운전자(Walter Huang)는 보조 시스템의 한계를 무시하고 주의 의무를 게을리하여 운전 주권을 포기한 책임이 있다. 캘리포니아주 도로 당국(Caltrans)은 파손된 안전 인프라를 내버려 두어 사고의 피해를 키운 책임이 있다. 이러한 '다층적 책임 구조' 속에서 법적 판단은 단일한 가해자를 찾기보다 각 주체의 과실 비율을 따지는 복잡한 과정으로 진입하게 된다.

운전자가 핸들에서 손을 떼는 행위는 도로 위에서의 '결정권'을 알고리즘에 양도하는 정치적 행위와 같다. 그러나 현행 법체계와 기술 환경은 주권은 기계가 행사하되, 책임은 여전히 인간이 지는 비대칭적 구조를 취하고 있다. 이는 3장에서 다룬 '도덕적 완충지대'의 논의와 맞닿아 있으며, 안전을 위해 주권을 넘긴 대가가 '사고 시의 법적 처벌'로 돌아오는 불평등한 계약 관계를 의미한다.

5. 안전과 주권을 위한 시사점: 미래 모빌리티의 방향성

미래 모빌리티의 안전은 기계의 성능 향상만큼이나 인간의 개입을 어떻게 유도하느냐에 달려 있다. 시선 추적 카메라와 같은 정교한 모니터링 시스템을 통해 운전자가 주권을 완전히 내버려 두지 않도록 강제하는 장치가 필수적이다. 또한, 시스템의 한계를 사용자에게 실시간으로 직관적으로 알려주는 인터페이스 설계가 동반되어야 한다.

자율주행차는 도로 위를 달리는 '바퀴 달린 컴퓨터'다. 따라서 도로 당국은 물리적 시설물 관리뿐만 아니라, 도로 상황과 장애물

정보를 실시간으로 차량에 전송하는 V2X와 같은 디지털 인프라의 구축에 힘써야 한다. 장벽이 파손되었다는 정보가 실시간으로 차량에 전달되었다면, 테슬라의 알고리즘은 가속 대신 제동을 선택했을 것이다.

기술이 고도화됨에 따라 '운전 주권'의 개념을 재정립해야 한다. 차량이 대부분의 제어권을 갖는 Level 3 이상의 단계에서는 사고 발생 시 제조사의 책임을 엄격히 묻는 법적 프레임워크가 마련되어야 한다. 주권과 책임의 일치라는 법적 원칙이 모빌리티 시대에도 관철될 때, 비로소 시민들은 안심하고 기술의 편리함을 누릴 수 있다.

6. 토론 질문

1) 오토파일럿이라는 명칭이 운전자의 과신을 유도했다면, 마케팅 용어 선택도 공학 윤리의 영역에 포함되는가?
2) 도로 인프라의 부실(파손된 충격 흡수 장치)이 사고의 피해를 키웠다면, 정부에 자율주행 사고의 직접적인 책임을 물을 수 있는가?
3) 운전자가 주의 의무를 다할 수 없는 수준의 고도화된 시스템에서, 사고 책임을 여전히 인간에게 지우는 것은 정당한가?

자율주행의 이면:
기술 진보가 묻는 불편한 질문들

우리가 매일 아침 스마트폰 알람을 끄고 일상을 시작하듯, 머지않은 미래의 어느 날, 우리는 차고 문을 열고 운전석에 앉아 핸들을 잡는 대신 잡지나 태블릿 PC를 집어 들게 될 것이다. "회사로 가줘"라는 짧은 음성 명령 하나면, 차는 부드럽게 미끄러져 나가고 우리는 창밖의 풍경을 감상하거나 부족한 잠을 보충하게 된다. 이것은 우리가 꿈꾸는 자율주행의 '편리한' 미래이다. 하지만, 이 장면을 조금 더 깊이 들여다보면, 핸들에서 손을 떼는 그 순간, 우리는 단순히 운전이라는 노동에서 해방되는 것일까? 아니다. 우리는 그 순간 우리의 생명과 안전을 담보하는 거대한 권한, 즉 도로 위에서의 '주권'을 기계에 양도하는 것이다. 만약 그 기계가 실수한다면? 만약 복잡한 교차로에서 시스템이 멈춰 선다면? 그때의 책임은 누가 져야 할까? 잡지를 보고 있던 우리일까, 차를 만든 제조사일까, 아니면 그 차를 움직이게 하는 보이지 않는 알고리즘을 짠 소프트웨어 엔지니어일까?

이 장에서는 바로 이 불편하지만, 반드시 마주해야 할 질문들을 파고든다. 1장에서 우리가 모빌리티 혁명의 거대한 물결을 목격했다면, 이제 우리는 그 물결 속에서 우리가 맺어야 할 '새로운 사회적 계약'을 이야기해야 한다. 기술적 진보만큼이나, 아니 그보다 훨씬 더 중요하고 시급한 것이 바로 이 사회적, 법적, 윤리적 합의이기 때문이다. 자율주행이라는 혁신이 우리 사회에 안전하게 뿌리내리기 위해, 우리는 누구에게 무엇을 요구해야 하는지, 그리고 우리 스스로는 어떤 준비를 해야 하는지, 그 복잡한 실타래를 하나씩 풀어본다.

4장
모빌리티 안전과 주권

1. 책임이라는 지평선의 이동: 핸들을 놓는다는 것의 의미

지난 100년 동안 도로 위의 규칙은 명확했다. 운전자는 핸들을 쥐고, 전방을 주시하며, 상황을 판단했다. 사고가 나면 책임의 소재도 분명했다. 졸았거나, 과속했거나, 부주의했던 '인간'이 책임을 졌다. 운전자는 이동의 자유를 얻는 대가로 그 위험에 대한 책임을 짊어지는, 아주 단순하고도 강력한 사회적 계약이 존재했다.

하지만 자율주행 시대에는 이 계약서가 유효하지 않다. 운전자의 역할은 축소되거나 사라지고, 그 빈자리를 카메라, 라이다(LiDAR), 레이더와 같은 센서, 그리고 수백만 줄의 코드로 이루어진 알고리즘이 채운다. 이제 운전은 한 명의 인간이 수행하는 고립된 행위가 아니라, 제조사, 부품사, 소프트웨어 개발사, 통신사, 그리고 도로 인프라를 관리하는 정부까지 포함된 거대한 '네트워크'의 협업이 된다.

책임의 소재가 명확한 '개인'으로부터 보이지 않는 '분산된 네트워크'로 이동하면서, 우리는 '책임의 공백(Liability Vacuum)'이라는 낯설고 위험한 영역에 진입하게 된다. 사고가 발생했을 때, 피해자는 누구에게 호소해야 할까? 이 공백을 메우기 위해 우리는 기술적 해결책을 넘어선 정치적, 사회적 합의가 필요하다. 이것은 단순한 법리적 논쟁이 아니라, 기계에 생명과 안전에 대한 결정권을 넘기는 대가로, 우리가 그 기계와 그것을 만든 창조주들에게 무엇을 요구해야 하는지에 대한 근본적인 '주권'의 문제이다.

이 새로운 계약은 단순히 "사고를 내지 말라"는 요구를 넘어서는 것으로서 우리는 "어떤 기준으로 판단했는가?", "위급 상황에서 무엇을 우선시하도록 설계되었는가?"를 물어야 한다. 본 장에서 우리는 이 복합적 책임 구조를 해부하고, 사회가 받아들일 수 있는 '충분한 안전'의 기준을 모색하려고 한다. 또한, 테슬라 사고와 같은 실제 사례를 통해 기술적 결함과 인간의 실수 사이의 모호한 경계를 분석하고, 제조사, 소프트웨어 기업, 사용자, 정부가 어떻게 책임을 분담해야 하는지에 관한 구체적 모델을 설명하고자 한다.

그림 4.1 모빌리티 시대의 관계 변화

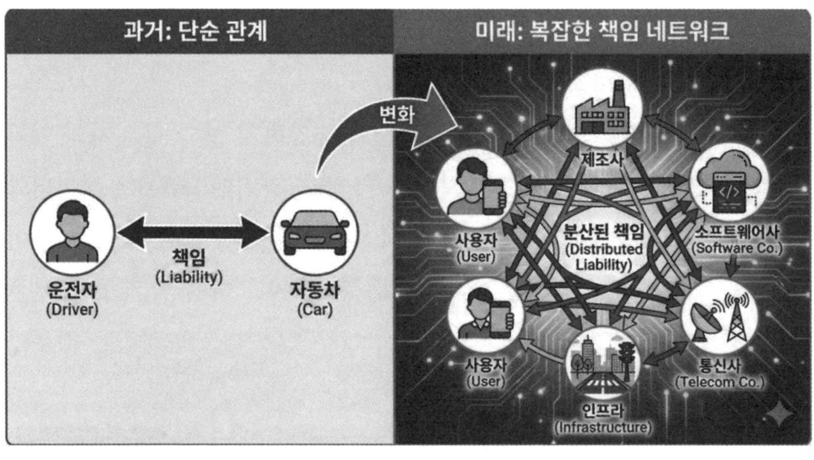

2. 책임의 해부학: 다중 이해관계자 프레임워크

자율주행차 사고 조사는 마치 항공기 사고 조사와 비슷해지고 있다. 타이어가 밀린 자국(스키드 마크)보다 로그 데이터와 센서의 상태, 알고리즘의 판단 로직이 더 중요해졌기 때문이다. 이 복잡한 책임의 사슬에는 네 가지 핵심 주체가 얽혀 있다.

우선 설계자로서 제조사이다. 건축가가 건물의 구조적 안전을 책임지듯, 자동차 제조사는 자율주행 시스템이 발을 디딜 수 있는 물리적 기반을 책임진다. 그들은 단순히 차를 조립해서 파는 것이 아니라, 하드웨어와 소프트웨어의 완벽한 호환성, 사용자 인터페이스(UI)[68]의 안전성, 그리고 판매 후의 지속적 관리(A/S)까지 보장해야 하는 '최종 책임자'이다. 제조사는 센서가 주변 환경을 정확히 인지할 수 있도록 배치했는지, 비상 상황에서도 기계적 브레이크가 작동하는지(이중화 설계), 그리고 해킹으로부터 차량을 보호할 하드웨어 보안 모듈(HSM)[69]을 탑재했는지 증명해야 한다. 만약 센서가 눈부심 때문에 앞을 못 보거나, 해커가 침입해 핸들을 꺾는다면, 이는 명백한 제조사의 설계 결함이다. 특히 레벨 3 이상의 자율주행에서는 시스템이 고장 나거나 운전자가 제어권을 넘겨받지 못할 때, 차량 스스로 안전을 확보하는 능력이 필수적이다. 이를 "최소 위험 상태(Minimal Risk Condition, 이하 MRC로 표기)"라고 부른다. MRC는 단순히 차가 멈추는 것을 의미하지 않는다. SAE J3016 표준[70]에 따르면, MRC는 "안정적인 정지 상태(stable, stopped condition)"로 정의된다. 하지만 학계와 산업계

68 사람(사용자)과 시스템, 컴퓨터 프로그램 간 의사소통을 위한 물리적·가상적 매개체로, 입력(키보드, 터치), 출력(화면, 소리), 상호작용을 포함한다.

69 자동차의 중요 데이터를 지키는 '디지털 금고'이다. 해커가 차량 시스템에 침입하지 못하도록 암호화 키를 안전하게 보관하고 처리하는 전용 하드웨어 장치이다.

70 SAE J3016 표준은 미국 자동차공학회(SAE International)가 제정한 자율주행 자동화 레벨을 정의하는 국제 기준으로, 레벨 0(운전자 주도)부터 레벨 5(완전 자율)까지 6단계로 구분한다.

에서는 이를 더 세분화하여 논의하고 있다. 스탠퍼드 법학대학원의 연구에 따르면, MRC는 단순히 정지하는 것을 넘어 "주어진 여정을 완료할 수 없을 때 충돌 위험을 줄이는 차량 상태"로 폭넓게 해석되어야 한다. 예를 들어, 고속도로 한복판에 급정거하는 것은 오히려 더 큰 위험을 초래할 수 있으므로, 갓길로 이동하거나 가장 가까운 휴게소까지 저속으로 이동하는 등의 능동적 조치가 포함되어야 한다는 것이다.

표 4.1 최소 위험 상태(MRC)의 개념 확장

구분	개념	구체적 예시
기본적 MRC (Basic MRC)	시스템 오류 시 즉각적인 안전 조치	비상등 점멸 후 현재 차로 유지하며 감속 정지
달성가능한MRC (Attainable MRC)	현재 기술적 제약 내에서 가능한 최선	갓길이 없는 경우 가장 하위 차선으로 이동 후 정지
기대되는 MRC (Expected MRC)	사회적으로 요구되는 이상적 안전 상태	고속도로 갓길이나 안전지대까지 자율적으로 이동하여 정차
관련 표준	SAE J3016, ISO 26262	시스템 고장, ODD[71] 이탈, 운전자 무응답 시 발동

제조사는 이러한 MRC를 수행할 수 있는 하드웨어적 백업 시스템(조향 및 제동 장치의 이중화)을 의무적으로 구축해야 한다. 이것은 제조물 책임법(Product Liability Law)의 연장선 위에서, 차량이라는 제품의 '설계상 결함'을 방지하기 위한 최소한의 의무이다.

두 번째 핵심 주체는 자율주행의 핵심인 인공지능 알고리즘을 만드는 소프트웨어 회사로서 사실상 '디지털 운전자'를 창조하는 조물주와 같다. 의사가 환자를 진단하고 처방하는 행위에 대해 전문적 책임을 지듯, 개발사는 도로 위의 복잡한 상황에서 알고리즘이 내린 판단에 대해 책

71 ODD는 Operational Design Domain(운행설계영역)의 약자로, 자율주행 시스템이 안전하고 정상적으로 작동할 수 있도록 설계된 특정 환경 조건을 의미한다.

임져야 한다. 문제는 딥러닝 기반의 알고리즘이 과정을 알기 힘든 '블랙 박스(Black Box)'라는 점이다. 입력값(센서 데이터)과 출력값(핸들 조작)은 알지만, 그 사이에서 AI가 '왜' 그런 결정을 내렸는지 개발자조차 설명하기 어려운 경우가 많다. 사고가 났는데 "AI가 왜 그랬는지 모릅니다"라고 답하는 것은 윤리적으로도, 법적으로도 용납될 수 없다. 따라서 개발사는 설명 가능한 인공지능(XAI) 기술을 도입해야 할 의무가 있다. XAI는 AI의 의사결정 과정을 인간이 이해할 수 있는 형태로 시각화하거나 설명해주는 기술이다. 예를 들어, "전방의 물체를 사람으로 인식할 확률이 40%, 그림자로 인식할 확률이 60%였으나, 안전을 최우선으로 하여 제동을 걸었다"라는 식의 로그를 남겨야 한다. XAI는 단순한 기술적 도구가 아니라, '과실(Negligence)'과 '결함(Defect)'의 경계가 흐려지는 자율주행 시대에 법적 책임을 가르는 핵심 열쇠이다. 과거에는 운전자의 부주의한 '행위'가 과실이었고, 브레이크 파열 같은 물리적 '상태'가 결함이었다. 하지만 이제는 "보행자를 인식하지 못하도록 코딩된 행위"가 곧 "소프트웨어의 결함 상태"가 된다. XAI는 이 복잡한 법적 쟁점에서 진실을 밝히는 등대 역할을 해야 한다.

그림 4.2 설명 가능 인공지능(XAI)의 예

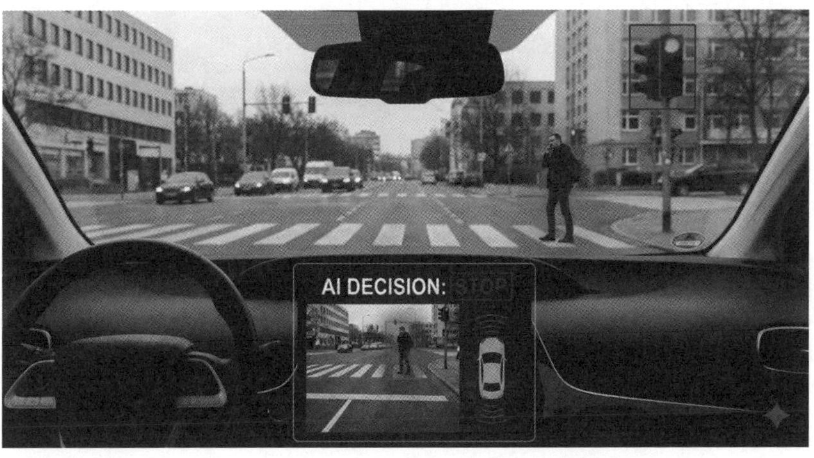

표 4.2 설명 가능한 AI (XAI)의 주요 역할과 이점

영역	역할	기대 효과
사고 조사	의사결정 과정의 투명한 기록	사고 원인(센서 오류 vs 판단 오류)의 명확한 규명
규제준수	알고리즘의 편향성 및 오류 검증	차별적 판단 방지 및 안전 기준 충족 입증
사용자 신뢰	시스템 동작 원리의 이해	"왜 멈췄지?"와 같은 사용자 의문에 대한 즉각적 피드백

세 번째 핵심 주체는 감독자이다. 기술이 발전한다고 해서 인간이 완전히 자유로워지는 것은 아니다. 특히 레벨 2와 3단계에서 사용자는 운전자가 아니면서도 운전의 책임을 져야 하는 모순적 상황, 즉 '감독자(Supervisor)'의 역할을 맡는다. 인간의 뇌는 장시간 아무것도 하지 않으면서 높은 수준의 주의력을 유지하도록 만들어지지 않았다. 시스템이 잘 작동하면 할수록 인간은 긴장을 풀고 스마트폰을 보거나 딴생각을 하게 된다. 이를 '자동화 안주(Automation Complacency)' 또는 '과도한 신뢰(Over trust)'라고 부른다. 2018년 테슬라 모델 X의 마운틴뷰 사망 사고는 이 위험성을 비극적으로 보여준다. 운전자는 '오토파일럿'이라는 이름을 믿고 시스템에 의존해 모바일 게임을 하고 있었고, 시스템은 햇빛 반사와 흐릿한 차선을 오인해 차량을 콘크리트 구조물로 돌진시켰다. 이 사고에서 중요한 교훈은 사용자는 시스템의 한계를 명확히 인지하고, 언제든 개입할 준비를 해야 한다는 '주의 의무(Duty of Care)'를 가진다. 하지만 동시에 제조사 또한 인간의 이러한 심리적 특성을 고려하여, 사용자가 딴짓하지 못하도록 감시하거나 오용을 방지할 안전장치를 설계해야 할 책임이 있다.

핵심 주체의 마지막인 정부는 이 혼란스러운 과도기에 명확한 질서를 부여할 책임이 있다. 자율주행차는 단순한 공산품이 아니라 도로 위

의 흉기가 될 수도 있는 물건이기 때문에, 의약품 승인 과정에 버금가는 엄격한 안전 검증 체계를 갖춰야 한다. 또한, 자율주행 기술은 국경을 넘나든다. 한국의 안전 기준이 미국이나 유럽과 다르다면, 우리 기업들은 수출에 어려움을 겪고 소비자들은 혼란에 빠질 것이다. 따라서 정부는 국내법(자율주행자동차법 등)을 정비하는 동시에, UN 유럽경제위원회(UNECE)[72]나 미국 도로교통안전국(NHTSA)[73]과 같은 국제기구와 보조를 맞춰 글로벌 표준을 수립하는 데 앞장서야 한다.

그림 4.3 역할의 분담

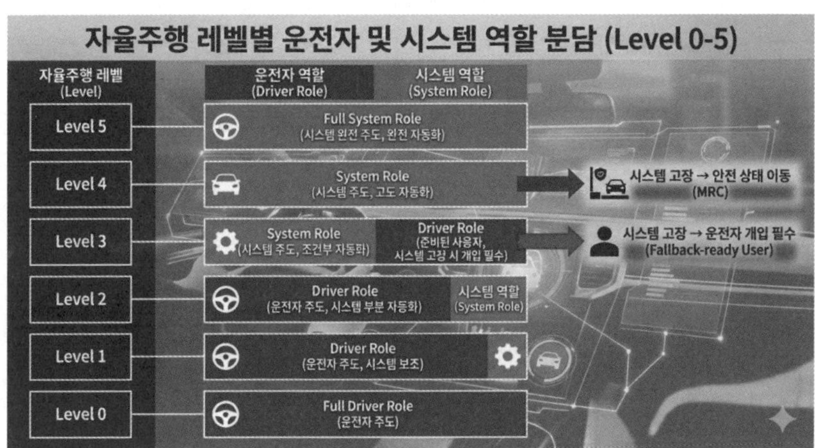

출처: SAE International J3016의 도식도

72 유럽경제위원회(UNECE, United Nations Economic Commission for Europe)는 유엔 산하 지역 경제 위원회로, 1947년 설립되어 유럽 및 북미·중앙아시아 56개 회원국의 경제 협력과 지속 가능한 발전을 촉진한다.

73 National Highway Traffic Safety Administration. 미국의 자동차안전 기준을 만들고 리콜을 명령하며, 자율주행 관련 정책을 주도하는 가장 영향력 있는 정부 기관임.

3. '충분한 안전'의 정의: 통계와 윤리의 줄다리기

"자율주행차는 얼마나 안전해야 도로에 나올 수 있을까?" 이 질문에 답하기 위해 우리는 통계적 수치와 사회적 감정 사이의 깊은 차이를 인식해야 한다.

가장 쉬운 대답은 아마도 "인간보다 안전하면 된다."일 것이다. 통계적으로 자율주행차가 인간 운전자보다 사고율이 낮다면, 이를 도입하는 것이 합리적이라는 위험-편익 분석(Risk-Benefit Analysis) 논리이다. 미국 도로교통안전국(NHTSA) 통계에 따르면, 인간 운전자는 주행 거리 1억 마일당 약 1.26명의 사망 사고를 낸다. 만약 자율주행차가 이 수치를 획기적으로 낮출 수 있다면, 전체 교통사고 사망자를 줄이는 데 기여할 것이다. 하지만 사람들의 심리는 그렇게 단순하지 않다. 우리는 인간의 실수에는 어느 정도 관대하지만, 기계의 오류에는 가혹하리만큼 엄격하다. 사람이 졸음운전으로 사고를 내면 "부주의했다"라고 비난하지만, 자율주행차가 센서 오류로 사고를 내면 "어떻게 기계가 그럴 수 있나"라며 기술 전체를 불신하게 된다. "내가 제어할 수 있다"라는 통제감이 사라진 상태에서 느끼는 공포는 통계적 수치로 설명되지 않는다. 따라서 '충분한 안전'은 단순히 낮은 사고율이라는 숫자가 아니라, 사회가 기계에 허용할 수 있는 위험의 총량을 합의하는 과정이라 할 수 있다.

자율주행 윤리를 이야기할 때마다 빠지지 않는 단골 소재가 바로 앞 장에서 언급한 "트롤리 딜레마(Trolley Dilemma)"이다. 브레이크가 고장 난 차가 5명을 칠 것인가, 아니면 방향을 틀어 1명을 칠 것인가? 이 극적인 질문은 대중의 호기심을 자극하지만, 사실 트롤리 딜레마는 자율주행의 진짜 문제를 가리는 "트롤리의 우화(The Folly of Trolleys)"가 될 수 있다. 현실의 도로에서는 5명 대 1명이라는 명확한 선택지가 주어지는 경우가 거의 없다. 대신 "안개 낀 도로에서 전방의 흐릿한 물체가 사람일 확률이 60%인데 급제동을 할 것인가, 아니면 비닐봉지일 확률에 걸고 주행을 지속할 것인가?"와 같은 불확실한 확률 게임이 매 순간 벌어진다. 진짜 윤리적 문제는 "누구를 죽일 것인가"가 아니라, "시스템이 불확실성 속에서 안전을 위해 효율성을 얼마나 희생할 것인가?", "어떤 위험을 감수하도록 설계되었는가"에 있다.

독일의 자율·연결 주행 윤리위원회(Ethics Commission Automated and Connected Driving)는 이에 대해 중요한 원칙을 제시했다. 인간의 생명은 수량화하거나 비교할 수 없으며, 나이, 성별, 신체적 조건에 따른 차별을 알고리즘에 프로그래밍해서는 안 된다는 것이다. 이는 공리주의적 계산(다수를 위해 소수를 희생)을 거부하고 생명의 존엄성이라는 보편적 가치를 최우선으로 둔 것이다.

따라서 우리는 단순히 경제적 효율성만을 따지는 비용-편익 분석을 넘어, 다기준 의사결정(MCDM) 모델[74]을 도입해야 한다. 안전성, 환경 영향, 사회적 형평성, 그리고 대중의 심리적 수용성까지 다양한 가치를 종합적으로 고려하는 방식이다. "돈이 얼마나 절약되는가"가 아니라 "사회적 약자의 이동권이 얼마나 보장되는가", "도시 공간이 얼마나 쾌적해지는가"를 함께 따져봐야 한다. 이것이 기술적 합리성과 사회적 수용성을 동시에 확보하는 길이다.

4. 책임의 법제화: 글로벌 실험실

자율주행의 책임을 법으로 어떻게 규정할 것인가에 대해 세계 각국은 거대한 실험실이 되어 서로 다른 해법을 모색하고 있다. 특히 독일과 영

74 Multi-Criteria Decision Making. 여러 개의 상충하는 기준을 동시에 고려하여 최선의 대안을 선택하는 의사결정 방법론.

국의 사례는 우리에게 중요한 시사점을 준다. 독일과 영국은 자율주행 규제에 있어 서로 다른 철학적 기반을 보여준다.

독일은 인간 중심의 감독, 즉 기술 감독관 제도를 채택하였다. 독일은 2021년 자율주행법을 통해 세계최초로 레벨4 차량의 상시 운행을 허용하면서 "기술 감독관(Technical Supervisor)"이라는 독특한 존재를 의무화했다. 차 안에 운전자가 없더라도, 외부 관제 센터에서 모니터링하는 사람이 반드시 있어야 한다는 것이다. 시스템이 해결하지 못하는 곤란한 상황이 오면 원격으로 인간이 개입하여 승인하거나 경로를 수정한다. 이것은 "기계에 완전히 맡길 수 없다"라는 신중함과 인간의 최종 통제권을 중시하는 철학을 반영하고자 하는 노력이다.

그림 4.4 독일 vs 영국 책임 모델 비교 다이어그램

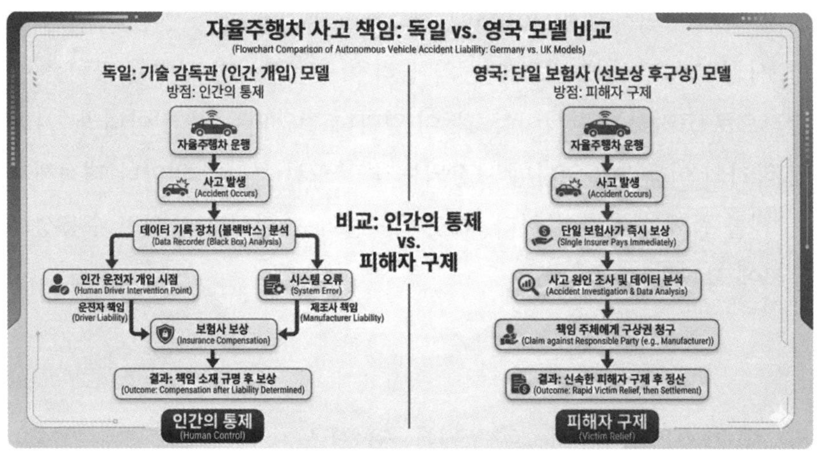

반면 영국의 경우 피해자 중심의 보상, 즉 '단일 보험사(Single Insurer)' 모델을 채택했다. 사고가 나면 원인이 기계 결함이든 운전자 과실이든 따지지 않고, 일단 보험사가 피해자에게 보상한다. 피해자가 복잡한 기술적 논쟁에 휘말려 고통받지 않도록 신속하게 구제하는 것을 최우선

가치로 둔 것이다. 그 후 보험사가 제조사나 소프트웨어 회사에 구상권[75]을 행사하여 진짜 책임 소재를 가린다. 이는 법적 다툼을 개인 대 기업이 아닌, 기업 대 기업(보험사 대 제조사)의 영역으로 넘기는 매우 실용적 접근이다.

표 4.3 독일과 영국의 자율주행 법적 책임 모델 비교

비교 항목	독일 (자율주행법 2021)	영국 (AEVA 2018 & AV Act 2024)
핵심 철학	인간의 최종 통제권 확보 (Safety First)	신속한 피해자 구제 (Victim First)
인간의 역할	기술 감독관: 원격으로 상시 모니터링 및 개입 의무	운전자 책임/부재 구분: 운행 모드에 따라 책임 전환
책임 주체	차량 소유자, 제조사, 기술 감독관	1차적으로 보험사 (이후 제조사에 구상권 청구)
데이터 접근	연방자동차청(KBA)이 감독 목적 접근	보험사가 구상권 청구를 위해 데이터 접근
산업적 영향	원격 관제 기술 및 관련 직업군 부상	보험 상품 혁신 및 데이터 분석 시장 성장

자율주행 시대의 보험은 더는 운전자의 나이나 사고 이력만을 보지 않는다. 이제는 탑재된 소프트웨어의 버전, 센서의 성능, 해킹 방어 능력 등이 보험료를 결정하는 핵심 변수가 된다. 기존의 제조물 책임 보험, 자동차보험, 사이버보험이 하나로 융합된 "통합 보험 모델"이 등장할 것이다. 또한, 자율주행 기능을 얼마나 자주, 얼마나 안전하게 사용했는지 실시간 데이터로 분석하여 보험료를 책정하는 "성능 기반 보험(Performance-Based Insurance)"이 일반화될 것이다. 보험사는 이제 단

75 "네가 낼 돈을 내가 대신 냈으니, 나에게 다시 돌려줘"라고 청구하는 권리이다. 자율주행 사고 시 보험사가 피해자에게 먼저 보상금을 주고, 나중에 사고의 진짜 원인 제공자(예: 제조사)에게 그 돈을 청구하는 것을 말한다.

순한 비용 지불자가 아니라, 기술의 안전성을 검증하고 데이터를 분석하는 거대한 '데이터 기업'으로 변모하게 된다.

5. 스타트업의 지침서: 안전이 곧 경쟁력이다

자율주행 분야에 뛰어든 스타트업 창업가들이 기억해야 할 말 중 하나는 아마도 "빠르게 움직이고 일단 부숴라(Move fast and break things)"의 실리콘밸리의 격언은 여기서 통하지 않는다는 것이다. 자율주행에서 무언가를 파괴한다는 것은 사람의 생명을 해친다는 뜻일 수도 있다. 모빌리티 시대에 사는 우리에게 안전은 타협할 수 없는 핵심 가치이자, 생존을 위한 필수 조건이다.

안전성은 제품을 다 만들고 나서 마지막에 붙이는 스티커가 아니다. 기획 단계부터 안전을 핵심으로 설계하는 "설계 기반 안전(Safety-by-Design)"이 필요하다. 코드를 짜기 전에 위험 요소를 분석하고(HAZOP)[76], 부품 고장이 전체 시스템에 미칠 영향을 예측하며(Failure Mode and Effects Analysis, 이하 FMEA로 표기)[77], 이를 방지할 설계를 해야 한다. 이는 나중에 발생할 수 있는 막대한 리콜 비용과 사회적 비난을 예방하는 가장 경제적인 방법이기도 하다.

이 과정에서 반드시 알아야 할 것이 ISO 26262라는 국제 기능 안전 표준이다. 이것은 자동차의 전자 장치가 고장 났을 때 사고로 이어지지 않도록 하는 개발 절차와 요구사항을 담은 '바이블'과 같다.

ISO 26262에는 위험의 크기에 따라 "자동차안전 무결성 수준

---

76 Hazard and Operability Study. "만약에 이런 일이 생기면 어떡하지?"라고 가정하며 시스템의 위험 요소를 체계적으로 찾아내는 브레인스토밍 방식의 안전 분석 기법.

77 "이 부품이 고장 나면 전체 차에는 어떤 문제가 생길까?"를 부품 하나하나 따져보며 고장의 원인과 영향을 분석하는 설계 검증 방법.

(Automotive Safety Integrity Level, 이하 ASIL로 표기)"이라는 등급이 있다. ASIL A는 가장 낮은 위험, ASIL D는 생명과 직결되는 가장 높은 위험을 뜻한다. 자율주행 시스템의 핵심 부품들은 대부분 최고 등급인 ASIL D 수준의 엄격한 안전성을 요구받는다. 스타트업 입장에서 수천 페이지에 달하는 이 표준을 지키는 것은 엄청난 부담일 수 있다. 하지만 ISO 26262를 준수한다는 것은 글로벌 자동차 제조사들에 "우리는 당신들의 언어로 일할 준비가 되어 있다"라는 것을 증명하는 가장 확실한 방법이다. 이는 투자 유치나 파트너십 체결에 있어 결정적인 경쟁력이 된다.

표 4.4 ISO 26262의 핵심 구성 및 스타트업 적용 포인트

파트	내용	스타트업 적용 포인트
Part 3: 개념 단계	아이템 정의 및 위험 분석(HARA)	우리 기술이 어떤 위험을 초래할 수 있는지 초기부터 식별
Part 6: 소프트웨어	코딩 규칙(MISRA C 등) 및 테스트	버그 없는 견고한 코드를 위한 개발 프로세스 확립3
ASIL 등급	A(최저) ~ D(최고) 위험도 분류	핵심 기능(제동/조향)은 ASIL D 수준의 설계 목표 설정

아무리 완벽하게 설계해도 사고는 발생할 수 있다. 이때 기업의 운명을 가르는 것은 사고 그 자체가 아니라 사고에 대한 대응이다. 사고 발생 1시간 이내에 현장을 어떻게 수습할지, 데이터는 어떻게 확보할지, 언론에는 어떻게 발표할지 등이 담긴 '사고 대응 매뉴얼'이 준비되어 있어야 한다. 정직하고 투명한 대응만이 위기 속에서 기업의 신뢰를 지킬 수 있는 유일한 길이다.

6. 복잡성의 실체: 2018년 마운틴뷰 사고의 재구성

이론과 법률을 넘어, 실제 사고 사례를 통해 이 모든 책임의 복잡성이 현실에서 어떻게 폭발했는지 살펴보자. 앞선 사례에서 소개한 2018년 3월 발생한 테슬라 모델 X의 사망 사고는 기술, 인간, 인프라의 문제가 얽히고설킨 비극적 사건이다.

고속도로 분기점에서 차선이 희미해지자 오토파일럿 시스템은 혼란을 일으켰다. 카메라는 햇빛 반사 등으로 인해 차선을 오인했고, 차량은 주행 차선을 벗어나 안전지대(Gore area)[78] 사이에 있는 콘크리트 충격 흡수대[79]를 향해 돌진했다. 시스템은 운전자에게 핸들을 잡으라는 시각적 경고를 보냈지만, 게임에 몰두해 있던 월터 황은 반응하지 않았다. 결국,

그림 4.5 2018년 마운틴뷰 사고

78 고속도로 진·출입으로나 분기점에서 도로가 갈라지는 곳에 그려진 V자 형태의 노면 표시 구역(안전지대).

79 도로의 분기점이나 장애물 앞에 설치된 쿠션 같은 시설물. 차가 충돌했을 때 찌그러지면서 충격을 흡수해 탑승자의 부상을 줄여주는 역할을 함.

차량은 시속 114km의 속도로 구조물과 정면충돌했고, 월터 황은 병원으로 이송되었으나 사망했다. 미국 국가교통안전위원회(NTSB)의 조사 결과는 자율주행 사고의 복합적 성격을 적나라하게 보여준다. NTSB는 어느 한쪽의 일방적인 잘못이 아니라고 결론 내렸다. 첫 번째 원인은 기술의 한계이다. 오토파일럿은 환경적 요인(햇빛, 흐릿한 차선)으로 인해 경로를 잘못 판단했고 이는 기술적 불완전성이다. 두 번째 원인은 운전자의 과신과 부주의이다. 운전자는 시스템의 경고에도 불구하고 게임을 했고, 이는 '오토파일럿'이라는 이름이 주는 신뢰감(과신)에 빠져 전방 주시 의무를 소홀히 한 것이다. 세 번째는 시스템 설계의 허점이다. 테슬라의 운전자 모니터링 시스템은 운전자가 핸들에 손을 얹고 있는지 여부만 감지할 뿐, 실제로 전방을 보고 있는지 확인하지 못했다. 시스템은 운전자가 딴짓하도록 사실상 내버려 뒀다. 네 번째는 인프라의 관리 부실이다. 충돌한 충격 흡수대는 11일 전 다른 사고로 이미 파손되어 있었으나, 캘리포니아 도로국(Caltrans)이 제때 수리하지 않아 피해를 키웠다. 이처럼 NTSB는 다양한 원인이 복합적으로 작용했다고 판단했다.

이 사고 이후 법원은 "공유 책임(Shared Liability)"을 인정하는 추세를 보인다. 제조사는 소비자가 오해하지 않도록 기능을 명확히 설명하고 오용을 방지할 안전 설계(Safety Design)를 해야 하며, 사용자는 기술을 보조 도구로 인식하고 주의 의무를 다해야 한다. 당연히 정부는 도로 시설물을 제대로 관리해야 할 책임이 있다. 특히 주목할 점은, 제조사가 단순히 "우리는 경고했다"라고 주장하는 것만으로는 책임을 면할 수 없다는 것이다. 사용자가 경고를 무시할 수 있다는 것조차 예측 가능한 범위 내에 있다면, 제조사는 더 강력한 모니터링 시스템(예: 시선 추적 카메라)을 도입하여 오용을 막아야 할 의무가 있다는 것이 현대 법리의 흐름이다.

신뢰할 수 있는 미래를 위한 계약

자율주행차는 단순한 이동 수단이 아니다. 그것은 수많은 기술과 법, 윤리와 인간의 심리가 얽혀 있는 거대한 사회적 시스템이다. 이 시스템이 우리 사회에 안전하게 안착하기 위해서는 '기술적 진보'만큼이나, 아니 그보다 더 '사회적 신뢰'가 중요하다.

우리는 이제 새로운 사회적 계약을 맺어야 한다. 먼저, 제조사와 개발사는 투명한 알고리즘(XAI)과 설계 기반 안전(Safety-by-Design)을 통해 기계의 신뢰성을 스스로 입증해야 한다. 그리고 사용자는 기술의 한계를 이해하고, 단순한 승객이 아닌 '감독자'로서의 새로운 의무를 받아들여야 한다. 마지막으로 정부는 기술 감독관 제도나 단일 보험사 모델처럼, 각 사회의 가치에 맞는 공정한 규정과 안전망을 만들어야 한다.

기술은 완벽하지 않고 인간도 완벽하지 않다. 하지만 우리가 서로의 불완전함을 인정하고, 책임을 합리적으로 나누며, 안전을 최우선 가치로 삼는다면, 자율주행은 우리를 더 자유롭고 안전한 세상으로 데려다줄 것이다. 이것이 바로 우리가 기계에 주권을 위임하면서 맺어야 할, 그리고 반드시 지켜내야 할 '신뢰할 수 있는 자율주행의 미래를 위한 계약'이다.

참고문헌

Automated and Electric Vehicles Act 2018, c. 18 (UK). https://www.legislation.gov.uk/ukpga/2018/18/contents/enacted

Automated Vehicles Act 2024, c. 10 (UK). https://www.legislation.gov.uk/ukpga/2024/10/contents/enacted

Banks, V. A., & Stanton, N. A. (2016). Keep the driver in control: Automating automobiles of the future. *Applied ergonomics, 53,* 389-395.

European Commission Expert Group on Liability and New Technologies. (2019). *Liability for artificial intelligence and other emerging digital technologies.* European Union.

Federal Ministry of Transport and Digital Infrastructure (BMVI). (2017). *Ethics Commission: Automated and Connected Driving Report.*

Gesetz zur Änderung des Straßenverkehrsgesetzes und Pflichtversicherungsgesetzes - Gesetz zum autonomen Fahren [Autonomous Driving Act](2021). Bundesgesetzblatt (Germany).

International Organization for Standardization. (2018). *Road vehicles — Functional safety*(ISO Standard No. 26262:2018).

Koopman, P. (2022a). *How safe is safe enough?: Measuring connected and automated vehicle safety.* Safe Autonomy Press.

Koopman, P. (2022b). *ISO 26262 and the ASIL safety integrity levels.* Safe Autonomy Blog.

Matthias, A. (2004). The responsibility gap: Ascribing responsibility for the actions of learning automata. *Ethics and Information Technology, 6*(3), 175-183.

National Highway Traffic Safety Administration. (2024). *Early estimate of motor vehicle traffic fatalities in 2023*(Report No. DOT HS 813 561).

National Transportation Safety Board. (2020). *Collision between a sport utility vehicle operating with partial driving automation and a crash attenuator, Mountain View, California, March 23, 2018*(Highway Accident Report No. NTSB/HAR-20/01).

Parasuraman, R., & Riley, V. (1997). Humans and automation: Use, misuse, disuse, abuse. *Human Factors, 39*(2), 230-253.

Prinzel, L. J., III. (2001). *Examination of automation-induced complacency and error detection in simulated flight*(NASA/TP-2001-211414). National Aeronautics and Space Administration.

Roff, H. M. (2018). *The folly of trolleys: Ethical challenges and autonomous vehicles.* Brookings Institution.

SAE International. (2021). *Taxonomy and definitions for terms related to driving automation systems for on-road motor vehicles*(Standard No. J3016_202104).

SAE International. (2024). *Taxonomy and definitions for terms related to driving automation systems for on-road motor vehicles* (Standard No. J3016_202104).

Santoni de Sio, F., & van den Hoven, J. (2018). Meaningful human control over autonomous systems: A philosophical account. *Frontiers in Robotics and AI, 5,* 15.

Smith, B. W. (2022). *Deep in the weeds of the levels of driving automation lurks an ambiguous minimal risk condition.* Stanford Law School Center for Internet and Society.

Tesla, Inc. (2018, March 30). *An update on last week's accident.* Tesla Blog. https://www.tesla.com/blog/update-last-week-accident

이정호, 김선영. (2021). Level 4 자율주행자동차 상용화를 위한 2021년 독일 도로교통법 개정과 시사점. *4차산업혁명융합법학회지, 26*(3), 239-266.

KOTRA 함부르크 무역관. (2021, 8월 31일). 독일, *세계 최초 자율주행(레벨 4) 법안 통과 및 시사점.* KOTRA 해외시장뉴스.

5장

사이버 보안과 해킹 윤리

CASE STUDY FIVE.

지프 체로키 원격 해킹: ‘바퀴 달린 컴퓨터’의 보안 취약과 설계에 의한 보안

1. 사례 개요: 고속도로 위의 공포

2015년 7월, 미국의 IT 전문 매체 와이어드(WIRED)의 기자 앤디 그린버그(Andy Greenberg)는 시속 110km로 달리는 지프 체로키(Jeep Cherokee)[80] 안에서 생애 가장 두려운 경험을 했다. 운전자인 그의 의지와 상관없이 에어컨이 최대치로 가동되고, 라디오 볼륨이 터질 듯 커졌으며, 와이퍼가 작동해 시야를 가렸다. 곧이어 차량의 엔진 기능이 저하되어 고속도로 한복판에서 차가 멈춰 섰고, 결국에는 브레이크마저 무력화되었다.

이 모든 일은 차량 내부의 고장이 아니라, 16Km 떨어진 곳에 앉아 있던 두 명의 보안 전문가, 찰리 밀러(Charlie Miller)와 크리스 발라섹(Chris Valasek)의 노트북에서 시작되었다. 이들은 지프 체로키를 생산하는 피아트 크라이슬러(FCA)의 차량 인포테인먼트 시스템인 ‘유커넥트(Uconnect)’의 취약점을 이용해 차량의 핵심 제어망(CAN Bus)에 침투하는 데 성공했다. 이 시연은 자동차가 인터넷에 연결되는 순간, 언제든 원격 조종되는 ‘물리적 무기’로 돌변할 수 있음을 전 세계에 증명한 역사적 사건이 되었다.

---

80 2015년에는 피아트 크라이슬러(Fiat Chrysler Automobiles, 이하 FCA로 표기)가 생산. 이 회사는 2021년 PSA(푸조·시트로엥)와 FCA(피아트·크라이슬러)의 합병으로 탄생한 글로벌 자동차 제조사인 Stellantis의 일부가 되었다. 지프(Jeep) 브랜드를 소유하고 있다.

2. 기술적 취약점 분석: 무너진 에어갭(Air-gap)[81]

1) 유커넥트(Uconnect) 시스템과 통신망의 결합

해커들은 차량 내부의 엔터테인먼트와 내비게이션을 담당하는 유커넥트 시스템의 셀룰러 연결 기능을 공략했다. 당시 유커넥트는 통신사의 무선 네트워크를 통해 외부와 연결되어 있었는데, 해커들은 특정 포트(Port 6667)가 열려 있음을 발견했다. 이를 통해 차량의 고유 IP 주소만 알면 인터넷을 통해 차량의 통신 칩에 직접 명령을 내릴 수 있었다. 이는 사적인 공간이어야 할 자동차가 공용 네트워크에 보안 장치 없이 노출되어 있었음을 의미한다.

2) 인포테인먼트와 핵심 제어망의 수평적 연결

전통적인 자동차 설계 개념에서 인포테인먼트 시스템과 엔진·브레이크를 제어하는 제어부(ECU) 사이에는 물리적 혹은 논리적인 분리(Air-gap)가 존재한다고 믿어졌다. 그러나 지프 체로키의 설계는 이 두 영역이 하나로 연결된 구조였다. 해커들은 유커넥트 시스템의 펌웨어[82]를 조작하여 차량의 내부 네트워크인 제어기 영역 네트워크(Controller Area Network, 이하 CAN으로 표기) 버스로 침입하는 '횡적 이동(Lateral Movement)'에 성공했다. 일단 CAN Bus에 진입하자, 시스템은 해커의 조작 메시지를 정당한 운전자

---

81 에어갭(Air-gap)은 컴퓨터 네트워크나 시스템을 공용 인터넷 또는 외부 네트워크로부터 물리적으로 완전히 격리하는 보안 조치이다. 이 개념은 사이버 공격의 원격 침투를 원천적으로 차단하기 위해 설계되었으며, 네트워크 케이블, 무선 연결(Wi-Fi, 블루투스 등)을 모두 제거한 상태를 의미한다.

82 펌웨어는 하드웨어 장치에 내장된 저수준 소프트웨어로, 해당 하드웨어의 기본 동작을 제어하고 초기화하는 역할을 한다. 소프트웨어와 하드웨어의 중간 형태로, ROM이나 플래시 메모리에 저장되어 전원 차단 후에도 유지되며 쉽게 수정되지 않는다.

의 명령으로 오인하여 가속, 제동, 조향 장치를 작동시켰다.

3) CAN Bus의 프로토콜 한계

자동차 내부 통신 표준인 CAN Bus[83]는 본래 '신뢰할 수 있는 내부 기기 간의 빠른 통신'을 목적으로 설계되었다. 따라서 메시지 발신자가 누구인지 확인하는 인증(Authentication) 과정이나 데이터 암호화 과정이 부재했다. 해커들은 이 프로토콜[84]의 원초적 취약점을 이용해 가짜 명령어를 주입(Message Injection)함으로써 차량을 완벽하게 장악할 수 있었다.

3. 보안 및 윤리적 시사점: 해킹 윤리와 기업의 책임

1) 화이트해커의 역할과 책임 있는 공시

이 사건의 핵심은 찰리 밀러와 크리스 발라섹이 악의적인 범죄자가 아닌 '화이트해커'였다는 점이다. 이들은 취약점을 발견한 후 즉시 대중에 공개하지 않고, 제조사인 피아트 크라이슬러에 먼저 알렸다. 회사가 대응할 시간을 준 뒤, 기술적인 해결책과 위험성을 함께 공개함으로써 대규모 범죄 가능성을 사전에 차단했다. 이는 보안 연구자의 윤리적 실천이 현대 산업의 안전망을 유지하는 데 얼마나 필수적인지 보여준다.

2) 대규모 리콜과 제조물 책임의 확장

이 시연의 여파로 FCA는 미국 내 판매된 차량 140만 대에 대

---

83 CAN Bus에서 "Bus"는 공유 데이터 전송선로 또는 공통 통신선을 의미한다.
84 Protocol. 장치 간에 정보를 정확하게 주고받기 위해 사전에 약속된 통신 규약.

해 사상 초유의 '보안 리콜'을 단행했다. 이는 물리적 부품의 결함이 아닌 '소프트웨어의 취약점'만으로 리콜이 발생한 최초의 사례 중 하나다. 이를 통해 제조물 책임의 범위가 하드웨어를 넘어 소프트웨어 보안까지 확장되었으며, 자동차 제조사가 이제는 보안 소프트웨어 기업으로서 역량을 갖춰야 한다는 강력한 메시지를 던졌다.

4. 윤리적 프레임워크를 통한 분석

의무론적 관점에서 제조사는 사용자에게 '안전한 제품'을 제공할 절대적 의무가 있다. 지프 체로키의 사례는 편리한 기능을 추가하는 것에만 급급해 보안 위협을 간과한 설계의 실패를 보여준다. 칸트의 관점에서 볼 때, 보안 사고의 가능성을 인지하고도 이를 버려두거나 설계를 소홀히 하는 것은 사용자의 생명권을 수단화하는 비윤리적 행위다. 따라서 초기 설계 단계부터 보안을 핵심 요소로 통합하는 '설계에 의한 보안'은 엔지니어의 도덕적 정언명령이라 할 수 있다.

과거 많은 기업은 보안 강화에 드는 비용이 사고로 인한 손실보다 크다고 판단해 투자를 미루곤 했다. 그러나 지프 체로키의 리콜 사태는 보안 투자를 소홀히 했을 때 발생하는 기업 가치 하락, 브랜드 신뢰도 추락, 대규모 리콜 비용이 보안 강화 비용을 압도함을 증명했다. 공리주의적 관점에서도 사전 보안 강화가 사회 전체의 효용을 높이는 최고의 선택임이 분명해졌다.

사이버 보안은 끊임없이 진화하는 해커와의 '숨바꼭질'이다. 덕(德)윤리적 관점에서 공학자는 자신의 지식이 완벽하지 않음을 인정하고, 외부 전문가의 비판을 수용하며, 취약점을 발견했을 때 숨기지 않고 정직하게 대응하는 '성실성'의 덕목을 지녀야 한다. 피아트 크라이슬러가 초기에는 취약점을 과소평가하다가 실제 시연 후에야 급급하게 대처한 모습은 공학적 성실성 측면에서 아쉬움을 남긴다.

5. 시사점: 미래 커넥티드카를 위한 보안 거버넌스

1) 하드웨어적 격리와 침입 탐지 시스템

미래의 자동차는 인포테인먼트 망과 주행 제어망을 물리적으로 완전히 격리하거나, 강력한 방화벽(Gateway)[85]을 통해 통신을 철저히 검증해야 한다. 또한, CAN Bus 내부에 이상 신호가 감지될 경우 즉각 운전자에게 알리고 시스템을 안전 모드로 전환하는 '차량용 침입 탐지 시스템(IDS)'의 탑재가 의무화되어야 한다.

2) 무선 업데이트의 양면성

지프 체로키 리콜 당시 운전자들은 서비스센터를 방문하거나 우편으로 받은 USB로 수동 업데이트를 해야 했다. 테슬라처럼 무선으로 소프트웨어를 업데이트하는 무선 업데이트(OTA) 기능은 신속한 보안 조치를 가능케 하지만, 동시에 무선 업데이트(OTA) 서버 자체가 해킹의 표적이 될 수도 있다. 따라서 업데이트 과정의 암호화와 인증 체계 구축이 기술적 전제 조건이 되어야 한다.

85 방화벽은 네트워크 트래픽을 모니터링하고 제어하는 보안 시스템으로, 미리 정의된 규칙에 따라 허용 또는 차단한다. 신뢰할 수 있는 내부 네트워크와 외부(인터넷 등)를 구분하며, 무단 접근을 방지하는 핵심 역할을 한다.

3) 집단지성과 버그 바운티 제도의 활성화

기업은 외부 보안 연구자들을 잠재적 적으로 간주하기보다 협력자로 대우해야 한다. 시스템의 취약점을 찾아 제보하는 이들에게 보상금을 지급하는 '버그 바운티(Bug Bounty)[86]' 제도를 도입함으로써, 전 세계의 집단지성을 보안 강화의 도구로 활용하는 개방적 보안 문화를 정착시켜야 한다.

6. 토론 질문

1) 보안 전문가들이 달리는 차량을 실제로 해킹하여 공포감을 준 시연 방식은 윤리적으로 정당화될 수 있는가?
2) 자동차 해킹 사고가 발생했을 때, 그 책임은 취약한 소프트웨어를 만든 제조사와 보안 관리를 소홀히 한 통신사 중 누구에게 더 큰 책임이 있는가?
3) 모든 자동차가 인터넷에 연결되는 미래에, 국가 안보 차원에서 자동차 보안을 규제하는 것은 개인의 자유와 사생활 침해 중 어느 쪽을 더 우선시해야 하는가?

86 바운티(bounty)의 사전적 의미는 범인 체포나 특정 목표 달성에 대한 보상으로서 현상금을 의미한다.

보이지 않는 동승자와의 위험한 주행

현재의 도로는 단순한 아스팔트 위의 이동 공간을 넘어 거대한 디지털 네트워크의 확장판이 되었다. 과거 자동차가 기계공학의 정수로서 엔진의 진동과 배기음으로 그 존재를 증명했다면, 오늘날의 자동차는 도로 위를 달리는 고성능 컴퓨터이자 데이터 센터로 변모했다. 현대인은 아침 출근길에 스마트폰을 차량에 연결하고, 실시간 교통 정보를 수신하며, 운전자 보조 시스템(ADAS)[87]에 의존해 차선을 유지한다. 이러한 경험은 이미 자연스러운 일상이 되었으나, 그 이면에는 우리가 미처 인지하지 못하는 거대한 구조적 변화와 새로운 위험이 도사리고 있다.

모빌리티 혁명은 단순히 이동의 편의성을 높이는 기술적 진보에 그치지 않는다. 이것은 물리적 기계 장치가 소프트웨어 플랫폼으로 전환되는 근본적 패러다임의 변화이며, 자동차가 외부 세계와 끊임없이 소통하는 '커넥티드카(Connected Car)'로 진화함을 의미한다. 연결성은 전례 없는 편의를 제공하지만, 동시에 굳게 닫혀 있던 자동차라는 사적 공간의 문을 전 세계의 네트워크를 향해 활짝 열어젖히는 결과를 낳았다. 과거에는 물리적 열쇠나 강제적인 파손 없이는 침범할 수 없었던 이 공간이, 이제는 지구 반대편의 누군가에 의해 소리 없이 장악될 수 있는 노출된 표적(Open Target)이 된 것이다.

본 장에서는 앞에서 제기된 모빌리티의 윤리적 질문을 보안의 영역으

87 Advanced Driver Assistance Systems. 차선 유지, 충돌 방지 등 운전자의 안전과 편의를 돕는 기술을 통칭함.

로 확장하여 심층적으로 분석한다. 기술적 용어의 나열을 넘어, 1980년대에 설계된 낡은 통신 프로토콜이 첨단 자율주행 기술과 위태롭게 동거하는 현실, 2015년 고속도로 위에서 벌어진 충격적인 해킹 사건이 남긴 교훈, 그리고 이 디지털 요새를 방어하기 위한 공학적, 법적 노력을 종합적으로 조명한다. 이는 단순한 기술적 분석이 아니라, 자율주행 시대를 맞이하는 현대 사회가 반드시 정립해야 할 '안전과 주권'에 관한 새로운 사회적 계약에 관한 것이다.

5장
사이버 보안과 해킹 윤리

1. 바퀴 달린 데이터 센터: 기계에서 디지털 플랫폼으로의 대전환

1) 1억 줄의 코드가 지배하는 세상

일반적으로 최첨단 기술의 집약체로 여겨지는 F-35 전투기나, 현대 업무 환경의 기반인 PC 운영체제보다 더 복잡한 소프트웨어가 탑재된 기계가 바로 우리 곁에 있는 자동차라는 사실은 놀라움을 준다. 현재 고급 자동차는 약 1억~1억 5천 줄의 코드를 가지고 있는 데 반해, F-35 전투기는 기체 자체에 약 860만 줄의 코드를 가지고 있고, 지상 지원 시스템을 포함하면 전체 프로그램에서 약 2천 4백만 줄의 코드를 가지고 있다. 윈도우 11의 경우 6천만 줄에서 1억 줄의 코드가 있는 것으로 추정된다. 엔진의 연료 분사량을 마이크로초 단위로 조절하는 것부터, 브레이크 페달의 압력을 제동력으로 변환하고, 실내 온도를 조절하며, 심지어 창문을 여닫는 사소한 동작 하나까지도 이제는 물리적 기계 장치가 아닌 컴퓨터의 연산 결과에 따라 제어된다.

이러한 방대한 연산은 차량 내부에 은밀하게 배치된 50개에서 100개 이상의 전자 제어 장치(Electronic Control Unit, 이하 ECU로 표기)[88]들에 의해 수행된다. 각각의 ECU는 독립적 프로세서와 메모리를 갖춘 소형 컴퓨터로서, 엔진 제어, 변속기 관리, 인포테인먼트[89] 등 특정 기능을 전담하며 상호 유기적으로 연결되어 있다. 따라서 현대의 자동차 정비는 기름때 묻은 손으로 부품을 교체하는 기계적 작업보다는, 진단기를 연결하여 소프트웨어의 로그를 분석하고 오류 코드를 수정하는 IT 엔지니어링의 영역으로 빠르게 이동하고 있다.

이러한 변화의 정점에는 '소프트웨어로 정의된 자동차(SDV)'라는 개념이 자리 잡고 있다. SDV는 하드웨어의 성능이 고정된 것이 아니라, 스마트폰의 운영체제를 업데이트하듯 무선 업데이트(OTA)를 통해 차량의 성능을 지속해서 개선하고 새로운 기능을 추가할 수 있는 구조를 의미한다. 어제까지 없던 자율주행 기능이나 배터리 관리 효율화가 오늘 아침 업데이트를 통해 구현되는 마법 같은 현실은 사용자에게 혁신적 경험을 제공한다. 그러나 소프트웨어의 복잡도가 증가한다는 것은 필연적으로 그 안에 숨겨진 버그와 보안 취약점의 수 또한 기하급수적으로 늘어남을 의미한다. 1억 줄의 코드는 곧 해커가 파고들 수 있는 1억 개의 잠재적 균열이 존재한다는 뜻이기도 하다.

표 5-1 자동차의 패러다임 변화: 기계에서 SDV로

구분	과거의 자동차	현대의 자동차	보안적 시사점
핵심 동력	내연기관, 기계 장치	소프트웨어, 데이터, AI	물리적 고장보다 소프트웨어 오류/해킹 위험 증대

88 차량의 엔진, 변속기 등 각 기능을 전담하여 제어하는 소형 컴퓨터.

89 Infotainment: 정보(Information)와 오락(Entertainment)의 합성어로, 차량 내 내비게이션, 오디오, 영상 시스템 등을 의미함.

제어 방식	케이블, 유압 등 물리적 연결	ECU, 전자 신호, 네트워크	원격 제어 및 조작 가능성 발생
기능 개선	부품 교체, 하드웨어 튜닝	무선 업데이트 (OTA)	해킹된 펌웨어 배포 시 대규모 피해 우려
외부 연결	라디오 수신 (단방향)	V2X, 클라우드, 5G (양방향)	공격 표면(Attack Surface)의 획기적 확장[90]

2) 연결성의 역설: 편리함이 열어준 백도어

과거의 자동차는 외부 네트워크와 철저히 단절된 '에어 갭(Air-gapped)'[91] 시스템에 가까웠다. 해커가 자동차를 공격하기 위해서는 물리적으로 차량에 접근하여 보닛을 열거나, 차체 하부로 기어서 들어가 전선을 절단하고 장치를 부착해야만 했다. 즉, 물리적 접근 통제가 곧 보안의 전부였던 시절이었다. 그러나 현대의 자동차는 근본적으로 다르다. 블루투스로 운전자의 스마트폰과 페어링 되고, 와이파이 핫스팟을 제공하며, LTE나 5G 통신망을 통해 제조사의 클라우드 서버와 끊임없이 주행 데이터를 주고받는다.

이러한 '연결성(Connectivity)'은 운전자에게 전례 없는 편의를 제공한다. 무더운 여름날 주차된 차의 에어컨을 원격으로 미리 가동하거나, 차 키를 두고 와도 스마트폰 앱으로 문을 열 수 있는 기능은 이제 필수적인 옵션이 되었다. 그러나 보안의 관점에서 이러한 연결성은 난공불락의 성벽에 수많은 쪽문을 내는 행위와 같다. 해커들은 이제 위험을 무릅쓰고

---

90 공격 표면(Attack Surface)의 획기적 확장은 연결된 자동차에서 인포테인먼트, V2X, OTA 업데이트 등 새로운 인터페이스와 기능 추가로 해커의 침투 지점이 급증하는 현상을 의미한다. 기존 에어갭 차량이 단순했으나, 소프트웨어 정의 차량(SDV)으로 100개 이상 ECU와 클라우드 연결이 표준화되면서 무선/유선 공격 벡터가 폭발적으로 늘어났다.

91 외부 네트워크와 물리적·논리적으로 완전히 단절되어 해킹 등 외부 침입이 불가능하도록 설계된 상태. 각주 81 참조.

차량에 접근할 필요가 없다. 지구 반대편의 침실에서도 인터넷을 통해 차량의 인포테인먼트 시스템에 접속하고, 이를 교두보 삼아 엔진이나 조향 장치를 제어하는 핵심 네트워크로 침투할 수 있는 디지털 경로가 열린 것이다.

이것은 1장에서 논의된 '편리함과 위험의 긴장 관계'와 맥을 같이한다. 현대 사회는 이동의 자유와 편의를 얻는 대가로, 보이지 않는 누군가가 내 차의 핸들을 원격으로 조작할지도 모른다는 새로운 형태의 실존적 공포를 감수해야 하는 상황에 놓였다. 이것이 바로 디지털 전환이 가져온 '연결성의 역설(Connectivity Paradox)'이다.

2. 위험한 대화: 과거 유산과 첨단의 불안한 동거

1) 1980년대의 유산: CAN 통신의 구조적 한계

최첨단 자율주행 기술이 탑재된 21세기의 자동차 내부에서, 부품들이 서로 대화를 나누는 방식은 놀랍게도 1980년대의 기술에 의존하고 있다. 현재 대부분의 자동차 내부 통신 표준으로 사용되는 'CAN(Controller Area Network, 이하 CAN으로 표기)' 프로토콜은 1983년 독일의 보쉬(Bosch) 사가 개발했다. 당시의 개발 목표는 늘어나는 전자 장치들을 연결하기 위해 복잡하고 무거워지는 전선(와이어링 하니스[92])의 무게를 줄이고, 신뢰성 있는 통신을 보장하는 것이었다. 보안이라는 개념이 희박하던 시절, 외부와의 연결을 전혀 고려하지 않고 설계된 이 '신뢰 기반' 시스템은 현대의 커넥티드 차량 환경에서 치명적 취약점으로 작용한다.

CAN 통신의 작동 원리와 취약점을 이해하기 위해, 규칙이 독특한 '시

---

92 Wiring Harness. 차량 내 수많은 전자기기를 연결하기 위해 묶어 놓은 전선 뭉치.

끄러운 교실'의 비유를 들어 설명할 수 있다. 첫째, 이 교실에는 비밀이 없다. 즉 암호화의 부재 상황을 의미한다. 교실 안의 선생님(제어 장치)이 반장(엔진)에게 "일어서!"라고 말하면, 그 목소리는 교실에 있는 모든 학생(다른 부품들)에게 여과 없이 전달된다. CAN 버스는 '브로드캐스트(Broadcast)'[93] 방식을 사용하기 때문에, 네트워크에 연결된 모든 결절점(Node)은 버스 상의 모든 메시지를 수신한다. 문제는 이 메시지가 암호화되지 않은 '평문(Plain Text)'[94]으로 전송된다는 점이다. 만약 악의적 청취자가 교실 뒷문에 청진기(해킹 장비)를 대고 있다면, 안에서 오가는 대화 내용을 낱낱이 엿들을 수 있다. 해커는 이를 통해 차량의 속도, 위치, 브레이크 상태 등 민감한 정보를 손쉽게 탈취(Sniffing)할 수 있다. 둘째, 발언자의 신원을 확인하지 않는다. 인증 부재 상황을 비유한 것이다. 누군가가 교실 뒤편에서 "속도를 줄여!"라고 외쳤다고 가정 해보자. 학생들은 그 목소리가 진짜 선생님의 것인지, 아니면 목소리를 흉내 낸 장난꾸러기 친구의 것인지 확인하지 않고 무조건 명령에 따른다. CAN 프로토콜에는 메시지를 보낸 주체가 정당한 권한을 가진 ECU인지 검증하는 인증 메커니즘이 존재하지 않는다. 이로 인해 해커는 브레이크 제어 장치인 척 가장하여 "멈춰!"라는 거짓 명령을 네트워크에 주입할 수 있으며, 차량은 이를 의심 없이 수행하여 급정거와 같은 위험한 상황을 초래하게 된다. 이를 '스푸핑(Spoofing)' 또는 '메시지 주입(Message Injection)' 공격이라고 한다. 셋째, 목소리 큰 사람이 이긴다. 우선순위 기반의 중재 상황을 의미한다. 모든 학생이 동시에 말을 하면 대화가 불가능해진다. 따라서, 자동차의 신경망인 CAN 통신은 메시지마다 고유한 번호표(ID)를 붙이고, 번호가 작을수록 우선권을 주는 '중재(Arbitration)' 규칙을 사용한다. 예를 들어, 긴급한 '충돌 감지(ID: 0)' 신호는 일반적인 '라디오 볼륨 조절

93 네트워크에 연결된 모든 장치에 데이터를 동시에 전송하는 통신 방식.

94 암호화되지 않아 누구나 즉시 내용을 읽고 이해할 수 있는 상태의 데이터.

(ID: 100)'보다 먼저 전달된다. 이때 전기적으로는 '목소리 큰 사람이 이기는 법칙'이 적용된다. CAN 통신에서 0(Dominant, 우세) 신호는 '큰 목소리'와 같고, 1(Recessive, 열세) 신호는 '침묵이나 아주 작은 속삭임'과 같다. 만약 두 부품이 동시에 신호를 보낼 때, 한쪽이 '1'을 보내더라도 다른 쪽에서 '0'을 외치면 통신선 전체에는 '0'이라는 소리만 남게 된다. 즉, 0이 1을 완전히 눌러버리는(덮어쓰는) 방식이다. 문제는 해커가 이 규칙을 악용할 수 있다는 점이다. 공격자가 가장 높은 우선순위인 'ID: 0' 메시지를 1초에 수천 번씩 쉼 없이 쏟아내면, 통신선은 항상 '0'이라는 큰 목소리로 꽉 차게 된다. 결국, 진짜 중요한 엔진 제어나 브레이크 신호는 자기 차례를 기다리다 입조차 떼지 못하고 사라지게 되며, 이로 인해 차량의 안전 기능이 마비되어 대형 사고로 이어질 수 있습니다. 이는 교실에서 가장 목소리 큰 불량배가 고함을 질러대면 선생님의 지시 사항이 전달되지 않는 것과 같으며, 결과적으로 차량 시스템이 마비되는 '서비스 거부(DoS: Denial of Service)'[95] 상태에 빠지게 된다. 뉴스 등에서 해킹과 관련 도스 공격이라는 말을 한 번쯤 들어 봤을 것이다.

그림 5.1 CAN 통신의 구조적 취약점

1. 교실에는 비밀이 없다 - 암호화 부재

브로드캐스트 메시지는 암호화되지 않는다.
공격자가 민감한 데이터를 도청할 수 있다.

2. 발언자의 신원을 확인하지 않는다 - 인증 부재

발신자 인증이 없다.
공격자가 '멈춰!'와 같은 메시지를 스푸핑하여
위험한 상황을 초래할 수 있다.

3. 목소리 큰 사람이 이긴다 - 우선순위 기반 중재

낮은 ID가 우선순위를 가진다. 공격자가
높은 우선순위 메시지로 버스를 폭주시켜
서비스 거부(DoS)를 유발할 수 있다.

2) 위험한 다리: 게이트웨이의 딜레마

그렇다면 해커는 어떻게 외부 인터넷망에서 물리적으로 격리되어야 할 차량 깊숙한 곳의 CAN 네트워크까지 도달할 수 있는가? 자동차는 설계상 보안이 덜 중요한 '인포테인먼트 영역(내비게이션, 오디오 등)'과 안전에 직결된 '차량 제어 영역(엔진, 조향, 제동 등)'으로 나뉘어 있다. 원칙적으로 이 두 영역은 분리되어야 안전하지만, 현대의 자동차는 사용자 편의를 위해 이들의 연결이 필요하다. 예를 들어, 내비게이션 화면에서 주행 모드를 '스포츠 모드'로 변경하면, 이 신호는 인포테인먼트 영역에서 제어 영역으로 전달되어야 한다.

이 두 영역 사이의 통역사이자 통로 역할을 하는 것이 바로 '게이트웨이(Gateway)[96]' ECU다. 해커들의 주된 전략은 외부와 연결된 인포테인먼트 시스템을 먼저 장악한 후, 이 게이트웨이를 통과하여 제어 영역으로 넘어가는 것이다. 이를 '횡적 이동(Lateral Movement)' 또는 '피보팅(Pivoting)'이라 한다. 외부 인터넷에 노출된 인포테인먼트 시스템이 해커에게 점령당하는 순간, 게이트웨이는 성문을 지키는 수문장에서 트로이 목마를 성안으로 들이는 위험한 다리로 전락하게 된다. 2015년 지프 체로키 해킹 사건은 이러한 이론적 취약점이 현실 세계에서 어떻게 구현될 수 있는지를 적나라하게 보여주었다.

---

95 비정상적 데이터를 대량 전송하여 시스템을 마비시키는 사이버 공격.

96 서로 다른 네트워크 영역(예: 인포테인먼트와 차량 제어 영역) 사이에서 데이터를 전달하고 통제하는 통로 장치.

3. 고속도로 위의 악몽: 2015년 지프 체로키 해킹 사건의 재구성

자동차 보안의 역사는 2015년 7월 이전과 이후로 나뉜다고 해도 과언이 아니다. 그전까지 자동차 해킹은 학술 대회나 실험실 환경에서 제한적으로 시연되던 이론적 가능성의 영역에 머물러 있었다. 그러나 두 명의 보안 연구원 찰리 밀러(Charlie Miller)와 크리스 발라섹(Chris Valasek), 그리고 '와이어드(Wired)'의 기자 앤디 그린버그(Andy Greenberg)가 공모하여 벌인 실증 실험은 전 세계 자동차 산업과 대중에게 씻을 수 없는 충격을 안겨주었다.

1) 통제 불능의 공포

2015년 여름, 앤디 그린버그는 미국 세인트루이스의 64번 고속도로 위에서 흰색 지프 체로키를 운전하고 있었다. 시속 70마일(약 112km)로 주행 중이던 그에게 설명할 수 없는 일들이 벌어지기 시작했다. 갑자기 에어컨 송풍구가 최고 풍량으로 작동하며 차가운 바람을 뿜어댔고, 그가 손을 대지도 않은 라디오에서는 힙합 음악이 귀가 떨어질 듯한 볼륨으로 울려 퍼졌다. 와이퍼는 마른 유리창 위를 미친 듯이 닦아대며 워셔액을 뿌려 시야를 가렸다. 이것은 단순한 오작동이 아니었다. 차량의 디지털 디스플레이에는 노트북을 든 두 남자, 찰리 밀러와 크리스 발라섹의 사진이 떴다. 그들은 차 안이 아니라, 10마일(약 16km) 떨어진 찰리 밀러의 집 지하실 소파에 편안하게 앉아 있었다. 그린버그가 상황을 파악하기도 전에 사태는 심각해졌다.

"갑자기 가속 페달이 먹통이 되었다. RPM이 치솟는 것을 보며 미친 듯이 페달을 밟았지만, 지프는 속도가 반으로 줄더니 곧 기어가는 수준이 되었다. 하필이면 갓길도 없는 긴 고가도로 위였다. 실험은 더는 재미가 아니었다." - 앤디 그린 버그

해커들은 원격으로 차량의 변속기를 중립(N)으로 바꿔버린 것이었다. 뒤따라오던 18륜 대형 트럭이 경적을 울리며 아슬아슬하게 지프를 피해 지나갔다. 그린버그는 공포에 질려 휴대전화를 꺼내 해커들에게 제발 멈춰달라고 애원해야 했다. 이어진 실험에서는 저속 주행 중인 차량의 브레이크를 완전히 무력화시켜, 그린버그가 브레이크 페달을 밟았음에도 불구하고 차량이 멈추지 않고 도랑으로 처박히게 만드는 데 성공했다. 이는 자동차가 운전자의 의지를 배반하고 외부인의 명령에 복종하는 무기로 돌변할 수 있음을 증명한 순간이었다.

2) 그들은 어떻게 침투했나?

이 역사적 해킹은 우연의 산물이 아니라 치밀하게 설계된 공격 체인(Kill Chain)의 결과였다.

공격의 시작점은 지프 체로키에 탑재된 인포테인먼트 시스템 '유커넥트(Uconnect)'였다. 이 시스템은 스프린트(Sprint) 통신망을 통해 인터넷에 항상 연결되어 있었는데, 연구진은 유커넥트 시스템이 외부 인터넷에서 특정 포트(Port 6667)를 통해 아무런 인증 없이 접속을 허용한다는 치명적 취약점을 발견했다. 그들은 차량의 IP 주소만 알면 지구 어디서든 해당 차량의 시스템에 접속할 수 있었다.

열린 포트를 통해 침투한 후, 그들은 유커넥트 시스템 내부의 OMAP 칩[97]을 장악했다. 이곳에서 그들은 시스템의 루트(Root) 권한을 획득하

97 OMAP 칩은 Open Multimedia Applications Platform의 약자로, 텍사스 인스투르먼트(TI)가

고, 자신들의 코드를 심어 넣었다.

가장 결정적 단계는 인포테인먼트 영역에서 차량 제어 영역으로 넘어가는 것이었다. 두 영역을 연결하는 게이트웨이 역할을 하는 것이 V850 컨트롤러 칩이었다. 연구진은 이 칩의 펌웨어를 원격으로 다시 프로그래밍(Reflashing)하여, 자신들이 CAN 버스로 명령을 보낼 수 있도록 게이트웨이를 조작했다. 이 과정은 운전자가 전혀 눈치채지 못하는 사이에 이루어졌다.

일단 CAN 버스에 진입하자, 앞서 설명한 CAN 통신의 취약점(인증 부재, 평문 전송) 덕분에 모든 것이 가능했다. 그들은 운전대, 브레이크, 엔진, 변속기 등 차량의 핵심 기능을 제어하는 CAN 메시지를 주입하여 차량을 완전히 장악했다.

3) 사건이 남긴 파장

이 실험의 파장은 자동차 산업 전체를 뒤흔들었다. 크라이슬러는 즉각 140만 대의 차량에 대해 대규모 리콜을 단행했다. 이는 물리적 부품의 결함이 아닌, 사이버 보안 취약점으로 인해 발생한 자동차 역사상 최초의 대규모 리콜 사례로 기록되었다. 초기 대응 과정에서 크라이슬러는 보안 패치가 담긴 USB 메모리를 우편으로 발송하여 사용자가 직접 업데이트하게 했는데, 이는 보안성과 효율성 면에서 큰 비판을 받았다. 이 사건은 결국 자동차 제조사들이 스마트폰처럼 무선으로 신속하게 보안 패치를 배포할 수 있는 무선 업데이트(OTA) 시스템 구축을 서두르게 만드는 결정적 계기가 되었다.

무엇보다 가장 큰 변화는 대중과 업계의 인식이었다. 이전까지 '자동차 해킹'이라고 하면 차 문을 몰래 열거나 GPS 기록을 훔쳐보는 정도의

개발한 모바일 SoC(System on Chip)이다.

사생활 침해 문제로 여겨졌다. 그러나 지프 해킹 사건은 사이버 공격이 사람의 목숨을 위협하는 '물리적 무기'가 될 수 있다는 사실을 전 세계에 각인시켰다. 이제 사이버 보안은 단순한 옵션이나 품질 문제가 아니라, 자동차가 도로 위를 달리기 위해 갖추어야 할 가장 기본적 '안전'의 전제 조건이 되었다.

그림 5.2 2015년 지프 체로키 해킹 사건

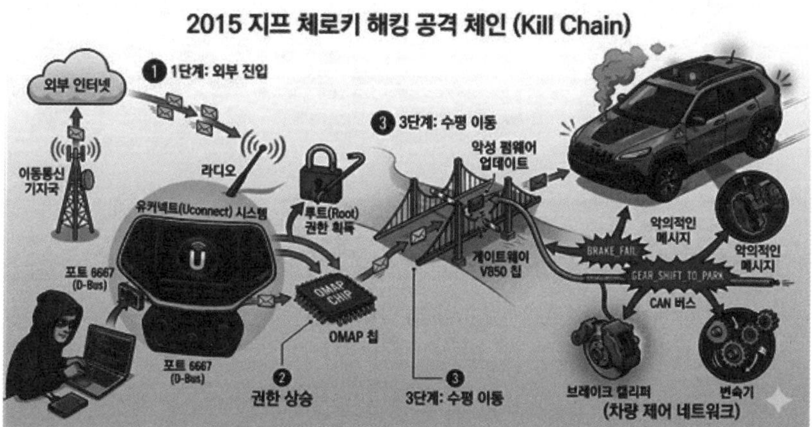

4. 디지털 요새 구축: 방어의 기술과 전략

해커들의 창이 날카로워질수록, 이를 막아내기 위한 방어의 기술 또한 고도화되고 있다. 보안 전문가들은 '뚫리지 않는 완벽한 방패'는 존재하지 않는다는 전제하에 보안 시스템을 설계한다. 따라서 단 하나의 방어막에 의존하는 것이 아니라, 마치 중세 시대의 성이나 껍질이 겹겹이 쌓인 양파처럼 여러 단계의 방어선을 구축하는 '심층 방어' 전략을 채택한다.

그림 5.3 심층 방어로 이루어진 디지털 요새

1) 성벽과 해자: 네트워크 보안과 분리
(Fortress & Moat: Network Security & Segmentation)

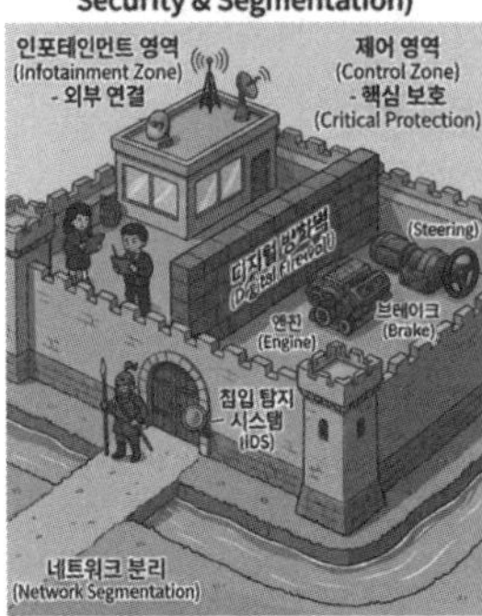

기능별, 중요도별 네트워크 분리와 방화벽으로 외부 공격을 국지적으로 차단하고, IDS로 감시한다.

CAN 통신 인증: 메시지 인증 코드
(CAN Auth: Message Authentication Code (MAC)

메시지에 디지털 서명(MAC)을 덧붙여 발신자의 신원을 검증한다.

2) 디지털 면역 시스템: 차량 보안 관제 센터
(Digital Immune System: Vehicle Security Operations Center (VSOC))

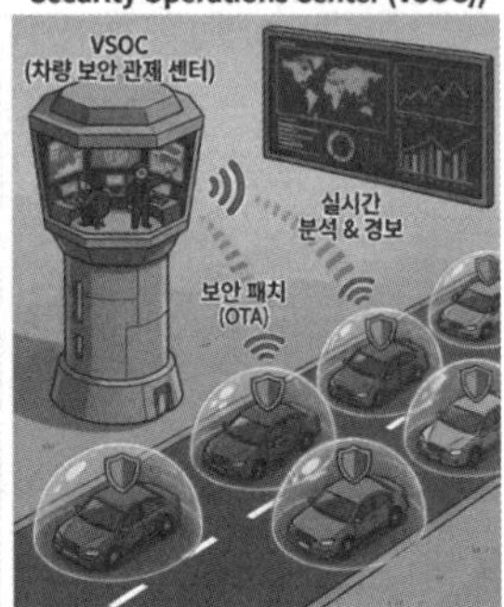

실시간으로 보안 로그를 분석하여 해킹 징후를 탐지하고, OTA를 통해 백신처럼 보안 패치를 배포한다.

1) 성벽과 해자: 네트워크 보안과 분리

가장 바깥쪽 방어선은 성 밖의 침입자가 성안으로 들어오지 못하게 막거나, 들어오더라도 자유롭게 돌아다니지 못하게 하는 것이다. 이를 위해 차량 내부 네트워크를 기능별, 중요도별로 잘게 쪼개는 '네트워크 분리(Segmentation)' 기술이 핵심이다.

인포테인먼트 시스템처럼 외부와 연결되어 공격받기 쉬운 영역과 브레이크나 엔진처럼 절대적 보호가 필요한 제어 영역 사이에 디지털 방화벽(Firewall)을 세우는 것이다. 이렇게 하면 해커가 인포테인먼트 시스템을 장악하더라도, 제어 영역으로 넘어가는 길목이 차단되어 피해를 국지적으로 제한할 수 있다. 또한, 성문을 지키는 문지기처럼 침입 탐지 시스템(IDS)이 CAN 버스의 통신을 24시간 감시한다. 평소에는 조용하던 제어 장치가 갑자기 비정상적인 빈도로 메시지를 쏟아내거나, 규격에 맞지 않는 명령어가 감지되면 IDS는 이를 즉시 차단하거나 보안 관제 센터에 경고를 보낸다.

최근에는 CAN 통신의 태생적 한계인 '인증 부재'를 극복하기 위한 노력도 이어지고 있다. 메시지에 디지털 서명(Message Authentication Code, 이하 MAC으로 표기)[98]을 덧붙여, 수신 측 ECU가 "이 명령이 진짜 브레이크 제어 장치에서 온 것인지"를 검증할 수 있게 하는 것이다. 이는 앞선 교실의 비유에서 학생들이 선생님의 목소리만 듣는 것이 아니라, 선생님이 보여주는 신분증을 확인하고 행동하는 것과 같다.

2) 디지털 면역 시스템: 차량 보안 관제 센터

아무리 높고 튼튼한 성벽도 내부의 배신자나 치밀한 스파이에 의해 언젠가는 뚫릴 수 있다. 따라서 외부 방어선이 무너졌을 때, 내부에서 침입자를 식별하고 대응할 수 있는 시스템이 필수적이다. 자동차 제조사들은 이를 위해 '차량 보안 관제 센터(Vehicle Security Operations Center, 이하 VSOC로 표기)'를 구축하고 있다.

VSOC는 우리 몸의 '면역 시스템'에 비유할 수 있다. 우리 몸에 바이러스가 침투하면 백혈구가 이를 이물질로 인식하고 공격하여 제거하듯이, VSOC는 도로 위를 달리는 수백만 대의 커넥티드카로부터 수집된 보안 로그 데이터를 실시간으로 분석한다. 만약 특정 지역의 차들에서 동시에 와이퍼가 오작동하거나 비정상적인 통신 패턴이 감지되면, 인공지능(AI) 기반 분석 시스템은 이를 '해킹 징후'로 판단하고 경보를 울린다.

VSOC의 역할은 탐지에서 끝나지 않는다. 새로운 바이러스에 대항하는 백신을 만들듯, 분석된 취약점에 대한 보안 패치를 개발하여 무선 업데이트(OTA)를 통해 전 세계의 모든 차량에 배포한다. 이를 통해 개별 차량의 감염이 전체로 확산하는 것을 막고, 집단 면역(Herd Immunity)을 형성한다. 현대자동차(HMC)그룹과 같은 글로벌 제조사들은 이미 자체적인

98 메시지의 출처가 정당한지 확인하기 위해 덧붙이는 디지털 서명 기술.

VSOC를 구축하여 차량을 '움직이는 데이터 센터'처럼 24시간 모니터링 하고 있으며, 이는 자동차 회사가 단순한 하드웨어 제조사를 넘어 보안 서비스를 제공하는 IT 플랫폼 기업으로 진화하고 있음을 시사한다.

3) 투명한 원재료 목록: 소프트웨어 자재 명세서

우리가 마트에서 알레르기를 유발하는 성분을 피하려고 가공식품의 뒷면 '원재료명'을 꼼꼼히 확인하는 것처럼, 자동차 소프트웨어에도 투명한 성분표가 필요하다. 현재의 자동차 소프트웨어는 제조사가 1억 줄의 코드를 처음부터 끝까지 직접 작성하는 것이 아니다. 수많은 협력 업체가 만든 부품과 전 세계 개발자들이 공유하는 '공개 소스 라이브러리'를 가져와 조립하는 방식으로 만들어진다.

만약 이 수많은 재료 중, 누구나 무료로 가져다 쓰는 작은 공개 소스 코드 하나에 치명적인 보안 결함이 있다면 어떻게 될까? 2021년 전 세계를 강타한 '로그포제이(Log4j)' 사태가 대표적인 예다. 이 작은 로깅 라이브러리의 취약점 하나가 전 세계의 서버와 시스템을 위험에 빠뜨렸다.

2021년 11월 말, 평화롭던 전 세계 IT 세상이 발칵 뒤집혔는데, 시작은 중국 알리바바 클라우드의 한 보안 연구원이 인기 게임인 마인크래프트를 하다가 발견한 아주 기묘한 현상이었다. 게임 채팅창에 그저 특정 문자열 하나를 입력했을 뿐인데, 서버가 마치 마법에 걸린 듯 해커의 명령대로 움직이는 것을 목격한 것이다. 이 믿기지 않는 사건의 범인은 이름조차 생소했던 Log4j라는 아주 작은 소프트웨어 조각이었다.

Log4j는 자바(Java)라는 프로그래밍 언어로 만들어진 시스템들이 마치 비행기의 블랙박스나 일기장처럼 모든 활동 기록을 남길 때 사용하는 로깅(Logging) 라이브러리다 여기서 로깅이란 프로그램이 작동하며 일어나는 일들을 기록하는 행위를 말하고, 라이브러리(Library)는 개발자들이 자주 쓰는 기능을 미리 만들어 둔 코딩 상자를 의미한다. 문제는 이 일기장이 아마존이나 애플 같은 거대 기업부터 아주 작은 스타트업까지, 전 세계 거의 모든 자바 기반 시스템에 감초처럼 들어가 있었다는 사실이다.

이 취약점이 세상에 공개되자 보안 업계는 그야말로 비상사태에 빠졌다. 보안 전문가들은 이 위협에 10점 만점에 10점이라는 최악의 위험 점수를 매겼는데, 이는 공격 방법이 너무나도 단순했기 때문이다. 해커는 그저 웹사이트의 검색창이나 아이디 입력란에 특수하게 조작된 짧은 문장 하나만 넣으면 그만이었다. 그러면 시스템이 이 글자를 기록하는 과정에서 JNDI 조회라는 기능을 엉뚱하게 실행시키게 된다. JNDI[99]는 프로그램이 필요한 자원을 주소록에서 찾아오는 서비스인데, 시스템이 해커가 보낸 주소로 접속해 악성 코드를 스스로 내려받아 실행하는 어처구니없는 상황이 벌어진 것이다. 일기를 쓰라고 시켰더니 도둑에게 집 문을 열어준 셈이다.

상황이 더 심각했던 이유는 이 소프트웨어가 어디에나 퍼져 있는 편재성 때문이었다. 수억 개의 클라우드 서비스와 게임 서버, 심지어 우리 주변의 사물인터넷 기기들이 모두 사정권에 들어왔다. 기업들은 자신의 시스템 중 어디에 이 작은 조각이 숨어 있는지조차 파악하기 힘들었다. 다른 큰 부품 안에 숨겨진 채 포함된 경우가 많았기 때문이다. 전 세계 해커들이 이 틈을 타 공격을 쏟아붓는 동안, 보안팀들은 주말도 반납한 채 보이지 않는 전쟁을 치러야 했다.

이 사건은 현대 소프트웨어 생태계의 씁쓸한 이면을 보여준 공유지의

---

99 JNDI(Java Naming and Directory Interface)는 Java 애플리케이션이 네이밍 서비스와 디렉토리 서비스에서 데이터나 객체를 이름으로 검색하고 참조(lookup)하기 위한 표준 API이다. JNDI는 API(클라이언트 측 접근 인터페이스)와 SPI(서비스 제공자 연결 인터페이스)로 나뉘고, 네이밍 서비스는 이름과 객체를 바인드하고, 디렉토리 서비스는 네트워크 자원 정보를 저장·조회한다.

비극이기도 했다. 전 세계 수십억 달러 규모의 기업들이 무료 공개 소스[100]인 Log4j를 무임승차하듯 사용해왔지만, 정작 이 중요한 코드를 관리하던 사람들은 소수의 자원봉사자뿐이었다. 누구도 책임지거나 관리하지 않던 무료 공유지의 작은 틈 하나가 전 세계 디지털 경제를 멈춰 세울 뻔한 것이다.

특히 자동차가 움직이는 컴퓨터로 변해가는 모빌리티 산업에 이 사건은 뼈아픈 경고였다. 커넥티드카나 자율주행 시스템 역시 수많은 공개 소스 조각들로 이루어져 있기 때문이다. 만약 자동차의 인포테인먼트 시스템이나 원격 업데이트 서버가 이처럼 허망하게 뚫린다면, 도로 위의 수백만 대 차량이 동시에 위험에 노출될 수도 있다. 소프트웨어 조각 하나가 단순한 데이터 유출을 넘어 사람의 생명까지 위협할 수 있는 시대가 된 것이다. 현대의 소프트웨어는 거대한 레고 성과 같아서 단 하나의 작은 블록만 무너져도 전체가 흔들릴 수 있다는 사실을, 사람들은 이 혹독한 사건을 통해 비로소 깨닫게 되었다.

결국, IT 업계가 이 사건 이후 이러한 공급망 위험(Supply Chain Risk)을 관리하기 위해 도입된 것이 바로 '소프트웨어 자재 명세서(Software Bill of Materials, 이하 SBOM로 표기)'다. 이것은 마치 식품 포장지에 들어간 모든 재료를 상세히 적는 성분표처럼, 소프트웨어를 만들 때 들어간 모든 부품을 투명하게 기록하고 추적하자는 약속이다. SBOM은 특정 자동차 소프트웨어를 구성하는 모든 컴포넌트의 이름, 버전, 라이선스 정보, 의존성 관계 등을 상세히 기록한 명세서다. 제조사는 SBOM을 통해 "우리 차의 인포테인먼트 시스템에 '로그4j' 2.14 버전이 사용되었는가?", "이 버전에 알려진 보안 취약점이 있는가?"를 즉시 파악할 수 있다. SBOM은 복잡하게 얽힌

100 Open Source. 소스 코드를 공개하여 누구나 자유롭게 사용, 수정, 배포할 수 있는 소프트웨어 개발 모델로서, 이 접근방식은 협업과 투명성을 강조하며, 리눅스(Linux)나 아파치(Apache) 같은 프로젝트가 여기에 해당 한다.

자동차 소프트웨어 공급망의 투명성을 확보하고, 문제 발생 시 신속하게 '리콜' 대상을 선별하여 대응하기 위한 필수적인 '디지털 성분표'이다.

그림 5.4 식품 성분표 vs 소프트웨어 자재 명세서

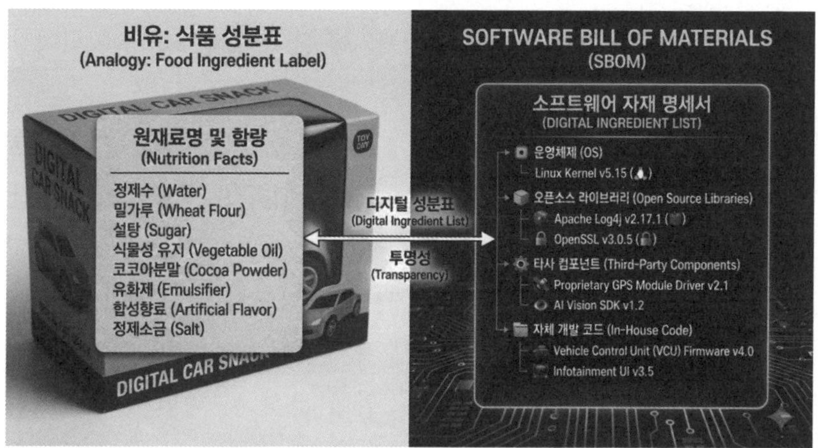

5. 법과 표준:
신뢰를 위한 사회적 약속과 엔지니어링

지금까지 모빌리티 시대의 사이버 보안에 대해 여러 가지 방안들을 언급했지만, 기술적 방어책만으로는 충분하지 않다. 건축물을 지을 때 붕괴를 막기 위해 철근의 두께와 콘크리트의 강도를 규정한 '건축법'이 존재하듯, 사람의 생명을 다루는 자동차 보안에도 제조사가 반드시 준수해야 할 국제적인 법규와 표준이 정립되었다.

1) 자동차 보안의 건축법: ISO/SAE 21434

건물을 지을 때 설계 단계부터 내진 설계를 반영하고 비상구를 확보해야 한다는 '건축 규정'이 있는 것처럼, 자동차를 만들 때 사이버 보안을 어떻게 설계하고 검증해야 하는지를 규정한 국제 표준이 바로 'ISO/SAE 21434'다. 이 표준은 단순히 "보안을 강화하라"라는 모호한 구호가 아니라, 자동차의 기획(Concept)부터 개발, 생산, 운영, 그리고 폐기에 이르는 전체 수명 주기(Life cycle) 동안 지켜야 할 구체적 보안 엔지니어링 절차를 담고 있다.

과거의 보안이 제품을 다 만든 뒤에 백신 프로그램을 설치하는 '볼트온(Bolt-on)' 방식이었다면, ISO/SAE 21434는 설계 도면을 그리는 순간부터 보안을 핵심 요구사항으로 고려하는 '설계에 의한 보안(Security by Design)'[101]을 강력하게 요구한다. 4장에서 다루었던 '윤리적 디자인 사고'가 보안 엔지니어링의 영역에 구체적으로 적용된 사례라 볼 수 있다.

이 표준의 핵심 도구 중 하나는 '위협 분석 및 위험 평가(Threat Analysis and Risk Assessment, 이하 TARA로 표기)'다. 엔지니어는 개발 단계에서 해커의 관점으로 시스템을 바라보며, "만약 블루투스 키가 탈취된다면 어떤 피해가 발생하는가?", "공격자가 이 취약점을 이용하기가 얼마나 쉬운가?"를 체계적으로 분석해야 한다. 제조사는 이러한 TARA 결과를 바탕으로 적절한 보안 대책을 수립했음을 문서로 증명해야 하며, 이는 자동차가 도로 위를 달리기 위한 최소한의 안전성을 보증하는 증명서가 된다.

2) 운전면허시험과 같은 관문: UN R155

표준이 권고사항이라면, 규제는 강제성을 띤 법이다. 유럽경제위원회(UNECE) 산하의 WP.29[102] 포럼에서 제정한 'UN R155' 규정은 ISO/

101 제품 제작 후 보안 기능을 추가하는 것이 아니라, 설계 단계부터 보안을 핵심 요소로 반영하는 방식.

그림 5.5 국제 표준과 규제

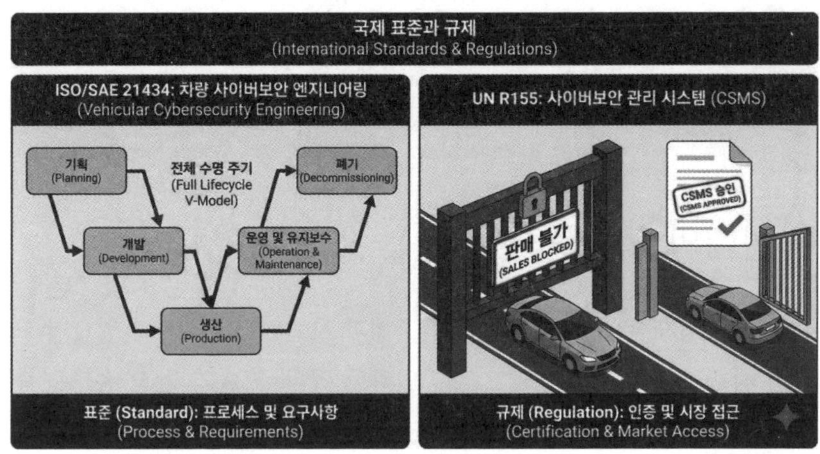

SAE 21434와 같은 표준 준수를 법적으로 의무화했다. 이 규정에 따르면, 자동차 제조사가 체계적 '사이버 보안 관리 시스템(Cyber Security Management System, 이하 CSMS로 표기)'을 갖추고 있음을 증명하지 못하면, EU, 일본, 한국 등 주요 시장에서 자동차를 판매할 수 있는 형식 승인(Type Approval)[103]을 받을 수 없다.

이는 마치 운전면허 시험을 통과하지 못한 사람에게 도로 주행을 허가하지 않는 것과 같다. 한국도 국토교통부의 자동차관리법에 따라 이러한 국제 기준을 도입하여 제조사의 보안 관리 역량을 엄격하게 심사하고 있다. 현대자동차(HMC), 기아 등 국내 제조사들 역시 이러한 규제에 발맞추어 CSMS 인증을 획득하고, 보안 전담 조직을 강화하는 등 발 빠

102 유엔 유럽경제위원회 자동차 기준 세계포럼. UN 산하의 유일한 자동차 규제 국제 협의체이다. 단순한 포럼을 넘어 '1958년 협정'에 가입한 국가(유럽, 일본, 한국 등) 간의 상호 인정(Mutual Recognition) 시스템을 운영하는 입법적 기능을 수행한다. 최근 산하의 GRVA(자동화/커넥티드 차량 작업반)를 통해 사이버보안(R155) 및 소프트웨어 업데이트(R156) 등 디지털 모빌리티 규제의 글로벌 표준을 주도하고 있다.

103 차량이 도로 주행을 위해 국가가 정한 안전 및 보안 기준을 충족했음을 인증받는 절차.

른 대응에 나서고 있다. UN R155는 자동차 보안이 이제는 기업의 자율적인 품질 관리 영역이 아니라, 국가가 국민의 안전을 위해 관리하고 감독해야 할 '공공 안전'의 영역으로 진입했음을 선포하는 이정표다.

6. 미래의 교차로: 신뢰라는 새로운 연료

우리는 이제 레벨 3 이상의 자율주행과 사물인터넷(IoT)이 결합한 초연결 사회라는 미지의 영역으로 진입하고 있다. 기술의 발전 속도는 언제나 방어 기술보다 한발 앞서가며, 앞으로 다가올 미래는 더욱 복잡하고 치명적인 윤리적, 기술적 난제를 우리에게 던져줄 것이다.

1) 인질극이 된 드라이브: 랜섬웨어의 물리적 진화

가까운 미래의 어느 날을 상상해 보자. 출근을 위해 자율주행차에 탑승했는데, 차가 시동만 걸린 채 움직이지 않는다. 그리고 대시보드 화면에는 붉은색 경고창과 함께 다음과 같은 메시지가 뜬다.

> "당신의 차는 잠겼습니다. 24시간 이내에 1비트코인을 지정된 주소로 보내지 않으면, 브레이크 기능이 영구적으로 비활성화될 것입니다."

지금까지의 '랜섬웨어(Ransomware)'[104]가 컴퓨터 안의 사진이나 문서를 암호화하여 인질로 잡았다면, 미래의 랜섬웨어는 우리의 물리적 이동

104 시스템을 장악하거나 데이터를 암호화한 후, 이를 해제하는 대가로 금전을 요구하는 악성 소프트웨어.

권과 신체적 안전을 인질로 잡는 형태로 진화할 것이다. 만약 해커가 출근 시간대의 강변북로를 달리는 수천 대의 차량을 동시에 해킹하여 멈춰 세운다면 어떻게 될까? 이는 단순한 금전적 갈취를 넘어, 도시 전체의 물류와 교통을 마비시키는 사회적 테러이자 국가 안보의 위협이 될 수 있다.

2) 알고리즘의 납치: 트롤리 딜레마의 해킹

앞에서 우리는 자율주행차가 직면할 윤리적 딜레마인 '트롤리 문제'를 다루었다. "브레이크가 고장 난 상황에서, 자율주행차는 탑승자를 보호하기 위해 보행자를 칠 것인가, 아니면 보행자를 살리기 위해 벽에 충돌하여 탑승자를 희생시킬 것인가?" 이 어려운 질문에 대해 사회적 합의를 통해 윤리적 알고리즘을 만들었다고 가정하자. 그런데 만약 해커가 이 알고리즘을 조작한다면 어떻게 될까?.

해커가 악의적 목적으로 "어떤 상황에서도 보행자보다 탑승자의 생존을 우선시하라"라고 코드를 수정하거나, 반대로 "특정 인종이나 특정 유형의 사람을 인식하지 못하도록" 센서 데이터를 조작하는 '적대적 공격'을 감행할 수 있다. 이렇게 되면 자율주행차는 공정한 판단을 내리는 기계가 아니라, 누군가의 편향된 의지나 살의를 집행하는 움직이는 흉기로 돌변하게 된다. 이는 보안이 단순히 시스템의 오류를 막는 기술적 문제를 넘어, 기계의 도덕적 판단 주권을 수호해야 하는 심오한 철학적 문제로 확장됨을 의미한다.

3) V2X와 가짜 세상: 신뢰의 붕괴

자율주행차는 혼자 달리지 않는다. 신호등, 도로 인프라, 주변의 다른 차들과 끊임없이 정보를 주고받는 V2X 통신을 통해 주행한다. 만약 해커가 이 통신망에 침입하여 "전방 1km 지점에 사고 발생"이라는 가짜 정보를 흘린다면? 수만 대의 차량이 동시에 우회로로 몰리며 대혼란이 빚어질 것이다. 또는 신호등 제어 시스템을 해킹하여 사거리의 모든 신호를 파란불로 바꾼다면 대형 참사가 일어날 수 있다.

이는 우리가 눈으로 보는 세상과 자율주행차가 센서와 통신으로 인지하는 세상이 다를 수 있음을 의미한다. 해커는 자율주행차에 '가짜 세상'을 보여줌으로써 현실 세계를 혼란에 빠뜨릴 수 있다. 따라서 미래의 보안은 데이터의 기밀성(Confidentiality)을 넘어, 정보가 조작되지 않았음을 보장하는 무결성(Integrity)[105]과 그 출처를 믿을 수 있는 신뢰성을 확보하는 데 집중되어야 한다.

105 정보가 전송 과정에서 인가되지 않은 제3자에 의해 조작되거나 변경되지 않았음을 보장하는 특성.

안전한 이동을 위한 새로운 사회적 계약

자동차 사이버 보안은 완성된 기술이나 도달할 수 있는 종착지가 아니다. 그것은 끊임없이 진화하는 해커들의 창과 이를 막아내려는 보안 전문가들의 방패 사이에서 벌어지는 영원한 전쟁이다. 100% 완벽한 보안은 존재하지 않는다. 그러나 우리는 '충분히 안전한' 상태를 유지하기 위해 끊임없이 노력할 수 있다. 이 전쟁에서 승리하기 위한 가장 강력한 무기는 역설적이게도 기술 그 자체가 아니라, 우리 사회 구성원들 간의 '신뢰'와 '협력'이다.

자동차 제조사는 이제는 하드웨어만 팔고 끝나는 것이 아니라, 차량의 수명이 다할 때까지 보안을 책임지는 '디지털 가디언'으로서의 구실을 해야 한다. 보안 취약점이 발견되었을 때 이를 숨기지 않고 투명하게 공개하며, 신속하게 패치를 배포하는 윤리적 자세가 요구된다.

정부는 규제를 통해 최소한의 안전 울타리를 치되, 기술 혁신을 저해하지 않는 유연한 제도를 마련해야 한다. 또한, 화이트해커와 보안 연구자들이 자유롭게 취약점을 연구하고 제보할 수 있는 '버그 바운티(Bug Bounty)' 문화를 활성화하여 집단지성을 활용해야 한다.

마지막으로, 우리 사용자들은 편리함의 대가로 자신의 프라이버시와 안전이 위협받을 수 있음을 인지해야 한다. 스마트폰의 보안 업데이트를 챙기듯 자동차의 소프트웨어 업데이트에 관심을 두고, 내 차가 수집하는 데이터가 어디로 흘러가는지 감시하는 '디지털 주권' 의식을 가져야 한다.

우리가 만드는 보안 시스템, 우리가 합의하는 법규, 그리고 우리가 요구하는 안전 기준이 모여 미래 자동차의 도덕성을 결정할 것이다. 자율 주행 시대의 진정한 안전은 견고한 방화벽이나 암호화 기술만큼이나, 우리 사회가 맺는 새로운 '안전과 주권에 관한 계약' 위에 굳건히 세워질 것이다. 우리는 이제 운전대를 잡는 대신, 이 사회적 계약의 주체로서 더 큰 책임을 쥐어야 할 때다.

참고문헌

Apache Software Foundation. (2021). *Apache Log4j security vulnerabilities.*

Checkoway, S., McCoy, D., Kantor, B., Anderson, D., Shacham, H., Savage, S., Koscher, K., Czeskis, A., Roesner, F., & Kohno, T. (2011). Comprehensive experimental analyses of automotive attack surfaces. *Proceedings of the 20th USENIX Security Symposium,* 77–92.

Cybersecurity and Infrastructure Security Agency. (2021). *Apache Log4j vulnerability guidance.* U.S. Department of Homeland Security.

Greenberg, A. (2015, July 21). Hackers remotely kill a Jeep on the highway—with me in it. *WIRED.*

International Organization for Standardization, & SAE International. (2021). *Road vehicles — Cybersecurity engineering*(ISO/SAE Standard No. 21434:2021).

Kiencke, U., Dais, S., & Litschel, M. (1986). *Automotive serial controller area network*(SAE Technical Paper No. 860391). SAE International.

Koscher, K., Czeskis, A., Roesner, F., Patel, S., Kohno, T., Checkoway, S., McCoy, D., Kantor, B., Anderson, D., Shacham, H., & Savage, S. (2010). Experimental security analysis of a modern automobile. *2010 IEEE Symposium on Security and Privacy,* 447-462.

Miller, C., & Valasek, C. (2015). *Remote exploitation of an unaltered passenger vehicle.* Black Hat USA.

National Highway Traffic Safety Administration. (2016). *Cybersecurity best practices for modern vehicles*(Report No. DOT HS 812 333). U.S. Department of Transportation.

National Telecommunications and Information Administration. (2021). *The minimum elements for a Software Bill of Materials (SBOM).* U.S. Department of Commerce.

Petit, J., & Shladover, S. E. (2015). Potential cyberattacks on automated vehicles. *IEEE Transactions on Intelligent Transportation Systems, 16*(2), 546-556.

United Nations Economic Commission for Europe. (2021). *UN Regulation No. 155 - Uniform provisions concerning the approval of vehicles with regards to cyber security and cyber security management system*(E/ECE/TRANS/505/Rev.3/Add.154).

Wolf, M., Weimerskirch, A., & Paar, C. (2004). Security in automotive bus systems. *Proceedings of the Workshop on Embedded Security in Cars (ESCAR)*, 1-13.

Liu, Z., Zhang, W., & Zhao, F. (2022). Impact, challenges and prospect of software-defined vehicles. *Automotive Innovation, 5*(1), 9-20.

6장

데이터 프라이버시와 투명성

CASE STUDY SIX.

GM-렉시스넥시스 데이터 스캔들: 정보 주권과 감시 자본주의의 충돌

1. 사례 개요: 내 차가 나를 감시하고 있었다

2024년 초, 미국 자동차 시장의 거두인 제너럴 모터스(GM)가 자사 차량 운전자들의 정밀한 주행 데이터를 본인 동의 없이 데이터 브로커 기업인 렉시스넥시스(LexisNexis)에 판매해 온 사실이 뉴욕타임스(The New York Times)의 보도를 통해 세상에 알려졌다. GM의 텔레매틱스 서비스인 '온스타(OnStar)'의 '스마트 드라이버(Smart Driver)' 기능을 통해 수집된 이 데이터에는 급제동, 급가속, 과속 여부뿐만 아니라 주행 시간과 거리 등 운전자의 습관이 초 단위로 기록되어 있었다.

렉시스넥시스는 이렇게 수집한 방대한 주행 데이터를 분석해 각 운전자의 위험도를 점수화한 보고서를 만들었다. 이 보고서는 보험업계에서 '소비자 리포트'로 불리며, 신용평가 보고서처럼 보험사들이 보험료를 책정하거나 가입 여부를 결정할 때 참고하는 핵심 자료로 활용됐다. 문제는 이 과정이 완전히 운전자 몰래 이루어졌다는 점이다. 렉시스넥시스는 이 보고서를 구독 서비스 형태로 수많은 보험사에 판매했고, 보험사들은 실제 사고 이력보다 이 데이터를 더 중요하게 여기기 시작했다. 한두 번의 급제동이나 야간 주행 빈도 같은 사소해 보이는 운전 패턴이 알고리즘을 통해 '고위험 운전자'로 분류되는 근거가 됐고, 이는 곧바로 보험료 인상이나 가입 거부로 이어졌다. 실제로 수년간 무사고를 유지한 운전자들조차 자신도 모르는 사이에 수집된 주행 데이터 때문에 갑자기 보험료가 대폭 인상되는 상황에 직면했다.

한 운전자는 사고를 한 번도 내지 않았음에도 보험료가 21%나 인상된 후 자신의 '소비자 리포트'를 확인하고서야 자신의 주행 기록이 수백 페이지에 달하는 보고서로 작성되어 보험사에 공유되고 있었다는 사실을 깨달았다. 이 사례는 자동차가 단순한 이동 수단을 넘어 소비자를 감시하고 수익을 창출하는 '바퀴 달린 데이터 센터'로 변모했을 때, 개인의 정보 주권이 얼마나 취약해질 수 있는지를 보여주는 현대 모빌리티 윤리의 중대한 변곡점이 되었다.

2. 기술적 및 운영적 메커니즘 분석

요즈음 자동차에는 수백 개의 센서와 제어 장치가 탑재되어 있으며, 이들은 실시간으로 막대한 양의 데이터를 생성한다. GM의 온스타 시스템은 차량의 건강 상태를 점검하거나 긴급 구조 서비스를 제공한다는 명목으로 설치되었으나, 실제로는 운전자의 거동 전체를 디지털화하는 강력한 감시 도구로 활용되었다. '스마트 드라이버' 프로그램은 운전자에게 자신의 운전 점수를 알려주어 안전 운전을 독려하는 서비스로 포장되었으나, 그 이면에서는 데이터를 가공하여 기업의 수익원으로 만드는 알고리즘이 작동하고 있었다.

GM은 데이터 수집에 대해 고객의 동의를 받았다고 주장했다. 그러나 실제 조사 결과, 동의 과정은 매우 불투명하고 기만적이었다. 대다수 소비자는 차량 구매 시 수십 페이지에 달하는 복잡한 약관 속에 숨겨진 데이터 공유 조항을 인지하지 못했다. 특히, 판매자들이 인센티브를 받기 위해 고객에게 충분한 설명 없이 해당 기능을 활성화하도록 유도하는 구조적 문제도 드러났다. 이는 사용자가 기술의 작동 방식과 결과에 대해 완전히 이해하고 내리는 '고지된 동의'가 실제 비즈니스 현장에서 얼마나 쉽게 무력화되는지를 시사한다.

렉시스넥시스와 같은 데이터 브로커 기업은 개별 기업들로부터 흩어진 개인정보를 구매하여 거대한 프로파일을 구축한다. 소비자는 자신의 데이터가 누구에게 팔려 가는지, 어떤 가치로 환산되는지 알 수 없는 '정보의 비대칭'[106] 상태에 놓여 있다. 반면 기업은 이 데이터를 통해 소비자의 행동을 예측하고 통제할 수 있는 막강한 권력을 갖게 된다. 이는 쇼샤나 주보프(Shoshana Zuboff)가 경고한 '감시 자본주의(Surveillance Capitalism)'의 모빌리티 판이라 할 수 있다. 감시 자본주의는 인간의 경험을 일방적으로 무료 원재료로 주장하여 행동 데이터로 전환하고, 이를 '행동 잉여(behavioural surplus)'로 선언한 뒤, 기계 지능이라는 첨단 제조 공정에 투입하여 우리의 현재, 곧, 그리고 미래 행동을 예측하는 '예측 상품'으로 제작하는 새로운 형태의 자본주의 축적이다. 산업 자본주의가 20세기에 자연을 착취하고 통제하여 파괴적 결과를 초래했다면, 감시 자본주의는 21세기에 인간 본성을 착취하고 통제하여 전체주의적 질서를 종착점으로 삼는다. 구체적으로 설명하면, 감시 자본주의는 인간의 경험을 무료 원재료로 추출하는 것

---

106 정보의 비대칭성(Information Asymmetry)은 경제적 거래에서 한쪽 당사자가 다른 쪽보다 더 많거나 우월한 정보를 가지고 있는 상태를 말한다. 쉽게 말해 "나는 아는데 상대방은 모르는 상황" 또는 그 반대를 의미한다. 이 현상은 시장의 효율성을 떨어뜨리고, 때로는 거래 자체를 무너뜨리기도 한다.

에서 시작한다. 텔레매틱스의 경우, 운전자의 모든 경험이 데이터로 전환된다. 이렇게 수집된 데이터는 행동 예측 상품으로 제작되어 보험사, 광고주, 금융기관 등에 판매된다. 나아가 이 데이터는 단순한 예측을 넘어 행동 수정의 수단으로 활용되며, 운전자의 경로 선택, 소비 패턴, 신용평가 등을 은밀하게 유도한다. 이 과정에서 정보의 비대칭 구조가 고착된다. 기업은 개인에 대한 모든 것을 알지만, 개인은 자신의 데이터가 어떻게 수집되고 활용되는지 알 수 없다. 결과적으로 개인은 미래에 대한 통제권을 박탈당하게 되는데, 알고리즘이 이미 당신의 다음 행동을 예측하고 그에 맞춰 환경을 조성하기 때문이다.

3. 프라이버시 시사점: 정보 주권과 사생활의 가치

자동차 주행 데이터는 단순히 기계적인 수치가 아니다. 운전자가 언제, 어디로, 어떻게 이동하는지는 그의 생활 방식, 정치적 성향, 종교 활동, 건강 상태까지 추론할 수 있는 매우 민감한 정보다. 이러한 정보가 보험료 책정이라는 경제적 압박의 도구로 사용될 때, 개인은 자신의 사생활을 침해당할 뿐만 아니라 행동의 자유마저 위축받게 된다. "데이터가 돈이 된다"는 기업의 욕망이 인간의 기본권인 프라이버시와 충돌할 때 발생하는 전형적인 피해 사례다.

많은 소비자는 편리한 기능이나 안전 서비스를 받기 위해 자신의 개인정보를 일정 부분 포기하는 경향이 있다. 이를 '프라이버시 패러독스'[107]라 한다. GM 사례는 기업이 이러한 소비자의 심리를

107 프라이버시 패러독스(Privacy Paradox)는 개인 정보 보호에 대한 높은 우려와 실제 정보 공개 행동 간의 모순을 가리키는 개념이다. 2006년 Barnes가 SNS 사용자 연구에서 처음 언급했으며, 사람들은 프라이버시 침해를 걱정하지만, 편의성이나 서비스

이용해, 제공하는 서비스의 가치보다 훨씬 더 큰 권리를 은밀하게 속여 뺏고 있었음을 보여준다. 편리함이라는 당근 속에 숨겨진 감시라는 채찍은 기술에 대한 사회적 신뢰를 근본적으로 훼손한다.

4. 윤리적 프레임워크를 통한 분석

칸트의 의무론적 관점에서 볼 때, GM의 행위는 고객을 단순히 데이터 생산을 위한 수단으로 전락시킨 비윤리적 행위다. 모든 인간은 그 자체로 목적으로 대우받아야 하며, 기업은 고객과의 계약 관계에서 정직성과 투명성을 지켜야 할 도덕적 의무가 있다. 고객의 무지를 이용하여 수익을 창출하는 것은 전문가적 신인의무(Fiduciary Duty)를 저버린 정언명령 위반으로 간주한다..

공리주의적 계산에서 기업의 단기적 데이터 판매 수익은 당장은 이익처럼 보일 수 있다. 하지만 이로 인해 발생하는 대규모 소송 비용, 브랜드 가치 하락, 그리고 자율주행 기술 전반에 대한 대중의 불신은 사회 전체의 총 후생을 감소시킨다. 특히 데이터 유출이나 악용으로 인해 특정 개인이 입는 경제적 피해는 기업이 얻는 이익보다 훨씬 파괴적이라는 점에서 공리주의적으로도 정당화될 수 없다.

미국 정치철학자인 존 롤스(John Rawls)의 정의론 관점에서 볼 때, 정보와 자원이 부족한 일반 소비자에게 모든 불이익이 전가되는 현 구조는 불평등하다. '무지의 베일'을 쓴 채 제도를 설계한다면, 누구나 자신의 데이터가 타인에 의해 몰래 거래되는 위험을 원치 않을 것이다. 따라서 가장 취약한 정보 주체(소비자)를 보호할 수 있는 방향으로 기술과 법제가 설계되어야 정의롭다. 여기

혜택을 위해 소셜미디어·앱에서 자발적으로 데이터를 공유하는 현상을 지칭한다.

서, 무지의 베일은 존 롤스가 제안한 사고실험으로, 자신이 누구인지, 어떤 개인적 상황에 부닥쳐 있는지 모르는 상태를 상상함으로써 편견 없이 사회가 어떻게 작동해야 하는지를 더 객관적으로 고려할 수 있게 하는 장치이다. 이 사고실험은 자신의 사회적 지위, 능력, 정체성을 전혀 모르는 '원초적 입장'을 상상한다. 이를 통해 편견과 이기심을 제거하고 공정한 사회 원칙을 도출할 수 있으며, 특히 최소 혜택자의 처지를 극대화하는 '최소극대화' 원칙이 선택된다. 그 결과, 평등한 기본 자유를 보장하고 불평등은 오직 사회의 최약자에게 이익이 될 때만 허용하는 원칙이 도출된다. 다시 말해, 자신이 사회의 어느 위치에 태어날지 모르는 상황이라면, 가장 불우한 처지에 있어도 견딜 만한 공정한 사회를 설계하게 된다는 것이 롤스의 핵심 통찰이다.

5. 시사점: 정보 주권 회복을 위한 과제

1) 투명성 강화와 '선택적 거부권(Opt-out)'의 실질화

기업은 어떤 데이터가 수집되며, 그것이 누구에게 판매되는지를 소비자가 직관적으로 이해할 수 있도록 공지해야 한다. 단순한 약관 나열이 아닌, 데이터 대시보드 등을 통해 실시간으로 자신의 데이터 흐름을 확인하고 언제든 수집을 중단할 수 있는 실질적 거부권을 보장해야 한다.

2) 개인정보보호 설계

엔지니어는 기술 개발 초기 단계부터 프라이버시 보호를 핵심 기능으로 내재화해야 한다. 데이터의 익명화 처리, 로컬 컴퓨팅

(데이터를 서버로 보내지 않고 차량 내에서 처리) 등의 기술을 활용하여, 서비스 품질은 유지하면서 개인정보 노출은 최소화하는 '책임 있는 공학적 접근'이 필요하다.

3) 법적·제도적 가버넌스의 확립

유럽의 일반 데이터 보호 규정(General Data Protection Regulation, 이하 GDPR로 표기)이나 미국의 캘리포니아 소비자 개인정보 보호법(California Consumer Privacy Act, 이하 CCPA로 표기)과 같은 강력한 데이터 보호법을 모빌리티 분야에 특화하여 적용해야 한다. 데이터 브로커에 대한 감시를 강화하고, 부당한 데이터 거래로 수익을 올린 기업에 대해 징벌적 손해배상을 청구할 수 있는 법적 토대가 마련되어야 정보 주권을 실질적으로 보호할 수 있다.

6. 토론 질문

1) "데이터 제공의 대가로 저렴한 보험료나 안전 서비스를 받는 것은 공정한 거래다"라는 주장에 대해 어떻게 생각하는가?
2) 딜러들이 수익을 위해 고객 동의를 유도했다면, 그 책임은 딜러 개인에게 있는가, 아니면 그런 구조를 만든 제조사에 있는가?
3) 미래의 완전 자율주행 시대에 공공의 안전을 위해 차량 데이터를 수집하는 것과 개인의 프라이버시 중 무엇이 더 우선시되어야 하는가?

바퀴 달린 데이터 센터의 등장과 프라이버시의 역설

과거의 자동차가 기름 냄새를 풍기며 기계공학의 정수를 보여주는 이동 수단이었다면, 현대의 자동차는 '바퀴 달린 데이터 센터(Data Center on Wheels)'라 불리는 것이 더 자연스러운 거대한 디지털 플랫폼으로 진화했다. 우리가 매일 마주하는 이 지능형 기계는 단순히 승객을 A 지점에서 B 지점으로 실어 나르는 물리적 기능을 넘어, 1초마다 기가바이트(Gigabyte) 단위의 디지털 정보를 쏟아내는 정보의 원천이 되었다. 이 변화는 단순한 기술적 진보를 넘어, 우리의 일상이 디지털 공간으로 확장됨을 의미하며, 그 과정에서 '데이터'가 새로운 연료이자 동시에 위험 자산으로 부상하고 있음을 시사한다.

자율주행차 한 대가 하루 동안 생성하는 데이터의 양은 실로 경이롭다. 연구에 따르면, 자율주행차는 하루 운행 시 약 4TB(테라바이트)에 달하는 데이터를 생성한다.

4TB라는 수치가 피부에 와닿지 않을 수 있다. 이를 우리에게 익숙한 콘텐츠로 환산해 보자. 일반적인 HD 영화 한 편이 약 4~5GB 정도이니, 4TB면 약 1,000편의 영화를 저장할 수 있는 양이다. 또는 스마트폰으로 찍은 고화질 사진으로 환산하면 약 50만 장에 해당한다. 책으로 비유하자면, 평균적인 전자책 한 권이 약 2MB라고 했을 때 200만 권 분량의 텍스트다. 다시 말해, 자율주행차 한 대가 하루 동안 당신의 스마트폰 전체 저장 공간을 수십 번 채우고도 남을 만큼의 정보를 실시간으로 쏟아

내는 셈이다.

그림 6.1 자율주행차 1일 생성 데이터(4TB)의 규모 비교

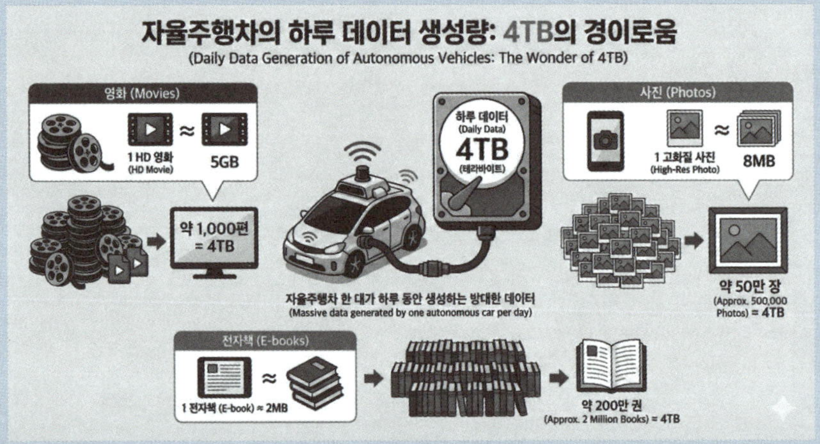

그러나 이 엄청난 데이터의 홍수 속에는 차량의 기계적 상태뿐만 아니라, 운전자의 사소한 습관, 은밀한 이동 경로, 심지어 차 안에서 나누는 대화의 뉘앙스와 탑승자의 감정 상태까지 포함될 수 있다. 모질라 재단(Mozilla Foundation)이 발표한 충격적인 보고서 “Privacy Nightmare on Wheels”는 현재의 자동차가 지극히 민감한 정보까지 수집할 수 있음을 경고한다. 모질라 재단의 “Privacy Nightmare on Wheels” 보고서는 조사 대상인 25개 모든 자동차 브랜드가 프라이버시 테스트에서 낙제했다는 충격적 결과를 발표했다. 이들 브랜드는 성생활, 유전 정보, 이민 상태 등 극도로 민감한 개인정보까지 수집하고 있으며, 수집된 데이터를

제3자에게 판매하거나 공유하는 것으로 밝혀졌다. 더욱 우려스러운 점은 이러한 민감한 정보가 매우 낮은 기준으로 법 집행 기관에 제공될 수 있고, 암호화 등 최소한의 보안 기준조차 충족하지 못한다는 사실이다. 모질라는 자동차를 지금까지 검토한 모든 제품 카테고리 중 프라이버시 측면에서 최악으로 평가했다.

자동차가 똑똑해질수록, 우리는 편리함이라는 혜택을 누리는 대신 프라이버시라는 비용을 지급해야 하는 역설적 상황(Privacy-Utility Trade-off)에 놓이게 된 것이다.

본 장에서는 이 거대한 데이터가 어떻게 분류되고 활용되는지, 그 과정에서 개인의 프라이버시는 어떻게 위협받고 보호받을 수 있는지, 그리고 기업과 소비자가 맺어야 할 새로운 디지털 사회 계약은 무엇인지에 대해 심도 있게 논의하고자 한다.

6장

데이터 프라이버시와 투명성

1. 차량 데이터의 해부학: 무엇이, 왜 수집되는가?

현재 자동차가 수집하는 데이터는 그 성격과 출처에 따라 크게 네 가지 범주로 분류할 수 있다. 이 네 가지 범주는 모빌리티 서비스를 지탱하는 핵심 자원이지만, 동시에 프라이버시 침해의 잠재적 통로이기도 하다.

1) 운행 데이터: 일상을 기록하는 디지털 발자국

운행 데이터 (Driving Data)는 차량의 가동과 직접 관련된 정보들의 집합이다. 여기에는 이동 경로, 속도, 가속 및 제동 패턴, 연료 소비량, 자동차 핸들의 조향각도 등이 포함된다. 이 중 가장 민감한 것은 단연 실시간 GPS 좌표다. 누적된 GPS 데이터는 단순한 점들의 집합이 아니다. 이것을 연결하면 운전자의 거주지, 직장, 아이들의 학교, 자주 가는 병원, 그리고 남들에게 알리고 싶지 않은 사적인 장소(예: 정신과 병원, 종교 시설 등)까지 모두 드러난다.

이 데이터는 도시 전체의 관점에서는 차량 흐름을 최적화하는 '혈류 개선제' 역할을 한다. 구글 맵스(Google Maps)는 안드로이드 사용자들의 익명화된 위치 데이터를 집계하여 전 세계 도시의 교통 체증을 20% 이상 감소시켰다는 연구 결과도 있다. 또한, 운전자가 얼마나 급하게 출발하고 멈추는지를 보여주는 가속/제동 데이터는 운전 습관을 정량화하여 맞춤형 보험료를 산정하는 데 결정적인 역할을 한다. 하지만 개인의 관점에서 이 데이터는 나의 일거수일투족을 기록하는 '24시간 감시 장부'가 될 수도 있음을 기억해야 한다.

그림 6.2 차량 데이터의 4대 범주

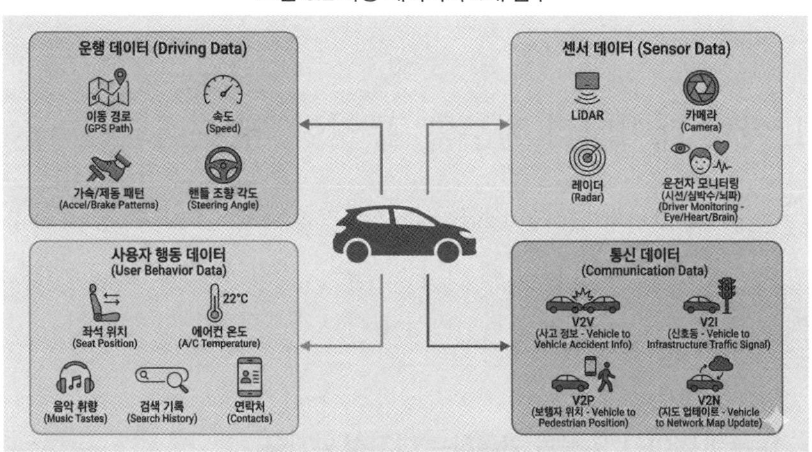

2) 센서 데이터 (Sensor Data): 기계가 보는 세상

인간에게 눈과 귀가 있듯, 자율주행차에는 라이다(LiDAR), 카메라, 레이더, 초음파 센서가 달려 있다. 이들은 차량 주변의 환경을 360도로 스캔하여 보행자, 다른 차량, 신호등을 인식한다. 문제는 이 센서들이 너무나 고성능이라는 점이다. 차량 외부 카메라는 횡단보도를 건너는 행인의 얼굴을 식별할 수 있고, 라이다 센서는 주택 차고가 열렸을 때 그 내부 구조나 정원에 있는 물건까지 3차원으로 정밀하게 스캔할 수 있다.

차량 내부 센서 또한 민감하다. 최근 도입되는 운전자 모니터링 시스템(DMS)[108]은 적외선 카메라를 이용해 운전자의 시선을 추적하고, 심지어 눈꺼풀의 떨림을 분석해 졸음운전을 경고한다. 더 나아가 심박수나 뇌파를 측정하는 생체 인식 기술까지 도입되어 운전자의 피로도나 스트레스 수준을 실시간으로 파악한다. 이는 안전을 위한 필수적인 기술이지만, 내 몸의 생체 정보가 실시간으로 어딘가에 기록되고, 기업의 서버로 전송될 수 있다는 점에서 '신체적 프라이버시(Physical Privacy)' 침해 우려를 낳는다.

3) 사용자 행동 데이터 (User Behavior Data): 취향의 알고리즘

운전자가 차에 탑승해서 하는 모든 조작 행위가 데이터로 남는다. 자동차 내 좌석의 위치, 사이드미러의 각도, 즐겨 듣는 라디오 채널, 에어컨 설정 온도, 내비게이션 검색 기록 등이 모두 저장된다. 이 데이터들은 운전자의 취향과 성향을 분석하는 데 사용된다. 예를 들어, 특정 시간대에 클래식 음악을 듣고 실내 온도를 22도로 맞추는 운전자에게는 그에 맞는 차분한 주행 모드와 조명을 제안할 수 있다.

그러나 인포테인먼트 시스템의 검색 기록이나 스마트폰 미러링을 통해 수집되는 연락처, 문자 메시지 내용은 그 사람의 관심사와 사회적 관계망, 소비 패턴을 적나라하게 보여주는 거울과도 같다. 모질라 재단은 최신 차량이 이러한 행동 데이터를 바탕으로 운전자의 인종, 이민 상태, 심시어 성적 취향까지 추론(Inference)[109]해낼 수 있다고 지적했다.

108 Driver Monitoring System. 차량 내 적외선 카메라와 센서를 이용해 운전자의 시선, 눈꺼풀 움직임, 머리 방향 등을 실시간으로 분석하여 졸음이나 부주의를 감지하는 안전 시스템.

109 데이터 프라이버시 문맥에서, 직접 수집하지 않은 민감한 개인정보(예: 정치 성향, 건강 상태)를 비민감 정보(예: 위치, 소비 패턴)의 분석과 결합을 통해 확률적으로 알아내는 기술적 과정.

4) 통신 데이터 (Communication Data): 끊임없는 대화와 메타데이터

커넥티드카는 고립된 섬이 아니다. V2X 기술을 통해 차량은 주변의 모든 것과 끊임없이 대화한다. 다른 차량(V2V)과는 사고 정보를, 교통 인프라(V2I)와는 신호등 잔여 시간을, 보행자(V2P)와는 위치 정보를, 그리고 클라우드 서버(V2N)와는 지도 업데이트 데이터를 주고받는다.

이 통신 과정은 마치 칵테일 파티에서의 대화와 같다. 수많은 참여자가 동시에 정보를 주고받는데, 이 대화 내용(콘텐츠 데이터)뿐만 아니라 누가 누구와 언제 대화했는지에 대한 정보(메타데이터)[110]까지 모두 기록된다. 이 메타데이터만 분석해도 차량의 이동 경로, 주로 통신하는 기지국 위치, 주변 차량과의 관계 등을 통해 사회적 그래프를 그려낼 수 있다.

2. 개인정보와 익명 데이터: 가면 뒤의 얼굴 찾기

차량 데이터 프라이버시 논의의 핵심은 '개인정보'와 '익명 데이터'를 구분하는 경계선에 있다. 전통적으로는 이름이나 주민등록번호처럼 개인을 즉시 식별할 수 있는 정보만을 보호 대상으로 여겼다. 하지만 빅데이터 시대에 이 경계는 기술적으로 무너졌다.

1) 준식별자의 위협과 모자이크 효과

'준식별자(Quasi-identifier)'라는 개념을 이해할 필요가 있다. 성별, 출생 연도, 우편번호 등은 그 자체로는 특정인을 지목할 수 없다. 하지만 이

---

110 '데이터에 대한 데이터'. 통신 내용(Content) 자체가 아니라, 통신이 발생한 시간, 위치, 발신자와 수신자 정보, 데이터 크기 등 통신의 속성과 맥락을 설명하는 정보.

조각들이 모이면 이야기가 달라진다. 마치 퍼즐 조각 하나로는 전체 그림을 알 수 없지만, 여러 조각을 맞추면 전체 그림이 선명하게 드러나는 것과 같다. 이를 '모자이크 효과(Mosaic Effect)'라고 한다.

MIT 연구진의 충격적인 연구 결과는 이를 증명한다. 그들은 철저히 익명화되었다고 믿어진 신용카드 결제 데이터에서, 단 4개의 시공간 정보(언제, 어디서 카드를 썼는지)만 있으면 95% 이상의 확률로 개인을 재식별할 수 있음을 밝혀냈다. 차량 데이터도 마찬가지다. 차량 식별 번호(VIN)를 지우고 익명화된 GPS 경로 데이터라 할지라도, 특정 차량이 매일 밤 A 아파트 단지에 주차하고 매일 아침 B 회사 주차장으로 이동한다면, 그 차의 주인이 누구인지 알아내는 것은 탐정이 아니더라도 가능한 일이다.

2) 기술적 방패: 프라이버시 보존 기술

이러한 재식별 위협에 맞서기 위해 데이터 과학자들은 데이터의 유용성은 살리면서 개인 식별은 불가능하게 만드는 다양한 '개인정보보호 강화기술(Privacy-Enhancing Technologies, PETs)'을 개발했다.

그림 6.3 데이터를 지키는 4가지 기술적 방패

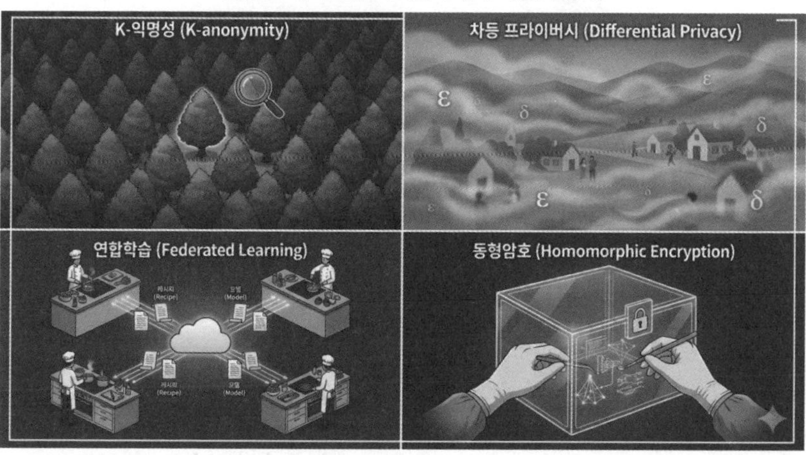

지만 시간 단위를 '10분'에서 '1시간'으로 늘리고, 위치를 '강남대로'에서 '강남구'로 넓히면(일반화), 같은 조건을 가진 차량이 최소 K대(예: 3대) 이상 존재하게 된다. 이렇게 하면 데이터 분석가는 "강남구에 차량이 많다"라는 트렌드는 알 수 있지만, "철수네 차가 강남구에 있다"라는 사실은 알 수 없게 된다. 이는 마치 숲속에서 특정 나무 한 그루를 찾지 못하게 하려고 비슷한 나무를 여러 그루 심어놓는 것과 같다.

두 번째 방안은 차등 프라이버시(Differential Privacy)이다. 이는 마치 통계적 안개를 만드는 것과 같은 개념이다. K-익명성보다 더 강력하고 수학적으로 증명된 기술이 '차등 프라이버시'다. 애플과 구글이 채택하여 유명해진 이 기술은 데이터에 의도적인 '노이즈(Noise)'를 섞는 방식이다. 쉽게 말해, 데이터에 안개를 뿌려 흐릿하게 만드는 것과 같다. 예를 들어, "당신은 운전 중 콧구멍을 팠습니까?"라는 민감한 질문에 대한 설문 조사를 한다고 가정하자. 사람들은 솔직하게 대답하기 꺼릴 것이다. 이때 차등 프라이버시는 동전을 던지게 한다. 앞면이 나오면 진실을 말하고, 뒷면이 나오면 다시 동전을 던져 앞면이면 '예', 뒷면이면 '아니오'라고 무작위로 답하게 한다. 이렇게 수집된 데이터는 개개인의 답변이 진실인지 무작위인지 알 수 없게 만든다. 하지만 통계적으로 노이즈를 제거하면 전체 집단에서 코를 판 사람의 비율은 정확하게 계산할 수 있다. 이처럼 개인의 프라이버시는 완벽하게 보호하면서도 데이터의 거시적 유용성은 지키는 기술이다.

세 번째는 최근 주목받는 연합학습(Federated Learning)이다. 즉, 요리사가 레시피만 공유하는 방식이다. 기존의 AI 학습 방식이 모든 데이터를 중앙 서버로 긁어모아 학습하는 것이었다면, 연합학습은 각자의 디바이스(차량)에서 AI를 학습시키고 그 결괏값만 서버로 보낸다. 이를 '요리사'에 비유할 수 있다. 여러 레스토랑의 셰프들(각 차량)이 최고의 피자 소스를 만들고 싶어 한다고 치자. 기존 방식은 모든 셰프가 자신의 비밀

식자재(개인 데이터)를 중앙 주방으로 보내는 것이었다. 하지만 연합학습에서는 셰프들이 각자의 주방에서 소스를 만들어보고 "소금을 조금 더 넣으니 맛있더라"라는 개선된 레시피(학습된 모델의 가중치, Gradient)만 중앙으로 보낸다. 중앙 셰프(서버)는 이 레시피들을 취합해 최적의 '글로벌 레시피'를 다시 각 셰프에게 배포한다. 식자재는 결코 주방을 떠나지 않으면서도, 모든 셰프는 최고의 소스 만드는 법을 배우게 된다.

네 번째는 동형암호(Homomorphic Encryption)이다. 마치 밀봉된 상자 안에서 수술을 하는 방식이다. 가장 이상적 기술로 꼽히는 동형암호는 데이터를 암호화한 상태에서 그대로 연산할 수 있게 해준다. 이는 마치 의사가 환자를 직접 만지지 않고, 특수 제작된 장갑이 달린 밀봉된 상자 안에서 수술을 집도하는 것과 같다. 데이터 분석가는 상자 안에 무엇이 들었는지(원본 데이터) 절대 볼 수 없지만, 수술(데이터 분석)은 성공적으로 마칠 수 있다. 다만, 이 기술은 연산 속도가 매우 느려 아직 실시간 자율주행 데이터 처리에 전면적으로 도입하기에는 기술적 한계가 있다.

표 6-1. 주요 데이터 익명화 및 프라이버시 보호 기술 비교

기술 명칭	개념 비유	핵심 원리	장점	단점	대표 사례
K-익명성 (k-anonymity)	군중 속에 숨기	같은 속성을 가진 데이터를 최소 K개 이상으로 만듦 (일반화, 삭제)	구현이 간단하고 직관적임	고차원 데이터에서 정보 손실이 크며, 배경 지식을 통한 공격에 취약함	통계청 인구조사 데이터, 의료 데이터 공개
차등 프라이버시 (Differential Privacy)	통계적 안개 뿌리기	결괏값에 수학적 노이즈(Laplace noise 등)를 추가하여 개별 데이터 유추 불가능화	수학적으로 증명된 강력한 보호 수준, 구글/애플 등 빅테크 표준	노이즈로 인해 데이터 정밀도가 떨어질 수 있음 (Privacy-Utility Trade-off)	애플 iOS 사용 통계, 구글 RAPPOR

연합학습 (Federated Learning)	셰프들의 레시피 공유	데이터는 로컬 기기에 남고, 학습된 모델의 업데이트(가중치)만 서버로 전송	원본 데이터 유출 원천 차단, 통신 비용 절감	구현 기술이 복잡하고, 악의적인 사용자가 모델을 오염(Poisoning)시킬 수 있음	구글 Gboard (키보드 추천), 의료 영상 분석
동형암호 (Homomorphic Encryption)	밀봉된 상자 속 수술	데이터를 암호화한 상태에서 복호화 없이 연산 수행	데이터 활용과 보안을 완벽히 양립 (이론상 가장 안전)	연산 속도가 매우 느리고 컴퓨팅 자원 소모가 큼	금융 데이터 분석, 전자투표, 유전체 분석
합성 데이터 (Synthetic Data)	가짜지만 진짜 같은 데이터	실제 데이터의 통계적 특성만 모방하여 인공적으로 생성한 데이터	개인정보 유출 위험 0%, 희귀 케이스 (사고 상황) 생성 가능	실제 현실의 복잡성을 완벽히 반영하지 못할 수 있음	자율주행 시뮬레이션, 금융 사기 탐지 모델 학습

3. 데이터 활용의 경제적 가치: 비경합성이 만드는 황금알

프라이버시 우려에도 불구하고 차량 데이터를 포기할 수 없는 이유는 그 경제적 가치가 막대하기 때문이다. 데이터는 일반적인 재화와 달리 "비경합성(Non-rivalry)"이라는 독특한 특성을 가진다. 내가 빵을 먹으면 남은 먹을 수 없지만(경합성), 데이터는 내가 써도 남도 동시에 쓸 수 있다. 이는 마치 촛불 하나로 수천 개의 다른 초에 불을 붙여도 원래 촛불이 줄어들지 않는 것과 같다. 이 특성 덕분에 하나의 차량 데이터가 보험사, 정비소, 도시 계획자, 광고주 등 수많은 주체에게 동시에 가치를 창출할 수 있다.

그림 6.4 데이터 비경합성: 하나의 데이터, 다수의 가치

1) 보험 산업의 혁명: 습관이 돈이 된다

가장 활발한 분야는 보험이다. 기존 보험이 나이, 성별, 차종과 같은 정적인 정보로 보험료를 매겼다면, 이제는 '실제로 어떻게 운전하는가'를 본다. 이를 사용량 기반 보험(UBI, Usage-Based Insurance)이라 한다. 급가속, 급제동 빈도, 심야 운행 여부 등을 분석해 안전 운전자에게는 파격적인 할인을 제공한다. 미국의 프로그레시브(Progressive) 보험사는 '스냅샷' 프로그램을 통해 이 시장을 선도하고 있으며, 안전하게 운전하는 고객에게 최대 30%의 보험료를 깎아준다. 이는 '안전 운전'이라는 행동에 금전적 보상을 부여함으로써 도로 안전까지 개선하는 긍정적 효과를 낳는다.

2) 도시를 숨 쉬게 하는 데이터: 스마트 시티의 혈액

도시 계획자들에게 차량 데이터는 보물 지도와 같다. 네덜란드 암스테르담시는 차량 이동 패턴 데이터를 분석해 시민들의 실제 수요에 맞는

새로운 지하철 노선을 설계했다. 스페인 바르셀로나는 차량 환경 센서를 이용해 도시 전역의 실시간 대기오염 지도를 그린다. 싱가포르는 실시간 교통량에 따라 통행료를 다르게 받는 '동적 도로 요금제'를 운영한다. 막히는 시간과 장소의 요금을 올리면 차량이 자연스럽게 분산되어 도시 전체의 혈류가 뚫리는 원리다.

3) 예측 정비: 고장 나기 전에 고친다

차량이 고장 나서 길거리에 멈추는 것은 운전자에게 큰 스트레스다. 예측 정비(Predictive Maintenance)[111]는 이를 방지한다. 차량 내 센서 데이터를 분석하면 배터리 전압이 불안정해지거나 엔진 진동이 미세하게 변하는 징후를 사람이 느끼기 훨씬 전에 포착할 수 있다. BMW의 '커넥티드 드라이브'는 이를 통해 운전자가 고속도로 한복판에 멈춰 서는 불상사를 막아주고, 불필요한 부품 교체를 줄여 유지보수 비용을 30%까지 절감시킨다.

4. 데이터 소유권과 동의의 딜레마: 주인 없는 보물

"이 데이터는 과연 누구의 것인가?" 이 단순해 보이는 질문이 현재 자동차 산업의 가장 뜨거운 감자다.

111 차량 센서에서 수집된 데이터를 실시간으로 분석하여 부품의 고장 징후를 사전에 감지하고, 고장이 발생하기 전에 적절한 시점에 정비를 수행하는 기술.

1) 소유권의 삼각관계

앞서 언급한 데이터의 '비경합성' 때문에 소유권 논쟁은 더욱 복잡하다. 테슬라나 현대기아자동차 같은 자동차 제조업체는 "우리가 만든 차, 우리가 개발한 센서, 우리가 짠 소프트웨어에서 나온 데이터니 우리 소유다." 테슬라는 약관에 데이터 소유권이 자사에 있음을 명시한다. 그들은 데이터를 통해 자율주행 기술을 완성하는 것이 결국 소비자의 안전을 위한 길이라고 주장한다. 반면에 소비자와 시민단체는 "내 운전 습관, 내 이동 경로에서 나온 정보니 내 것이다." 유럽 소비자기구(The European Consumer Organization, 이하 BEUC로 표기)는 데이터 주권과 이동권을 강력히 주장한다. 내가 생성한 데이터를 내가 원하는 정비소나 보험사에 넘겨줄 권리가 있어야 한다는 것이다. 이는 마치 내가 월셋집을 얻었는데 집주인이 "안방에서 무슨 일이 일어나는지 CCTV로 보겠다"라고 하는 것과 다를 바 없다는 논리다. 그리고 자동차 제조사로부터 독립적으로 운영하는 자동차 정비소나 부품사 등과 같은 제삼자들은 "데이터 독점은 불공정하다." 제조사가 고장 진단 데이터를 독점하면 동네

그림 6.5 소유권의 삼각관계: 제조사 vs 소비자 vs 제삼자

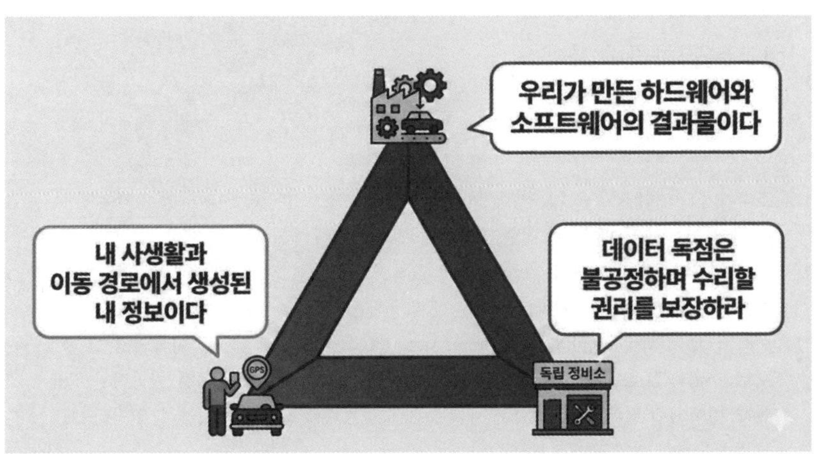

카센터는 수리할 수 없어 문을 닫아야 한다. 이는 '수리할 권리(Right to Repair)'[112] 운동으로 이어졌고, 미국 매사추세츠주에서는 제조사가 독립 정비소에도 무선으로 데이터를 공유하도록 의무화하는 법안이 통과되었다.

2) GM과 렉시스넥시스 스캔들: 현실이 된 공포

데이터 소유권 문제가 단순한 이론적 논쟁이 아님을 보여주는 사건이, 사례에서 소개한 바와 같이, 2024년 미국에서 터졌다. 제너럴 모터스(GM)가 운전자의 동의를 명확히 받지 않고, 쉐보레 볼트(Bolt) 등 자사 차량의 주행 데이터를 데이터 브로커[113]인 렉시스넥시스(LexisNexis)에 판매한 사실이 드러난 것이다.

이 데이터는 급제동, 급가속 기록을 포함하고 있었고, 보험사들은 이 데이터를 사들여 운전자의 보험료를 몰래 인상하거나 가입을 거절하는 데 사용했다. 운전자들은 자신도 모르는 사이에 자신의 차가 '스파이' 노릇을 했다는 사실에 분노했고, 이는 대규모 집단 소송과 연방거래위원회(Fair Trade Commission, FTC)[114]의 조사로 이어졌다. 이 사례는 "데이터가 돈이 된다"는 기업의 욕망이 소비자의 권리를 어떻게 침해할 수 있는지 보여주는 적나라한 사례다.

---

112 소비자가 구매한 제품을 제조사에 의존하지 않고 스스로 수리하거나 사설 업체에 맡길 수 있는 권리. 자동차 분야에서는 진단 데이터와 수리 도구에 대한 접근권 개방을 포함한다.

113 소비자와 직접적인 거래 관계없이, 공공 기록이나 다양한 경로로 수집된 개인정보를 결합·가공하여 기업에 판매하거나 마케팅 등에 활용하는 사업자.

114 연방거래위원회(Federal Trade Commission, FTC)는 1914년 설립된 미국의 독립 행정기관으로, 소비자 보호와 공정한 시장 경쟁을 촉진하는 역할을 한다. 불공정·기만적인 거래 행위 규제, 반독점법 집행, 기업 결합 심사를 통해 시장지배력 남용을 방지하며, 워싱턴 D.C.에 본부를 두고 5인 위원 체제로 운영된다.

3) 동의 방식의 두 갈래 길: 옵트인 vs 옵트아웃

데이터 수집 동의를 받는 방식은 크게 두 가지로 나뉜다. 첫 번째는 옵트인 (Opt-in) 방식으로 "허락해 주시면 쓰겠습니다." 유럽 GDPR이 채택한 방식이다. 사용자가 명시적으로 동의 상자에 점검하지 않으면 데이터 수집은 불가능하다. 프라이버시 보호에 강력하지만, 절차가 번거로워 사용자들이 동의를 잘 안 하게 되면 서비스 혁신이 지연될 수 있다는 단점이 있다. 두 번째는 옵트아웃 (Opt-out)[115]방식이다. "일단 쓰겠습니다. 싫으면 말씀하세요." 미국 기업들이 선호하는 방식이다. 기본적으로 동의한 것으로 간주하고, 싫다는 의사를 밝혀야만 중단한다. 기업으로서 데이터 확보가 쉽지만, 소비자는 자신도 모르게 감시당할 수 있다. GM 사례 역시 '동의' 과정이 불투명한 옵트아웃 방식의 맹점을 악용한 사례로 볼 수 있다.

최근에는 이 둘의 단점을 보완한 "동적 동의(Dynamic Consent)"가 떠오르고 있다. 한 번 동의하면 영원히 끝나는 '정적 계약'이 아니라, 데이터 활용 목적이 바뀔 때마다, 혹은 주기적으로 사용자에게 "이 데이터를 계속 써도 될까요?"라고 묻는 방식이다. 이는 마치 임상 시험에서 환자의 상태가 변할 때마다 의사가 재차 동의를 구하는 과정과 유사하여 투명성을 높인다.

5. 투명성, 신뢰의 다른 이름

복잡하고 긴 약관 뒤에 숨는 기업은 더는 살아남을 수 없다. 진정한 투

115 정보 주체가 명시적으로 거부 의사를 밝히지 않는 한 데이터 수집 및 이용에 동의한 것으로 간주하는 방식.

명성은 단순히 법을 지키는 것을 넘어 사용자를 이해시키는 것이다.

그림 6.6 애플의 사례

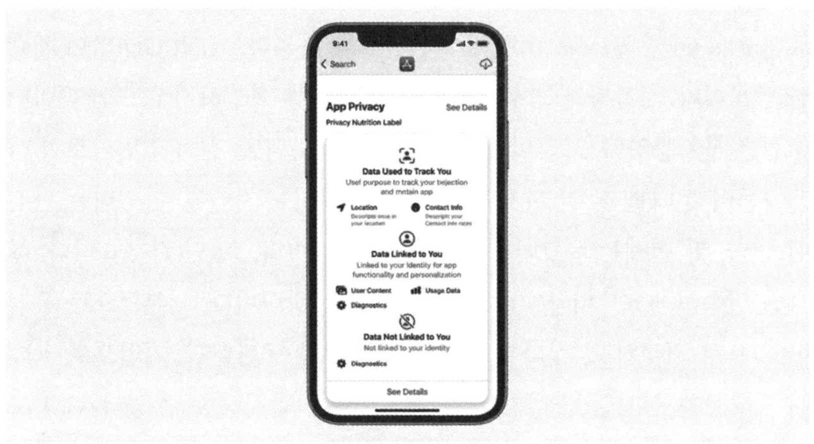

우리가 마트에서 과자를 살 때 뒷면의 영양 성분표를 보고 열량과 당류를 확인하듯, 데이터 정책도 직관적이어야 한다. 이를 “프라이버시 영양 성분표(Privacy Nutrition Label)”라 한다. 깨알 같은 법률 용어 대신, “수집 항목: 위치 정보”, “목적: 내비게이션”, “제삼자 공유: 없음”, “보관 기간: 24시간”과 같이 명확한 라벨을 붙여야 한다. 애플의 앱스토어가 이 방식을 도입하여 호평을 받았으며, 자동차 업계에도 시급히 도입되어야 할 표준이다.

대개 모든 정보를 한 번에 보여주면 사용자는 읽지 않고 무조건 ‘동의’ 버튼을 누른다(동의 피로감). 이를 방지하기 위해 “계층적 동의(Layered Consent)”[116]가 필요하다. 첫 화면에서는 핵심 요약만 보여주고, 관심 있는 사람은 클릭해서 상세 내용을, 전문가는 법적 전문을 볼 수 있게 정보의 층(Layer)을 나누는 것이다.

116 방대한 개인정보 처리방침을 한 번에 보여주는 대신, 핵심 내용을 요약한 첫 번째 계층과 상세 내용을 담은 후속 계층으로 정보를 나누어 제공하는 방식.

또한, 볼보(Volvo)처럼 실시간으로 내 차에서 어떤 데이터가 나가고 있는지 보여주는 “프라이버시 대시보드”를 제공한다면 사용자의 불안감은 크게 줄어들 것이다. 이는 사용자가 자신의 데이터 흐름을 통제하고 있다는 효능감을 준다.

6. 규제의 미로: 글로벌 파편화와 대응

자동차는 국경을 넘나드는 상품이지만, 데이터 규제는 국경마다 다르다. 이는 글로벌 자동차 제조사들에 ‘규제의 미로’를 선사하며, 스타트업에는 높은 진입 장벽이 된다.

그림 6.7 글로벌 데이터 규제 지형도

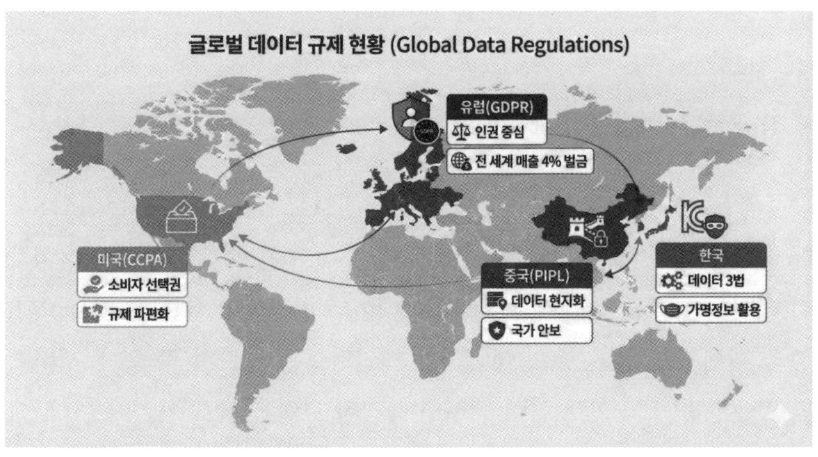

1) 유럽 GDPR: 프라이버시의 황금률

2018년 시행된 유럽의 GDPR은 데이터 프라이버시의 글로벌 표준이 되었다. 핵심 원칙 중 하나는 “목적 제한”이다. 교통 분석용으로 수집한 위치 데이터를 마케팅용으로 쓰면 안 된다는 것이다. 또한 '데이터 최소화' 원칙은 필요한 최소한의 데이터만 수집하고 목적 달성 후 즉시 파기하라고 명령한다. 마치 여행 짐을 쌀 때 꼭 필요한 물건만 챙기는 '미니멀리즘(minimalism)'과 같다. 위반 시 전 세계 매출의 4%라는 천문학적인 벌금을 부과한다.

2) 미국: 파편화된 주별 규제

미국은 연방 차원의 단일화된 데이터 보호법이 없다. 대신 캘리포니아의 CCPA가 가장 강력한 기준을 제시하고 있다. CCPA는 소비자에게 '내 데이터를 판매하지 말라고 요구할 권리(Do Not Sell My Data)'를 부여한다. 그러나 주마다 법이 달라 기업들은 '규제 파편화(Regulatory Fragmentation)'[117] 비용을 치르고 있다.

3) 중국: 데이터 주권과 국가 안보

중국은 2021년 중화인민공화국 개인정보보호법(Personal Information Protection Law of the People's Republic of China, 이하 PIPL로 표기)을 시행하며 데이터 통제를 강화했다. 핵심은 "데이터 현지화(Data Localization)"다. 중국 내에서 수집된 중요 데이터와 개인정보는 반드시 중국 내 서버에 저장해야 하며, 국외로 실어 내려면 엄격한 보안 심사를 거쳐야 한다. 이는 외국 기업에 막대한 인프라 투자 비용을 강제하는 효과가 있다.

---

117 국가나 지역마다 데이터 보호 관련 법규와 기준이 서로 달라, 글로벌 기업이 각기 다른 규제를 준수해야 하는 복잡하고 비효율적인 상황.

4) 한국: 데이터 3법과 가명 정보

한국은 2020년 데이터 3법 개정을 통해 '가명 정보'[118] 개념을 도입했다. 이는 유럽의 엄격한 익명화보다는 유연한 개념으로, 통계 작성이나 과학적 연구 목적이라면 동의 없이도 데이터를 활용할 수 있게 길을 열어주었다. 또한, 개인정보보호위원회의 권한을 강화하고 징벌적 손해배상제를 도입하는 등 보호 수준을 높이면서도 산업적 활용을 장려하는, 두 마리 토끼를 잡으려고 시도하고 있다.

5) 브뤼셀 효과

재미있는 현상은 브뤼셀 효과(Brussels Effect)이다. 이는 EU의 규제가 시장 규모, 엄격함, 비분할성으로 인해 글로벌 기업들이 자발적으로 채택해 사실상 국제 표준이 되는 현상을 의미한다. 아누 브래드퍼드(Anu Bradford) 교수가 2012년 제안한 개념으로, GDPR이나 WP.29 규제가 전 세계 자동차·IT 산업에 적용되는 대표 사례이다. 구글이나 페이스북이 전 세계 어디서나 GDPR 수준의 프라이버시 도구를 제공하는 것 또한 그 한 예이다. 스타트업이라면 처음부터 가장 까다로운 GDPR 기준에 맞춰 시스템을 설계하는 것이 장기적으로 글로벌 확장에 유리하다.

표 6-2. 주요 국가별 데이터 프라이버시 규제 비교

구분	유럽 (GDPR)	미국 (CCPA/캘리포니아)	중국 (PIPL/CSL)	한국 (개인정보보호법)
철학적 기반	인권 (기본권)	소비자 보호 (시장 공정성)	국가 안보 및 사회 통제	인권 보호와 산업 발전의 균형

118 개인정보 일부를 삭제하거나 대체하여 추가 정보 없이는 특정 개인을 알아볼 수 없도록 처리한 정보. 통계 작성, 연구, 공익 기록 보존 목적으로 동의 없이 활용할 수 있다.

동의 방식	Opt-in (원칙적 선동의)	Opt-out (사후 거부권 중심)	Strict Opt-in (엄격한 동의)	Opt-in (필수/선택 구분 고지)
데이터 국외 이전	적정성 결정[119]국으로만 자유 이동	비교적 자유로움	데이터 현지화 (엄격히 제한)	동의 또는 적정성 인정 필요
잊힐 권리	강력하게 보장	삭제권 존재 (예외 있음)	보장	보장
위반 시 처벌	전 세계 매출 4% 또는 2천만 유로	위반 건당 최대 $7,500	매출 5% 또는 영업 정지	관련 매출 3% 이하 과징금

7. 설명 가능한 AI (XAI): 블랙박스를 열다

자율주행의 뇌 역할을 하는 딥러닝(Deep Learning)[120] AI는 흔히 "블랙박스(Black Box)"라 불린다. 수억 개의 파라미터가 복잡하게 얽혀 있어, 입력(센서 데이터)을 넣으면 출력(핸들 조작)이 나오지만, 그 중간 과정에서 AI가 왜 그런 판단을 했는지 개발자조차 정확히 알 수 없다.

1) 2018년 우버 사망 사고의 교훈: 왜 몰랐는가?

본서 1장과 3장에서 설명한 2018년 애리조나에서 발생한 우버 자율주행차 보행자 사망 사고는 블랙박스 AI의 위험성을 적나라하게 보여주었다. 조사 결과, 차량의 AI는 무단횡단하던 보행자를 처음에는 '미확인 물체'로, 그다음엔 '차량'으로, 충돌 직전에는 '자전거'로 분류하며 혼란스러워했다. 만약 AI가 "이 물체의 이동 경로가 불규칙해서 자전거로 판

119 EU 집행위원회가 비EU 국가의 개인정보 보호 수준이 EU(GDPR)와 동등하다고 인정하는 결정. 이 결정을 받으면 별도 절차 없이 EU 시민의 데이터를 해당 국가로 이전할 수 있다.

120 인간의 뇌 신경망을 모방한 인공신경망을 다층으로 쌓아 방대한 데이터를 학습시키는 머신러닝 기법. 성능은 뛰어나지만 판단 과정을 알기 어려운 '블랙박스' 특성을 가진다.

단했다”라고 실시간으로 설명할 수 있었다면, 엔지니어들이 사전에 오류를 수정할 수 있었을 것이다. 판단의 근거를 모르면, 오류를 고칠 수도 없고 사고의 책임도 물을 수 없다.

2) 설명 가능한 AI (XAI) 기술: 통역사 등장

이에 대한 대안으로 인공지능의 판단 근거를 인간이 이해할 수 있게 보여주는 ‘설명 가능한 AI(XAI)’가 활발히 연구되고 있다. 지역 해석 가능 모델 독립적 설명(Local Interpretable Model-agnostic Explanations, LIME)[121]은 AI가 특정 판단을 내릴 때 어떤 요소가 가장 큰 영향을 미쳤는지 국소적으로(Locally) 짚어내는 기술이다. 예를 들어, 자율주행차가 급제동했을 때, LIME은 “전방 차량과의 거리(30%)와 빗길로 인한 미끄러짐 우려(20%) 때문입니다”라고 설명해 줄 수 있다. 샤플리 가산 설명(SHapley Additive exPlanations, SHAP)[122]는 게임 이론을 바탕으로 각 데이터의 기여도를 수학적으로 정밀하게 계산한다. 보험사가 고객에게 “당신의 보험료가 할인된 이유는 급가속을 안 해서(+$50), 심야 운전을 안 해서(+$30)입니다”라고 설명할 때 유용하다.

3) 신경-기호 AI : 직관과 논리의 결합

최근에는 딥러닝의 직관(패턴 인식)과 전통적인 프로그래밍의 논리(규칙)를 결합하려는 “신경-기호 AI(Neuro-symbolic AI)”가 주목받고 있다.

121 Local Interpretable Model-agnostic Explanations. 복잡한 AI 모델의 특정 예측 결과에 대해, 입력값을 조금씩 변화시켰을 때의 변화를 분석하여 해당 예측의 원인을 국소적으로 설명하는 기술.

122 게임 이론의 섀플리 값(Shapley Value)을 기반으로, 전체 예측 결과에 각 데이터 특성(Feature)이 기여한 정도를 수학적으로 계산하여 설명하는 기술.

이는 인간의 뇌가 좌뇌(논리)와 우뇌(직관)를 함께 사용하는 것과 유사하다. 딥러닝으로 보행자를 인식하고(직관), "빨간불에는 멈춘다"는 명확한 규칙(논리)을 결합하면, AI의 행동을 훨씬 더 투명하고 예측할 수 있게 만들 수 있다.

그림 6.8 블랙박스 AI vs 설명 가능한 AI(XAI)

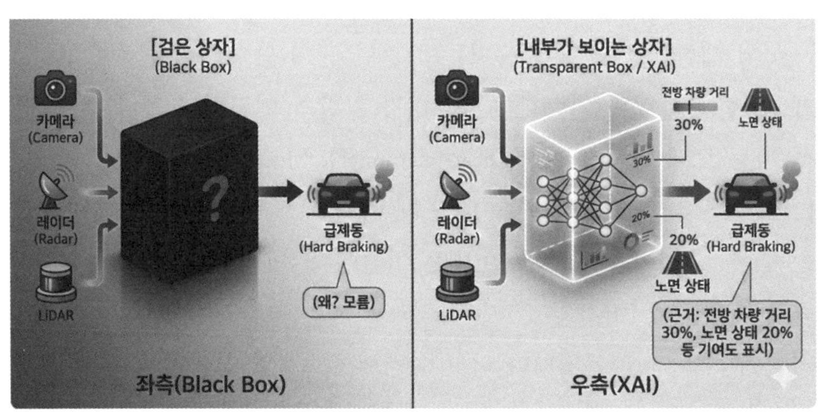

8. 윤리가 곧 경쟁력이다

데이터 기반 모빌리티 스타트업에 프라이버시는 단순한 규제 준수(Compliance)의 영역을 넘어 생존 전략이자 핵심 경쟁력이다.

서비스를 다 만들고 나서 보안 기능을 덕지덕지 붙이는 것이 아니라, 기획 단계부터 프라이버시를 핵심 설계 원칙으로 내재화하는 것을 말한다. 이는 건물을 지을 때 처음부터 내진 설계를 하는 것과 같다. 예를 들어, 카풀 앱을 만들 때 운전자의 전화번호가 승객에게 노출되지 않도록 처음부터 안심번호 시스템을 기본 탑재하거나, 위치 정보를 서버에 저장하지 않고 휘발되도록 설계하는 것이다. 이는 나중에 터질 사고를 막는 예방주사이자 비용 절감 전략이다.

"일단 다 모아두면 나중에 쓸모 있겠지"라는 생각은 위험하다. 불필요한 데이터는 해킹 리스크와 관리 비용만 높이는 '독성 폐기물'이 될 수 있다. 여행 짐을 쌀 때처럼 꼭 필요한 데이터만 수집하고, 목적을 다하면 자동으로 삭제되는 수명 주기 관리(Lifecycle Management) 시스템을 갖춰야 한다.

사용자의 데이터를 공짜로 가져다 쓰는 시대는 지났다. 핀다(Finda) 같은 핀테크 기업처럼, 데이터를 제공한 사용자에게 금전적 보상이나 서비스 할인 혜택을 돌려주는 '가치 공유' 모델이 필요하다. 더 나아가, 운전자들이 자신의 데이터를 모아 기업과 협상하고 수익을 나누는 '데이터 협동조합' 모델도 등장하고 있다. 이는 사용자를 단순한 정보원이 아닌 사업 동반자로 격상시키는 윤리적 접근이다.

2021년 4월 상하이 모터쇼에서 발생한 사례는 데이터 주권 문제가 폭발한 상징적 사례이다. 당시 상황을 복기하면, 2021년 4월 19일, 상하이 국립전시컨벤션센터(National Exhibition and Convention Center, NECC) 내 테슬라(Tesla) 전시 부스는 전 세계 미디어의 카메라 렌즈가 일제히 향하는 격전지가 되었다. 코로나 19 이후 정상적으로 개최된 첫 대형 모터쇼인 2021 상하이 모터쇼(Auto Shanghai 2021)에서 예상치 못한 사건이 터졌기 때문이다. 한 중국 여성이 흰색 티셔츠 차림으로 테슬라 모델 3(Model 3) 전시 차량 지붕 위에 올라갔다. 그녀의 티셔츠 앞면에는 빨간 글씨로 '브레이크 고장(刹车失灵)', 뒷면에는 '보이지 않는 살인자(隐形杀手)'라는 문구가 선명하게 적혀 있었다. 장야(张亚)라는 이름의 이 여성에게는 절박한 사연이 있었다. 두 달 전인 2월 21일, 그녀의 아버지가 운전하던 테슬라 모델 3가 통제 불능 상태에 빠졌다. 브레이크를 아무리 밟아도 차는 멈추지 않았고, 결국 다른 차량 두 대와 충돌한 뒤 가드레일을 들이받고서야 멈췄다. 차 안에는 장 씨의 부모님을 포함한 가족들이 타고 있었다. 다행히 목숨은 건졌으나 그들이 겪은 공포는 상상을 초월했다. 장 씨는 테슬라에 문제 해결을 요구했지만, 테슬라는 차량에 아무런 결함이 없다는 답변만 되풀이했다. 장 씨가 모터쇼 현장에서 외친 것은 금전적 보상이 아니었다. 그녀는 단 하나, 사고 당시 차량이 기록한 주행 데이터를 공개할 것을 요구했다. 내 가족이 탄 차에서 무슨 일이 벌어졌는지, 브레이크가 정말 작동하지 않았는지 진실을 알고 싶었기 때문이다. 하지만 테슬라는 완강했다. 주행 데이터는 기업의 자산이므로 외부에 공개할 수 없다는 뜻을 고수했다. 여기서 근본적 질문이 던져진다. 차량 주행 데이터의 주인은 누구인가? 차를 소유하고 운전한 사람인가, 아니면 데이터를 수집한 제조사인가? 이 질문이 상하이 모터쇼 현장에서 폭발한 것이다. 시위 직후 장 씨는 공안으로부터 5일간의 구류 처분을 받았다. 하지만 반전이 일어났다. 중국 인터넷은 순식간에 테슬라를 규탄하는 여론으로 들끓었다. SNS에는 브레이크 고장을 주장하는 다른 차주들의 사연이 쏟아졌고, 묻혀 있던 불만들이 한꺼번에 터져 나왔다. 중국 공산당 중앙정법위원회(Central Political and Legal Affairs Commission)까지 나서서 테슬라를 공개 비난했다. 중국 최대 전자상거래 사이트 타오바오(Taobao)에서는 장 씨가 입었던 티셔츠가 불티나게 팔려나갔고, 테슬라 불매 운동의 기운이 급격히 확산하였다.

테슬라는 거대한 딜레마에 빠졌다. 중국은 테슬라 전체 매출의 5분의 1 이상을 차지하는 가장 중요한 시장이었다. 게다가 상하이에는 테슬라의 핵심 생산기지인 기가팩토리 상하이(Gigafactory Shanghai)가 있어 전 세계 생산량의 절반 가까이 담당하고 있었다. 4월 20일 심야, 테슬라는 결국 긴급 사과 성명을 발표했으나 여론의 불길은 쉽게 잡히지 않았다. 4월 21일, 중국 정부 기관인 국가시장감독관리총국(State Administration for Market Regulation, SAMR)이 직접 개입했다. 허난성 정저우 시장감독국은 테슬라에 사고 직전 30분간의 주행 데이터를 조건 없이 장 씨에게 제공하라고 명령했다. 데이터가 기업 자산이라던 테슬라의 논리는 정부의 서슬 퍼런 명령 앞에 무력해졌다. 4월 22일 밤, 테슬라는 마침내 백기를 들었다. 관영 매체인 국가시장감독관리보가 웨이보(Weibo)를 통해 테슬라가 제출한 데이터를 전격 공개했다.

공개된 데이터는 흥미로운 지점을 보여줬다. 사고 직전 30분 동안 운전자는 40차례 이상 브레이크를 밟았다. 사고 직전 시속 118.5km로 달리다 브레이크를 밟았을 때 브레이크 잠김 방지 장치(Anti-lock Braking System, ABS)가 정상 작동했고, 충돌 당시 속도는 시속 48.5km까지 줄어 있었다. 데이터상으로는 브레이크가 정상 작동한 것처럼 보였다. 하지만 상황은 또 다른 방향으로 튀었다. 장 씨의 남편은 테슬라가 본인들의 사전 동의 없이 개인 주행 데이터를 언론에 공개한 것은 사생활 침해이자 소비자 권익 침해라고 강력히 반발했다. 아내가 유치장에 갇혀 연락이 끊긴 상태에서 어떻게 데이터 공개에 동의할 수 있었겠냐는 논리였다.

이 사건은 아이러니한 교훈을 남겼다. 차주는 결백을 증명하기 위해 데이터 공개를 요구했고, 제조사는 기업 자산이라며 거부했다. 정부의 압박으로 데이터를 공개하니 이번에는 사생활 침해 논란이 불거졌다. 결국, 차량 데이터는 누구의 것인가라는 핵심 질문이 남았다. 운전자인가, 제조사인가, 아니면 국가인가? 2021년 상하이 모터쇼 사건은 모빌리티 시대의 가장 민감한 지점을 건드렸다. 이제 자동차는 단순한 기계가 아니라 '움직이는 데이터 센터'가 되었다. 운전자의 모든 행동이 기록되지만, 그 데이터에 대한 명확한 소유권과 접근권의 규칙은 여전히 정립되지 않았다. 테슬라는 비즈니스 관점에서 이를 자산으로 봤고, 차주는 개인의 기록으로 봤으며, 중국 정부는 데이터 주권을 주장했다.

사건 이후 중국은 데이터 규제를 대폭 강화했다. 외국 기업은 중국에서 수집한 데이터를 반드시 중국 내에 저장해야 하고, 해외 전송 시 정부 승인을 받도록 했다. 테슬라는 이에 따라 중국 현지에 데이터 센터를 구축해야 했다. 자율주행 시대가 본격화되면 데이터 소유권 분쟁은 더욱 복잡해질 것이다. 상하이 모터쇼의 그 흰 티셔츠는 단순한 시위가 아니라, 앞으로 펼쳐질 모빌리티 데이터 주권 전쟁의 서막을 알리는 신호탄인 셈이었다.

새로운 사회적 계약을 향하여

우리는 지금 기계적인 자동차 시대에서 데이터 주도의 모빌리티 시대로 넘어가는 과도기에 서 있다. 이 변화의 핵심은 기술이 아니라 '신뢰'다. 4TB의 데이터를 매일 쏟아내는 이 거대한 기계가 나를 감시하는 '빅브라더(Big Brother)'[123]가 될지, 나를 이해하고 보호하는 '디지털 비서'가 될지는 우리가 어떤 규칙을 만드느냐에 달려 있다.

기업은 투명성을 무기가 아닌 방패로 삼아야 한다. GM의 사례에서 보듯, 몰래 수집한 데이터로 수익을 올리려다가는 소비자의 신뢰를 잃고 법적 심판대에 서게 된다. 소비자는 편리함의 대가로 프라이버시를 헐값에 넘기지 않는 똑똑한 감시자가 되어야 한다. 데이터 프라이버시는 내가 이기면 상대방이 지는 제로섬 게임(Zero-sum Game)[124]이 아니다. 프라이버시를 철저히 지키면서도 데이터의 가치를 극대화하여 모두가 혜택을 누리는 포지티브섬(Positive-sum)[125] 사회로 나아가는 지혜가 필요한 시점이다. 이제 '바퀴 달린 데이터 센터'의 운전대는 기술자가 아닌, 윤리적 기준을 가진 우리가 모두 잡아야 한다.

---

123 영국 조지 오웰의 소설 1984에서 유래한 용어로, 전체주의 정부나 권력이 모든 시민을 감시하고 통제하는 절대적 존재를 상징한다.

124 한쪽의 이득이 반드시 다른 쪽의 손실이 되어, 이득과 손실의 합이 '0'이 되는 상황. 데이터 활용과 프라이버시가 양립할 수 없다는 관점을 의미한다.

125 게임 이론에서 모든 참여자의 총이익 합계가 양수(+)되는 상황을 의미한다.

참고문헌

Acquisti, A., Taylor, C., & Wagman, L. (2016). The economics of privacy. *Journal of Economic Literature, 54*(2), 442–492.

Advanced Industries. (2016). *Monetizing car data: New service business opportunities to create new customer benefits.* McKinsey & Company.

Barnes, S. B. (2006). A privacy paradox: Social networking in the United States. *First Monday, 11*(9).

Bertoncello, M., Martens, C., Möller, T., & Schneiderbauer, T. (2021). *Unlocking the full life-cycle value from connected-car data.* McKinsey & Company.

Bradford, A. (2012). The Brussels Effect. *Northwestern University Law Review, 107*(1), 1–68.

California Consumer Privacy Act of 2018 (CCPA), Cal. Civ. Code § 1798.100 et seq. (2018).

Caltrider, J., Rykov, M., & MacDonald, Z. (2023, September 6). *Privacy nightmare on wheels: Every car brand reviewed by Mozilla — including Ford, Volkswagen and Toyota — flunks privacy test.* Mozilla Foundation.

de Montjoye, Y.-A., Radaelli, L., Singh, V. K., & Pentland, A. (2015). Unique in the shopping mall: On the reidentifiability of credit card metadata. *Science, 347*(6221), 536-539.

Deloitte. (2017). *Predictive maintenance and the smart factory.* Deloitte Analytics.

General Data Protection Regulation (GDPR). Regulation (EU) 2016/679 of the European Parliament and of the Council of 27 April 2016, Official Journal of the European Union, L119, 1-88 (2016).

Google. (n.d.). *Project Green Light.* Google Research. Retrieved December 21, 2025, from

Hill, K. (2024, March 11). Automakers are sharing consumers' driving behavior with insurance companies. *The New York Times.*

Hill, K. (2024, April 23). How G.M. tricked millions of drivers into being spied on (including me). *The New York Times.*

Krzanich, B. (2016, November 15). Data is the New Oil in the Future of Automated Driving [Keynote address]. Automobility LA, Los Angeles, CA, United States.

International Organization for Standardization. (2019). *Security techniques — Extension to ISO/IEC 27001 and ISO/IEC 27002 for privacy information management — Requirements and guidelines*(ISO/IEC Standard No. 27701:2019).

Lundberg, S. M., & Lee, S.-I. (2017). A unified approach to interpreting model predictions. *Advances in Neural Information Processing Systems (NIPS),* 30.

Mozilla Foundation. (2023, September 6). Privacy Not Included: A Guide to All 25 Car Brands. https://foundation.mozilla.org/en/privacynotincluded/articles/privacy-not-included-a-guide-to-all-25-car-brands/

National Transportation Safety Board. (2019). *Collision between vehicle controlled by developmental automated driving system and pedestrian, Tempe, Arizona, March 18, 2018*(Highway Accident Report No. NTSB/HAR-19/03).

Nissenbaum, H. (2004). Privacy as contextual integrity. *Washington Law Review, 79*(1), 119-158.

Personal Information Protection Law of the People's Republic of China (PIPL). (Promulgated by the Standing Comm. Nat'l People's Cong., Aug. 20, 2021, effective Nov. 1, 2021).

Reuters. (2021, April 21). Tesla apologises to Chinese consumers, plans to remedy complaints. *Reuters.*

Ribeiro, M. T., Singh, S., & Guestrin, C. (2016). "Why should I trust you?": Explaining the predictions of any classifier. In *Proceedings of the 22nd ACM SIGKDD International Conference on Knowledge Discovery and Data Mining*(pp. 1135-

1144).
Warren, S. D., & Brandeis, L. D. (1890). The right to privacy. *Harvard Law Review, 4*(5), 193-220.
Zuboff, S. (2019). *The age of surveillance capitalism: The fight for a human future at the new frontier of power.* PublicAffairs.
신용정보의 이용 및 보호에 관한 법률. 법률 제16957호. (2020. 2. 4. 개정).
장효원. (2022, 5월 9일). 핀다, 마이데이터 결합 대출관리 서비스 개편… 이자 지원 이벤트. *아시아경제.*

7장

환경윤리와 지속가능한 모빌리티의 미래

CASE STUDY SEVEN.

배터리 순환경제와 레드우드 머티리얼즈: 지속가능한 모빌리티의 마침표

1. 사례 개요: 밀려오는 폐배터리의 쓰나미

전기차(BEV)는 기후 위기에 대응하는 인류의 강력한 무기로 부상했으나, 그 이면에는 '배터리 폐기'라는 거대한 환경적 도전이 도사리고 있다. 전기차 보급이 기하급수적으로 늘어남에 따라, 2030년경에는 전 세계적으로 약 1,100만 톤 이상의 폐배터리가 쏟아져 나올 것으로 예상된다. 이를 단순히 유독성 쓰레기로 매립할 것인지, 아니면 새로운 자원으로 되살릴 것인지는 전기차 시대의 지속가능성을 결정하는 중요한 시험대이다.

이러한 위기 상황에서 '레드우드 머티리얼즈(Redwood Materials)'는 배터리의 '요람에서 무덤까지(Cradle to Grave)' 이어지는 선형 경제를 '요람에서 요람으로(Cradle to Cradle)' 돌리는 순환경제의 선구자로 주목받고 있다. 이들은 폐배터리를 처치 곤란한 폐기물이 아닌, 리튬과 코발트가 가득한 '도시 광산(Urban Mining)'으로 정의하며 배터리 공급망의 윤리적·환경적 난제를 기술적으로 해결하고 있다. 레드우드 머티리얼즈(Redwood Materials)는 테슬라의 공동 창업자이자 전 CTO인 스트라우벨(Jeffrey Brian Straubel)이 2017년에 설립한 기업이다. 스트라우벨은 테슬라에서 16년간 배터리 기술을 책임졌던 경험을 바탕으로, 전기차 시대의 이면에 존재하는 배터리 폐기물 문제를 해결하기 위해 이 회사를 세웠다. 현재 네바다주 카슨시티에 본사를 두고 있으며, 전기차와 에너지 저장 시스템을 위한 지속 가능한 순환 공급망을 구축하는 데 주력하고 있다. 이 기업의 핵심 경쟁력은 폐배터리에서 리튬, 니켈, 코발트, 구리 등 핵심 금속을 95% 이상 회수하는 독보적 기술력에 있다. 단순히 원자재를 추출하는 단계에 그치지 않고, 이를 다시 배터리 제조에 필요한 음극 동박과 양극활물질로 직접 가공하여 공급하는 체계를 갖췄다. 이러한 '폐쇄 루프(closed-loop)' 시스템은 배터리 생산 비용을 낮출 뿐만 아니라 원자재 공급망의 대외 의존도를 획기적으로 줄이는 역할을 한다. 시장에서도 이들의 가치는 높게 평가받고 있다. 2025년 기준 기업 가치는 약 60억 달러에 달하며, 최근 진행된 시리즈 E 투자 라운드에서는 3억 5,000만 달러의 자금을 추가로 유치했다. 특히 이 투자에는 인공지능 분야의 거물인 엔비디아(NVIDIA)가 참여하면서, 배터리 재활용 산업이 미래 산업의 핵심 인프라로서 지니는 중요성을 다시 한번 증명했다. 파나소닉, 포드, 아마존, 폭스바겐 등 글로벌 기업들이 주요 파트너로 협력하고 있으며, 네바다 공장에 이어 사우스캐롤라이나에 35억 달러 규모의 대규모 캠퍼스를 구축하고 있다. 레드우드 머티리얼즈는 이를 통해 2025년 100GWh, 2030년 500GWh 규모로 생산 용량을 확대하여 글로벌 배터리 소재 시장의 선두 주자 자리를 굳힐 계획이다.

2. 기술적 분석: 자원 순환의 연금술

전기차 배터리는 초기 용량의 70~80% 수준으로 성능이 떨어지면 차량용으로서는 수명을 다한 것으로 간주한다. 하지만 레드우드 머티리얼즈는 이를 그대로 파쇄하지 않고 '재사용'하는 2차 생애주기(Second Life) 모델을 실천한다. 수거된 배터리 팩을 정밀 진단하여 상태가 양호한 모듈은 에너지저장장치(Energy Storage System, 이하 ESS로 표기)로 재조립한다. 에너지저장장치(ESS)는 전력을 저장해 두었다가 전력이 필요할 때 다시 공급하는 시스템으로, 전력 사용 효율을 높이고 전력망 안정화에 기여하는 장치이다. 주로 대용량 2차전지(배터리)와 전력변환·관리 장치들이 결합한 형태로 구축되며, 신재생에너지 확대와 전기요금 절감, 비상전원 확보 등에 폭넓게 활용된다

이러한 ESS는 태양광이나 풍력 발전의 간헐성[126] 문제를 해결하는 댐의 구실을 하며, 자원의 수명을 5~10년 더 연장한다. 이는 배터리 생산 시 발생한 '탄소 부채'를 더 긴 시간에 걸쳐 상쇄하게 함으로써 제품의 총체적 환경 부하를 낮추는 전략이다.

완전히 수명이 다한 배터리에 대해 레드우드 머티리얼즈는 고도화된 '습식 제련(Hydrometallurgy)' 공정을 적용한다. 기존 건식 제련이 막대한 에너지를 소모하며 가벼운 금속을 태워버리는 것과 달리, 습식 제련은 블랙 파우더를 산성 용액에 녹여 리튬, 니켈, 코발트 등을 95% 이상의 높은 회수율로 뽑아낸다.

이렇게 추출된 광물은 광산에서 갓 채굴된 원료와 품질 면에서 차이가 없으며, 즉시 새로운 최상급 배터리(NCM 등) 생산에 투입된다. 이는 지구 반대편에서의 위험한 채굴 활동을 줄이고, 배터리 제조 단계의 에너지 집약도를 획기적으로 낮추는 '공학적 정직함'의 실천이다.

---

126 간헐성(Intermittency): 태양광이나 풍력 발전이 기상 상황에 따라 발전량이 불규칙하게 변하여 전력 공급의 안정성이 저해되는 성질

3. 윤리적 및 사회적 시사점

1) 피 묻은 광물로부터의 독립

삼원계(NCM) 배터리의 핵심 원료인 코발트는 아동 노동 착취와 인권 유린이 빈번한 콩고민주공화국(DRC)에 공급의 70%를 의존하고 있다. 레드우드 머티리얼즈가 추진하는 순환경제는 이러한 '피의 코발트(Blood Cobalt)'에 대한 의존도를 낮추는 윤리적 해법이 된다. 폐배터리에서 원료를 무한히 순환시킬 수 있다면, 기업은 공급망을 꼼꼼히 조사해서 위험을 줄이고, 인권 침해로 인한 연쇄적 피해를 막을 수 있다.

2) 탄소 부채의 조기 상환과 기후 정의

전기차는 제조 단계에서 내연기관차보다 훨씬 무거운 탄소 발자국을 기록하며 '탄소 부채'를 안고 태어난다. 특히 리튬 추출 과정에서의 수자원 고갈과 니켈 제련 과정에서의 해양 오염은 개발도상국의 자연을 희생시킨다. 레드우드 머티리얼즈의 모델은 천연자원 채굴량을 줄임으로써 이러한 환경적 부정의를 완화한다. 재활용 원료를 사용해 만든 배터리는 탄소 부채가 현저히 적어, 전기차가 내연기관차와의 환경적 손익분기점(Break-even Point)[127]에 더 빨리 도달할 수 있게 돕는다.

3) 규제와 시스템의 시너지: 배터리 여권

순환경제는 기업의 선의만으로 완성되지 않는다. EU의 '디지

127 손익분기점(break-even point)은 고정비용을 모두 회수하고 수익과 비용이 딱 맞아 떨어지는 지점으로, 이 이상에서야 이익이 난다.

털 배터리 여권' 제도는 레드우드와 같은 기업의 활동을 제도적으로 뒷받침한다. 원료의 출처와 탄소 발자국을 투명하게 공개하고, 재활용 원료 사용을 의무화하는 규제는 '브뤼셀 효과'를 통해 전 세계 공급망을 더 깨끗하고 책임 있게 변화시킨다.

4. 시사점: 진정한 '녹색 혁명'을 위한 과제

레드우드 머티리얼즈의 사례는 전기차가 '배기관 없는 자동차'라는 마케팅 구호를 넘어, 진정한 의미의 지속가능성을 획득하기 위한 방향을 제시한다. 하지만 여전히 과제는 남아 있다. 첫째, 인산철(LFP) 배터리와 같이 경제성이 낮은 배터리에도 재활용을 강제할 수 있는 제도적 유인이 필요하다. 둘째, 배터리 설계 단계부터 해체와 재활용이 쉽도록 설계하는 '재활용을 위한 설계(Design for Recycling)'가 제조 업계 전반에 확산하여야 한다.

결국, 미래의 모빌리티는 차를 파는 비즈니스에서 자원을 관리하는 시스템 비즈니스로 진화해야 한다. 소비자는 단순히 차의 성능만을 소비하는 것이 아니라, 그 차가 품은 자원이 어디서 왔고 어디로 돌아가는지를 묻는 '성숙한 감시자'가 되어야 한다. 숨길 것이 없는 기업만이 모든 것을 보여줄 수 있듯, 순환경제의 고리를 닫는 노력만이 모빌리티 혁명을 완성할 것이다.

5. 토론 질문

1) 배터리 재활용 비용이 광산에서 새로 채굴하는 비용보다 비싸다면, 기업은 윤리적 이유만으로 재활용을 지속해야 하는가?
2) '디지털 배터리 여권'이 기업의 영업 비밀을 침해할 우려가

있다는 주장에 대해 기술적·윤리적 관점에서 어떻게 반론할 수 있는가?

3) 전기차 보급 속도와 비교하면 전력망의 탈 탄소화나 재활용 인프라 구축이 늦어지는 상황에서, 전기차 구매를 권장하는 것은 '그린워싱'의 일종인가?

'배기관 없는 자동차'의 다른 면

오늘날 전기차(BEV)는 도로 위의 혁명이자 기후 위기에 대응하는 인류의 가장 강력한 무기로 여겨진다. 소리 없이 미끄러지듯 달리는 이 기계는 매연을 뿜어내지 않으며, 덕분에 도심의 공기는 한결 맑아진 것처럼 보인다. 내연기관(ICEV)가 100년 넘게 지배해온 도로의 풍경이 근본적으로 바뀌고 있다. 그러나 우리가 눈으로 보는 '배기관이 없다'라는 사실 하나만으로 전기차를 완벽한 무공해 해결책이라고 단정 짓는 것은 위험한 착각일 수 있다. 진정한 의미의 친환경성을 논하기 위해서는 눈에 보이는 도로 위의 주행 순간을 넘어, 그 이면에 숨겨진 거대한 빙산을 보아야 한다.

전기차의 친환경성은 마치 복잡한 고차방정식과도 같다. 단순히 주유소 대신 충전소를 이용한다는 변화를 넘어, 그 전기가 어디서 왔는지, 배터리의 원료는 지구 어디에서 어떤 과정을 거쳐 채굴되었는지, 그리고 수명을 다한 거대한 배터리 팩은 결국 어디로 가는지를 묻는 말들이 꼬리에 꼬리를 물고 이어진다. 본 장에서는 전기차가 가진 '친환경'이라는 화려한 타이틀 뒤에 숨겨진 딜레마를 파헤치고, 원료의 채굴부터 폐기까지 이어지는 전 생애주기를 통해 모빌리티의 진정한 지속가능성을 평가해 보고자 한다. 이는 단순한 공학적, 기술적 분석을 넘어, 우리가 누리는 편리함이 지구 반대편의 누군가에게, 혹은 미래 세대에게 어떤 비용을 청구하고 있는지에 대한 윤리적 성찰이기도 하다.

우리는 이제 '배출가스 제로(Zero Emission)'이라는 마케팅 문구 뒤에 가려진 진실을 마주해야 한다. 전기차는 분명 인류가 나아가야 할 방향이지만, 그 길은 생각보다 훨씬 울퉁불퉁하고 복잡하다. 이 장을 통해 독자가 전기차를 단순한 소비재가 아닌, 환경과 윤리, 그리고 기술이 얽히고설킨 거대한 시스템 일부로 이해할 수 있기를 기대한다.

7장
환경윤리와 지속가능한 모빌리티의 미래

1. 전기차 딜레마

전기차가 내연기관차의 대안으로 급부상하면서 '친환경성'은 전기차의 정체성을 규정하는 가장 중요한 가치가 되었다. 하지만 전기차의 환경적 성적표를 제대로 매기기 위해서는 '운행 중 배출가스 제로'라는 단편적 사실을 넘어선 심층적 분석이 필요하다. 여기서 등장하는 것이 바로 '전 과정 평가(Life Cycle Assessment, 이하 LCA로 표기)'라는 과학적 도구다.

1) 배기관 너머의 시선: 요람에서 무덤까지

LCA는 특정 제품이나 서비스가 탄생하는 순간부터 소멸하는 순간까지, 즉 '요람에서 무덤까지' 환경에 미치는 총체적 부담을 정량화하는 국제표준기구가 내놓은 방법론(ISO 14040시리즈[128])이다. 이는 기술의 환경적 영향을 평가할 때 발생할 수 있는 착시 현상을 걷어내고, 공정하고 정

---

128 제품의 전 과정 평가(LCA)를 수행할 때 지켜야 할 원칙과 틀을 규정한 국제 표준 규격

확한 비교가 가능한 핵심적 틀을 제공한다.

자동차 산업에서 LCA는 크게 네 가지의 거대한 생애주기 단계로 구성된다. 첫째, 리튬, 코발트, 니켈, 철강, 알루미늄 등 수만 가지 부품의 기초가 되는 원자재를 땅에서 캐내고 가공하는 '원자재 취득 단계'다. 둘째, 이 원자재들을 가공하여 부품을 만들고 차량을 조립하는 '제조 단계'다. 셋째, 소비자가 차량을 인도받아 운행하며 에너지를 소비하는 '사용 단계'이다. 마지막으로, 차량의 수명이 다해 해체되고 배터리가 재활용되거나 폐기되는 '폐기 단계'다.

이러한 포괄적 접근이 필수적인 이유는 '문제 전가(Problem Shifting)'[129] 현상을 방지하기 위함이다. 풍선 효과를 떠올려 보자. 풍선의 한쪽을 누르면 다른 쪽이 튀어나오듯, 운행 단계에서 오염물질을 배출하지 않는다고 해서 제조 단계에서 막대한 오염을 유발한다면, 이는 오염의 총량을 줄인 것이 아니라 단순히 오염의 발생 시점과 장소를 옮긴 것에 불과하기 때문이다. LCA는 이러한 은밀한 전가를 감지하고 기술의 진정한 지속가능성을 냉철하게 평가할 수 있게 해주는 현미경과 같다.

2) 탄소 부채: 마이너스로 시작하는 출발선

전기차에 대한 가장 일반적 오해 중 하나는 공장에서 갓 생산된, 비닐도 뜯지 않은 전기차가 내연기관차보다 더 깨끗할 것이라는 믿음이다. 그러나 LCA의 현미경으로 들여다보면 진실은 정반대다. 차량이 공장 문을 나서는 순간, 즉 주행 거리계가 '0km'를 가리키는 시점에서 전기차는 내

129 문제 전가(Problem Shifting)라는 용어는 환경정책·지속가능성 분야에서 표준 개념으로, 한 영역의 문제를 해결하려다 다른 영역(공간·시간·매체)으로 문제를 옮겨버리는 현상을 가리킨다. 미국의 생태학자이자 환경운동가인 배리 커머너(Barry Commoner)가 1971년에 출간한 저서 『The Closing Circle: Nature, Man, and Technology』에서 강조한 핵심 원리 중 하나이다.

연기관차보다 훨씬 더 무거운 '탄소 발자국[130]'을 기록한다. 이를 전기차가 안고 출발하는 일종의 '탄소 부채(Carbon Debt)'라고 부른다. 파르지오네 등(Fargione et al., 2008)의 연구에서 바이오 연료를 만들기 위해 숲이나 초지를 개간할 때 발생하는 막대한 탄소 배출량을 '탄소 부채(Carbon Debt)'라고 정의했다. 개간으로 인해 배출된 탄소를 바이오 연료 사용을 통해 줄여나가는 과정이 마치 부채를 갚는 것과 같다는 비유에서 비롯되었다.

이 부채의 가장 큰 원인은 전기차의 심장이자 핵심 부품인 고용량 '리튬이온 배터리'다. 배터리 생산 공정은 우리가 상상하는 것보다 훨씬 더 에너지 집약적[131]이다. 배터리의 양극재와 음극재를 만들기 위해서는 원료를 고온의 가마에서 굽는 소성(calcination)[132] 과정을 거쳐야 하고, 전극을 건조하기 위해 막대한 열에너지를 사용해야 한다. 또한, 이 과정은 청정실(Clean Room) 환경을 유지하기 위해 끊임없이 전력을 소모한다. 분석에 따르면, 배터리 용량 1kWh당 약 150kg에서 200kg의 이산화탄소(CO_2)가 배출되는 것으로 추정된다.

이 수치가 의미하는 바를 구체적인 예로 들어보자. 100kWh급 대용량 배터리를 탑재한 고성능 전기차(예: 테슬라 모델 S 롱레인지급)의 경우, 차체나 모터, 타이어 등 다른 부품을 제외하고 오직 배터리 팩 하나를 만드는 과정에서만 약 15t에서 20t에 달하는 이산화탄소가 배출된다. 이는 소형 내연기관차 한 대를 완전히 생산할 때 발생하는 총배출량이 약 6~8t인 점을 고려하면, 대형 전기차는 태어날 때부터 내연기관차 2~3대를 만든 것과 맞먹는 막대한 탄소 빚을 지고 세상에 나오는 셈이다. 여기

130 Carbon Footprint. 제품의 생산부터 폐기까지 전 과정에서 발생하는 온실가스 배출량을 이산화탄소(CO_2)로 환산한 총량을 의미

131 Energy-intensive. 제품을 생산하거나 공정을 운영하는 데 있어 단위당 에너지 소모량이 매우 높은 특성을 말하며, 배터리 소성 공정이 대표적임.

132 광물이나 원료를 고온의 가마에서 구워 화학적 성질을 변화시키는 과정으로, 양극재와 음극재 제조의 핵심 단계

에 더해 리튬, 니켈 등 핵심 광물을 채굴하고 정제하는 과정 또한 상당한 환경적 비용을 치른다. 리튬 1t을 얻기 위해 250만 리터의 물을 증발시켜야 하는 염수 추출 방식은 주변 지역의 지하수 고갈과 토양 오염을 초래하며, 칠레의 아타카마 사막(Atacama Desert)과 같은 생산지의 생태계를 위협하고 있다. 즉, 전기차의 깨끗하고 매끄러운 이미지는 제조 단계의 높은 환경 부채라는 '원죄'를 안고 시작되는 것이다.

3) 그리드의 그림자[133]: 전기는 어디서 오는가

제조 단계에서 막대한 탄소 부채를 안고 시작했지만, 전기차에는 이를 갚아나갈 강력한 무기가 있다. 바로 압도적 '에너지 효율성'이다. 내연기관이 연료가 가진 에너지의 70% 이상을 열과 소음, 진동으로 허공에 날려버리고 고작 25~30%만을 바퀴를 굴리는 데 쓰는 반면, 전기모터는 공급된 전기의 90~95%를 온전히 구동력으로 전환한다. 주행을 거듭할수록 전기차는 높은 효율을 바탕으로 제조 단계의 빚을 갚아나가며 내연기관차와의 격차를 좁히고, 결국에는 총배출량에서 역전하는 순간을 맞이하게 된다.

그러나 전기차가 이 빚을 얼마나 빨리 갚을 수 있느냐, 혹은 과연 갚을 수 있느냐는 전적으로 '전력믹스(Electricity Mix)', 즉 전기를 만드는 방식에 달려 있다. 전기차의 배기관은 사실상 사라진 것이 아니라, 도시 외곽의 발전소 굴뚝으로 길게 늘어난 것과 다름없기 때문이다. 학계에서는 이를 전기차의 '보이지 않는 배기관(Invisible Tailpipe)'이라 부르기도 한다. 따라서 전기차의 친환경성은 고정된 상수가 아니라, 그 차가 달리는 국가의 에너지 정책에 따라 춤을 추는 변수가 된다.

---

133 그리드는 전기 그리드(electrical grid)를 가리키며, 발전소에서 생산된 전기를 송전선, 변전소, 배전선을 통해 소비자에게 공급하는 연결된 네트워크 시스템이다.

국제에너지기구(International Energy Agency, 이하 IEA로 표기)[134]의 데이터는 이러한 현실을 적나라하게 보여준다. 노르웨이의 경우, 수력 발전 등 재생에너지 비중이 98% 이상인 노르웨이의 청정 전력망에서 전기차는 주행 km당 CO_2 배출량이 50g 수준에 불과하다. 이 경우 전기차는 제조 단계의 빚을 아주 빠르게 상환하고 진정한 친환경 차로 거듭난다. 유럽(EU) 평균을 보면, 먼지와 화석연료가 혼합된 유럽 평균 전력망에서는 주행 km당 약 80g의 CO_2가 배출된다. 중국이나 폴란드와 같이 여전히 석탄 발전 의존도가 높은 국가들에서는 수치가 급격히 나빠진다. 이곳에서 전기차는 주행 km당 180g의 CO_2를 간접 배출한다. 이는 효율 좋은 하이브리드 차량과 큰 차이가 없는 수준이다.

그림 7.1 주행 거리별 누적 온실가스 배출량 비교 (BEV vs ICEV)

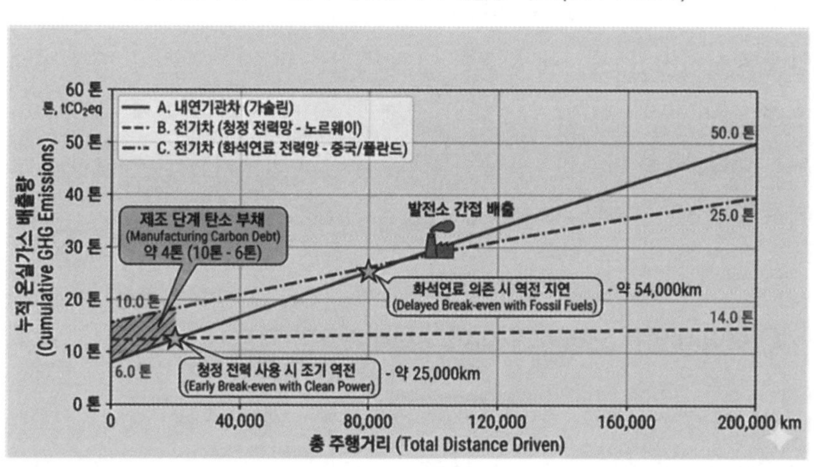

출처: 주요 국제 연구기관(예: ICCT[135], IEA)의 전 과정 평가(LCA) 데이터를 바탕으로 재구성함

---

134 국제에너지기구(IEA, 는 1974년 OECD 산하에 설립된 국제기구로, 에너지 안보와 청정에너지 전환을 주도한다. 1973년 석유 위기 대응으로 출범했으며, 현재 31개 회원국(한국 포함)이 세계 에너지 수요 75%를 차지한다.

135 ICCT(International Council on Clean Transportation)는 2001년 설립된 독립 비영리 싱크탱크로, 도로·해운·항공 운송의 환경 성능과 에너지 효율을 개선하기 위한 연구·분석을 제공한다.

이러한 전력믹스의 차이는 전기차가 내연기관차보다 친환경적으로 되는 시점, 즉 '손익분기점(Break-even Point)'을 결정짓는다. 청정 전력을 사용하는 노르웨이에서는 전기차를 구매하고 얼마 지나지 않아 환경적 우위를 점하게 된다. 유럽 평균 환경에서는 약 25,000km에서 40,000km를 주행한 시점부터 '탄소 부채'를 다 갚고 실질적인 감축 효과를 낸다. 하지만 전력망이 화석연료 기반 전력망인(Dirty Grid) 중국과 같은 환경에서는 이 손익분기점이 80,000km에서 120,000km까지 멀어진다. 최악의 경우, 연간 주행 거리가 짧다면 차량의 수명이 다할 때까지 내연기관차보다 더 많은 탄소를 배출한 채 폐차장에 갈 수도 있다는 뜻이다.

그런데도 IEA의 최신 분석은 희망적이다. 전 세계 평균적으로 보았을 때, 중형 전기차를 20만 km 주행하면 전 과정 배출량은 동급 내연기관차의 절반 수준으로 떨어진다. 이는 전기차 전환이 여전히 유효한 전략임을 시사하지만, 동시에 중요한 전제 조건을 던진다. 전기차 보급 정책은 반드시 전력망의 탈 탄소화[136] 정책과 이인삼각처럼 함께 가야 한다는 점이다. 한쪽 발로만 내딛는 정책은 오염의 발생지를 그저 일반 도로에서 발전소로 옮기는 미봉책에 그칠 수 있다.

4) 보이지 않는 오염원: 타이어와 브레이크의 역설

전기차가 가져온 또 다른 오해는 '배출가스 제로'가 곧 '오염 제로'를 의미한다는 순진한 생각이다. 물론 전기차는 질소산화물(NOx)이나 일산화탄소(CO) 같은 유해 가스를 내뿜지 않아 도심의 호흡기 건강에 이바지한다. 하지만 오염물질은 배기관에서만 나오는 것이 아니다. 타이어가 도로와 마찰하며 닳아 없어지는 미세한 고무 입자, 브레이크 패드가 마

136 Decarbonization of the Grid. 화석연료 발전 비중을 낮추고 재생에너지나 무 탄소 전원을 늘려 전력 생산 과정의 탄소 배출을 줄이는 정책적 방향.

모되면서 날리는 금속 가루, 그리고 도로 표면 자체가 깎여 나가는 먼지 등 '비배기 배출(Non-Exhaust Emissions, NEE)'은 또 다른 형태의 심각한 미세먼지 원인이다.

역설적이게도 유로 6(EURO 6)[137]와 같은 강력한 환경 규제로 내연기관차의 엔진 기술과 필터 기술(DPF)[138]이 비약적으로 발전하면서, 배기관에서 나오는 미세먼지는 측정하기 어려울 정도로 줄어들었다. 그 결과, 이제 도로 위 미세먼지의 주범은 배기관이 아니라 타이어와 브레이크, 그리고 도로의 재비산[139] 먼지가 차지하게 되었다. 여기서 전기차의 물리적 특성이 딜레마를 만든다. 전기차는 무거운 배터리 팩 때문에 동급의 내연기관차보다 평균적으로 300kg에서 500kg 더 무겁다. 무거운 차체는 타이어와 도로에 더 큰 하중을 가하고, 이는 타이어 마모와 도로 비산먼지를 증가시키는 직접적인 원인이 된다. 연구에 따르면 차량 중량이 증가할수록 타이어 마모 입자 배출량은 비례적으로 증가한다.

반면, 전기차에는 이를 상쇄하는 기술적 특징도 있다. 감속할 때 모터를 발전기로 사용하여 운동 에너지를 전기로 회수하는 '회생 제동(Regenerative Braking)' 기능이다. 이 기능 덕분에 운전자는 물리적인 브레이크 페달을 밟을 일이 현저히 줄어든다. '한발 운전(One-Pedal Driving)'[140]이

---

137 유로 6(EURO 6)은 EU가 도입한 자동차 배기가스 규제 기준으로, 2014년부터 단계적으로 시행된 6단계 규제다. 주요 배출물질(NOx, PM, CO 등)을 유로 5 대비 대폭 강화하며, 특히 디젤차 질소산화물(NOx)을 승용차 0.18g/km → 0.08g/km로 50% 이상 줄인다.

138 디젤 미립자 필터(Diesel Particulate Filter, DPF)는 내연기관 디젤 엔진의 배기가스 후처리 장치로, 매연(그을음, soot)과 미세먼지(PM)를 90% 이상 포집·제거하는 필터다. 유로 6 의 필수적 규제로, 세라믹 벌집 구조 필터가 배기가스를 통과시키며 입자를 물리적으로 걸러낸다.

139 도로 재비산 먼지는 도로 표면에 쌓인 미세먼지(PM10)가 차량 통행이나 바람에 의해 다시 대기 중으로 날아오르는 현상. 배기가스, 타이어·브레이크 마모, 도로 포장재 마모 등으로 도로에 침적된 먼지가 차량 타이어와 도로면 마찰로 재비산되며, 전체 미세먼지 배출량의 18~50%를 차지한다.

140 한발 운전 혹은 원 페달 드라이빙은 전기차에서 가속 페달 하나만으로 가속, 감속, 정차까지 제어하는 운전 방식이다. 가속 페달에서 발을 떼면 회생 제동(regenerative braking)이 작동

가능한 전기차의 경우, 브레이크 패드 사용량이 내연기관차의 1/3 수준으로 줄어들어 브레이크 마모 먼지는 획기적으로 감소한다.

이 두 가지 상반된 효과(무거운 무게로 인한 타이어 마모 증가와 회생 제동으로 인한 브레이크 마모 감소)가 서로 충돌하고 상쇄되면서, 결과적으로 최신 전기차와 내연기관차의 총 미세먼지(각각 PM10, PM2.5)[141] 발생량은 비슷한 수준으로 수렴하거나, 타이어 마모 비중이 높은 경우 전기차가 약간 더 불리할 수도 있다는 연구 결과도 나온다. 이는 전기차가 대기오염의 만병통치약은 아니며, 차량 경량화 기술, 친환경 타이어 소재 개발, 도로포장 기술 개선 등 추가적 노력이 뒤따라야 함을 시사한다.

표 7.1 전력믹스 시나리오에 따른 BEV와 ICEV의 전 과정 온실가스 배출량 비교

전력믹스 시나리오	동력원 유형	제조 단계 (gCO_2eq/km)	사용 단계 (gCO_2eq/km)	폐기 단계 (gCO_2eq/km)	총 배출량 (gCO_2eq/km)
100% 재생에너지 (예: 노르웨이)	BEV	60	15	5	80
	ICEV	35	170	5	210
EU 평균 (화석/재생 혼합)	BEV	60	75	5	140
	ICEV	35	170	5	210
석탄 발전 중심 (예: 중국, 폴란드)	BEV	60	150	5	215
	ICEV	35	170	5	210

주: 중형 승용차 20만 km 주행 기준 추정치. 출처: IEA 및 ICCT 보고서 재구성.

해 운동 에너지를 전기 에너지로 변환·배터리 충전하면서 차가 자연스럽게 멈춘다.

141 PM(Particulate Matter)은 대기 중 미세 입자상 물질로, 지름 크기에 따라 분류된다. PM10은 지름 10μm 이하 미세먼지로 코·입을 통해 상부 호흡기로 침투하며, PM2.5는 2.5μm 이하 초미세먼지로 폐 깊숙이·혈관까지 들어가 심혈관·호흡기 질환을 유발한다.

2. 문제의 핵심: 배터리 공급망의 윤리적 지형도

전기차의 환경적, 윤리적 복잡성은 결국 배터리로 귀결된다. 배터리를 구성하는 화학 물질의 미세한 조합 차이는 단순히 주행 거리를 결정하는 공학적 선택을 넘어, 지구 반대편의 인권 문제와 생태계 파괴를 좌우하는 거대한 나비효과를 일으킨다.

1) 화학의 선택: 삼원계 배터리 대 인산철 배터리의 대결

앞 장에서 언급한 것처럼 현재 전기차 시장을 지배하는 리튬이온 배터리는 양극재의 성분에 따라 크게 두 가지 진영으로 나뉜다. 하나는 한국 기업들이 주도하는 니켈, 코발트, 망간을 주원료로 하는 삼원계(NCM) 배터리이고, 다른 하나는 중국 기업들이 주도하는 리튬, 인산, 철을 사용하는 인산철(LFP) 배터리다. 이 둘은 성능 차이만큼이나 환경 발자국에서도 뚜렷한 대조를 보인다.

삼원계(NCM) 배터리는 '고성능의 대명사'다. 에너지 밀도[142]가 높아 같은 크기와 무게로 더 멀리 갈 수 있어, 장거리 주행을 중시하는 프리미엄 전기차 모델에 주로 탑재된다. 하지만 그 대가는 혹독하다. 희소 금속인 니켈과 코발트에 의존해야 하는데, 이 광물들의 채굴 과정은 심각한 환경적, 윤리적 문제를 동반하기 때문이다. 특히 코발트는 '분쟁 광물'[143]의 대표주자다.

---

142 Energy Density. 배터리의 단위 무게나 부피당 저장할 수 있는 전기 에너지의 양을 뜻하며, 전기차의 주행 거리를 결정하는 지표.

143 분쟁 광물(Conflict Minerals)은 주로 콩고민주공화국(DRC) 등 분쟁 지역에서 채굴되며, 채굴 수익이 무장 단체·반군의 군자금으로 사용되는 광물을 가리킨다. 대표적으로 3TG(Tin 주석, Tantalum 탄탈럼, Tungsten 텅스텐, Gold 금)로, 스마트폰·배터리·반도체 등에 필수적이지만 인권 유린·아동 노동 문제를 초래한다.

반면, 인산철(LFP) 배터리는 '실용주의적 대안'으로 떠오르고 있다. 비싸고 문제가 많은 코발트와 니켈을 전혀 사용하지 않고, 지구상에 흔하디흔한 철과 인산을 쓴다. 덕분에 가격이 저렴하고, 열적 안정성이 뛰어나 화재 위험이 매우 낮으며, 수명도 길다. 비록 에너지 밀도가 낮아 주행 거리가 상대적으로 짧다는 단점이 있었지만, 최근 '셀 투 팩(Cell to Pack)[144]' 등 패키징 기술의 발전으로 이를 극복하며 시장 점유율을 급격히 높이고 있다.

LCA와 관련된 연구 결과에 따르면, 인산철(인산철(LFP)) 배터리는 삼원계(NCM) 배터리와 비교하면 전반적으로 더 나은 환경 성적을 보인다. 채굴과 제련 과정에서 발생하는 온실가스와 오염물질이 적기 때문이다. 하지만 폐기 단계로 시선을 옮기면 이야기가 달라질 수 있다. 삼원계(NCM) 배터리에는 니켈, 코발트 같은 값비싼 금속이 들어 있어 재활용할 경제적 유인이 크지만, 저렴한 원료로 만든 인산철(LFP)은 재활용의

그림 7.2 배터리 양극재 특성 비교 (NCM vs LFP)

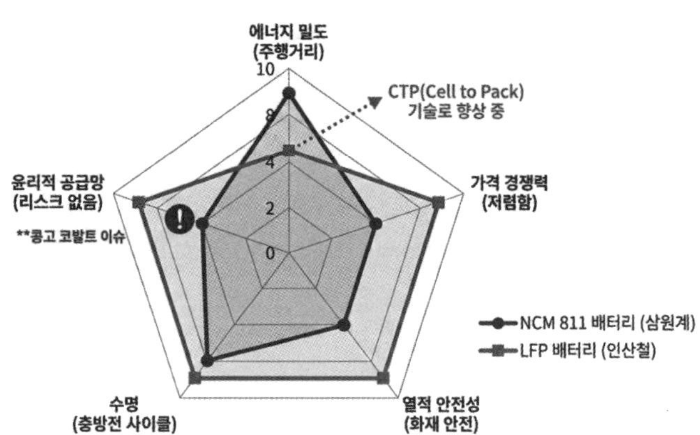

출처: 주요 국제 연구 기관(예: ICCT, IEA)의 전 과정 평가(LCA) 데이터를 바탕으로 재구성

144 Cell to Pack. 배터리 셀(Cell)을 모듈(Module) 단위로 묶지 않고 곧바로 팩(Pack)에 조립하여 공간 효율을 극대화하는 최신 패키징 기술.

경제성이 떨어져 자칫하면 그냥 버려질 위험이 크다는 반론도 존재한다. 결국, 자동차 제조사가 어떤 배터리를 선택하느냐는 단순한 부품 선정을 넘어, 기업이 공급망의 윤리적 리스크를 어떻게 관리할 것인가에 대한 고도의 전략적 판단이 된다.

2) 피 묻은 코발트: 콩고의 아이들

삼원계(NCM) 배터리의 핵심 소재인 코발트는 전기차 산업의 가장 어두운 그림자다. 전 세계 코발트 공급량의 70% 이상이 아프리카 중부의 콩고민주공화국(DRC)에서 생산되는데, 이곳의 현실은 참혹하기 그지없다.

삼원계(NCM) 배터리의 핵심 소재인 코발트는 전기차 산업의 가장 어두운 단면을 여실히 보여준다. 2021년 기준 전 세계 코발트 공급량의 약 72%가 콩고민주공화국(DRC)에서 생산되는데, 이곳의 채굴 현장은 매우 참혹한 실정이다. 국제앰네스티가 2016년 발표한 보고서 '우리는 이것을 위해 죽는다(This is what we die for)'를 통해 약 4만 명의 아동이 학교 대신 광산으로 내몰리는 실태가 고발된 지 8년이 지났으나 상황은 거의 개선되지 않았다. 현대판 노예제와 아동 노동을 연구해온 싯다르트 카라(Siddharth Kara) 교수가 2018년부터 2021년까지 현지 조사를 수행한 결과, 고작 대여섯 살 남짓한 아이들이 여전히 안전모나 마스크 같은 기본적인 보호 장비도 없이 맨손으로 독성 강한 코발트 광석을 캐내고 있는 사실이 확인되었다. 광부들은 종일 40~50kg의 코발트 광석을 채굴하고도 고작 1.10~1.40달러의 임금을 받으며, 분진으로 인한 심각한 폐 질환이나 빈번한 갱도 붕괴 사고로 목숨을 잃는 위험에 상시 노출되어 있다.

채굴된 코발트는 지역 중개상을 거쳐 중국계 대형 광산기업 저장 화유코발트의 완전자회사인 콩고동방광업(CDM)으로 넘어가며, 배터리 양극재로 가공된 후 한국과 일본의 배터리 제조사를 거쳐 글로벌 자동차와 전자제품 브랜드의 최첨단 제품에 사용된다. 2016년 보고서 이후 애플, 구글, 마이크로소프트, 테슬라, 델 등 미국 IT 대기업들이 아동 노동 착취 문제로 법정에 서기도 했으며, 일부 기업들은 블록체인 기술을 도입해 유통 과정을 투명하게 관리하려는 시도를 시작했다. 그러나 2022년 이후에도 콩고 내에 진정한 의미의 깨끗한 공급망은 존재하지 않는다는 것이 전문가들의 공통된 진단이며, 여전히 강제 노동과 위험하고 유독한 작업 환경이 만연해 있다.

이러한 윤리적 리스크에 대응하기 위해 배터리 업계는 기술적 변화를 꾀하고 있다. 2023년 글로벌 배터리 시장에서 코발트가 들어가지 않는 LFP(리튬인산철) 배터리의 비중이 46.6%로 증가하지만, NCM 등 삼원계 배터리 비중은 53.6%로 감소했다. 국내 배터리 업계 역시 양극재 내 코발트 비중을 5% 이하로 낮추거나 코발트 함량을 줄인 NCM613 등을 개발하며 경제성과 안정성을 확보해 나가고 있다. 하지만 이러한 기술적 진보에도 불구하고 콩고 광산 노동자들의 고통은 2026년 현재까지도 유효하며, 아이들이 죽어가는 비극을 멈추기 위한 국제적 관심과 근본적 대책이 여전히 절실하다.

우리가 타는 전기차의 친환경 이미지가 지구 반대편 아이들의 피와 눈물 위에 세워져 있을 수 있다는 사실은, 기술의 진보가 윤리의 후퇴를 가져와서는 안 된다는 묵직한 경고를 던진다. 이는 전기차를 구매하는 소비자가 반드시 인지해야 할 불편한 진실이다.

3) 니켈의 상처: 사라지는 열대우림과 오염된 바다

고성능 배터리를 위한 또 다른 핵심 원료인 니켈은 인도네시아(Indonesia)의 숲과 바다를 멍들게 하고 있다. 인도네시아는 전 세계 최대 니켈 생산국으로, 정부 주도하에 원광 수출을 금지하고 국내에서 제련하도록 강제하는 '다운스트림 정책'[145]을 통해 배터리 산업을 공격적으로 육성하고 있다. 하지만 그 과정에서 환경과 인권이 '희생 지대(Sacrifice Zone)'로 전락하고 있다.

최근 기후권리 인터내셔널(Climate Rights International) 등 여러 단체의 보고서에 따르면, 술라웨시(Sulawesi)섬과 할마헤라(Halmahera)섬 등지에서 니켈 광산 개발을 위해 수만 헥타르의 원시 열대우림이 베어지고 있다. 이는 오랑우탄 등 멸종위기종의 서식지를 파괴할 뿐만 아니라, 지구가 가진 소중한 탄소 흡수원을 영구적으로 제거하는 행위다.

더 큰 문제는 제련 과정이다. 저 순도 니켈 광석을 배터리용 고순도 니켈로 만드는 데 사용하는 고압산침출법(HPAL)[146] 공정은 막대한 양의 산성 폐기물(광미)[147]을 발생시킨다. 과거에는 이를 깊은 바다에 버리는 해양 투기가 행해졌고, 지금은 육상 댐에 보관하지만 잦은 홍수와 지진으로 댐이 붕괴하거나 넘쳐 유독성 물질이 강과 바다로 유출되는 사고가 빈번하다. 강물은 붉은 흙탕물로 변하고, 바다는 6가 크롬[148] 등 중금속에 오염되어 산호초가 질식하고 어류가 폐사한다.

대대로 바다에 의지해 살아온 토착민들은 생계 수단을 잃고, 깨끗한 식수조차 구하지 못해 피부병과 질병에 시달리고 있다. 선진국의 '녹색 전환'을 위해 개발도상국의 자연이 파괴되는 이 모순적인 현실은, 기후 정의(Climate Justice) 관점에서 '정의로운 전환(Just Transition)'이 무엇인

---

145 다운스트림 정책(downstream policy)은 인도네시아 정부가 2014년부터 시행한 자원 산업 전략으로, 원광(니켈 광석 등) 수출을 금지하고 국내 제련·가공(하류 산업)으로 고부가가치를 창출하는 정책이다.

146 고압산침출법 (HPAL): 니켈 원광에서 고순도 니켈을 추출하기 위해 고온·고압 상태에서 황산을 사용하는 공정으로, 대량의 산성 폐기물을 발생시킴.

147 광미(tailings)는 광석에서 유가 광물(니켈 등)을 추출한 후 남은 찌꺼기 폐기물

148 6가 크롬(hexavalent chromium, Cr[VI])은 크롬 원소의 +6 산화 상태 화합물로, 강력한 산화제이며 크롬 도금·안료·부식방지제에 사용되며, 발암성·피부염·호흡기 손상 유발로 국제 규제 대상이며, 3가 크롬(Cr(III)) 대비 독성이 100배 이상 강하다.

지 다시금 묻게 한다.

그림 12.3 배터리 원자재의 글로벌 여정

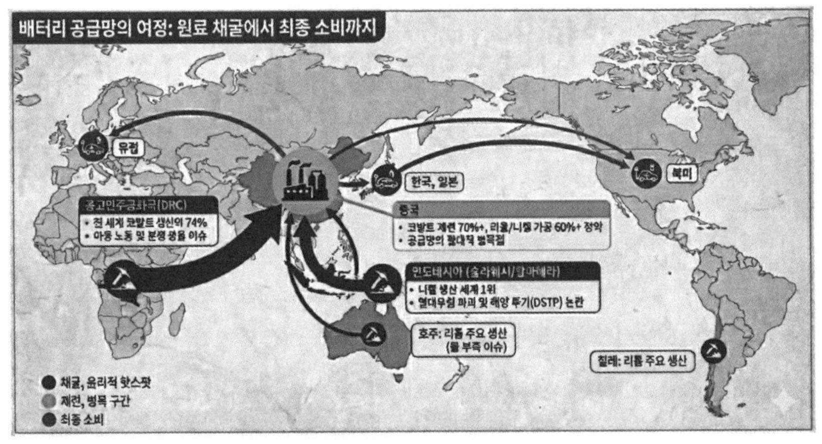

4) 기술과 시스템으로 찾는 해법

다행히 이러한 어두운 문제를 해결하기 위한 노력도 여러모로 이어지고 있다. 기술적으로는 '직접 리튬 추출(Direct Lithium Extraction, 이하 DLE로 표기)' 기술이 게임 체인저로 주목받는다. 기존의 증발 방식이 남미의 거대한 염전에서 수개월 동안 물을 말리며 막대한 수자원을 낭비했다면, DLE는 특수 필터나 이온 교환 수지를 이용해 염수에서 리튬만 쏙 뽑아낸다. 이 기술은 리튬 회수율을 95% 이상으로 높이면서도 물 소비를 획기적으로 줄이고, 공정 시간도 며칠 이내로 단축해 환경 부담을 덜어준다.

시스템적으로는 '지속가능한 공급망 관리(Sustainable SCM)'[149]가 도입

149 공급망 전 과정(조달·생산·유통·폐기)에 환경·사회·지배구조(ESG) 요소를 통합해 자원 효율화, 탄소 배출 감소, 윤리적 노동 관행을 실천하는 경영전략이다.

되고 있다. 단순히 싸고 좋은 원료를 구하는 것을 넘어, 원료가 어디서 왔고 어떤 과정을 거쳤는지 추적하는 것이다. 블록체인 기술[150]을 활용해 광산에서부터 최종 제품까지 이력을 투명하게 기록하고, RMAP[151] 인증 제련소(책임광물 보증 프로세스 적합 제련소)에서 공급된 원료만 사용하는 식이다. 기업들은 이제 협력업체에 환경 및 인권 기준 준수를 계약 조건으로 강제하며, 공급망 전체의 윤리적 수준을 높이는 것을 경영의 핵심 과제로 삼고 있다.

표 7.2 삼원계 배터리와 인산철 배터리의 특성 및 환경 영향 비교

구분	삼원계(NCM)	인산철(LFP)
에너지 밀도	높음 (장거리 주행 유리)	상대적으로 낮음 (무게 증가)
수명	보통 (1,000~2,000 사이클)	매우 길 (3,000~5,000 사이클)
가격	비쌈 (니켈, 코발트 가격 변동성 큼)	저렴 (철, 인산 등 원료 풍부)
안정성	상대적으로 낮음 (열 폭주 위험 존재)	높음 (화재 위험 매우 낮음)
생산 시 탄소 배출	높음 (채굴 및 제련 에너지 다소비)	낮음
윤리적 리스크	매우 높음 (콩고 코발트, 인도네시아 니켈)	낮음 (분쟁 광물 미사용)
재활용 가치	높음 (고가 금속 회수 이익 큼)	낮음 (경제성 확보가 과제)

출처: 학술 LCA 논문 및 산업 보고서 종합.

150 블록체인 기술은 분산 원장 기술로, 거래나 데이터를 블록 형태로 연결해 변경 불가능한 체인으로 기록하는 시스템이다.

151 Responsible Minerals Assurance Process는 책임광물조달연합(RMI)가 운영하는 글로벌 표준으로, 제련소가 분쟁광물(3TG: 주석·탄탈륨·텅스텐·금) 및 책임광물(코발트 등)을 윤리적으로 조달했는지 독립 감사로 검증한다. 삼성전자·포스코·LG·영풍 등 국내 기업들이 "RMAP 적합 제련소 원료만 사용"을 공급업체 계약 조건으로 강제하고 있다. 2024년 기준 400개 이상 RMAP 인증 제련소 전 세계적으로 등록되어 있으며, EU 분쟁광물규정(CMR) 준수 제도로 공식 인정받았다.

3. 자원 순환의 완성: 배터리 순환경제

전기차 보급이 기하급수적으로 늘어난다는 것은, 머지않아 수명을 다한 폐배터리 또한 거대한 쓰나미처럼 밀려올 것을 예고한다. 이 엄청난 양의 폐배터리들을 유독성 쓰레기로 땅에 묻어버릴지, 아니면 새로운 자원으로 되살릴지는 전기차 시대의 지속가능성을 결정하는 매우 중요한 분기점이 될 것이다.

1) 선형에서 순환으로: 도시 광산의 탄생

기존의 경제가 자원을 캐서 쓰고 버리는 '선형(Linear) 경제'였다면, 미래의 경제는 자원을 끊임없이 돌려쓰는 '순환(Circular) 경제'여야 한다. 배터리 산업에서 순환경제는 '채취-생산-소비-폐기'의 끊어진 고리를 잇고, '생산-사용-재사용-재활용-생산'으로 이어지는 폐쇄형 루프(Closed Loop)를 만드는 것을 목표로 한다. 이렇게 되면 폐배터리는 더는 처치 곤란한 폐기물이 아니라, 리튬과 코발트가 가득한 '도시 광산(Urban Mining)'이 된다. 이 이상적인 순환은 크게 세 단계의 생애주기로 이루어진다. 1차 생애주기(First Life)에서는 새 배터리가 전기차의 심장이 되어 8~10년 동안 도로를 누빈다. 2차 생애주기(Second Life)에서는 전기차용으로는 성능이 떨어졌지만(잔존 용량 70~80%), 여전히 쓸만한 배터리를 다른 용도로 재사용한다. 마지막, 재활용 주기에서는 완전히 수명이 다한 배터리를 분해하여 원료를 화학적으로 추출하고, 다시 새 배터리를 만드는 데 투입한다.

2) 두 번째 삶: 퇴역 배터리, 전력망을 지키다

전기차 배터리는 보통 초기 용량의 70~80% 수준으로 성능이 떨어지면, 급가속 등 높은 출력을 감당하기 어려워져 차량용으로서는 수명이 다한 것으로 간주 되어 교체된다. 하지만 이 '퇴역' 배터리에는 여전히 일반 가정에서 며칠을 쓸 수 있는 막대한 양의 에너지를 저장할 능력이 남아 있다. 이를 그냥 부수기에는 너무나 아깝다. 여기서 등장하는 것이 바로 '에너지저장장치(ESS)'로의 재탄생이다.

태양광이나 풍력 같은 재생에너지는 날씨에 따라 발전량이 들쭉날쭉한 간헐성이 가장 큰 약점이다. 이때 전기를 저장해 두었다가 필요할 때 내보내는 ESS는 전력망의 주파수와 전압을 일정하게 유지하는 댐과 같은 역할을 한다. 폐배터리를 여러 개 연결해 만든 ESS는 새 배터리를 쓰는 것보다 훨씬 비용이 저렴하고, 자원의 수명을 5~10년 더 연장한다는 점에서 경제적이고 친환경적이다.

미국의 '레드우드 머티리얼즈(Redwood Materials)' 같은 혁신 기업은 이 모델을 선도하고 있다. 그들은 수거한 배터리 팩을 해체하지 않고 정밀 진단하여, 상태가 좋은 모듈은 그대로 ESS로 만들어 데이터 센터의 비상 전원이나 전력망 안정화 용으로 공급한다. 그리고 더 쓸 수 없는 것들만 최종 재활용 공정으로 보낸다. 이는 배터리의 가치를 뼛속까지 우려내는, 자원 효율성의 극치를 보여주는 전략이다.

3) 재활용의 연금술: 검은 가루에서 보석으로

2차 사용까지 마친 배터리는 이제 최종적으로 분해되어 다시 원소의 상태로 돌아갈 차례다. 배터리 재활용 기술은 크게 두 가지로 나뉜다.

하나는 용광로에 배터리를 통째로 넣고 수천 도의 고온에서 녹이는

'건식 제련(Pyrometallurgy)'이다. 이 방식은 공정이 단순하고 대량 처리가 가능하지만, 막대한 에너지가 들고 리튬이나 알루미늄처럼 가벼운 금속은 철강 제련 부산물, 일명 슬래그(Slag)[152]로 타버려 회수하기 어렵다는 단점이 있다. 다른 하나는 배터리를 물리적으로 파쇄하여 만든 '블랙 파우더(양극재와 음극재가 섞인 검은 가루)'를 강력한 산성 용액에 녹여 금속을 추출하는 '습식 제련(Hydrometallurgy)'이다. 이 방식은 에너지 소비가 적고, 리튬, 니켈, 코발트, 망간 등을 95% 이상의 매우 높은 회수율과 순도로 뽑아낼 수 있어 현재 배터리 재활용의 주류 기술로 자리 잡고 있다. 이렇게 추출된 광물은 땅에서 갓 캐낸 광물과 화학적으로 품질 차이가 전혀 없어, 즉시 새로운 최상급 배터리 생산에 투입될 수 있다.

최근에는 아예 배터리 양극재의 결정 구조를 깨뜨리지 않고, 리튬 이온이 빠져나가 손상된 부분만 화학적으로 보충하여 성능을 복원하는 '직접 재활용(Direct Recycling)' 기술도 활발히 연구되고 있다. 이것이 상용화된다면 에너지 소비와 비용을 획기적으로 줄이는 게임 체인저가 될 것이다.

4) EU 배터리 여권: 디지털 기술로 추적되는 책임 소재

순환경제는 기업의 선의에만 맡겨서는 완성될 수 없고, 강력한 규제와 시스템이 필요하다. 폐배터리 재활용은 기업에 추가 비용으로 다가오지만, 재활용하지 않았을 때의 환경오염 피해는 사회가 떠안는 구조이기 때문이다. 이처럼 비용과 책임의 주체가 분리된 상황에서 기업의 자발적 참여를 기대하기는 어렵다. 그래서, EU가 세계최초로 도입한 '디지털 배

152 슬래그는 철강 제련 과정에서 발생하는 부산물로, 금속 산화물과 실리카의 혼합물을 말하며, 고로·전로에서 철광석 불순물을 제거할 때 액체 상태로 분리되며, 급랭·과립화 처리로 고체화된다.

터리 여권(Digital Battery Passport)'은 그 가장 강력한 정책적 도구다.

2027년부터 EU 시장에서 판매되는 2kWh 이상의 모든 전기차 및 산업용 배터리는 고유한 디지털 여권을 가져야 한다. 소비자가 배터리에 부착된 QR코드를 스마트폰으로 스캔하면, 이 배터리의 원료가 콩고의 어떤 광산에서 왔는지, 제조 과정에서 탄소 발자국은 얼마나 발생했는지, 재활용 원료는 얼마나 섞어 썼는지, 그리고 현재 배터리의 건강 상태는 어떤지가 투명하게 드러난다.

그림 12.4 배터리 순환 루프와 디지털 여권 인터페이스

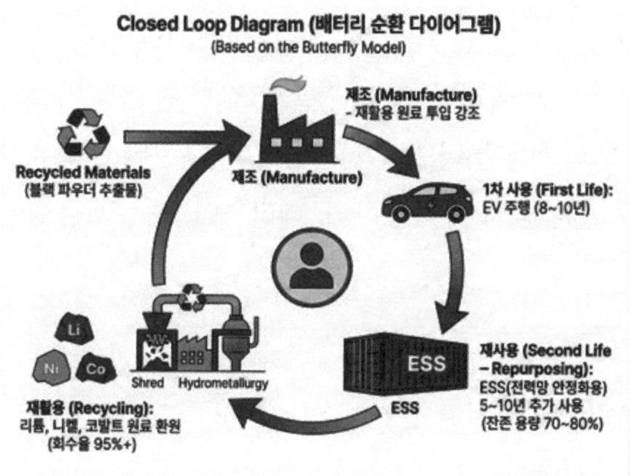

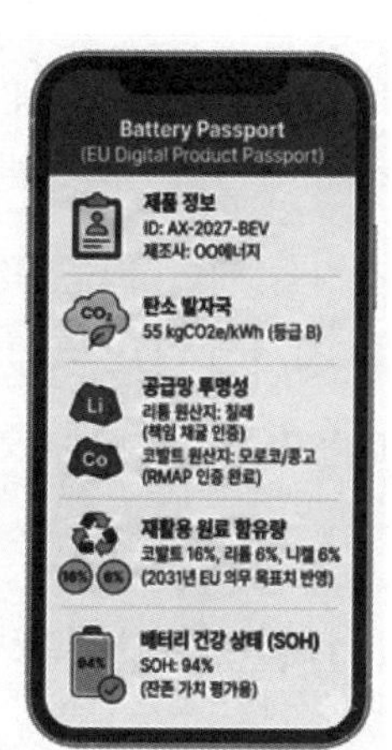

특히 주목할 점은 재활용 원료 사용 의무화다. 2031년부터는 새 배터리를 만들 때 코발트 16%, 리튬 6%, 납 85%, 니켈 6% 등 재활용 원료를 일정 비율 이상 의무적으로 섞어 쓰도록 법제화했다. 이는 폐배터리 재활용을 기업의 선택이 아닌 생존을 위한 필수로 만들며, 제조사에 판매 이후의 과정까지 책임지게 하는 '생산자 책임 확대(EPR)[153]'를 강력하게 강제한다. 세계 최대 전기차 시장 중 하나인 유럽의 이 규제는 전 세

153 Extended Producer Responsibility. 제품의 생산자에게 판매 이후 폐기물 처리와 재활용에 대한 법적·경제적 책임을 부여하는 제도적 원칙.

계 배터리 공급망의 표준을 바꾸는 '브뤼셀 효과(Brussels Effect)'를 일으키며, 산업 전체를 더 투명하고 순환적으로 만들고 있다.

4. 인식의 함정: 그린워싱과 진실 게임

기업들은 소비자의 높아진 환경 의식과 ESG(환경·사회·지배구조) 경영 트렌드에 부합하기 위해 앞다투어 '친환경' 이미지를 내세운다. 하지만 그중 일부는 실질적인 환경 개선 노력 없이 겉모습만 녹색으로 칠하는 '그린워싱(Greenwashing, 위장 환경주의)'일 뿐이다. 이는 소비자를 기만하여 부당한 이익을 취할 뿐만 아니라, 정작 필요한 진짜 친환경 기술의 가치를 훼손하고 시장의 신뢰를 무너뜨리는 해악이다. 그린워싱의 유형을 성서에 나오는 일곱 가지 죄악에 비유하여, 테라초이스는 그 유형을 다음과 같이 제시하였다.

1) 일곱 가지 죄악: 속임수의 유형들

먼저, '숨겨진 상충관계의 죄'는 재활용 플라스틱을 내장재로 썼다고 대대적으로 광고하면서, 정작 그 부품을 생산하는 공정에서 막대한 물을 오염시킨 사실은 쏙 빼놓는 식이다. 테라초이스는 이를 설명하며 "종이 제품이 지속가능하게 관리된 산림에서 나왔다는 이유만으로 반드시 환경적으로 우수한 것은 아니다"라고 지적했다. 많은 종이 제품들이 "지속가능한 산림에서 생산"이라는 문구를 크게 내세우지만, 종이 생산 과정에서 발생하는 막대한 물 사용량, 표백 과정의 화학 물질 배출, 운송 과정의 탄소 배출, 전체 공정의 에너지 소비량, 폐기 시 메탄가스 발생 가능성 같은 것들은 일절 언급하지 않는다. 나무 한 그루만 보여주고 전체

숲은 철저히 감춘 것이다.

'증거 불충분의 죄'는 아무런 과학적 근거 없이 "우리 배터리는 친환경적입니다"라고 우기는 경우다. 테라초이스 보고서는 비스페놀 A(BPA)에 초점을 맞췄는데, BPA는 아기 젖병과 폴리카보네이트 플라스틱에서 발견되는 산업용 화학 물질이다. 보고서는 기업들에 BPA free 주장에 대한 증거 제공을 촉구했지만, 증거는 제공되지 않았다. 수많은 아기 제품, 특히 젖병과 식기류에 "BPA Free!" 라벨이 붙어 있지만, 독립적인 제삼자 검증도 없고, 테스트 결과나 인증서도 제공하지 않으며, 어떤 기준으로 BPA가 없다고 판단했는지도 불분명하다. BPA 대체 물질인 BPS나 BPF 같은 것들의 안전성에 대한 정보는 아예 없다. 그저 소비자에게 "믿으라"라고 강요할 뿐이다.

'애매모호함의 죄'는 법적 정의가 불분명한 '자연산(Natural)', '녹색(Green)', '친환경(Eco-friendly)' 같은 단어를 남발하여 소비자가 막연히 좋은 제품으로 착각하게 만드는 행태다. 테라초이스가 영국에서 조사한 제품들에서 'natural(천연)'이라는 단어가 장난감부터 아기용품, 건강 및 미용 제품에 이르기까지 다양한 제품에서 발견되었는데, 설명이나 근거 없이 사용될 경우 소비자마다 다른 의미로 받아들여질 수 있다. Green, Sustainable, Eco 같은 단어들이 자세한 설명 없이 사용될 때, 이러한 용어의 과도한 사용과 명확한 기준의 부재는 용어의 가치를 희석해 무의미하고 상호 교환할 수 있게 만든다. "천연"이라고 하지만 독극물인 비소와 수은도 천연이다. "친환경"이라고 하지만 무엇에 친환경인지, 어떤 기준인지 명시하지 않는다. "지속가능"하다고 하지만 무엇이 얼마나 지속 가능한지 설명하지 않는다. 법적 정의가 없어 기업이 마음대로 해석할 수 있는 단어들이다.

심지어 법적으로 이미 금지되어 당연히 쓰면 안 되는 물질을 안 썼다고 자랑하는 '부적절함의 죄'도 있다. 테라초이스는 이미 법적으로 금지된 CFC(염화불화탄소)를 사용하지 않았다고 광고하는 에어로졸 제품들을 지적했다. CFC는 1987년 몬트리올 의정서로 전 세계적으로 사용이 금지된 오존층 파괴 물질이다. 그런데 1990년대 후반, 많은 스프레이 제품들이 "CFC FREE!", "오존층에 안전!", "환경 보호!"라는 문구를 크게 표시했다. 법적으로 어차피 쓰면 안 되는 물질을 안 썼다고 자랑하며, 마치 다른 회사는 CFC를 쓰는 것처럼 착각하게 만들고, 당연히 해야 할 일을 특별한 것처럼 포장한 것이다. 이는 마치 음식점이 "우리는 썩은 고기를 사용하지 않습니다!"라고 자랑하는 것과 같다.

연비가 조금 개선된 초대형 SUV를 친환경 차라고 홍보하는 것은 '두 가지 악 중 덜한 악의 죄'에 해당한다. 테라초이스가 지적한 것은 근본적으로 환경에 해로운 제품 카테고리 내에서 상대적으로 "덜 나쁜" 제품을 친환경으로 포장하는 행위였다. 유기농 담배를 생각해보자. 담배는 기본적으로 건강에 해롭고 환경오염을 유발하지만, "유기농으로 재배했으니 친환경!"이라고 광고한다. 흡연 자체의 해로움은 변하지 않는다. 리터당 6km에서 7km로 개선된 대형 SUV를 "친환경 차량!"이라고 광고하지만, 여전히 소형차의 2배 이상 연료를 소비한다. "천연 성분 사용" 살충제라고 광고하지만, 여전히 곤충과 토양 생태계를 파괴한다. 똥 중에서 가장 깨끗한 똥을 골라 "이건 깨끗합니다"라고 말하는 격이다.

테라초이스는 2009년 보고서에서 7번째 죄를 추가했는데, "일부 마케터들이 소비자의 제삼자 인증 수요를 악용하여 가짜 라벨을 만들거나 제삼자 승인을 거짓으로 암시하고 있다"라며 이것이 심각한 문제여서 별도 범주로 분류했다. 이것이 바로 '거짓 인증의 죄'다. 한 장난감 회사가 "나무가 플라스틱보다 친환경적"이라고 자체적으로 판단하여 자체 제작한 녹색 인증 마크를 제품에 부착했다. 공인된 인증기관이 아닌 회사 자체가 만든 마크인데, 나무의 출처나 재배 방식, 가공 과정은 전혀 검증되지 않았지만, 소비자는 공식 인증으로 착각한다. "ECO-

CERTIFIED"라고 적혀 있지만, 인증기관은 명시되지 않고, "GREEN SEAL"이라고 쓰여 있지만 진짜 Green Seal과 유사하게 생긴 가짜이며, "100% NATURAL APPROVED"라고 표시되어 있지만 누가 승인했는지는 불명확하다. 실제로 진짜 신뢰할 수 있는 인증 마크로는 Energy Star, Green Guard, GreenSeal, SFI 등이 있다.

그리고 가장 노골적인 '거짓말의 죄'가 있다. 테라초이스가 설명한 가장 단순하고 직접적인 죄악으로, 환경 속성에 대해 완전히 거짓된 주장을 하는 것이다. "100% 재활용 가능"이라고 하지만 실제로는 재활용 불가능한 복합 재질이고, "생분해성 플라스틱"이라고 하지만 특수한 산업 시설에서만 분해 가능하며 일반 환경에서는 수백 년이 걸리고, "탄소 중립"이라고 하지만 실제 탄소 상쇄 구매나 감축은 전혀 없다. 그냥 거짓말일 뿐이다.

2007년 테라초이스가 조사한 1,018개 제품 중 단 1개를 제외한 모든 제품이 최소 하나 이상의 그린워싱 죄를 범했다. 2009년 보고서에서는 미국과 캐나다의 2,219개 제품 중 98% 이상이 최소 하나의 죄를 범한 것으로 나타났다. 더욱 충격적인 것은 2010년 '가정과 가족용품' 조사에서 미국과 캐나다의 5,296개 제품을 조사한 결과, 95%가 최소 하나의 그린워싱 죄를 범했으며, 특히 장난감의 100%, 아기용품의 99.2%가 그린워싱을 범했다는 점이다. 우리 아이들이 사용하는 제품들이 가장 심각하게 오염되어 있었다.

다만 중요한 소식은 합법적인 친환경 인증이 2007년 조사의 13.7%에서 23.4%로 거의 두 배 증가했다는 점이다. 그러나 테라초이스는 구체적인 제품명이나 기업명을 공개하지 않았는데, 이는 한편으로 투명성과 책임성의 문제를 초래했다. 누가 죄인인지 알 수 없으니, 모든 제품을 의심할 수밖에 없는 상황이 되어버린 것이다.

그림 12.5 일곱 가지 죄악

2) 디젤게이트의 유령: 잊지 말아야 할 교훈

자동차 산업 역사상 최악의 그린워싱 사례는 1장과 3장의 사례에서 소개한 2015년 전 세계를 충격에 빠뜨린 폭스바겐의 그 유명한'디젤게이트(Dieselgate)' 사건이다. 폭스바겐은 '클린 디젤'이라는 달콤한 슬로건을 내세워, 자사의 디젤차가 강력한 힘과 높은 연비, 그리고 친환경성까지 갖춘 완벽한 차라고 홍보했다.

하지만 진실은 추악했다. 그들은 인증 시험을 받을 때만 배출가스 저감 장치가 정상 작동하고, 실제 도로를 주행할 때는 장치를 꺼버리도록 조작된 불법 소프트웨어(임의 설정, Defeat Device)를 차량에 심어놓았다. 그 결과, 도로 위를 달리는 차량은 기준치의 최대 40배에 달하는 질소산화물(NOx)을 뿜어내고 있었지만, 소비자들은 자신이 '친환경 차'를 타고 있다고 믿었다. 이 사례로 폭스바겐은 수십조 원의 벌금을 물고 브랜드 신뢰도가 바닥으로 추락했다.

전기차 시대의 그린워싱은 눈에 보이는 배기가스가 아니라, 눈에 보이지 않는 공급망 뒤에 숨는 형태로 진화하고 있다. “윤리적으로 채굴된 코발트”, “지속가능한 니켈 사용”이라는 검증되지 않은 마케팅 구호들이 제2의 클린 디젤이 될 수 있다. 디젤게이트는 기업의 주장을 맹신해선 안 되며, 독립적이고 투명한 검증 시스템이 왜 필수적인지 뼈아프게 가르쳐주었다.

3) 급진적 투명성

진짜 친환경 기업과 가짜를 구별하는 방법은 객관적 데이터와 제삼자의 검증뿐이다. 기업이 자체적으로 펴내는 화려한 사진으로 도배된 ESG 보고서는 마케팅 책자일 가능성이 크다. 대신 우리는 ISO 표준에 따른 엄격한 전 과정 평가(LCA) 데이터 공개를 요구해야 한다. 영국의 ‘카본 트러스트(Carbon Trust)’나 독일의 ‘TÜV’ 같은 공신력 있는 외부 기관의 인증 마크는 기업의 주장을 뒷받침하는 최소한의 보증수표다.

더 나아가, 아웃도어 브랜드 파타고니아(Patagonia)가 보여주는 ‘급진적 투명성(Radical Transparency)[154]’이 자동차 업계에도 필요하다. 원료 생산부터 완제품 조립까지 모든 협력 업체의 명단과 그 과정에서 발생하는 환경적, 사회적 영향을 소비자에게 있는 그대로 공개하는 것이다. 파타고니아는 비록 의류를 만드는 업체로써 다른 산업의 사례이지만, 급진적 투명성(Radical Transparency) 모델을 향후 모빌리티 관련 적용 가능한 부분이 있는가를 탐색한다는 점에서 본 장에서 간단히 소개하고자 한다.

파타고니아는 2007년 ‘푸트프린트 크로니클스(Footprint Chronicles)’ 웹사이트를 개설하며 혁신을 시작했다. 구글 맵 기반의 인터랙티브 지도를 통해 전 세계 모든 협력 공장의 위치를 공개했으며, 각각의 지점을 클

154 급진적 투명성 (Radical Transparency): 기업이 제품 생산 과정의 환경적·사회적 영향을 숨김없이 소비자에게 공개하여 도덕적 신뢰를 구축하는 경영 방식.

릭하면 주소, 인력 규모, 성비, 협력 기간 등 상세 데이터를 확인할 수 있게 했다. 단순히 성과를 홍보하는 데 그치지 않고, 폐수 처리 미흡이나 긴 노동 시간 같은 공장의 부정적 평가까지 솔직하게 공개하며 자신들의 약점을 가감 없이 드러냈다.

2012년에는 온라인 쇼핑몰 제품 페이지에 '제품 발자국(Product Footprint)' 탭을 추가하여 투명성을 제품 단위로 확장했다. 소비자는 구매 시점에 해당 제품의 면화 원산지부터 염색 공장, 최종 봉제 국가까지의 전 과정을 영상과 인터뷰를 통해 확인할 수 있었다. 당시 파타고니아 직원이던 리사 폴리(Lisa Polley)는 공장의 실재를 확인하는 순간 출처에 대한 고민 없이 구매했던 과거를 성찰하며 깊은 압도감을 표현하기도 했다.

파타고니아가 추진한 트랙 앤 트레이스(Track and Trace) 프로그램은 더욱 과감했다. 가격표의 바코드를 스캔하면 면화 농장부터 조면, 편직에 이르는 전체 가치 사슬을 소비자가 직접 추적하게 한다는 계획이었다. 이는 의류의 전 생애주기를 음식 원산지처럼 투명하게 공개하려는 시도였다. 당시 CEO 케이시 시한(Casey Sheahan)은 2007년에 이미 투명성이 고객의 중요한 관심사였으며, 현재는 당연한 기대 사항이 되었다고 강조했다.

하지만 파타고니아 역시 완벽하게 윤리적 결함에서 벗어나지는 못한다. 2021년 유럽헌법인권센터(ECCHR)는 파타고니아를 포함한 다수 브랜드가 중국 신장 위구르 지역의 강제 노동과 연관된 공급업체를 이용했다는 혐의로 형사 고발했다. 또한, 2023년에는 노동자 착취로 악명 높은 위탁 공장을 이용한다는 보도가 나오자, 파타고니아 측은 "위탁 업체에 직접 관여하는 데 한계가 있다"라는 처지를 밝혔다. 이는 급진적 투명성을 표방하더라도 글로벌 공급망의 복잡한 구조 속에서 발생하는 윤리적 딜레마를 완전히 해결하기 어렵다는 점을 시사한다.

그런데도 이러한 시도가 중요한 이유는 완벽함을 가장하기보다 불완전함을 인정하고 개선 과정을 투명하게 공개하는 정직함을 원칙으로 세웠기 때문이다. 자동차 업계 역시 콩고 코발트 광산의 아동 노동이나 리튬 채굴로 인한 물 고갈 문제를 은폐해서는 안 된다. 대신 인터랙티브 지도를 통해 공급망의 현실을 공개하고 개선 로드맵을 제시해야 한다. 전기차 구매 페이지에서 배터리 소재의 출처를 단번에 확인할 수 있는 시스템을 구축함으로써, 소비자가 성능뿐만 아니라 제조 과정의 정직함을 기준으로 차량을 선택할 수 있는 환경을 조성해야 한다.

역설적으로 숨길 것이 없는 기업만이 모든 것을 보여줄 수 있다. 이제 소비자는 단순히 차의 성능만 보는 것이 아니라, 그 차가 만들어진 과정의 정직함을 구매 기준으로 삼는 사람들이 늘어날 것이다.

5. 더 넓은 에너지 생태계: 한국의 현실과 미래

전기차는 진공 상태에서 혼자 달리지 않는다. 국가의 에너지 시스템이라는 거대한 생태계 속에서 존재한다. 특히 반도체 등 전기를 많이 쓰는 첨단 산업과 화석연료 중심의 발전 구조가 공존하는 대한민국은, 에너지 전환의 난이도가 극도로 높은 독특하고 어려운 시험대 위에 서 있다.

1) 화석연료와 원자력의 두 기둥: 한국의 전력믹스

2024년 기준 한국의 전력 지도는 화석연료와 원자력이라는 두 거인이 떠받치고 있는 형국이다. 석탄과 액화천연가스(LNG)가 전체 발전량의 절반 이상(약 55~60%)을 차지하고, 원자력이 약 30%를 담당한다. 반면 태양광, 풍력 등 신재생에너지는 10% 미만에 머물러 있어, 30~40%대에 육박하는 독일이나 영국 등 주요 OECD 국가들과 비교하면 턱없이 낮은 수준이다.

이러한 전력 믹스는 전기차의 친환경성에 치명적 약점이 된다. 한국 전력망의 탄소 집약도[155]는 약 $380~400 CO_2eq/kWh 수준으로, 유럽국가들보다 2~3배 높다. 즉, 지금 당장은 한국에서 전기차를 충전하는 것이, 프랑스나 노르웨이에서 충전하는 것보다 훨씬 많은 간접 탄소를 배출한다는 뜻이다. 또한, 에너지 자원의 93% 이상을 해외 수입에 의존하는 구조는 러시아-우크라이나 전쟁 같은 국제 정세 변화에 따라 에너지 안보[156]가 크게 흔들릴 수 있는 구조적 취약점을 안고 있다.

2) 2038년의 청사진: 제11차 전력수급기본계획

한국 정부는 이 문제를 해결하고 탄소 중립으로 나아가기 위해 '제11차 전력수급기본계획(2024-2038)'이라는 국가 에너지 로드맵을 내놓았다. 이 계획의 핵심은 '무탄소 전원(Carbon-Free Energy, CFE)'으로의 대전환이다. 재생에너지뿐만 아니라 원자력과 수소까지 포함하여, 탄소를 배출하지 않는 모든 에너지원을 총동원하겠다는 실용적인 전략이다.

2038년까지의 목표는 다음과 같이 요약된다. 원자력의 경우, 신규 대형 원전 3기와 소형모듈 원자로(SMR)[157] 1기를 건설하여 발전 비중을 35.6%까지 늘린다. 이는 안정적 기저 전력[158]을 확보하기 위함이다. 신재생에너지 분야에서는 태양광과 풍력을 대폭 확충하여 비중을 32.9%까지 끌어올린다. 석탄 발전의 경우, 노후 석탄 발전소를 폐지하거나 LNG로 전환하여 비중을 10.3%까지 과감하게 줄인다. 결과적으로 원자

---

155 Carbon Intensity. 전력 1kWh를 생산할 때 배출되는 온실가스의 양으로, 해당 국가 전력망의 '청정도'를 나타내는 척도.

156 필요한 에너지를 합리적인 가격으로 중단 없이 안정적으로 확보할 수 있는 국가적 능력을 의미.

157 대형 원전의 핵심 기기를 하나의 모듈에 일체화한 300MW 이하급 소형 원자로로, 안전성과 입지 유연성이 높음.

력, 신재생, 수소·암모니아 발전을 합친 CFE 비중을 70.2%까지 달성하겠다는 것이다.[158]

이는 단순히 환경을 위한 선택이 아니다. 용인 반도체 클러스터와 곳곳에 들어설 AI 데이터 센터를 돌리기 위해서는 막대한 양의 전기가 끊김 없이 공급되어야 한다. 즉, 한국의 에너지전환은 기후 위기 대응이자, 국가 핵심 산업의 생존을 위한 경제 안보 전략이기도 하다.

그림 12.6 한국 전력 믹스 변화 비교 (2023 vs 2030 vs 2038)

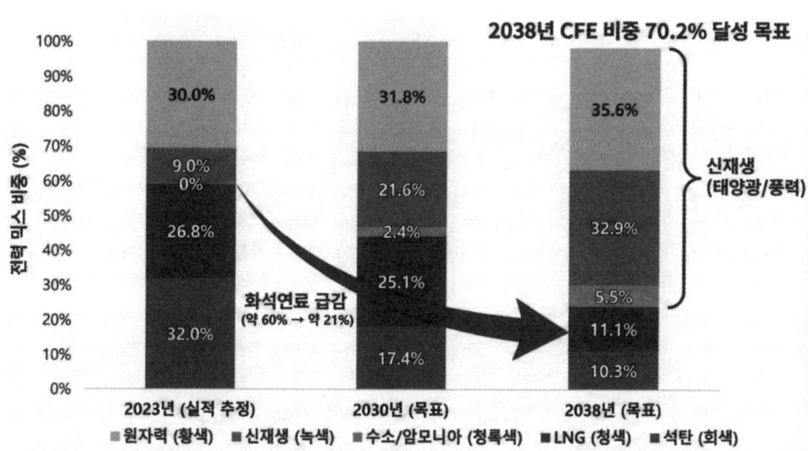

출처: 산업통상자원부, 「제11차 전력수급기본계획 실무안」(2024.5) 발표 데이터 기반 재구성

3) 막힌 혈관을 뚫어라: 전력망의 도전

하지만 발전소 계획을 세운다고 문제가 해결되는 것은 아니다. 더 크고 시급한 난관은 생산된 전기를 필요한 곳으로 실어 나를 '전력망

158 기저 전력(Base Load Power)은 전력 수요 곡선에서 24시간 내내 지속해서 유지되는 최소 전력 수요를 충족시키기 위해 항상 가동되는 안정적인 발전 용량을 의미한다. 원자력·석탄 화력 등 조정하기 어려운 대용량 발전기가 담당하며, 일일 최대 부하(피크)와 대비된다. ESS는 기저 전력을 보완하며, 재생에너지 간헐성 완화와 피크 전력(Peak Shifting) 지원에 활용된다.

(Grid)'에 있다. 현재 한국의 전력망은 이미 포화 상태에 가깝다.

특히 호남 지역과 동해안 지역은 심각한 '동맥경화'를 앓고 있다. 호남에는 태양광 발전소가 집중되어 전기가 남아돌지만, 이를 전기를 많이 쓰는 수도권으로 보낼 송전선로가 부족하다. 동해안의 원자력 발전소와 석탄 발전소들도 마찬가지다. 송전 제약 때문에 기껏 지어놓은 발전소를 100% 가동하지 못하고 출력을 강제로 줄이는 일이 빈번하게 발생하고 있다.

정부는 2050년까지 전력망 확충에 약 73조 원을 쏟아붓겠다고 발표했지만, 현실은 녹록지 않다. 거대한 송전탑이 지나가는 지역 주민들의 반발과 사회적 갈등으로 인해 건설 공사는 하염없이 지연되기 일쑤다. 전력망이라는 '고속도로'가 뚫리지 않으면, 아무리 깨끗한 전기를 많이 만들어도 전기차라는 '자동차'에 전달할 수 없다. 결국, 전기차 시대의 성공적 안착은 자동차 기술의 발전이 아니라, 국가 전력 시스템의 현대화와 사회적 합의에 달려 있다고 해도 과언이 아니다.

6. 탈탄소 교통의 대안 경로: 수소와 E-Fuel

배터리 전기차(BEV)가 승용차 시장을 빠르게 장악해 가고 있지만, 전 세계의 모든 운송 수단을 배터리만으로 감당할 수는 없다. 배터리는 무겁고 에너지 밀도에 한계가 있기 때문이다. 여기서 수소연료전지차(FCEV)와 합성 연료(E-Fuel)가 배터리의 빈틈을 메울 중요한 퍼즐 조각으로 등장한다.

1) 수소라는 질문: 가벼움과 속도의 미학

수소연료전지차(FCEV)는 탱크에 저장된 수소와 공기 중의 산소를 화

그림 12.7 미래 연료 효율성 비교 에너지 폭포 (Energy Cascade)

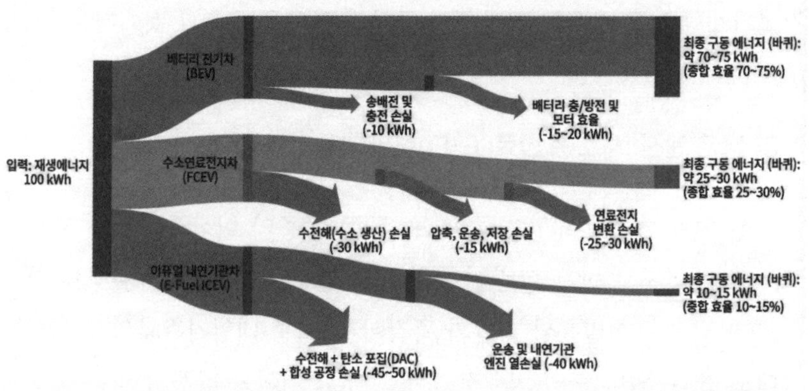

출처: 주요 에너지 및 자동차 연구 기관(예: IEA, T&E, Volkswagen)의 Well-to-Wheel 효율성 분석 데이터를 바탕으로 재구성함

학 반응시켜 직접 전기를 만들고, 그 전기로 모터를 돌리는 방식이다. 배출물은 오직 순수한 물(H2O)뿐이다. 수소차는 전기차보다 충전 시간이 3~5분으로 매우 짧고, 한 번 충전으로 600km 이상을 거뜬히 달릴 수 있다. 무엇보다 수백 kg에 달하는 무거운 배터리를 싣지 않아도 되므로, 적재량이 중요한 트럭이나 버스에 유리하다.

하지만 치명적인 약점은 '효율성'이다. 재생에너지로 물을 전기분해하여 수소를 만들고(손실), 이를 고압으로 압축하거나 액화하여 운송하고(손실), 다시 차에서 전기로 바꾸는(손실) 과정에서 에너지가 줄줄 샌다. 전기차가 전기를 꽂아 바로 쓰는 직통열차라면, 수소차는 여러 번 갈아타야 하는 완행열차와 같다. '에너지원-바퀴(Well-to-Wheel)' 효율[159]을 비교하면 BEV는 약 70~80%지만, FCEV는 30% 수준에 불과하다. 따라서 승용차 시장에서는 효율과 인프라 우위에 있는 전기차가 승자가 될

159 에너지원-바퀴 (Well-to-Wheel) 효율: 에너지원의 채굴 및 가공부터 차량의 실제 구동까지 이어지는 전 과정의 에너지전환 효율을 뜻한다.

가능성이 매우 크다. 대신 수소차는 장거리 대형 트럭, 고속버스, 그리고 건설기계와 같은 상용차 시장에서 독자적 영역을 구축할 것이다.

2) 낡은 엔진, 새로운 연료: E-Fuel의 가능성과 한계

합성 연료, 즉 E-Fuel(Electro-fuel)은 공기 중의 이산화탄소를 포집하고, 재생에너지로 만든 그린 수소와 결합해 인공적으로 만든 액체 연료다. 화학적으로 휘발유나 경유와 똑같아서, 기존 내연기관차와 주유소를 그대로 쓸 수 있다는 엄청난 장점이 있다. 전기차로 바꾸기 힘든 비행기나 대형 선박, 그리고 문화적 가치가 있는 클래식카를 탄소 중립으로 만드는 거의 유일한 대안이기도 하다.

그러나 E-Fuel은 수소차보다 효율 문제가 더 심각하다. 수소를 만드는 과정에 더해 탄소를 포집하고 합성하는 공정이 추가되고, 결정적으로 내연기관 엔진 자체의 낮은 열효율(25~30%)이라는 한계를 벗어나지 못하기 때문이다. E-Fuel 차를 굴리는 것은 전기차보다 같은 거리를 가는데 5배나 많은 전기를 쓰는 셈이다(효율 10~15%). 그만큼 생산 비용도 비싸다. 따라서 E-Fuel은 승용차 대중화를 위한 연료라기보다는, 전동화가 불가능한 특수 영역(항공, 해운, 모터스포츠)을 위한 값비싼 프리미엄 연료로 남을 공산이 크다.

결국, 미래의 모빌리티 생태계는 하나의 기술이 독점하는 것이 아니라, 승용차와 도심 주행은 전기차, 장거리 물류와 대형 수송은 수소차, 항공과 선박은 E-Fuel이 각각 분담하는 '모자이크' 형태가 될 것이다.

표 7.3 미래 모빌리티 기술 3파전 (BEV, FCEV, E-Fuel) 비교 분석

지표	배터리 전기차 (BEV)	수소연료전지차 (FCEV)	E-Fuel 내연기관차
에너지 효율	매우 높음 (약 70~80%): 전력망 직결로 손실 최소화	낮음 (약 30%): 변환 과정 다단계로 손실 큼	매우 낮음 (약 10~15%): 복잡한 공정 + 엔진 비효율
충전/주유 시간	길 (20분 ~ 수 시간): 기술 발전 중이나 물리적 한계	짧음 (3~5분):기존 주유와 유사	짧음 (3~5분): 기존 주유와 동일
인프라 비용	보통: 기존 전력망 활용, 충전기 설치 용이	매우 높음: 고압/초저온 특수 설비 필요	낮음: 기존 주유소 100% 활용 가능
차량 가격	감소 추세: 배터리 가격 하락이 관건	매우 고가: 연료전지 스택의 높은 비용	기존과 동일: 기존 내연기관차 그대로 사용
연료 비용	매우 저렴	비쌈:그린 수소 생산 단가 높음	매우 비쌈: 막대한 전력 소모로 고비용 구조
주요 적용 분야	승용차, 도심 트럭, 단거리 운송	장거리 대형 트럭, 버스, 기차	항공기, 대형 선박, 클래식카

출처: 다양한 기술 비교 분석 자료 및 IEA 보고서 재구성.

7. 조건부 지속가능성의 복잡성 탐색

지금까지 살펴본 바에 의하면, 전기차는 기후 위기라는 거대한 파도에 맞설 수 있는 인류의 가장 유력한 방주이지만, 그 자체로 완벽한 구원은 아니라는 점이다. 전기차의 친환경성은 절대적 명제가 아니라, 여러 변수에 의해 좌우되는 '조건부 지속가능성(Conditional Sustainability)'의 특성이 있다.

1) 진정으로 '친환경적인' 자동차의 조건

전기차가 내연기관차를 넘어 명백한 환경적 우위를 가지고, 진정한

'녹색 혁명'의 주역이 되기 위해서는 다음과 같은 까다로운 조건들이 충족되어야 한다. 우선, 전기차의 플러그 너머에 있는 발전소가 화석연료의 검은 때를 벗어야 한다. 즉, 청정한 전력망을 갖추어야 한다. 재생에너지와 무탄소 전원의 비중이 획기적으로 늘어나지 않는 한, 전기차는 '석탄차'의 오명을 벗을 수 없다. 둘째, 책임 있는 공급망을 수립해야 한다. 배터리에 들어가는 리튬과 코발트가 아동의 고사리 같은 손이나 열대우림의 파괴를 대가로 얻어진 것이 아니어야 한다. 투명하고 윤리적인 공급망 감시 시스템이 작동해야 한다. 둘째, 완벽한 순환 체계를 만들어야 한다. 다 쓴 배터리가 유독성 폐기물이 되어 땅에 묻히는 것이 아니라, 재사용되고 재활용되어 새로운 배터리로 다시 태어나는 완벽한 순환 고리가 완성되어야 한다. 마지막으로 적정한 소비가 이루어져야 한다. 무엇보다 중요한 것은, 무조건 크고 무거운 전기차를 타는 것이 친환경이 아니라는 인식이다. 필요에 맞는 작고 효율적인 차를 선택하고, 대중교통과 자전거 등 다양한 이동 수단을 조합하는 지혜가 필요하다.

반대로, 여전히 석탄 발전소가 내뿜는 전기로 충전하고, 인권을 짓밟으며 채굴된 원료를 사용하며, 수명이 다하면 그대로 버려지는 전기차라면, 그것의 환경적 이점은 크게 줄어들거나 심지어 내연기관차보다 못할 수도 있다. 이것이 바로 우리가 직면한 딜레마이자 해결해야 할 과제다.

2) 기술, 규제, 윤리의 조화로운 통합

따라서 지속가능한 모빌리티의 미래는 어느 한 주체의 노력만으로는 달성할 수 없다. 기술, 정책, 윤리가 톱니바퀴처럼 맞물려 돌아가는 통합적 접근이 필수적이다. 정부는 보급되는 전기차의 대수에만 집착할 것이 아니라, 전력망의 탈탄소화와 인프라 현대화에 과감하게 투자해야 한다. 에너지 정책과 교통 정책은 한 몸처럼 움직여야 한다. 기업은 눈앞의 이익을 넘어 공급망 전체의 투명성을 확보하고, 순환경제 시스템을 구축하는 데 앞장서야 한다. 그린워싱의 유혹을 뿌리치고 정직한 데이터로 소비자와 소통해야 한다. 소비자는 더 현명해져야 한다. 단순히 마케팅 구호에 현혹되지 않고, 기업에 윤리적 책임을 묻고, 제품의 전 생애주기를 고려하는 성숙한 소비 의식을 가져야 한다.

우리는 지금 엔진의 소음이 사라진 조용한 도로 위에 서 있다. 하지만 그 정적 속에서 들려오는 윤리적, 환경적 질문들에 우리가 어떻게 답하느냐에 따라, 이 길이 인류를 진정한 녹색 미래로 이끌지, 아니면 또 다른 회색빛 막다른 골목으로 안내할지가 결정될 것이다. 진정한 친환경차는 공장의 생산라인에서 완성되는 것이 아니다. 우리 사회 전체의 시스템과 양심, 그리고 지속가능성을 향한 꺾이지 않는 의지 속에서 비로소 완성된다.

진정한 녹색 전환을 위한 윤리적 여정

우리는 이번 장을 통해 전기차가 단순히 '배기관이 없는 차'라는 표면적 수식어를 넘어, 그 이면에 숨겨진 복잡한 환경적·사회적 쟁점들을 살펴보았다. 전기차가 진정한 친환경성을 획득하기 위해서는 생산 단계에서 필연적으로 발생하는 '탄소 부채'를 인식해야 하며, 이를 극복하기 위해 전력 생산 방식의 개선과 에너지 효율의 극대화가 선행되어야 함을 확인했다.

또한, 배터리의 핵심 원자재인 니켈과 리튬 등을 채굴하고 제련하는 과정에서 발생하는 개별 국가의 환경 파괴와 현지인들의 생계 위협은 우리에게 '정의로운 전환'이 무엇인지에 대한 무거운 질문을 던진다. 기술적으로는 직접 리튬 추출(DLE)과 같은 혁신이, 시스템적으로는 블록체인을 활용한 지속가능한 공급망 관리(SCM)가 이러한 어두운 그림자를 걷어내는 해법이 될 수 있음을 논의했다.

미래 모빌리티의 지속가능성을 위해 풀어야 하는 중요한 퍼즐 중 하나는 '배터리 순환경제'이다. 수명을 다한 배터리를 에너지저장장치(ESS)로 재사용하거나, 습식 제련 등을 통해 고순도의 광물을 다시 추출하는 '도시 광산'의 활성화는 자원 효율성의 모범을 보여준다. 특히 2027년부터 시행될 EU의 '디지털 배터리 여권'은 이러한 자원 순환의 이력을 투명하게 관리함으로써 기업의 책임을 판매 이후까지 확장하는 강력한 규제가 될 것이다.

진정한 혁신가는 '그린워싱'이라는 달콤한 유혹에서 벗어나야 한다. 일곱 가지 죄악으로 대변되는 기만적 마케팅은 당장 이익을 줄지 모르나, 장기적으로 기술에 대한 대중의 신뢰를 무너뜨리는 독이 될 수 있다. 비록 모빌리티 산업과는 다른 산업의 사례이지만, 의류기업인 파타고니아가 보여준 '급진적 투명성'처럼, 자신의 약점까지 솔직하게 공개하며 개선해 나가는 기업만이 모빌리티 시대의 진정한 리더로 거듭날 수 있다.

기술은 우리에게 더 깨끗한 이동의 가능성을 열어주었지만, 그 가능성을 현실로 만드는 것은, 결국 우리의 윤리적 선택이다. 이제 우리는 차의 성능만을 소비하는 단계를 넘어, 그 차를 만든 자원들이 어디서 왔고 어디로 돌아가는지를 묻는 세심한 감시자가 되어야 한다. 우리가 남기는 모든 이동의 흔적들이 지구의 내일을 해치지 않을 때, 비로소 모빌리티 혁명은 더 완전해질 것이다.

참고문헌

Amnesty International. (2016). *This is what we die for: Human rights abuses in the Democratic Republic of the Congo power the global trade in cobalt.* Amnesty International Ltd.

Commoner, B. (1971). *The Closing Circle: Nature, Man, and Technology.* Alfred A. Knopf.

Climate Rights International. (2024). *Nickel unearthed: The human and environmental cost of Indonesia's nickel industry.*

Dunn, J. B., Gaines, L., Sullivan, J., & Wang, M. Q. (2012). Impact of recycling on cradle-to-gate energy consumption and greenhouse gas emissions of automotive lithium-ion batteries. *Environmental Science & Technology, 46*(22), 12704–12710.

Ellingsen, L. A.-W., Singh, B., & Strømman, A. H. (2016). The size and range effect: Life-cycle greenhouse gas emissions of electric vehicles. *Environmental Research Letters, 11*(5), 054010.

European Environment Agency. (2022). *Electric vehicles and the energy sector: Impacts on emissions and energy demand.* European Environment Agency.

European Union.(2023). Regulation (EU) 2023/1542 of the European Parliament and of the Council of 12 July 2023 concerning batteries and waste batteries. *Official Journal of the European Union,* L 191/1.

Fargione, T. J., Hill, J., Tilman, D., Polasky, S., & Hawthorne, P. (2008). Land clearing and the biofuel carbon debt. *Science, 319*(5867), 1235–1238.

Flexer, V., Baspineiro, C. F., & Galli, C. I. (2018). Lithium recovery from brines: A vital raw material for green energies with a potential environmental impact in its mining and processing. *Science of the Total Environment, 639,* 1188–1204.

Global Battery Alliance. (2023). *Battery passport rulebook.* World Economic Forum.

Hoekstra, A. (2019). The underestimated potential of battery electric vehicles to reduce emissions. *Joule, 3*(6), 1412–1414.

Hawkins, T. R., Singh, B., Majeau-Bettez, G., & Strømman, A. H. (2013). Comparative environmental life cycle assessment of conventional and electric vehicles. *Journal of Industrial Ecology, 17*(1), 53–64.

IDTechEx. (2021, November 16). Li-ion Battery Recycling Market 2022-2042.

International Council on Clean Transportation. (2021). *A global comparison of the life-cycle greenhouse gas emissions of combustion engine and electric passenger cars.* International Council on Clean Transportation.

International Energy Agency. (2021). *The role of critical minerals in clean energy transitions.*

International Energy Agency. (2023). *Global EV outlook 2023: Catching up with ambition.* International Energy Agency.

International Energy Agency. (2024). *Global EV outlook 2024: Moving towards a mainstream market.* IEA.

International Organization for Standardization. (2006). *Environmental management — Life cycle assessment — Principles and framework*(ISO Standard No. 14040:2006).

Kara, S. (2023). Cobalt red: How the blood of the Congo powers our lives. St. Martin's Press.

Romare, M., & Dahllöf, L. (2017). *The life cycle energy consumption and greenhouse gas emissions from lithium-ion batteries.* IVL Swedish Environmental Research Institute.

TerraChoice Environmental Marketing Inc. (2007). *The Six Sins of Greenwashing: A study of environmental claims in North American Consumer Markets.* TerraChoice.

TerraChoice. (2010). *The sins of greenwashing: Home and family edition.* UL

Environment.

Transport & Environment. (2022). *How clean are electric cars? T&E's analysis of electric car lifecycle CO_2 emissions.* European Federation for Transport and Environment.

United Nations Framework Convention on Climate Change. (2015). *The Paris Agreement.* UNFCCC Secretariat.

U.S. Department of Energy. (2021). *Where the energy goes: Gasoline vehicles.* FuelEconomy.gov. https://www.fueleconomy.gov/feg/atv.shtml

U.S. Department of Energy. (2022). *All-electric vehicles.* FuelEconomy.gov. https://www.fueleconomy.gov/feg/evtech.shtml

Vera, M. L., & Saez, R. (2021). Lithium mining in the Atacama Desert: Impacts on water resources and local ecosystems. *Resources Policy, 74,* 102312.

Volkswagen Group. (2021). *Decarbonization strategy: Way to Zero.* Volkswagen AG.

Volvo Cars. (2021). *Life cycle assessment of the Volvo XC40 Recharge.* Volvo Car Corporation.

Yuan, C., Deng, Y., Li, T., & Yang, F. (2017). Manufacturing energy analysis of lithium-ion battery pack for electric vehicles. *Journal of Cleaner Production, 140,* 328-339.

산업통상자원부. (2025). *제11차 전력수급기본계획(2024~2038)*(산업통상자원부 공고 제2025-238호).

8장

모빌리티 시대의 노동시장 대전환

CASE STUDY EIGHT.

자율주행 트럭의 질주와 노동의 미래: '마부'의 후예들은 어디로 가는가?

1. 사례 개요: 고속도로 위의 보이지 않는 운전자

2020년대 후반에 접어들며 미국과 유럽의 주요 고속도로에서는 운전석에 사람이 앉아 있지 않거나, 앉아 있더라도 핸들을 잡지 않은 채 휴식을 취하는 대형 트럭들이 목격되기 시작했다. 오로라(Aurora), 다임러 트럭(Daimler Truck) 등 글로벌 기업들이 선보인 레벨 4 수준의 자율주행 트럭은 정해진 노선과 명확한 차선이 존재하는 고속도로 환경(ODD)에서 인간보다 더 안전하고 효율적인 주행 능력을 입증하고 있다.

이는 물류 산업 측면에서는 혁명적인 비용 절감과 효율성 극대화를 의미한다. 하지만 그 이면에는 미국 내에서만 수백만 명에 달하는 트럭 운전자들의 생계와 직업적 정체성이 걸린 거대한 노동시장의 지각 변동이 도사리고 있다. 한때 대학 학위 없이도 중산층의 삶을 보장해주던 '도로 위의 왕' 트럭 기사들은, 이제 알고리즘과 센서로 무장한 '강철 경쟁자' 앞에서 200년 전 러다이트 운동 당시의 직조공들이 느꼈던 것과 같은 실존적 위기감을 느끼고 있다.

2. 주요 기술적 및 경제적 쟁점 분석

1) 기술적 실업과 '속도의 격차'

경제학자 케인스(John Maynard Keynes)가 예견했듯, 노동을 절약하는 수단을 발견하는 속도가 노동을 새로운 용도로 사용하는 속도보다 빠를 때 '기술적 실업'이 발생한다. 자율주행 AI가 수백만 마일의 주행 데이터를 학습하여 운전 기술을 습득하는 속도는, 평생 운전대만 잡았던 노동자가 완전히 새로운 기술을 익히는 속도를 압도한다. 맥킨지 글로벌 연구소는 이러한 자동화의 파고로 인해 2030년까지 전 세계 운송업 종사자 중 상당수가 직업 전환의 갈림길에 설 것으로 전망했다.

2) 자율주행 트럭의 경제적 유인: 군집 주행

기업들이 자율주행 트럭 도입에 열광하는 이유는 명확하다. 인건비 절감뿐만 아니라 '군집 주행(Platooning)' 기술을 통해 수익성을 극대화할 수 있기 때문이다. 여러 대의 트럭이 무선 통신(V2V)으로 연결되어 기차처럼 바짝 붙어 달리면 공기 저항이 줄어들어 연료비가 획기적으로 절감된다. 인간 운전자는 생리적 한계로 인해 휴식이 필수적이지만, 자율주행 시스템은 충전과 정비 시간을 제외하면 24시간 가동할 수 있다. 이러한 압도적 효율성은 시장 경쟁에서 인간 운전자를 빠르게 밀어내는 동력이 된다.

3) 자동화의 병목 현상과 인간의 성역

그런데도 기계가 인간을 완벽히 대체하기 어려운 '기술적 병목 현상'은 존재한다. 복잡한 하차 구역에서의 미세한 조작, 화물의 결박 상태 확인, 그리고 예상치 못한 돌발 상황(Edge Case)에서의 맥락적 판단은 여전히 인간의 고도화된 지각 및 사회적 지능이 필요하다. 이는 완전 자동화보다는 인간과 AI가 협업하는 형태의 과도기가 상당 기간 지속할 것임을 시사한다.

3. 윤리적 및 사회적 시사점 분석

1) 디지털 봉건주의와 플랫폼 종속

운송 노동자들은 거대 플랫폼 기업이 데이터와 알고리즘을 독점하고 자신들을 소작농처럼 부리는 '디지털 봉건주의'를 우려한다. 알고리즘이 배차 권한을 쥐고 노동자의 성과를 평가하며, 필요에 따라 언제든 시스템 접속을 차단(해고)할 수 있는 구조 속에서 노동자의 권리는 극도로 취약해진다. 로보택시와 자율주행 트럭은 이러한 테크노 영주의 지배력을 공고히 하는 도구로 비칠 수 있다.

2) 직업적 자존감의 상실과 고령화 문제

특히 한국의 경우 택시 및 화물 기사의 평균 연령이 매우 높다는 점이 사회적 화약고가 된다. 수십 년간 국가 물류의 동맥을 지켰다는 자부심으로 살아온 고령 노동자들에게, 기술에 의한 대체는 단순한 소득 상실을 넘어선 '존재 가치의 부정'으로 다가온다. 이들을 위한 사회적 안전망이 부재할 경우, 기술 혁신은 극심한 세대 갈등과 빈곤의 원인이 될 수 있다.

4. 시사점: 정의로운 전환을 위한 사회적 계약

과거의 교육이 수직적 상승을 돕는 '사다리(Ladder)'였다면, 자율주행 시대의 교육은 직업 간 이동을 돕는 '다리(Bridge)'가 되어야 한다. 트럭 기사에게 코딩을 가르치는 '리스킬링(Reskilling)'도 중요하지만, 기존의 운전 숙련도를 바탕으로 자율주행 시스템을 원격으로 관리하는 '원격 차량 운영자'나 다수의 트럭을 관리하는 '플릿 매니저'로 진화시키는 '업스킬링(Upskilling)'이 훨씬 현실적이고 효과적인 대안이다.

더불어, 완전 자동화라는 단일의 목표 대신, 인간의 유연성과 AI의 효율성을 결합한 '켄타우로스 전략'을 비즈니스 모델화해야 한다. 예를 들어 고속도로 구간은 AI가 담당하고, 복잡한 도심 진입과 고객 대면 서비스는 지역 노동자가 담당하는 '하이브리드 배송'은 일자리 보존과 효율성이라는 두 마리 토끼를 잡을 수 있는 상생 모델이다.

또한, 기업에는 기술 변화에 대응할 유연성을 주되, 노동자에게는 실직의 두려움 없이 재도전할 수 있는 강력한 안전망을 제공하는 덴마크식 '플렉시큐리티' 모델 도입이 필요하다. 또한, 자동화로 인해 기업이 얻게 된 초과 이익의 일부를 '로봇세' 형태로 환수하여 노동자 재교육 기금과 기본소득 재원으로 활용하는 '더블 바텀 라인[160]' 경영을 사회 전반으로 확산시켜야 한다.

5. 인간의 얼굴을 한 혁신을 위하여

자율주행 기술이라는 거대한 폭풍은 막을 수 없는 시대적 흐름이다. 그러나 이 폭풍이 모든 낡은 배를 부수기만 할지, 아니면 새

---

160 전통적인 손익계산서(Income Statement)를 작성할 때, 가장 윗줄에는 매출액(Revenue)을 적고 그 아래로 각종 비용과 세금을 차감해 나간다. 그리고 가장 마지막 줄(The Bottom Line)에 모든 항목을 계산하고 남은 '당기순이익(Net Income)'을 적기 때문에 비즈니스 세계에서 바텀 라인은 '최종적인 이익'이나 '핵심적인 결과'를 상징하는 관용구가 되었다.

로운 대륙으로 인도할 바람이 될지는 우리의 선택에 달려 있다. 기술은 도구일 뿐이며, 그 도구를 설계하고 분배하는 주체는 여전히 인간이다. 노동자를 배제한 혁신은 사회적 저항이라는 거대한 방지턱에 걸려 멈춰 서게 될 것이다. 이제 우리는 '사회적 대화'라는 신호등 아래서, 기술적 진보와 노동의 가치가 상생하는 '인간의 얼굴을 한 혁신'의 항로를 함께 그려나가야 한다.

6. 토론 질문

1) 자율주행 트럭이 인간 운전자보다 90% 더 안전하다면, 일자리 보호를 위해 도입 속도를 늦추는 것은 정당한가?
2) 자동화로 혜택을 본 기업에 '로봇세'를 부과하는 것이 기술 혁신을 저해한다고 생각하는가, 아니면 사회 정의를 위해 필수적이라고 생각하는가?
3) 평생 운전만 해온 60대 노동자에게 '코딩 교육'을 권하는 것이 실질적인 '정의로운 전환'이 될 수 있는가? 더 나은 대안은 무엇인가?

노동의 종말인가, 진화인가:
기술 혁신이 묻는 노동의 미래와 공존의 지혜

도시의 혈관을 따라 끊임없이 순환하는 '움직이는 일터'가 있다. 아직 어둠이 가시지 않은 새벽에 첫 손님을 기다리며 시동을 거는 택시 기사의 손길, 대륙을 횡단하듯 고속도로를 질주하는 대형 트럭 운전자의 굳은 의지 그리고 골목 구석구석을 누비며 도시의 욕망을 배달하는 라이더의 분주한 발걸음은 우리에게 낯선 풍경이 아니다. 이들에게 핸들은 단순한 조종 장치가 아니고, 생계를 지탱하는 생명줄이자, 자신의 존재를 드러내는 도구이며, 사회와 연결되는 접점이다.

그런데 지금, 자율주행이라는 거대한 조류가 이 익숙한 풍경을 뿌리째 흔들고 있다. 운전석이 텅 비는 순간은 단지 기술의 승리를 알리는 신호탄이 아니다. 그것은 수백만 명의 생존이 걸린 문명사적 균열이자, 노동의 의미 자체를 다시 쓰라고 요구하는 시대의 질문이다.

인간의 인지와 판단을 기계가 대신하는 이 역설적 진화 앞에서, 우리는 무엇을 두려워하고 무엇을 희망해야 하는가? '기계에 일자리를 빼앗기는 디스토피아'를 경계해야 할까, '위험하고 반복적 노동으로부터의 해방'을 꿈꿔야 할까? 로보택시의 질주와 자율주행 트럭의 대열이 기존 일자리를 집어삼킬 것이라는 디스토피아적 전망이 있는가 하면, 동시에 시스템 큐레이터, 원격 차량 감독자, 데이터 해석가 같은 새로운 직업군의 출현을 예고하는 낙관론도 공존한다.

여기서 우리가 주목해야 할 것은 '모라벡의 역설(Moravec's Paradox)'이

던지는 통찰이다. 기계가 논리적 연산에서는 인간을 압도하지만, 정작 아이도 할 수 있는 직관적 판단이나 사회적 맥락 이해에서는 여전히 서툴다는 이 역설은, 인간 고유의 가치가 어디에 있는지를 선명하게 가리킨다. 창의성, 공감 능력, 윤리적 판단력—이것들이야말로 격변의 시대를 항해할 나침반이 될 것이다.

이번 장에서는 자율주행이 촉발할 노동 지형의 지각변동을 다층적으로 탐구한다. 소멸 위기에 놓인 직업군의 운명과 떠오르는 새로운 기회의 지평을 조망하며, 리스킬링(Reskilling)과 업스킬링(Upskilling)이 어떻게 노동의 의미를 재정의할 수 있는지 살펴본다. 나아가 인간의 유연한 직관과 AI의 정밀한 효율성을 융합한 '켄타우로스 전략', 그리고 경제적 수익과 사회적 가치를 동시에 추구하는 '더블 바텀 라인' 경영 철학을 통해, 기술 혁신이 인간의 얼굴을 잃지 않고 우리 사회에 뿌리를 내릴 수 있는 지속 가능한 미래의 청사진을 그려본다.

이는 단순한 적응의 문제가 아니다. 우리가 어떤 미래를 선택할 것인가의 문제이며, 기술 문명 속에서 인간다움을 어떻게 지켜낼 것인가에 대한 철학적 응답이다.

8장
모빌리티 시대의 노동시장 대전환

1. 기술 혁신과 노동시장의 패러다임 전환

1) 제4차 산업혁명의 거대한 파도와 '이동'의 재정의

21세기 인류는 인공지능(AI), 빅데이터(Big Data)[161], 사물인터넷(IoT)[162]이 주도하는 제4차 산업혁명이라는 거대한 파도 앞에 서 있다. 이 기술적 해일은 단순히 도구의 변화를 넘어 산업의 근간과 사회 시스템, 그리고 개인의 삶의 방식까지 송두리째 뒤흔들고 있다. 그중에서도 노동시장의 패러다임(Paradigm)[163]을 재편하는 가장 강력한 동인은 단연 '자동화(Automation)'와 '지능화(Intelligence)'다. 과거의 산업혁명이 인간의 근육을 기계로 대체하는 과정이었다면, 지금의 혁명은 인간의 인지 능력과 판단력을 알고리즘으로 대체하는, 훨씬 더 근본적인 파괴적 변화를 예고한다.

---

161 디지털 환경에서 생성되는 많은 양의 데이터로, AI 학습의 핵심 원료

162 모든 사물을 인터넷으로 연결하여 정보를 상호 교환하는 기술.

163 한 시대의 견해나 사고를 근본적으로 규정하는 인식의 체계.

특히 인공지능 기술의 총아(寵兒)로 불리는 자율주행 기술(Autonomous Driving Technology)의 발전은 인류의 '이동성(Mobility)'을 재정의하고 있다. 자율주행이란 운전자의 개입 없이 자동차 스스로 주변 환경을 인식하고, 상황을 판단하여 목적지까지 주행하는 기술을 의미한다. 이는 교통사고의 획기적 감소, 이동 효율성의 극대화, 그리고 '소유'에서 '공유'로의 모빌리티 서비스 혁명을 약속한다. 하지만 빛이 밝을수록 그림자가 짙은 법이다. 이 혁신적 기술의 이면에는 기존의 전통적 일자리를 위협하고, 노동자들에게 새로운 형태의 생존 방식을 요구하는 '고용의 구조적 변혁'이라는 거대한 딜레마가 도사리고 있다.

우리는 흔히 자율주행차를 '도로 위의 스마트폰'이나 '바퀴 달린 컴퓨터'에 비유하곤 한다. 하지만 노동시장의 관점에서 자율주행차는 단순한 디바이스가 아니다. 그것은 수백만 명의 생계가 달린 거대한 '산업 생태계의 포식자'이자, 동시에 새로운 기회를 창출하는 '혁신의 산파'라는 이중적 얼굴을 가지고 있다. 본 장에서는 자율주행 기술이 전 세계 노동시장에 가져올 지형 변화를 심층적으로 해부한다. 막연한 공포나 장밋빛 환상 대신, 냉정한 분석을 통해 사라질 직업과 떠오를 직업을 명확히 구분하고, 이 거대한 전환의 파도 속에서 우리 사회가 나아가야 할 방향을 모색해 본다.

2) 기술적 실업의 공포와 '러다이트'의 재해석

기술 발전이 일자리를 빼앗을 것이라는 공포는 새로운 것이 아니다. 19세기 초 영국에서 발생한 '러다이트 운동(Luddite Movement)'은 흔히 기계 파괴 운동으로 알려졌지만, 실상은 기술 자체에 대한 무조건 반대라기보다는 기술이 초래한 '생존권 위협'에 대한 노동자들의 절박한 저항이었다. 러다이트 운동은 19세기 초(1811~1816년) 영국 산업혁명 시기 당시 숙련된 직조공들은 기계가 자신들의 기술적 가치를 떨어뜨리고, 저임금 노동으로 대체하는 현실에 분노했고, 그들은 직조기 등 기계를 파괴하였다. 기계화로 인한 실업과 임금 하락에 항거한 계급투쟁으로, 네드 러드(Ned Ludd)라는 인물을 지도자로 내세웠다. 산업혁명 시기에 방직기 도입으로 수공업자 실업이 증가하고, 노동 조건이 악화하여 발생한 것이다. 당시에 정부는 군대를 투입하고 기계 파괴를 사형죄로 규정하였다. 현재 '러다이트'는 기술 발전에 대해 반대자들을 비유적으로 지칭한다.

오늘날 우리는 자율주행 기술 앞에서 현대판 러다이트의 우려를 목격하고 있다. 택시 운전사, 트럭 운전사, 배달 노동자들은 알고리즘[164]과 센서로 무장한 자율주행차를 보며 200년 전 직조공들과 비슷한 위기감을 느낀다. 이들에게 기술은 축복이 아닌, 자신의 밥그릇을 위협하는 '강철로 된 경쟁자'로 다가온다.

경제학자 케인스(John Maynard Keynes)는 1930년 에세이에서 '기술적 실업(Technological Unemployment)'이라는 용어를 사용하며, "노동을 절약하는 수단을 발견하는 속도가 노동을 새로운 용도로 사용하는 속도보다 빠를 때 발생하는 실업"이라고 정의했다. 자율주행 기술은 바로 이 '속도의 격차'를 극명하게 보여주는 사례다. 인공지능이 도로 상황을 학습하고 운전 기술을 습득하는 속도는 인간이 새로운 직업 기술을 배우는 속도보다 훨씬 빠를 수 있기 때문이다.

그러나 역사는 기술이 일자리를 없애는 동시에 새로운 일자리를 창출해 왔음을 증명한다. 자동차의 등장은 마부라는 직업을 역사 속으로 사라지게 했지만, 자동차 생산, 정비, 운전 교습, 도로 건설, 주유소 운영 등 마부의 수보다 훨씬 많은 새로운 일자리를 만들어냈다. 경제학자 슘페터는 이러한 혁신이 기존 경제 구조를 파괴하고 새로운 구조를 만드는 과정을 '창조적 파괴'라고 불렀으며, 이는 일자리 시장에서도 나타난다. 자

164 문제를 해결하거나 판단을 내리기 위해 설정된 논리적 절차.

율주행 기술 역시 운전직을 감소시키는 대신, 시스템 엔지니어, 데이터 분석가, 원격 관제사, 모빌리티 서비스 기획자 등 우리가 아직 상상하지 못한 새로운 직업군을 탄생시킬 잠재력을 가지고 있다.

그림 8.1 자동화 시대의 일자리 변화 시나리오

2030년 자동화와 고용 변화: 전환이 핵심 (McKinsey Global Institute, 2023)

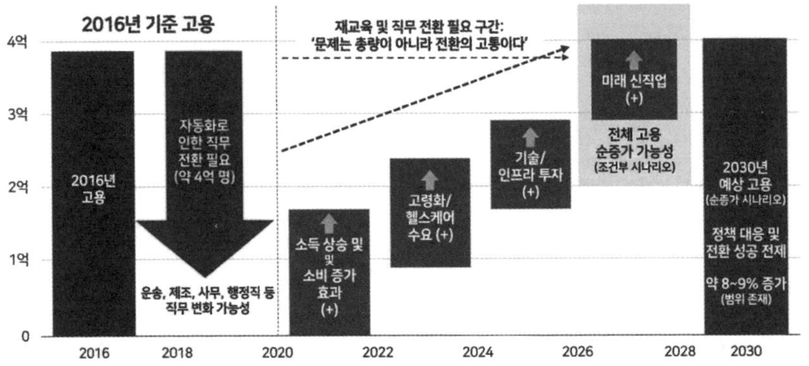

출처: McKinsey Global Institute (MGI), 'Jobs Lost, Jobs Gained (2017, updated 2023)' 의 자료를 바탕으로 재구성.

문제는 '총량'이 아니라 '전환의 고통'이다. 거시경제[165]적으로 일자리의 총량이 유지되거나 늘어난다 해도, 개별 노동자 관점에서 사라지는 일자리의 노동자가 새로 생기는 일자리로 자연스럽게 이동할 수 있는가, 즉 '마부'가 하루아침에 '자동차 정비사'가 될 수 있는가에 대한 질문은 여전히 유효하다. 이 구조적 불일치를 어떻게 해결할 것인가가 이번 장의 핵심 화두다.

165 국가 전체의 고용, 물가, 성장 등 경제 전반의 흐름을 분석하는 관점.

2. 사라질 직업과 새로 생길 직업: 파괴와 창조의 이중주

1) 자동화의 직격탄: 운전대의 주인이 바뀌다

자율주행 기술의 가장 직접적이고 파괴적인 영향은 인간의 '운전 행위'를 대체하는 데서 시작된다. 이는 수십 년간 인간의 고유한 영역이자 생계 수단이었던 운송 및 물류 분야의 일자리에 지각 변동을 예고한다. 맥킨지 글로벌 연구소(McKinsey Global Institute)는 2017년 보고서에서 자동화 기술로 인해 2030년까지 전 세계적으로 최소 4억 명에서 최대 8억 명의 노동자가 일자리를 잃고 직업을 전환해야 할 수 있다고 전망했다. 이 중 운송업은 제조, 음식 서비스와 함께 자동화의 영향을 가장 크게 받을 '고위험군'으로 지목되었다.

표 8.1 사라지는 직업들

직업군	자동화 위험도	주요 대체 요인	예상 시기
택시 운전자	89%	정형화된 운송 패턴, 플랫폼 데이터 축적	2030년대 본격화
트럭 운전자	79%	고속도로 주행의 단순성, 군집 주행 기술	2020년대 후반
배달원	84%	라스트 마일 로봇, 드론 기술 발전	2030년대
버스 운전자	67%	정해진 노선 운행 vs 승객 관리 필요성	2030년대 중반

출처: Frey & Osborne(2013)

(1) 택시 운전자: 로보택시의 습격과 '운전 노동'의 종말

가장 먼저 위협받는 직업군은 택시 운전자다. 전 세계적으로 수백만 명에 달하는 택시 기사들의 업무는 '승객을 태우고 목적지까지 이동한다'라는 비교적 정형화된 패턴을 가지고 있다. 웨이모, 크루즈(Cruise), 죽스(Zoox)와 같은 기업들이 이미 샌프란시스코, 피닉스 등지에서 완전 무인 로보택시(Robotaxi) 상용 서비스를 운영하고 있다.

로보택시는 피로를 모르고, 휴식이 필요 없으며, 최적의 경로를 24시간 주행할 수 있다. 인간 운전자는 생리적 한계와 노동법에 따라 하루 운행 시간이 제한되지만, 자율주행 시스템은 충전 시간만 제외하면 멈추지 않고 수익을 창출할 수 있다. 이는 택시 회사의 측면에서 볼 때, 인건비라는 거대한 비용을 절감하고 가동률을 극대화할 수 있는 유혹적 선택지다.

물론 기술적 완성도와 법적 규제, 사회적 수용성이라는 '방지턱'이 존재하지만, 장기적으로 인간이 운전하는 택시는 '프리미엄 서비스'나 '관광용 마차'와 같은 특수한 영역으로 축소될 가능성이 크다. 이는 단순히 일자리가 사라지는 것을 넘어, 택시 운전이 제공해 온 중장년층의 고용 안전망이 붕괴할 수 있음을 시사한다. 한국의 경우 택시 기사의 평균 연령이 60세에 육박하는 고령화된 직종이라는 점을 고려할 때, 이들의 실직은 심각한 사회적 빈곤 문제로 이어질 수 있다.

(2) 트럭 운전자: 고속도로의 무인화와 물류 혁명

트럭 운전자, 특히 장거리 화물 운송(Long-haul trucking) 종사자 역시 자율주행의 거센 파도 앞에 서 있다. 미국 트럭운송협회(ATA)에 따르면 미국 내 트럭 운전자는 수백만 명에 달하며, 이는 미국 전체 일자리의 상당 부분을 차지한다. 트럭 운전은 많은 국가에서 대학 학위 없이 중산층의 삶을 영위할 수 있게 해주는 대표적 직업이었다.

기술적 관점에서 고속도로 주행은 도심 주행보다 자동화하기 훨씬 수월하다. 신호등과 횡단보도가 없고, 보행자가 튀어나올 확률이 낮으며, 차선이 명확하고 주행 방향이 일정하기 때문이다. 이러한 환경은 자율주행 트럭이 도입되기에 최적의 조건(ODD)을 제공한다. 이미 다임러 트럭

(Daimler Truck), 오로라(Aurora), 투심플(TuSimple) 등의 기업들은 레벨 4 수준의 자율주행 트럭을 테스트하며 상용화를 목전에 두고 있다.

자율주행 트럭은 '군집 주행(Platooning)' 기술을 통해 효율성을 극대화한다. 선두 차량만 유인(有人) 또는 무인으로 주행하고, 뒤따르는 트럭들이 무선 통신(V2V)으로 연결되어 마치 기차처럼 줄지어 달리는 방식이다. 이는 공기 저항을 줄여 연료를 절감할 뿐만 아니라, 운전자 인건비를 획기적으로 낮출 수 있다. 초기에는 고속도로 구간만 자율주행으로 이동하고, 복잡한 인터체인지나 도심 진입 구간에서는 인간이 운전대를 잡는 '하이브리드 모델'이 적용되겠지만, 기술이 고도화될수록 인간의 역할은 '운전'에서 '차량 관리'나 '화물 상하차 감독'으로 축소될 것이다.

(3) 버스 운전자: 정해진 노선의 역설

대중교통의 핵심인 버스 운전자 또한 예외는 아니다. 시내버스는 정해진 노선을 반복적으로 운행하며, 전용 차로를 이용하는 경우가 많아 주행 환경의 예측 가능성이 크다. 이는 자율주행 AI가 학습하기 좋은 데이터 세트를 제공한다는 의미이기도 하다. 이미 유럽과 아시아의 여러 스마트 시티에서는 정해진 구역을 순환하는 자율주행 셔틀버스가 시범 운행되고 있다.

버스 운전자의 경우 승객의 안전 관리, 요금 징수, 교통 약자 승하차 지원 등 운전 외적인 업무도 수행하기 때문에 완전 무인화까지는 시간이 더 걸릴 수 있다. 그러나 '운전'이라는 핵심 업무가 자동화되면, 버스 기사의 역할은 기계 조작자보다는 '객실 승무원'이나 '안전 관리자'에 가까워질 것이다. 이는 직무의 성격이 '기술직'에서 '서비스직'으로 변화함을 의미하며, 이에 따른 임금 구조와 고용 형태의 변화도 불가피할 것이다.

2) 기술 발전에 따른 신직업의 등장: 기계의 관리자들

자율주행 기술이 기존의 운전직을 밀어내는 자리에, 이전에는 존재하지 않았던 새로운 직업들이 뿌리를 내리고 있다. 이는 20세기 중반 자동 전화 교환 시스템의 도입으로 수만 명의 전화 교환원이 사라졌지만, 그 자리에 네트워크 엔지니어, 통신 시스템 관리자, 데이터 센터 운영 전문가 등 더 전문적이고 고임금의 직업이 생겨난 것과 유사하다. 전화 교환원이 사라진 것은 자동화 때문이었지만, 그 결과 통신 인프라는 폭발적으로 확장되어 정보통신 산업 전체가 탄생했고, 수백만 개의 새로운 일자리를 창출했다

(1) 자율주행 시스템 엔지니어: AI의 두뇌를 설계하다

가장 대표적인 신직업군은 자율주행차의 '두뇌'와 '눈'을 만드는 엔지니어들이다. 이들은 라이다(LiDAR), 레이더(Radar), 카메라 등 다양한 센서에서 수집된 데이터를 융합(Sensor Fusion)하여 차량이 주변 환경을 정확히 인식하도록 돕는 알고리즘을 개발한다.

그림 8.2에서 보는 바와 같이, 자율주행 AI의 핵심 메커니즘은 '입력-처리-출력'으로 이어지는 정교한 시스템 구조를 통해 완성된다. 먼저 입력층(Input Layer)에서는 카메라, 레이더(Radar), 라이다(LiDAR) 등 세 가지 핵심 센서가 인간의 감각 기관 구실을 한다. 카메라는 도로 위 물체의 색상과 질감 같은 시각 정보를, 레이더는 전파를 이용해 악천후 속에서도 물체의 속도와 거리를 정확히 측정한다. 라이다는 빛(레이저)을 쏘아 물체의 3차원 형상을 고정밀도로 스캔하여 입체적인 지형지물을 파악한다. 처리층(Process Layer)에서는 이렇게 수집된 이질적인 데이터들이 '센서 퓨전 알고리즘(Sensor Fusion Algorithm)'을 통해 하나로 통합한다. 인간의 뇌와 같은 역할을 하는 AI 시스템은 통합된 데이터를 바탕으

로 현재의 교통 상황을 인지하고, 다음 움직임을 결정하는 전략적 판단(Situation Awareness & Decision Making)을 실시간으로 내린다. 마지막으로 출력층(Output Layer)에서는 앞선 판단 결과를 바탕으로 '정밀한 주변 환경 모델링(Precise Environmental Modeling)'이 구현된다. 도로 위 보행자와 차량을 개별 물체로 정확히 인식하고 그 위치와 이동 방향을 3D 박스 형태로 시각화함으로써, 자율주행차가 복잡한 도심 환경 속에서도 안전하고 효율적 경로를 선택하여 주행할 수 있게 한다.

그림 8.2 센서 퓨전

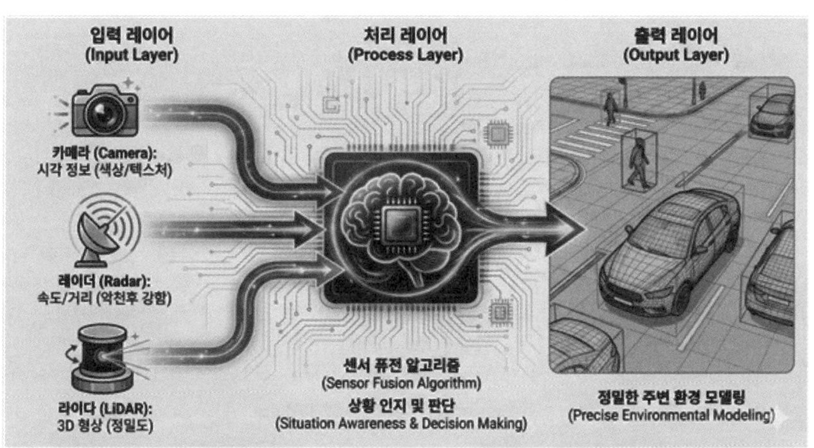

(2) 원격 차량 운영자: 디지털 시대의 관제탑

자율주행차가 아무리 똑똑해져도 예상치 못한 돌발 상황(Edge Case)은 발생하기 마련이다. 갑작스러운 도로 공사, 수신호로 교통을 통제하는 경찰관, 폭설로 보이지 않는 차선 등의 상황에서 AI는 혼란에 빠질 수 있다. 이때 등장하는 구원투수가 바로 원격 차량 운영자(Remote Vehicle Operator)다.

이 직업은 항공 관제사(Air Traffic Controller)와 유사하다. 수십, 수백 km

떨어진 관제 센터에서 모니터를 통해 차량의 카메라 영상을 실시간으로 확인하다가, AI가 해결하기 힘든 상황에 직면하면 원격으로 개입하여 차량에 지시를 내리거나 직접 조종한다. 이 기술을 '텔레오퍼레이션(Teleoperation)'이라고 하며, 5G와 같은 초저지연[166] 통신 기술이 필수적이다. 웨이모나 팬텀 오토(Phantom Auto)와 같은 기업들은 이미 이러한 원격 지원 시스템을 구축하고 있으며, 이는 운전직을 잃은 트럭/버스 기사들이 재교육을 통해 전환할 수 있는 유망한 직종 중 하나로 꼽힌다.

(3) 모빌리티 서비스 매니저 및 플릿 매니저: 도시의 지휘자

자율주행 시대에는 개인이 차를 소유하는 대신 필요할 때 호출해 쓰는 MaaS(Mobility as a Service)가 보편화할 것이다. 이때 수백, 수천 대의 자율주행차를 효율적으로 운영하고 관리하는 플릿 매니저(Fleet Manager)의 역할이 중요해진다.

플릿 매니저는 '오케스트라의 지휘자'에 비유할 수 있다. 지휘자가 바이올린, 첼로, 플루트 등 다양한 악기의 소리를 조율하여 하나의 아름다운 교향곡을 만들어내듯, 플릿 매니저는 차량의 위치, 배터리 상태, 승객의 수요, 교통 상황 등 방대한 데이터를 분석하여 차량을 적재적소에 배치하고, 최적의 이동 경로를 설계하며, 유지보수 일정을 관리한다. 이를 통해 도시 전체의 차량 흐름을 원활하게 하고 서비스 효율을 극대화하는 '도시 교통의 마에스트로' 역할을 맡게 된다.

(4) 데이터 사이언티스트: 디지털 광산의 광부

자율주행차는 주행 중 매 순간 테라바이트(TB)급의 데이터를 쏟아낸다. 인텔(Intel)에 따르면 자율주행차 한 대가 하루에 생성하는 데이터양은 약 4TB에 달하며, 이는 영화 3,000편에 해당하는 엄청난 분량이다.

---

166 데이터 전송 지연을 극도로 줄여 실시간 반응성을 확보한 상태.

이 방대한 '데이터의 바다'에서 유의미한 정보를 건져 올리는 역할이 바로 데이터 사이언티스트다.

이들을 '디지털 시대의 광부' 혹은 '연금술사'에 비유할 수 있다. 거친 원석(Raw Data)을 채굴하여 불순물을 제거하고 가공(Data Preprocessing)한 뒤, 정교한 분석 모델(Algorithm)을 통해 황금과도 같은 '비즈니스 시사점'을 추출하기 때문이다. 이들이 분석한 데이터는 자율주행 AI의 학습 재료가 되고, 보험료 산정의 근거가 되며, 도시 계획의 기초 자료로 활용된다.

3. 직업별 자동화 위험도 분석: 누가 살아남는가?

1) 자동화의 병목 현상

모든 직업이 같은 속도로 자동화되는 것은 아니다. 어떤 직업은 폭풍우 속의 촛불처럼 위태롭지만, 어떤 직업은 태풍에도 끄떡없는 바위처럼 견고하다. 옥스퍼드 대학의 칼 베네딕트 프레이(Carl Benedikt Frey)와 마이클 오스본(Michael A. Osborne) 교수는 그들의 기념비적 연구 '고용의 미래(The Future of Employment)'에서 자동화를 가로막는 세 가지 '기술적 병목 현상(Engineering Bottlenecks)'을 제시했다. 이 세 가지는 기계가 인간을 넘어서기 가장 어려운 '최후의 방어선'과도 같다.

첫째는 지각 및 조작(Perception and Manipulation)의 개념이다. 복잡하고 비정형적 환경에서 물체를 인식하고 정교하게 다루는 능력이다. 예를 들어, 헝클어진 전선을 정리하거나, 좁고 복잡한 공간에서 배관을 수리하는 일은 로봇에게 여전히 매우 어렵다. 이는 '모라벡의 역설(Moravec's Paradox)'과도 일맥상통하는데, 인간에게 쉬운 것(걷기, 잡기)이 로봇에게는 어렵고, 인간에게 어려운 것(계산, 체스)이 로봇에게는 쉽다는 원리다. 모라벡의 역설(Moravec's Paradox)은 로봇공학자 한스 모라벡(Hans Moravec)이 1980년대에 제시한 개념으로, 인간에게는 쉽지만, AI·로봇에게는 매우 어려운 작업(감각 처리, 운동 제어 등)이 있고, 반대로 인간에게 어렵지만, AI에게는 상대적으로 쉬운 작업(논리 추론, 체스 등)이 있다는 역설을 지적한다. 인간의 감각·운동 능력은 수억 년 동안의 진화로 인해 무의식적으로 수행되지만, 복잡한 계산 자원이 필요해 AI 구현이 어렵다는 진화론적 설명이 핵심이다. 자율주행처럼 환경 인식과 실시간 제어가 어려운 이유를 설명하는 고전적 원리다.

둘째는 창의적 지능 (Creative Intelligence)으로 새롭고 독창적인 아이디어를 내거나 예술적 가치를 창출하는 능력이다. AI가 그림을 그리고 작곡을 하지만, 진정한 의미의 '독창성'과 '맥락적 이해'는 아직 인간의 영역이다. AI는 기존 데이터의 패턴을 조합할 뿐, 무(無)에서 유(有)를 창조하거나 깊은 정서적 울림을 주는 스토리를 만들어내기는 어렵다.

마지막으로 사회적 지능 (Social Intelligence)이다. 타인의 감정을 이해하고, 설득하며, 협상하고, 돌보는 능력이다. 미묘한 표정 변화를 읽고 공감하거나, 복잡한 이해관계를 조정하는 일은 알고리즘으로 구현하기 가

그림 8.3 자동화로 대체될 가능성이 큰 직업

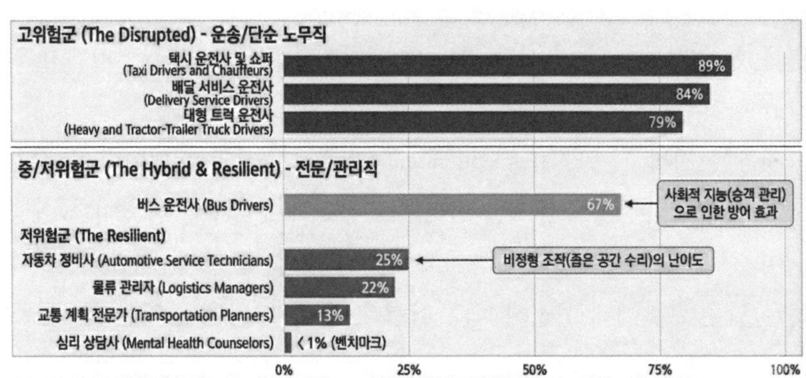

장 어려운 영역이다. 인간관계는 논리가 아닌 감정과 직관의 영역이기 때문이다.

2) 위험도 그룹별 분석: 데이터가 말하는 미래

프레이와 오스본은 이 세 가지 병목 요소를 기준으로 직업별 자동화 확률(Probability of Computerisation)을 계산했다.

(1) 고위험군: 반복과 예측의 함정

자동화 확률이 70% 이상인 직업군이다. 주로 정해진 매뉴얼이나 규칙에 따라 반복적 업무를 수행하는 직업들이 여기에 속한다. 앞서 언급한 것처럼 택시 운전자, 트럭 운전자, 배달원 등은 도로 규칙이라는 명확한 알고리즘 위에서 작동하므로 AI 대체 가능성이 매우 크다. 이들의 업무는 대부분 '예측 가능한 물리적 활동'으로 구성되어 있어, 센서와 데이터 처리 기술이 발전함에 따라 가장 빠르게 자동화될 운명에 처해 있다. 또한, 사무/행정: 텔레마케터, 회계 장부 담당자, 단순 데이터 입력원 등도 고위험군에 속한다. 이들의 업무는 '입력 → 처리 → 출력'의 과정이 명확하여 로봇 프로세스 자동화(Robotic Process Automation, RPA)[167] 소프트웨어로 대체하기 쉽다.

(2) 중위험군: 인간과 기계의 줄타기

자동화 확률 30%~70% 사이의 직업들이다. 일부 업무는 자동화되지만, 인간의 판단이나 개입이 여전히 중요한 직업들이다. 버스 운전자의 경우, 운전 자체는 자동화될 수 있지만, 승객 안전 관리, 돌발 상황 대처, 교통 약자 지원 등 '사회적 지능'이 필요한 업무가 혼재되어

167 소프트웨어를 이용해 반복적인 사무 업무를 자동화하는 기술.

있어 완전 대체까지는 시간이 걸릴 것이다. 기계가 핸들은 돌릴 수 있어도, 짐 든 할머니를 기다려 주거나 우는 아이를 달래는 일은 할 수 없기 때문이다. 판매직의 경우, 매장 내 재고 관리는 로봇이 할 수 있지만, 고객에게 어울리는 상품을 추천하고 상담하는 일은 인간의 몫으로 남을 수 있다.

(3) 저위험군: 인간 고유성의 성역

자동화 확률 30% 미만의 직업들로, 창의성, 복잡한 문제 해결력, 고도의 사회적 기술을 필요로 한다. 전문가인 교통 계획 전문가, 물류 관리자, 성직자, 심리 상담사, 예술가 등은 AI가 대체하기 어려운 영역에 있다. 이들은 정해진 답이 없는 문제를 다루거나, 인간의 영혼과 감정을 다루는 직업들이다. 또한, 기술직인 자동차 정비사의 경우, 고장 원인을 진단하는 것은 AI가 더 잘할 수 있지만, 복잡한 엔진룸 안에서 손을 넣어 부품을 교체하고 수리하는 '비정형[168] 조작' 능력은 로봇이 따라오기 힘든 숙련된 인간의 기술이다. 이 분석은 우리에게 중요한 시사점을 준다. 미래의 생존 전략은 '기계와 경쟁하는 것'이 아니라, '기계가 할 수 없는 인간만의 역량을 키우는 것'에 있다는 점이다.

4. 노동시장 전환의 시간적 전망: 점진적 확산의 S 커브

자율주행 기술의 도입은 어느 날 갑자기 모든 차가 바뀌는 '빅뱅' 방식이 아니라, 기술 수용 곡선(S-Curve)을 그리며 단계적으로 진행될 것이다. 그림 8.4를 보면, S 커브는 기술 도입 초기에는 서서히 증가하다가,

168 규칙이 명확하지 않고 돌발 변수가 많은 복잡한 조작.

어느 임계점[169]을 넘으면 폭발적으로 확산하고, 시장이 포화 되면 다시 완만해지는 곡선을 의미한다.

자율주행 기술의 미래를 전망하기 위해 BCG와 맥킨지 등 주요 컨설팅사의 분석을 참고하면 기술적 성숙도와 시장 침투율에 따른 세 단계의 진화 과정을 그려볼 수 있다. 우선 2025년부터 2030년까지 이어지는 제1단계는 기술이 특정 조건(ODD)에서만 허용되는 제한적 도입기이자 S 커브의 완만한 시작점에 해당한다. 이 시기에는 고속도로에서의 자율주행 트럭 군집 주행이나 신도시, 대학 캠퍼스, 공항 등 지정된 구역 내의 셔틀버스가 상용화되는 등 기술적 난도가 낮은 '폐쇄적 환경'을 중심으로 기술이 구현된다. 노동시장의 경우 여전히 인간 운전자가 탑승하여 비상 상황에 대비하는 레벨 3에서 4 사이의 단계에 머물러 있어 급격한 일자리 감소는 나타나지 않으며, 오히려 기술 검증을 위한 테스트 드라이버나 데이터 라벨러 같은 기술 지원 직군의 수요가 늘어날 수 있다.

이러한 흐름은 2030년부터 2035년 사이 전개될 제2단계 본격 확산기에 접어들며 급격한 상승 곡선을 그리게 된다. 기술적 신뢰성이 확보되고 센서 가격이 하락함에 따라 주요 대도시에서는 완전 무인 로보택시 서비스가 본격적으로 확장되고 개인용 자율주행차의 보급 또한 시작될 것으로 보인다. 특히 맥킨지의 분석에 따르면 2035년경 자율주행 기술은 연간 약 3,000억 달러에서 4,000억 달러 규모의 수익을 창출하는 거대 산업으로 성장할 전망이다. 이 과정에서 도로 위에는 인간이 운전하는 차와 로봇이 운전하는 차가 뒤섞이는 '혼합 교통(Heterogeneous Traffic)' 상황이 일반화되며, 택시나 트럭 운전자의 고용 감소가 가시화되는 동시에 원격 관제 센터 운영이나 스마트 인프라(V2X) 구축 등 새로운 형태의 노동 이동이 활발해질 것이다.

169 임계점 (Tipping Point): 작은 변화가 폭발적인 영향으로 이어지기 시작하는 시점.

궁극적으로 2035년 이후의 제3단계는 자율주행이 보편적 이동 수단으로 자리 잡는 대중화 시기이자 성숙기에 해당한다. 이 시기에는 차량 소유보다는 서비스로서의 모빌리티(MaaS)가 주류가 되어 인간이 직접 운전하는 행위 자체가 오히려 위험하거나 특별한 취미 활동으로 간주할 수 있다. 차량 내부 공간은 단순한 이동 수단을 넘어 업무나 휴식을 즐기는 연결된 생활 공간으로 재정의되며, 도시는 주차장 대신 공원과 보행자 중심의 녹지로 가득 채워질 것이다. 노동시장은 자율주행 생태계를 유지하고 고부가가치 데이터 서비스를 창출하는 직군 중심으로 완전히 재편되며, 일자리 소멸이라는 단편적 우려보다는 노동의 질적 변화와 사회적 소득 분배 방식이 더욱 중요한 화두로 떠오르게 된다.

그림 8.4 자율주행기술의 시장 침투 및 단계별 시나리오

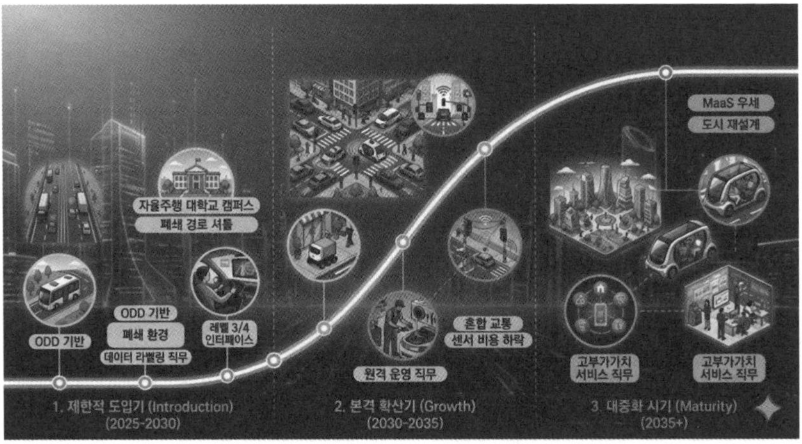

5. 사회적 갈등과 대화의 필요성: 충돌하는 세계들

1) 운송업계 종사자들의 불안

기술 혁신의 시곗바늘이 빠르게 돌아갈수록, 그 바늘에 찔릴 위기에 처한 사람들의 고통은 커져만 간다. 전 세계 운송업계 종사자들에게 자율주행은 '편리한 미래'가 아닌 '생존의 위협'이다. 국제운수노련(ITF)은 자율주행 트럭이 미국과 유럽 운전자 일자리 50~70% 감소(2030년까지 최대 440만 명)를 초래할 수 있다고 경고하는 보고서를 발행했다. 또한, 택시 기사들의 '디지털 봉건주의' 공포는 심각한 수준이다. 택시 기사들은 플랫폼 기업들이 알고리즘을 무기로 자신들을 통제하고, 결국에는 로봇으로 대체해 버릴 것이라는 두려움을 갖고 있다. 이를 일부 학자들은 '디지털 봉건주의(Digital Feudalism)' 혹은 '테크노 봉건주의'라고 부른다. 중세 시대 영주가 토지를 소유하고 농노들이 그 땅에 묶여 일했듯, 거대 플랫폼 기업(영주)이 데이터와 알고리즘(토지)을 독점하고, 노동자(농노)들은 플랫폼에 종속되어 일하지만 언제든 알고리즘에 의해 해고(접속 차단)될 수 있는 불안정한 상태를 빗댄 말이다. 기사들에게 로보택시는 자신들을 영원히 쫓아낼 새로운 기계 영주의 등장을 의미한다. 트럭/버스 기사들의 실존적 위기 또한 심각하다. 수십 년간 고속도로를 누비며 국가 물류의 동맥 역할을 해왔다고 자부한 트럭 기사들에게, 자율주행 트럭은 자신들의 숙련된 기술을 '쓸모없는 것'으로 만들어버리는 존재다. 이는 단순한 소득 상실을 넘어, 직업적 정체성과 자존감의 상실로 이어질 수 있다.

2) 노동조합의 대응: 기계를 멈출 수 없다면, 방향을 틀어라

노동조합의 대응은 무조건적 반대에서 점차 '정의로운 전환(Just Transition)'을 요구하는 방향으로 진화하고 있다. '정의로운 전환'이란 기후 변화나 기술 변화로 인한 산업 전환 과정에서 노동자가 일방적으로 희생되지 않고, 그 과정과 결과가 정의로워야 한다는 개념이다. 기후 위기 대응에서 탄소 배출 산업 노동자들을 보호하기 위해 처음 사용된 이 개념은 이제 AI와 자동화의 맥락으로 확장되었다. 노조는 기술 도입의 속도를 조절하여 사회적 충격을 완화하고, 기존 노동자들이 은퇴하거나 전직할 수 있는 충분한 시간(최소 10년 이상)을 벌어 달라고 요구한다. 또한, 해고 대신, 자율주행차 관리, 원격 관제, 서비스 매니저 등 관련 직종으로의 전환을 위한 실질적이고 구체적인 재교육 프로그램을 요구한다. 마지막으로, 자동화로 인해 기업이 얻게 될 막대한 초과 이익(인건비 절감분)의 일부를 세금(로봇세)으로 걷어, 실직자 지원 기금이나 사회 안전망 확충에 사용해야 한다고 주장한다.

3) 갈등의 현장과 사회적 대화의 중요성

인도 정부는 2017년부터 일자리 보호를 이유로 자율주행 차량 도입을 불허하는 태도를 명확히 하고 있으며, 미국에서는 샌프란시스코 등지에서 로보택시 운행을 둘러싼 주민 반발이 발생하고 있다. 이러한 갈등을 내버려 둘 경우, 기술 도입이 지연되는 것은 물론 막대한 사회적 비용을 치러야 한다.

따라서 '사회적 대화'를 위한 기구의 역할이 그 어느 때보다 중요하다. 네덜란드의 '사회 경제 협의회(SER)'나 독일의 '플랫폼 인더스트리 4.0'과 같이 정부, 기업, 노조, 전문가가 함께 머리를 맞대고 기술 도입의 원

그림 8.5 디지털 봉건주의에서 정의로운 전환으로 이동

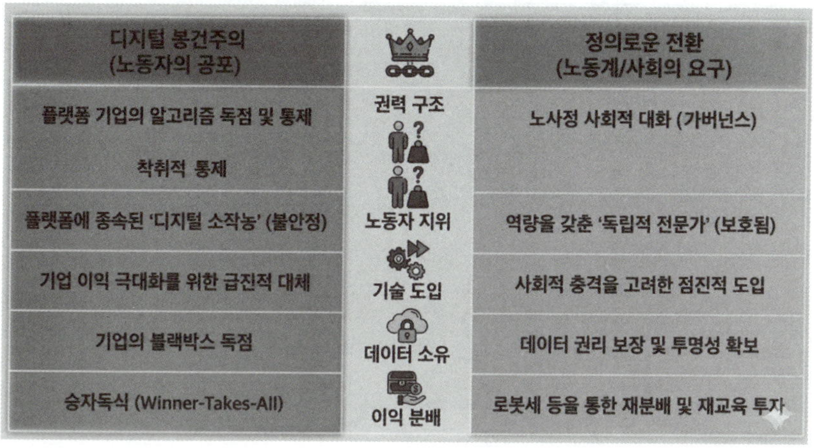

디지털 봉건주의 (노동자의 공포)		정의로운 전환 (노동계/사회의 요구)
플랫폼 기업의 알고리즘 독점 및 통제 착취적 통제	권력 구조	노사정 사회적 대화 (가버넌스)
플랫폼에 종속된 '디지털 소작농' (불안정)	노동자 지위	역량을 갖춘 '독립적 전문가' (보호됨)
기업 이익 극대화를 위한 급진적 대체	기술 도입	사회적 충격을 고려한 점진적 도입
기업의 블랙박스 독점	데이터 소유	데이터 권리 보장 및 투명성 확보
승자독식 (Winner-Takes-All)	이익 분배	로봇세 등을 통한 재분배 및 재교육 투자

칙과 속도, 보상 방안을 논의하는 가버넌스 체계가 필요하다. 이는 마치 꽉 막힌 교차로에서 교통경찰이 신호를 정리해 주듯, 이해관계자들의 충돌을 조정하고 상생의 길을 터주는 역할을 해야 한다. 사회적 대화는 갈등이라는 '교통 체증'을 뚫어주는 유일한 신호등이다.

6. 기술 전환기 사회적 안전망과 정책 과제

1) 교육 및 훈련 시스템의 혁신: 평생 학습의 시대로

자율주행 시대의 고용 위기를 극복하기 위한 첫 번째 열쇠는 '교육'이다. 하지만 기존의 '학창 시절에 배워 평생 써먹는' 방식의 교육 모델은 유통기한이 지났다. 이제는 평생에 걸쳐 끊임없이 새로운 기술을 배우고 적응하는 '평생 학습(Lifelong Learning)' 시스템이 필요하다. 과거의 교육이 똑같은 규격의 제품을 찍어내는 '공장형 모델(Factory Model)'이었

그림 8.6 사다리(Ladder)와 다리(Bridge)

다면, 미래의 교육은 각자의 속도와 필요에 맞춰 유연하게 학습하는 '맞춤형 모델'이어야 한다. 이러한 관점에서 스킬링(Reskilling)과 업스킬링(Upskilling)이란 두 용어는 미래 노동 정책의 핵심이다. '리스킬링'은 사라지는 직업의 노동자에게 완전히 새로운 기술을 가르쳐 다른 직업으로 전환하는 것이다. 예를 들어, 트럭 운전사에게 코딩을 가르쳐 프로그래머로 만드는 것이다. 반면 '업스킬링'은 현재 직무에 신기술을 접목해 역량을 강화하는 것이다. 트럭 운전사에게 자율주행 트럭의 원격 관제 시스템 조작법을 가르치는 것이 이에 해당한다. 현실적으로는 업스킬링을 통한 점진적 전환이 더 효과적일 수 있다. 이를 MMORPG 게임에 비유하자면, 리스킬링은 캐릭터의 직업을 바꾸는 '전직'이고, 업스킬링은 현재 직업의 레벨을 올려 새로운 스킬을 배우는 '레벨업'과 같다. 또한 브리지와 사다리라는 용어도 주목할 필요가 있는데, 과거의 경력 개발이 한 직장 내에서 수직으로 상승하는 '사다리(Ladder)' 모델이었다면, 미래는 다양한 직무와 산업을 넘나드는 '다리(Bridge)' 모델이 될 것이다. 한 직업이 끊어지면 다른 직업으로 건너갈 수 있는 다리를 놓아주어야 한다. 정부는 노동자들이 이 다리를 안전하게 건널 수 있도록 교육비 지원(국민내일배움카드[170] 등), 맞춤형 진로 상담, 직업 훈련 쿠폰 등을 제공해야 한다.

2) 사회적 안전망의 재설계: 기본소득과 플렉시큐리티

교육만으로는 충분하지 않다. 기술 전환의 과도기에는 필연적으로 일시적 실업이나 소득 감소가 발생할 수밖에 없다. 이를 지탱해 줄 튼튼한 사회적 안전망이 필수적이다. 이런 상황에서 보편적 기본소득 (UBI)[171] 논쟁을 들어보았을 것이다. 기본소득은 기술적 실업의 가장 강력한 대안으로 거론된다. 일론 머스크나 마크 저커버그 같은 테크 리더들도 이를 지지한다. 그들은 자동화로 인해 일자리가 줄어들더라도 소비력이 유지되어야 경제가 돌아간다고 본다. 기본소득을 단순한 '구제책'이 아니라, 노동자들이 생계 걱정 없이 새로운 기술을 배우고 도전할 수 있게 해주는 '든든한 바닥(Floor)'으로 바라봐야 한다는 주장이 설득력을 얻고 있다. 즉, 추락을 막아주는 그물(Net)을 넘어, 다시 튀어 오를 수 있게 해주는 '트램펄린(Trampoline)' 역할을 해야 한다는 것이다. 또한, 덴마크의 모델로 유명한 플렉시큐리티는 '유연성(Flexibility)'과 '안전성(Security)'의 합성어다. 기업에는 해고와 채용의 유연성을 보장하여 기술 변화에 빠르게 대응하도록 하고, 대신 정부는 노동자에게 높은 수준의 실업 급여와 재취업 훈련을 제공하여 소득과 고용의 안전성을 보장하는 방식이다. 이는 노동자가 '직장(Job)'을 잃는 것을 두려워하지 않고 '고용 가능성(Employability)'을 유지하도록 돕는다. 마치 공중그네 곡예사가 아래에

---

170 국민내일배움카드는 고용노동부가 운영하는 직업 훈련 지원 제도로, 실업자·재직자·자영업자 등 누구나 300~500만 원 한도 내 훈련비를 정부 지원받는 카드.

171 모든 구성원에게 조건 없이 지급되는 소득.

튼튼한 안전망이 있음을 믿고 과감하게 손을 놓아 다른 그네로 이동하는 것과 같다.

7. 사회적 임팩트 창업

위기는 곧 기회다. 자율주행 기술이 초래할 사회적 문제들은 역설적으로 새로운 비즈니스의 기회가 될 수 있다. 기술을 통해 사회 문제를 해결하면서 수익도 창출하는 하나의 방안으로서 '사회적 임팩트 창업(Social Impact Startups)'[172]의 가능성을 탐색해 본다. 여기서 사회적 임팩트 창업은 단순히 이윤 창출을 넘어, 우리 사회가 직면한 다양한 문제(환경, 빈곤, 교육, 불평등 등)를 비즈니스 모델을 통해 근본적으로 해결하려는 기업을 의미한다. 과거의 기업들이 이윤 추구에만 집중하고, 사회 공헌을 별개의 활동(CSR)으로 여겼다면, 임팩트 창업은 '문제 해결' 자체가 곧 '비즈니스의 핵심'이라는 점에서 차이가 있다.

그렇다면 자율주행 시대, 사회적 임팩트 창업은 구체적으로 어떤 모습일까? 자율주행 기술이 이야기하는 일자리 감소와 사회적 양극화라는 문제를 오히려 새로운 비즈니스 기회로 전환하는 두 가지 핵심 전략을 살펴보자. 첫째는 기술의 혜택을 소외 계층에게 먼저 제공하는 '포용적 혁신' 전략이고, 둘째는 사람을 대체하는 대신 사람과 기술을 결합하는 '인간-AI 협업' 전략이다.

---

172 임팩트 투자와 관련이 깊다. 임팩트 투자는 재무적 수익과 함께 긍정적인 사회·환경적 영향(impact)을 동시에 추구하는 투자 방식이다. 단순히 돈을 기부하는 자선(Philanthropy)도 아니고, 오직 수익만 추구하는 전통적 투자도 아닌, "돈을 벌면서 세상을 바꾸는" 제3의 투자 방식이다.

1) 포용적 혁신과 '따뜻한 기술'

자율주행 기술을 소외 계층을 위해 활용하는 비즈니스 모델이다. 기술의 차가움에 인간의 따뜻함을 입히는 시도라 할 수 있다. 실버 모빌리티(Silver Mobility)란 고령화 사회에서 이동권이 제한된 노인들을 위해, 병원 동행이나 장보기 등을 지원하는 자율주행 셔틀 서비스다. 이때 은퇴한 중장년층을 '돌봄 관리자'로 고용하여 차량에 동승시키면, 노인 승객에게는 정서적 안정감을 주고 중장년층에게는 일자리를 제공하는 일거양득의 효과를 거둘 수 있다. 미국의 보이지 오토(Voyage Auto)는 은퇴자 커뮤니티(The Villages)에서 저속 자율주행 택시를 운영하며 큰 호응을 얻었다. 이는 기술이 가장 필요한 곳에 가장 먼저 닿게 하는 '따뜻한 기술'의 사례다. 또한, 교통 소외 지역(Last Mile) 솔루션은 버스가 다니지 않는 시골 마을이나 산간벽지에 수요응답형 교통(Demand Responsive Transport, 이하 DRT로 표기) 자율주행 버스를 투입하는 사업이다. 메이 모빌리티[173]와 같은 스타트업은 대중교통이 닿지 않는 지역을 자율주행 셔틀로 연결하여 주민들의 이동권을 보장하고 있다. 이는 지역 간 불평등을 해소하고 주민들의 삶의 질을 높이는 공익적 가치가 크다.

2) 인간-AI 협업 모델: 켄타우로스 전략

그리스 신화에 나오는 반인반마 '켄타우로스(Centaur)'[174]처럼, 인간과

---

173 May Mobility는 미국 미시간주 앤아버(Ann Arbor, Michigan)에 본사를 둔 자율주행 스타트업이다.

174 1997년 IBM의 슈퍼컴퓨터 '딥 블루'에 패배한 카스파로프는 인간과 컴퓨터가 한 팀이 되어 대국하는 '어드밴스드 체스(Advanced Chess)'를 고안했다. 상반신은 인간, 하반신은 말인 신화 속 존재에 비유해 '켄타우로스 체스'라고 명명되었으며, 이는 기계의 계산 능력과 인간의 직관이 결합할 때 가장 강력한 성과가 나온다는 것을 증명했다. 이후 이 개념은 단순한 체스

AI가 결합하여 최고의 퍼포먼스를 내는 비즈니스 모델이다. 완전 자동화를 고집하는 대신, 인간과 AI의 장점을 결합하여 시너지를 내는 전략이다. 먼저, 하이브리드 배송을 들 수 있다. 자율주행 트럭이 도시 거점 물류센터까지 대량 운송을 담당하고(AI의 효율성), 복잡한 골목길 배송이나 고객 대면 서비스는 지역 주민인 '동네 배송원'이 담당하는(인간의 유연성) 모델이다. 이는 기존 배송 기사들과의 상생 모델이 될 수 있다. 프리미엄 컨시어지 택시도 논의되고 있다. 운전은 AI가 담당하여 안전하고 효율적으로 이동하지만, 차량 내에는 인간 승무원(컨시어지)[175]이 탑승하여 짐을 들어주고, 관광 안내를 하거나, 음료를 제공하는 등의 고품격 서비스를 제공하는 모델이다. 운전 노동을 감정 노동이나 고부가가치 서비스 노동으로 전환하여 새로운 시장을 창출하는 전략이다.

그림 8.7 켄타우로스 전략

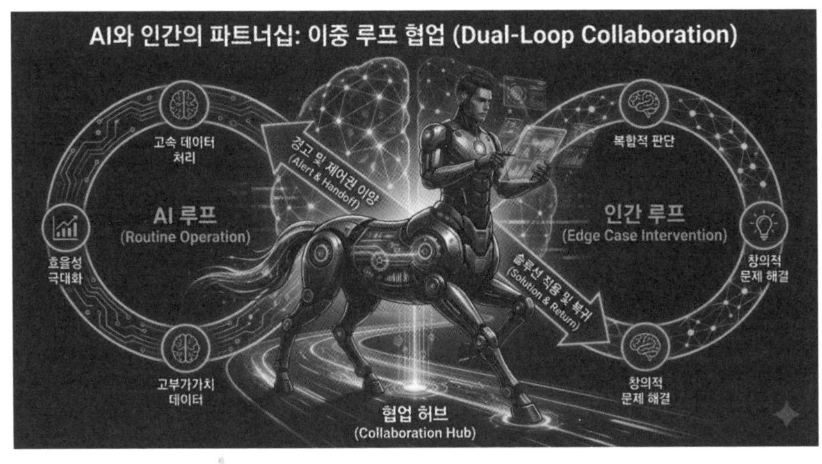

사례를 넘어 인간의 판단력, 창의성, 맥락 이해 능력과 AI의 빠른 계산·데이터 처리 능력을 결합하는 협력 모델의 비유로 폭넓게 사용되고 있다.

175 컨시어지 (Concierge): 고객의 요구에 맞추어 모든 편의를 제공하는 맞춤형 서비스

임팩트 창업을 통해 설립된 사회적 기업은 재무적 성과(제1의 바텀 라인)뿐만 아니라 사회적 성과(제2의 바텀 라인)를 동시에 추구해야 한다. 자율주행 스타트업이라면, "우리는 기술로 얼마나 많은 돈을 벌었나?" 뿐만 아니라 "우리는 이 기술로 얼마나 많은 교통 약자의 이동권을 보장했나?", "얼마나 많은 양질의 대체 일자리를 창출했나?"를 핵심 성과 지표(Key Performance Index)[176]로 관리해야 한다. 이는 기업의 브랜드 가치를 높이고, ESG 경영을 중시하는 투자자들을 유치하는 데에도 큰 도움이 된다.

---

176 조직이나 팀의 전략적 목표 달성을 측정하기 위해 핵심적으로 관리하는 정량적 지표.

폭풍 속에서 키를 잡다

자율주행 기술이라는 거대한 폭풍이 다가오고 있다. 이 폭풍은 낡은 뗏목(기존의 일자리와 노동 관행)을 부서뜨릴 것이지만, 동시에 우리를 새로운 대륙(새로운 기회와 풍요)으로 데려다줄 강력한 바람이기도 하다. 우리가 해야 할 일은 폭풍을 두려워하며 항구를 폐쇄하는 것(기술 거부)도, 아무런 대비 없이 바다로 뛰어드는 것(무방비한 기술 수용)도 아니다. 우리는 튼튼한 배(사회적 안전망)를 건조하고, 정교한 해도(교육 및 정책)를 준비하며, 선장과 선원, 승객이 서로 소통하며 항로를 결정(사회적 대화)해야 한다. 자율주행 시대의 노동시장 변화는 정해진 미래가 아니다. 그것은 우리가 기술을 어떻게 설계하고, 제도를 어떻게 정비하며, 사회적 합의를 어떻게 끌어내느냐에 따라 충분히 '인간의 얼굴을 한 혁신'으로 만들어갈 수 있다. 기술은 도구일 뿐, 그 도구를 쥔 손은 여전히 인간의 것이기 때문이다. 이제 우리는 두려움을 넘어, 공존과 상생의 지혜를 모아 이 거대한 전환의 파도에 올라타야 할 때다.

참고문헌

Acemoglu, D. (2019, June 7). Why universal basic income is a bad idea. Project Syndicate. https://www.project-syndicate.org/commentary/why-universal-basic-income-is-a-bad-idea-by-daron-acemoglu-2019-06

American Trucking Associations. (2019). *Truck driver shortage analysis 2019.*

American Trucking Associations. (2025). *American trucking trends 2025.* ATA Business Solutions.

Aurora Innovation. (2023, April 3). *Aurora achieves feature complete technology milestone*[Press release]. Business Wire.

Boston Consulting Group, & World Economic Forum. (2025, April 24). *Autonomous vehicles: Timeline and roadmap ahead.* World Economic Forum. https://reports.weforum.org/docs/WEF_Autonomous_Vehicles_2025.pdf

Boston Consulting Group. (n.d.). *DRIVE-A: Autonomous vehicles.* https://www.bcg.com/about/partner-ecosystem/world-economic-forum/drive-a-autonomous-vehicles

Bibow, J. (2024). *Economic possibilities for our grandchildren—90 years later*(Working Paper No. 1038). Levy Economics Institute of Bard College.

Costello, B., & Karickhoff, A. (2021). *Truck driver shortage analysis 2021.* American Trucking Associations.

European Commission. (2007). *Towards common principles of flexicurity: More and better jobs.* Directorate-General for Employment, Social Affairs and Equal Opportunities

Frey, C. B., & Osborne, M. A. (2017). The future of employment: How susceptible are jobs to computerisation? *Technological Forecasting and Social Change, 114,* 254-280.

International Labour Organization. (2015). *Guidelines for a just transition towards environmentally sustainable economies and societies for all.* ILO Publishing.

International Transport Forum. (2017, May). *Managing the transition to driverless road freight transport.* OECD Publishing.

Keynes, J. M. (2010). Economic possibilities for our grandchildren. In *Essays in persuasion*(pp. 321-332). Palgrave Macmillan. (Original work published 1930)

Lim, S. M., Ji, J. H., & Kim, H. J. (2021). Comparison of physical, occupational, and sociocognitive characteristics of corporate and private taxi drivers in Korea. *Healthcare, 9*(2), Article 224.

McKinsey & Company. (2021, December 22). *What's next for autonomous vehicles?https://www.mckinsey.com/features/mckinsey-center-for-future-mobility/our-insights/whats-next-for-autonomous-vehicles*

McKinsey & Company. (2023, January 6). *Autonomous driving's future: Convenient and connected.*
https://www.mckinsey.com/industries/automotive-and-assembly/our-insights/autonomous-drivings-future-convenient-and-connected

McKinsey Global Institute. (2017, December). *Jobs lost, jobs gained: Workforce transitions in a time of automation.*

Manyika, J., Lund, S., Chui, M., Bughin, J., Woetzel, J., Batra, P., Ko, R., & Sanghvi, S. (2017). *Jobs lost, jobs gained: Workforce transitions in a time of automation.* McKinsey Global Institute.

Moravec, H. (1988). *Mind children: The future of robot and human intelligence.* Harvard University Press.

Schumpeter, J. A. (2008). *Capitalism, socialism, and democracy.* Harper Perennial Modern Thought. (Original work published 1942)

Van Parijs, P., & Vanderborght, Y. (2017). Basic income: A radical proposal for a free society and a sane economy. Harvard University Press.

Varoufakis, Y. (2023). *Technofeudalism: What killed capitalism.* Bodley Head.

Waymo. (2020, October 8). *Waymo is opening its fully driverless service in Phoenix*[Press release].

김현종. (2025, 12월 16일). 택시기사 10명 중... 6명 60대 이상-9명 50대 이상. *삼다일보.*

바루파키스, Y. (Varoufakis, Y.). (2024). 테크노퓨달리즘: 클라우드와 알고리즘을 앞세운 새로운 지배 계급의 탄생 [Technofeudalism: What killed capitalism] (노정태, 역). 21세기북스. (Original work published 2023)

9장

모빌리티
접근성과 형평성

CASE STUDY NINE.

코액터스 '고요한 택시':
기술로 소리를 대신하고 일자리로 편견을 넘는다

1. 사례 개요: 침묵 속에서 피어난 새로운 모빌리티의 가치

모빌리티 기술의 눈부신 발전은 우리에게 유례없는 편리함을 선사했으나, 그 혜택의 분배는 공평하지 않았다. 디지털 기기 조작에 서툰 노인이나 물리적 접근이 제한된 장애인들에게 스마트 모빌리티는 오히려 더 높은 '보이지 않는 벽'이 되기도 한다. 이러한 '모빌리티 불평등'의 시대에 소셜벤처 코액터스(Coactus)는 기술을 통해 장애인이라는 소수자에게 '일자리'와 '이동권'이라는 두 마리 토끼를 동시에 선사하는 혁신적 해법을 제시했다.

2018년, 대학 동아리 활동에서 시작된 코액터스는 청각장애인 운전기사가 운행하는 '고요한 택시' 서비스를 출시했다. 이는 소리를 듣지 못하는 이들이 운전을 업으로 삼기 어렵다는 사회적 통념을 깨는 도전이었다. 단순히 장애인을 돕는 시혜적 서비스를 넘어, ICT 기술을 활용해 소통의 장벽을 허물고 이들이 전문 직업인으로서 사회의 당당한 일원이 될 수 있도록 한 '고요한 택시'는, 기술이 어떻게 포용적 복지의 도구가 될 수 있는지를 보여주는 전형적인 사례로 평가받는다.

2. 주요 기술적 분석: 소리 없는 소통의 메커니즘

청각장애인 기사가 승객과 소통하는 가장 큰 걸림돌은 '말소리'를 듣지 못한다는 점이다. 코액터스는 이를 해결하기 위해 차량 내부에 두 대의 태블릿 PC를 설치했다. 앞 좌석 뒤편에 설치된 승객용 태블릿을 통해 승객이 목적지를 입력하거나 "에어컨을 틀어달라" 혹은 "어디에서 내려달라"는 요청을 보내면, 이는 기사용 태블릿에 텍스트로 즉각 변환되어 전달된다. 기사 역시 미리 저장된 상용구("알겠습니다", "감사합니다" 등)를 선택하거나 직접 텍스트를 입력해 승객에게 응답할 수 있다. 이는 복잡한 첨단 기술이 아니더라도, 기존의 IT 기술을 적재적소에 배치하여 장애라는 물리적 한계를 극복한 '따뜻한 기술'의 전형이다.

운전 중에는 전방 주시가 필수적이므로 태블릿 화면을 계속 확인하는 것은 위험할 수 있다. 이를 보완하기 위해 코액터스는 SK텔레콤과의 협업을 통해 스마트워치 연동 시스템을 도입했다. 승객으로부터 메시지가 오거나 새로운 배차 알림이 뜨면, 기사의 손목에 찬 스마트워치가 강한 진동을 통해 정보를 전달한다. 특히 지능형 운전자 보조 시스템(ADAS)과 연계되어, 차선 이탈이나 전방 추돌 위험시에도 소리 대신 진동으로 경고를 보냄으로써 청각장애인 기사의 안전 주행 능력을 비장애인 수준으로 끌어올렸다.

장애인 기사가 업무 중 겪을 수 있는 위급 상황에 대비해 스마트워치를 통한 112 긴급 신고 기능도 존재한다. 위급 시 스마트워치의 버튼을 누르면 실시간 위치 정보와 현장 상황이 112로 전송된다. 이는 단순한 편의 기능을 넘어, 소수자가 노동 현장에서 느낄 수 있는 불안감을 기술적 안전망으로 해소해 준 사례다.

3. 포용적 시사점: 일자리라는 최고의 복지

1) 장애인 고용 모델의 혁신: '고요한 M'으로의 진화

코액터스는 단순히 솔루션만 제공하는 단계에서 나아가, 2020년 직접 운수업을 운영하는 '고요한 M' 서비스를 선보였다. 기존 법인 택시 회사에 소속되어 사납금 압박에 시달리던 구조에서 벗어나, 코액터스가 기사를 직접 고용하고 전액 월급제를 실시함으로써 장애인 노동자에게 안정적인 소득과 심리적 여유를 제공했다. 이는 취업난에 시달리는 장애인에게 지속 가능한 양질의 일자리를 창출하는 새로운 사회적 경제 모델을 제시했다.

2) 사회적 편익과 인식의 변화

"소리를 듣지 못하는 사람이 운전하면 위험하지 않을까?"라는 대중의 우려는 데이터 앞에서 무너졌다. 실제 통계에 따르면 청각장애인 운전자의 사고율은 비장애인과 큰 차이가 없으며, 오히려 불필요한 대화가 없는 '고요한' 환경을 선호하는 승객들이 늘어나며 만족도가 90%를 상회했다. 2018년부터 법인 택시와 연계해 운영했던 '고요한 택시' 초기 이용자들을 대상으로 조사한 결과, 승객들의 서비스 만족도가 90% 이상으로 나타난 것이다. 이는 기술이 소수자의 능력을 증명하는 도구로 활용될 때, 사회적 편견이 어떻게 자연스럽게 해소될 수 있는지를 보여준다.

3) 규제 샌드박스를 통한 제도적 돌파

코액터스의 성공은 제도적 혁신과도 궤를 같이한다. 직접 운수업을 할 수 없었던 낡은 규제를 'ICT 규제 샌드박스'를 통해 돌파

함으로써, 기술 혁신이 법적 장벽에 막히지 않고 사회적 가치를 창출할 수 있도록 하는 선례를 남겼다. 이는 미래 모빌리티 가버넌스가 지향해야 할 유연한 태도를 시사한다.

4. 윤리적 프레임워크를 통한 분석

의무론적 관점에서 모든 인간은 자신의 능력을 발휘해 일할 권리(직업의 자유)를 지닌다. 국가와 기업은 장애를 이유로 이러한 권리가 박탈되지 않도록 정당한 편의를 제공할 도덕적 의무가 있다. 코액터스의 기술적 지원은 장애인 기사의 존엄과 자율성을 보장하고, 비장애인과 동등한 조건에서 경쟁할 수 있도록 돕는 의무의 이행이다.

공리주의적 관점에서 장애인 고용은 단순히 개인의 소득 창출을 넘어, 국가의 복지 비용을 절감하고 노동 인구를 확보하며 대중교통 이용객의 선택지를 넓히는 등 사회 전체의 총 후생을 높인다. 또한, 휠체어 탑승이 가능한 '블랙캡' 차량 도입 등을 통해 이동 약자의 편의까지 도모함으로써 공리주의적 가치를 극대화한다.

덕(德)윤리는 코액터스 대표이사의 혁신가적 덕목과 장애인 기사들의 '실천적 지혜'에 주목한다. 편견에 굴하지 않고 기술적 해법을 찾아낸 창의성과 도로 위의 수많은 변수를 극복하며 전문 운전직을 수행하는 기사들의 성실함은 미래 모빌리티 사회가 갖추어야 할 중요한 인간적 가치다.

5. 시사점: 배리어 프리 모빌리티의 미래를 위한 과제

1) 보편적 설계의 전면 도입

코액터스의 사례는 특수 계층을 위한 별도의 기술이 아닌, 모든 사람이 편리하게 이용할 수 있는 '보편적 설계'가 모빌리티의 기본이 되어야 함을 일깨운다. 차량 내부의 인터페이스부터 앱 조작 방식까지 누구나 차별 없이 접근할 수 있도록 하는 표준화 노력이 필요하다.

소셜벤처 혼자만의 힘으로 전국적인 이동권 보장을 달성하기는 어렵다. 지자체의 예산 지원과 대기업의 기술 인프라, 그리고 스타트업의 유연한 아이디어가 결합한 민관 협력 가버넌스를 통해 모빌리티 복지 생태계를 확장해야 한다. 즉, 공공-민간 협력(PPP)의 강화가 필요하다.

또한, 향후 자율주행이 일반화되어 운전 노동이 사라지더라도, 장애인이나 노약자의 승하차를 돕고 정서적으로 교감하는 '돌봄 관리자'로서의 역할은 여전히 인간의 영역으로 남을 것이다. 코액터스의 기사들이 미래에는 차량 운용과 돌봄 서비스를 결합한 고부가가치 전문가로 성장할 수 있는 로드맵 마련이 시급하다.

6. 토론 질문

1) 기술적 보조 장치가 완벽하다면, 시각장애인에게도 운전면허를 부여하는 것이 포용적 모빌리티의 정당한 목표가 될 수 있는가?
2) 장애인 고용을 위한 규제 특례가 기존 운수 업계와의 형평성 문제를 일으킨다면, 사회는 어떤 가치를 우선시해야 하는가?
3) 자율주행 시대에 장애인 기사들의 일자리가 기계로 대체될 위험에 처했을 때, 이들을 위한 '정의로운 전환'은 어떻게 이루어져야 하는가?

스마트 모빌리티의 빛과 그림자

인류의 역사는 이동의 역사와 궤를 같이한다. 두 발로 걷던 인류는 바퀴를 발명했고, 동력 기관을 거쳐 이제는 운전자 없이 스스로 움직이는 자율주행 자동차와 하늘을 나는 도심항공모빌리티(UAM)를 목전에 두고 있다. 2024년과 2025년은 이러한 모빌리티 기술이 실험실을 벗어나 우리의 일상 깊숙이 파고든 중요한 시기다. 스마트폰 앱 하나로 지구 반대편의 항공권을 예매하고, 집 앞까지 택시를 호출하며, 공유 킥보드로 골목길을 누비는 세상은 절대 공상과학 영화 속 이야기가 아니다. 이러한 '스마트 모빌리티(Smart Mobility)'의 확산은 이동의 효율성을 극대화하고 물리적 거리의 제약을 허물어뜨리며 우리 삶의 질을 혁신적으로 높여왔다.

그러나 산이 높을수록 골이 깊은 법이다. 기술의 발전 속도가 빨라질수록, 그 속도를 따라잡지 못하는 이들은 역설적으로 더 큰 고립과 소외를 경험하게 된다. 우리는 이것을 '모빌리티 불평등(Mobility Inequality)'이라고 부른다. 디지털 기기 활용 능력이 부족한 70대 노인에게 앱 전용 택시 호출 서비스는 편리함이 아닌 절망감을 안겨주는 장벽이다. 휠체어를 타는 장애인에게 계단뿐인 지하철역과 저상버스가 오지 않는 정류장은 이동의 자유를 박탈하는 감옥과 다름없다. 한국어에 서툰 외국인 관광객에게 복잡한 환승 시스템과 번역되지 않는 교통 정보는 거대한 미로와 같다.

본 장에서는 최근 한국 사회의 모빌리티 현주소를 '접근성(Accessibility)'과 '형평성(Equity)'의 관점에서 살펴보고자 한다. 우리는 단순히 기술의 발전을 찬양하는 것을 넘어, 그 기술이 누구를 위해 존재해야 하는지, 그리고 단 한 사람도 소외시키지 않는 '포용적 이동(Inclusive Mobility)'을 실현하기 위해 어떤 노력이 필요한지를 탐구할 것이다.

특히 2025년 1월부터 본격 시행된 배리어프리 키오스크 의무화 조치와 같은 법적, 제도적 변화를 상세히 분석하고, 서울시의 자율주행 새벽동행 버스와 같은 공공 서비스의 혁신 사례, 그리고 코액터스나 닷(Dot)과 같은 소셜 벤처들이 보여주는 기술적 해법들을 통해 미래 모빌리티가 나아가야 할 방향을 제시한다. 진정한 스마트 시티는 가장 빠른 교통수단을 가진 도시가 아니라, 가장 약한 보행자가 가장 편안하게 이동할 수 있는 도시라는 점을, 방대한 데이터와 현장의 사례들을 통해 확인해 보고자 한다.

9장
모빌리티 접근성과 형평성

1. 디지털 격차: 연결된 세상 속의 고립된 섬들

모빌리티 서비스의 디지털 전환(Digital Transformation)[177]은 돌이킬 수 없는 흐름이다. 매표소 직원은 키오스크로 대체되었고, 길거리에 서서 손을 흔들어 잡던 택시는 이제 플랫폼 앱 안으로 들어갔다. 이러한 변화는 효율성을 높였지만, 동시에 '디지털 문해력(Digital Literacy)'을 새로운 이동의 자격 조건으로 만들어버렸다. 이 자격을 갖추지 못한 이들에게 디지털 세상은 보이지 않는 유리벽과 같다.

1) 고령층의 디지털 소외와 '키오스크 포비아'

우리나라는 전 세계에서 가장 빠른 속도로 고령화가 진행되고 있는 국가 중 하나다. 2024년 기준 65세 이상 고령 인구는 1,000만 명에 육박하며, 이는 전체 인구의 약 20%를 차지한다. 다행히 고령층의 디지털 기

177 첨단 ICT 기술을 사회 전반에 적용하여 전통적인 운영 방식과 비즈니스 모델을 근본적으로 혁신하는 과정.

기 보유율은 꾸준히 상승하고 있다. 2024년 통계에 따르면 70대 이상의 스마트폰 보유율은 70%를 넘어섰으며, 이는 과거에 비해 괄목할 만한 성장이다.

하지만 '보유'가 곧 '활용'을 의미하지는 않는다. 한국지능정보사회진흥원(NIA)의 2024년 디지털 정보격차 실태조사에 따르면, 고령층의 디지털 정보화 수준은 일반 국민 대비 71.4% 수준에 머물러 있다. 특히 단순한 정보 검색이나 메신저 사용을 넘어, 모빌리티 앱을 통해 택시를 호출하거나 기차표를 예매하는 등의 '생활 밀착형 서비스' 이용 능력에서는 여전히 큰 격차를 보인다.

가장 대표적 사례가 바로 '키오스크 공포증(Kiosk Phobia)'이다. 터미널, 기차역, 공항 등 주요 교통 거점의 유인 매표창구가 급격히 줄어들고 무인 단말기로 대체되면서, 고령층이 겪는 심리적, 물리적 장벽은 높아졌다. 2024년 조사 결과, 고령층의 65% 이상이 키오스크 이용 시 불편을 경험했다고 응답했다. 이들이 꼽은 가장 큰 어려움은 복잡한 사용자 인터페이스(UI)나 작은 글씨가 아니었다. 바로 "뒷사람의 눈치"였다. 기기 조작에 서툴러 시간이 지체될 때 뒤에 줄 선 사람들의 시선을 견디는 것이 심리적으로 큰 부담이 되어, 아예 이용을 포기하게 만든다는 것이다.

한국철도공사(KORAIL)는 이러한 문제를 해결하기 위해 2024년 설 명절 기간 고령자와 장애인 등 교통 약자를 위한 우선 예매 기간을 운영하고, 전체 좌석의 10%를 이들에게 우선 배정하는 조처를 했다. 또한, 전국의 주요 역에서 역무원들이 직접 스마트폰 앱(코레일톡) 사용법을 알려주는 '디지털 스쿨'을 운영하며 교육적 접근을 시도했다. 이러한 노력은 고령층의 디지털 역량을 강화하는 데 일정 부분 이바지했지만, 근본적으로는 서비스 설계 단계에서부터 고령자의 인지적 특성을 고려한 '고령자 친화적 모드(Senior Mode)'의 도입이 시급함을 시사한다. 단순한 글자 확대가 아니라, 선택지를 줄이고 직관적 용어를 사용하여 인지 부하

(Cognitive Load)를 낮추는 설계가 필요하다.

2) 장애인의 모바일 접근성: "버튼, 버튼, 버튼"의 늪

시각장애인에게 스마트폰은 세상을 보는 눈이다. 화면 낭독 프로그램인 스크린 리더(Screen Reader)[178]를 통해 텍스트를 음성으로 변환하여 정보를 얻기 때문이다. 그러나 2024년 현재, 수많은 모빌리티 앱은 시각장애인에게 "버튼, 버튼, 버튼"이라는 무의미한 소리만 반복해서 들려줄 뿐이다. 앱 개발사들이 이미지로 된 아이콘에 '대체 텍스트(Alt Text)'를 입력하지 않아, 낭독 프로그램이 이것이 '결제 버튼'인지 '뒤로 가기 버튼'인지 식별하지 못하기 때문이다.

그림 9.1 스크린 리더가 보는 세상

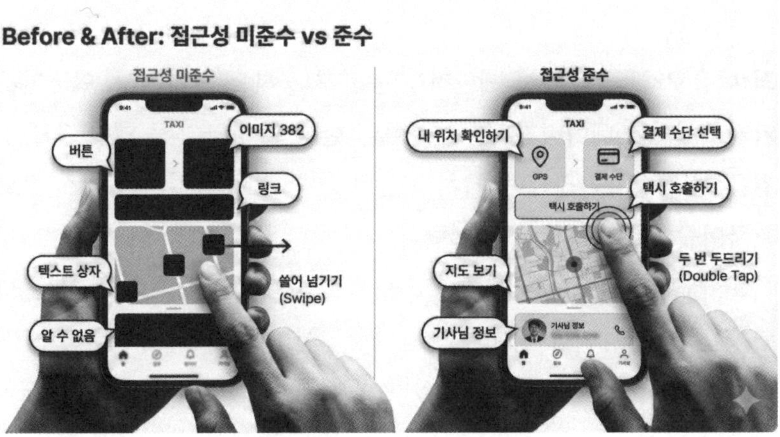

보건복지부의 '2024년 장애인차별금지법 이행 실태조사' 결과는 이러한 현실을 적나라하게 보여준다. 시각 장애인이 모바일 앱을 이용할 때

178 화면의 텍스트와 정보를 음성으로 변환해 주는 시각장애인용 보조 공학 소프트웨어.

겪는 가장 큰 어려움으로 '위치 확인 장치의 부재'와 '대체 텍스트 미비'가 64.6%로 꼽혔다. 지체장애인의 경우, 앱상에서 휠체어 승하차가 가능한 저상버스의 도착 정보나, 지하철역의 엘리베이터 위치 정보를 정확히 파악하기 어렵다는 점이 가장 큰 불만이었다.

한국의 공공기관 모바일 앱은 사용자 접근성 측면에서 지속적 개선이 요구되고 있다. 이는 민간 기업을 선도해야 할 공공 부문조차 디지털 포용성에 대한 인식이 부족함을 드러낸다. 장애인에게 모빌리티 앱의 접근성 오류는 단순한 불편함이 아니라, 이동 자체를 불가능하게 만드는 치명적 장벽이다.

3) 외국인과 지역적 격차: 언어와 인프라의 불균형

'글로벌 도시'를 표방하는 서울이지만, 외국인 관광객들에게 서울의 대중교통은 여전히 난해한 퍼즐이다. 구글 지도(Google Maps)가 안보상의 이유로 한국 내에서 제한적 기능만 제공하는 상황에서, 외국인들은 카카오맵이나 네이버지도를 이용해야 한다. 그러나 이들 앱의 다국어 지원은 여전히 불완전하며, 특히 복잡한 환승 경로나 실시간 버스 정보는 한국어를 모르면 해독하기 어렵다.

또한, 결제 시스템의 폐쇄성도 문제로 지적됐다. 이에 서울시는 2024년, 외국인 관광객을 위한 무제한 대중교통 이용권인 '기후동행카드' 단기권을 출시하여 편의성을 높였다. 나아가 2025년을 목표로 비자(Visa)나 마스터(Master) 등 해외 신용카드로 별도의 교통카드 구매 없이 바로 개찰구를 통과할 수 있는 '개방형 루프(Open Loop)'[179] 결제 시스템 도입을 추진하고 있다. 이는 모빌리티 접근성을 내국인의 복지를 넘어 도시

179 별도의 카드 구매 없이 본인이 사용하던 일반 신용카드로 대중교통 요금을 즉시 결제하는 개방형 시스템.

의 국제적 경쟁력 차원에서 접근하기 시작했음을 보여주는 긍정적 신호다.

지역 간 '디지털 인프라 격차' 또한 심각하다. 자율주행이나 실시간 수요응답형 교통(DRT)과 같은 첨단 서비스가 작동하기 위해서는 5G 통신망과 같은 고도화된 인프라가 필수적이다. 그러나 2024년 과학기술정보통신부의 통신 품질평가 결과, 농어촌 지역의 5G 접속 성공률과 전송 속도는 대도시의 절반 수준에 머물러 있는 것으로 나타났다. 통신 3사가 농어촌 지역망 공동 이용(Roaming)[180]을 통해 구역을 넓히고는 있지만, 만약 데이터 고속도로의 차선의 개수가 다르다면 달릴 수 있는 차의 종류도 달라질 수밖에 없다. 이는 농어촌 지역 주민들이 첨단 모빌리티 서비스의 혜택에서 구조적으로 소외될 수 있음을 시사한다.

그림 9.2 오픈 루프 결제 시스템

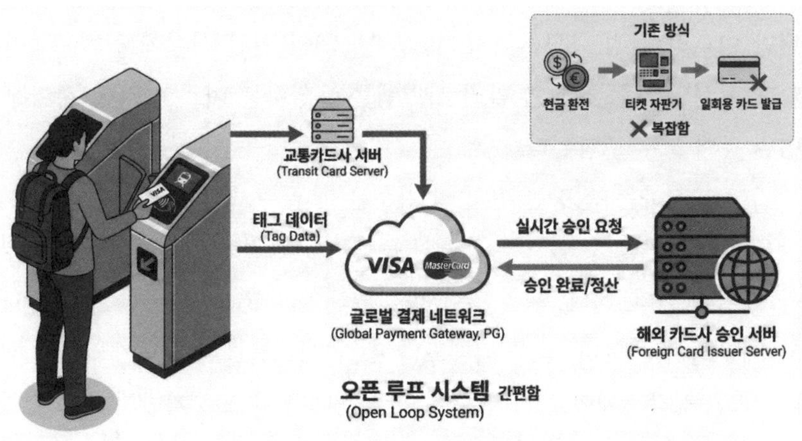

180 서로 다른 통신사 간 네트워크 공유를 통해 가입 영역 밖에서도 통신서비스를 끊김 없이 이용하게 하는 기술.

2. 법과 제도의 대전환: 권고를 넘어 의무로

2024년과 2025년은 모빌리티 접근성 역사에서 중요한 변곡점으로 기록될 것이다. 그동안 '권장 사항'이나 '선의'에 기대어왔던 접근성 기준들이 강력한 법적 '의무'로 전환되었기 때문이다. 이는 우리 사회가 이동약자의 권리를 시혜적인 복지가 아닌, 침해해서는 안 될 기본권으로 인식하기 시작했음을 의미한다.

1) 2025년 배리어프리 키오스크 의무화의 충격과 과제

가장 파급력이 큰 변화는 2025년 1월 28일부터 전면 시행된 '장애인차별금지 및 권리구제 등에 관한 법률(이하 장애인차별금지법)' 개정안에 따른 배리어프리(Barrier-free) 키오스크 설치 의무화다. 이 법은 공공기관뿐만 아니라 일정 규모(바닥 면적 50㎡ 이상)의 민간 시설에도 적용되며, 카페나 식당은 물론 무인 발권 시스템을 운영하는 버스 터미널, 주차장, 병원 등이 모두 포함된다.

법이 규정하는 '정당한 편의'의 기준은 매우 구체적이다. 첫째, 휠체어 사용자가 접근할 수 있도록 화면의 높낮이가 조절되거나 하단에 조작부가 있어야 한다. 둘째, 시각 장애인을 위해 이어폰 잭을 통한 음성 안내가 제공되어야 하며, 점자 키패드나 촉각 디스플레이가 탑재되어야 한다. 셋째, 청각장애인을 위해 수어 영상 안내나 텍스트 기반의 도움 요청 기능이 있어야 한다.

이러한 법적 조치는 장애인의 정보 접근권을 획기적으로 보장한다는 점에서 환영받아 마땅하지만, 현장에서는 상당한 진통이 따랐다. 배리어프리 기능을 완벽하게 갖춘 키오스크는 일반 기기보다 가격이 3~4배 이상 비싸기 때문이다. 경기 침체로 어려움을 겪고 있는 영세 소상공인들

그림 9.3 베리어프리 키오스크

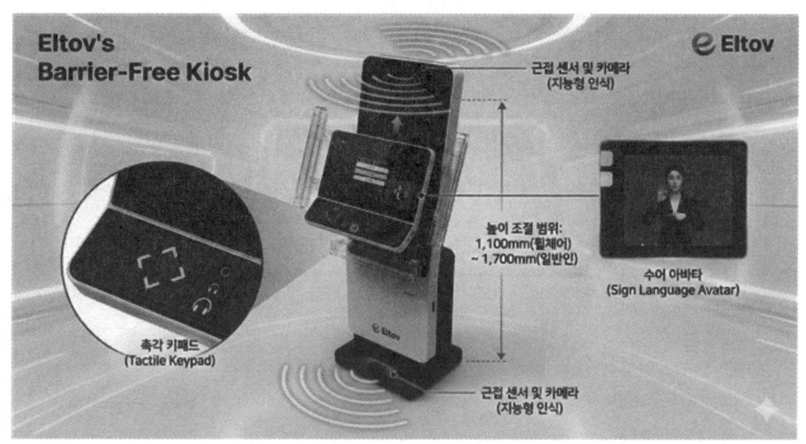

에게 수백만 원에 달하는 기기 교체 비용은 큰 부담일 수밖에 없다. 정부는 '스마트상점 기술보급사업' 등을 통해 구매 비용의 일부를 지원하고 있지만, 지원 예산이 조기에 소진되거나 지원 대상 모델이 한정적이라는 비판이 제기되었다.

정부는 현실적 부담을 고려하여 50㎡ 미만의 소규모 사업장에 대해서는 의무 적용을 유예하거나, 직원을 호출할 수 있는 '호출벨' 설치로 대체할 수 있도록 예외 규정을 두었다. 그러나 장애인 단체들은 "호출벨을 누르고 하염없이 직원을 기다려야 하는 상황 자체가 장애인을 수동적 존재로 만들고, 또 다른 형태의 차별을 초래한다"라고 지적한다. 이는 기술적 해결책이 마련되기 전까지 과도기적으로 겪어야 할 사회적 갈등이며, 이를 해소하기 위해서는 정부의 더 적극적 재정 지원과 기술 개발 지원이 필수적이다.

2) 교통약자 이동편의 증진법의 강화

물리적 이동 환경을 규율하는 '교통약자의 이동편의 증진법' 또한 대폭 강화되었다. 국토교통부는 2024년 실태조사를 통해 우리나라 교통 약자가 1,613만 명, 전체 인구의 31.5%에 달한다고 발표했다. 국민 3명 중 1명이 교통 약자인 시대에, 이동 편의 시설은 이제는 소수를 위한 배려가 아닌 다수를 위한 필수 인프라가 되었다.

개정된 법령에 따라 2025년부터는 여객자동차 터미널, 도시철도 역사 등 여객 시설에 대한 '장애물 없는 생활환경(BF)' 인증 의무 대상이 확대되었다. 또한, 그동안 강제성이 약했던 저상버스 도입이 노선버스 개편 시 의무화됨에 따라 2024년 전국 저상버스 도입률은 44.4%까지 상승했다.

특히 주목할 만한 변화는 철도 서비스 분야에서 일어났다. 2025년 1월 31일 공포·2026년 2월 1일 시행된 개정안에 따라, 철도사업자는 교통 약자가 모바일 앱이나 웹사이트를 통해 승차권을 예매할 때 이용할 수 있는 별도의 좌석 예약 체계를 의무적으로 마련해야 한다. 이는 휠체어 석뿐만 아니라, 출입구와 가까운 좌석이나 이동이 편리한 좌석을 교통약자에게 우선 배정하도록 시스템을 강제하는 것으로, 소프트웨어적 접근성(앱 예매)과 물리적 접근성(좌석 이용)을 연결하는 중요한 조치다.

3. 기술, 포용을 입다: 유니버설 디자인과 하드웨어의 혁신

법이 '최소한의 기준'을 강제한다면, 기술은 '최대의 가능성'을 열어젖힌다. 최근 모빌리티 산업계에서는 '목적 기반 모빌리티(PBV)'와 '자율주행' 기술을 통해 이동 약자를 포용하려는 혁신적인 시도들이 쏟아져 나왔다. 과거에는 장애인용 차량이 기존 승합차를 개조한 투박한 '특수차'였다면, 이제는 설계 단계부터 모든 사람을 고려한 '보편적 디자인(Universal Design)' 차량이 양산되고 있다.

그림 9.4 목적 기반 모빌리티(PBV)

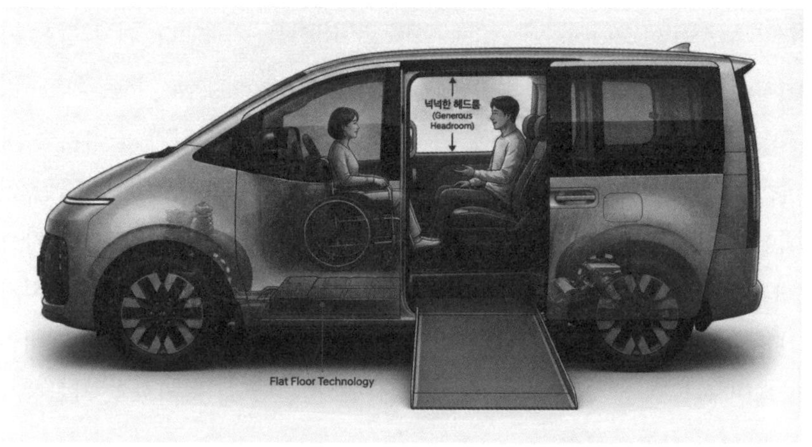

1) 현대차 ST1과 기아 PV5: 누구나 탈 수 있는 차

현대자동차그룹은 전동화[181] 비즈니스 플랫폼인 'PBV'를 통해 물류뿐만 아니라 교통 약자 이동 지원 시장에 새로운 표준을 제시하고 있다. 2024년 출시된 현대차의 'ST1'은 전기차 전용 플랫폼을 기반으로 하여 차량 바닥의 높이(최저 지상고)[182]를 획기적으로 낮췄다. 낮은 적재함 높이는 택배 기사의 노동 강도를 줄여줄 뿐만 아니라, 휠체어 진입을 위한 경사로(Ramp) 설치를 쉽게 만든다. 또한, 실내 공간의 높이(헤드룸)를 충분히 확보하여, 휠체어 탑승자가 고개를 숙이지 않고도 차량 내부에서 편안하게 이동하고 거주할 수 있는 환경을 제공한다. 이는 물류 효율성과 인간 중심의 디자인이 상충하지 않고 공존할 수 있음을 보여준 사례다.

181 전동화 (Electrification): 구동 시스템을 전기모터와 배터리로 전환하는 것. 엔진룸이 사라지면서 차량 내부 공간을 자유롭게 설계할 수 있게 됨.

182 Ground Clearance. 차량 바닥 면과 지면 사이의 높이. 이 수치가 낮을수록 휠체어의 진입 각도가 완만해져 승하차가 쉬워짐.

기아는 2025년 출시 예정인 전용 PBV 모델 'PV5'의 파생 모델로 'PV5 WAV(Wheelchair Accessible Vehicle)' 버전을 공개했다. 이 차량은 기존처럼 뒷문을 열고 리프트를 띄우는 복잡한 방식 대신, 차량 측면이나 후면에 내장된 슬로프를 통해 휠체어 사용자가 마치 일반 승객처럼 자연스럽게 탑승할 수 있도록 설계되었다. 차량 내부의 시트 배치 또한 휠체어 사용자가 동반자와 나란히 앉을 수 있도록 유연하게 조정이 가능하다. 경기도는 2024년 말부터 현대차와 협력하여 이러한 보편적 디자인 차량을 장애인 콜택시로 시범 도입하는 실증 사업을 시작했다. 이는 장애인 이동권 보장이 '복지'의 영역을 넘어 '산업'의 영역으로 진입했음을 알리는 신호탄이다.

그림 9.5 기아 PV5

출처: 기아자동차

2) 자율주행, 새벽을 여는 가장 따뜻한 기술

"새벽 3시 반, 첫차보다 먼저 오는 버스가 있다." 서울시가 2024년 세계최초로 도입한 '자율주행 새벽 동행 버스(A160)'는 첨단 기술이 어떻게 사회적 약자를 품을 수 있는지를 보여주는 가장 감동적인 사례다.

이 버스는 대중교통이 운행하지 않는 새벽 3시 30분에 도봉산역 광역환승센터를 출발해 영등포역까지 25.7km 구간을 달린다. 주 승객은 환경미화원, 경비원, 건설 노동자 등 도시가 깨어나기 전 가장 먼저 하루를 시작하는 필수 노동자들이다. 이들은 그동안 첫차가 다니지 않는 시간에 값비싼 택시비를 지급하거나, 위험한 밤거리를 걸어서 이동해야 했다. 자율주행 새벽 동행 버스는 이들에게 안전하고 따뜻한 이동수단을 제공한다. 2024년에는 무료로 시범 운행되었으며, 2026년 유료로 전환되더라도 '기후동행카드'가 적용되어 교통비 부담을 덜어줄 예정이다.

서울시는 이 노선의 성공적 안착에 힘입어 2025년에는 상계~고속버스터미널, 은평~양재, 금천~서울역 등 새벽 이동 수요가 많은 3개 노선을 추가로 신설하고, 총 10개 노선까지 확대할 계획이다. 자율주행 기술이 운전자의 피로도나 인건비 문제로 운행하기 어려웠던 심야/새벽 시간대의 대중교통 공급 부족 문제를 해결하는 '공공재'로서 역할을 톡톡히 해내고 있다.

그림 9.6 죽스(Zoox) 로보택시

출처: Zoox.com

해외에서도 자율주행의 포용성은 핵심 화두다. 구글의 웨이모는 시각 장애인을 위한 포괄적 접근성 기능을 제공한다. 앱에서 차량을 호출하면, 차량이 도착했을 때 경적을 울리거나 멜로디 소리로 위치를 알려준다(Audio Cue). 또한, 스마트폰의 진동(Haptic Feedback)을 통해 차량과의 거리를 가늠하게 하고, 차량 내부에는 점자 표기가 된 버튼을 배치하여 시각 장애인이 타인의 도움 없이도 '완전한 독립 이동'을 할 수 있도록 지원한다.

아마존이 인수한 죽스(Zoox)는 운전석이 없는 박스형 셔틀(Carriage) 형태의 로보택시를 개발하여, 휠체어가 접지 않고 그대로 탑승하여 안전띠만 체결하면 되는 혁신적 구조를 선보였다.

3) 손끝으로 보는 세상: 보조 공학 기술의 진화

하드웨어의 혁신만큼이나 중요한 것이 소프트웨어와 인터페이스의 혁신이다. 한국의 소셜 벤처 '닷(Dot Inc.)'은 이 분야에서 세계적 주목을 받고 있다. 닷은 세계최초의 촉각 디스플레이인 '닷 패드(Dot Pad)'를 개발했다. 이 기기는 수천 개의 미세한 핀이 실시간으로 움직여 점자뿐만 아니라 그림, 그래프, 지도 등 시각적 정보를 촉각 정보로 변환해 준다.

기존의 점자 단말기가 텍스트 정보만 한 줄로 보여주는 데 그쳤다면, 닷 패드는 시각장애인에게 공간 정보를 '만져서' 이해할 수 있게 해준다. 예를 들어, 지하철역의 복잡한 환승 지도나 키오스크의 메뉴 구성을 손끝으로 더듬어 파악할 수 있는 것이다. 닷은 캘리포니아주립대 노드리지(California State University, Northridge) 보조 공학 콘퍼런스에서 Dot Pad를 선보이며 접근성 기술을 알렸으며, 배리어프리 키오스크 개발을 통해 공공 분야 확대를 모색 중이다.

'엘비에스테크(LBS Tech)'는 시각 장애인과 휠체어 이용자를 위한 보행 내비게이션 'G-EYE'를 고도화하고 있다. 일반적인 지도 앱이 GPS 오차[183]로 인해 "목적지 부근입니다"라고 안내하고 끝나지만, G-EYE는 건물의 입구 사진, 경사로 유무, 보도블록의 파손 상태 등 '라스트 마일(Last Mile)'의 초정밀 데이터를 수집하여 안내한다. 2024년에는 베트남 호찌민과 영국 런던 등 해외 스마트 시티 프로젝트 실증에 성공하며, 한국의 포용적 기술력을 세계에 알리고 있다.

4. 지역 간 형평성: 멈춰버린 시골 버스를 다시 달리게 하다

수도권과 대도시에 집중된 모빌리티 인프라는 지방 소멸을 가속하는 주범 중 하나다. 인구가 급격히 감소하는 농어촌 지역에서 정해진 노선과 시간표대로 큰 버스를 운행하는 것은 경제적으로 불가능에 가깝다. 승객이 없는 빈 버스가 기름을 낭비하며 달리는 '유령 운행'이 계속되다 결국 노선 폐지로 이어지고, 이는 다시 주민들의 이동권을 제약하여 인구 유출을 부추기는 악순환이 반복된다. 이 고리를 끊기 위해 등장한 것이 바로 '수요응답형 교통(DRT)'이다.

1) 경기도 '똑버스'와 청주 '콜버스'의 기적

2024년은 한국형 DRT 모델이 실험 단계를 넘어 성숙기에 접어든 해였다. 경기도의 통합 DRT 브랜드인 '똑버스'는 이러한 성공의 상징이다. '똑똑하게 이동하는 버스'라는 뜻의 똑버스는 정해진 노선 없이 승객이

183 위성 신호가 건물에 반사되어 발생하는 위치 차이. 정밀한 자율주행과 교통 약자 길 안내를 위해 이를 보정하는 기술이 필수적임.

그림 9.7 수요응답형 교통(DRT)의 동적 라우팅 맵 (Dynamic Routing Map)

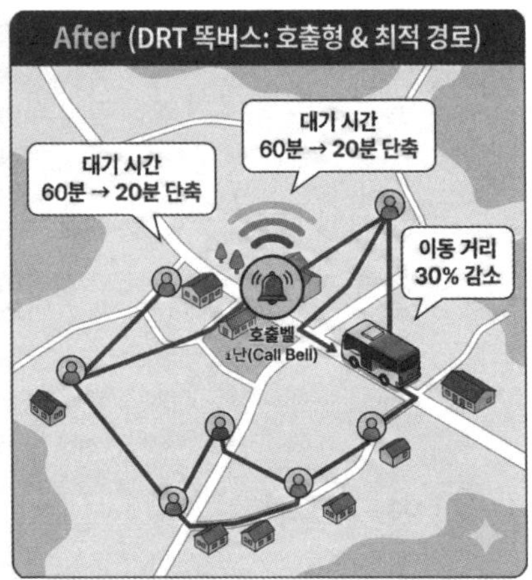

앱으로 호출하면 인공지능(AI)이 실시간으로 최적의 경로를 생성하여 승객을 태우고 목적지까지 이동한다.

2024년 경기도 똑버스는 도농복합지역(파주·안산 등)에서 대중교통 사각지대를 해소하며 호출 건수 33만 건을 기록, 대기·이동시간 단축 효과를 보였다.

청주시의 '청주콜버스' 또한 2023년 말 시범 운영을 거쳐 2024년 읍면 전역으로 확대되며 성공적 모델로 자리 잡았다. 월평균 3천 명 이상의 주민이 이용하고 있으며, 오송읍과 같은 거점 지역에서는 하루 평균 이용객이 140명을 넘는다. 청주시는 특히 스마트폰 사용이 어려운 고령층을 위해 앱 호출뿐만 아니라 전화 콜센터를 병행 운영하고, 경로당과 마을회관 400여 곳에 전용 '호출벨'을 설치했다. 벨만 누르면 상담원과 연결되어 버스를 부를 수 있는 이 아날로그적 접근은 디지털 기술과 결합하여 고령 친화적 모빌리티의 모범 답안을 제시했다.

2) 데이터가 만드는 효율과 환경의 조화

DRT가 단순히 시골 마을버스의 대체재를 넘어 미래 교통의 대안이 될 수 있는 이유는 '데이터'에 있다. 경기도는 2024년 '데이터 분석 사업'을 통해 똑버스의 호출 위치, 대기 시간, 이동 거리, 탑승 인원 등의 방대한 데이터를 정밀 분석했다.

이 분석 결과는 배차 효율을 높이는 데 즉각 반영되었다. 수요가 몰리는 시간대와 지역에 차량을 집중하여 배치하고, 수요가 없는 시간대에는 운행을 줄여 운영 비용을 절감했다. 또한, 기존의 경유 버스 대신 전기 저상버스를 적극적으로 도입함으로써 탄소 배출을 줄이는 환경적 가치까지 창출했다. 경기교통공사는 '경기 RE100' 정책의 하나로 전기 똑버스 도입을 확대하고 있다.

이러한 성과는 스튜디오 갈릴레이(Studio Galilei)와 같은 DRT 플랫폼 운영 스타트업들의 기술력이 뒷받침되었기에 가능했다. 이들은 한국의 복잡한 도로 환경과 다양한 승객 요구사항을 처리하며 쌓은 노하우와 알고리즘을 바탕으로, 이제는 동남아시아 등 해외 시장으로의 진출을 모색하고 있다. 한국의 시골길에서 시작된 작은 버스가 글로벌 모빌리티 시장의 혁신 아이콘으로 성장하고 있다.

5. 포용적 창업: 차가운 자본주의에 따뜻한 온기를 불어넣다

모빌리티 접근성 문제는 정부의 예산이나 복지 정책만으로는 완벽하게 해결하기 어렵다. 시장의 원리를 활용하여 지속 가능한 수익을 창출하면서 동시에 사회 문제를 해결하는 '임팩트 기업(Impact Business)'들의 역할이 그 어느 때보다 중요하다. 임팩트 비즈니스는 수익 창출과 함께 사회적·환경적 가치를 창출하는 기업 모델로, 취약계층 모빌리티 솔루션(똑버스 등)과 빈집 활성화 공간 사업을 통해 사회 전체 편익을 증진한다.

1) 코액터스: 고요함이 이동의 새로운 언어가 되다

이번 장의 앞선 사례에서 살펴본 '코액터스(Coactus)'는 기술을 통해 장애인에게 '최고의 복지'인 일자리를 제공하고, 모빌리티 서비스를 혁신한 가장 대표적인 소셜 벤처다. 코액터스가 운영하는 '고요한 택시'와 '고요한 모빌리티(고요한 M)'는 청각장애인이 운전하는 택시 서비스다.

과거 청각장애인은 의사소통의 어려움 때문에 택시 운전을 할 수 없다는 편견이 지배적이었다. 코액터스는 이 문제를 간단한 기술로 해결했다. 차량 내부에 태블릿 PC를 설치하여 승객이 말을 하면 텍스트로 변환되어 기사에게 전달되고, 기사가 입력한 텍스트가 음성으로 변환되어 승객에게 전달되는 시스템을 구축한 것이다. 또한, SK텔레콤과 협력하여 청각장애인 전용 첨단 운전자 보조 시스템(ADAS)[184]와 스마트워치를 도입했다. 뒤차의 경적이나 구급차 사이렌 소리, 충돌 위험 등을 시각적 신호와 손목의 진동으로 변환하여 알려줌으로써 안전성을 완벽하게 확보했다.

코액터스는 2024년 플랫폼 운송사업 면허를 기반으로 사업을 확장하며 시리즈 A1[185] 투자를 유치하는 등 가파른 성장세를 보인다. 나아가 2025년에는 영국 런던의 명물인 '블랙캡(휠체어 탑승 가능 택시)'을 도입하여, 장애인 기사가 휠체어 장애인 승객을 모시는 '교통 약자 특화 프리미

---

184 센서로 주변 위험을 감지해 운전자에게 알리거나 직접 제어하는 장치. 교통사고 예방의 핵심기술임.

185 Series A1. 스타트업이 초기 검증을 마치고 사업을 본격적으로 확장하는 시점에서 받는 대규모 투자 단계.

엄 서비스'로 비즈니스 모델을 고도화하고 있다. 이는 장애인을 수혜의 대상이 아닌, 전문적인 서비스를 제공하는 주체로 변화시켰다는 점에서 엄청난 사회적 가치[186]를 창출한다.

그림 9.8 고요한 택시

2) 임팩트 유니콘을 향한 생태계의 확장

2025년 초고령화 사회 진입을 앞두고 '실버 테크(Silver Tech)'와 결합한 모빌리티 스타트업들도 급성장하고 있다. 시니어 돌봄 플랫폼인 '케어닥'은 요양보호사 매칭 서비스를 넘어, 거동이 불편한 어르신의 병원 동행이나 외출을 지원하는 이동 서비스를 결합하여 사업 영역을 확장하고 있다.

투자 생태계 또한 이러한 흐름에 반응하고 있다. 신한자산운용, 엠와이소셜컴퍼니(MYSC) 등 임팩트 투자사들은 재무적 성과뿐만 아니라 사회적 문제 해결 능력을 갖춘 모빌리티 ESG 스타트업에 대한 투자를 확

---

186 기업 활동이 공익 증진이나 사회 문제 해결에 기여하는 정도. 임팩트 투자의 핵심 성과 지표임.

대하고 있다. 정부 또한 '초격차 스타트업 1000+' 프로젝트 등을 통해 시스템 반도체, 바이오와 함께 미래 모빌리티 분야의 소셜 벤처 육성을 강화하며, 기술이 사회적 가치와 결합할 때 폭발적인 시너지를 낼 수 있음을 증명하고 있다.

속도를 넘어, 모두를 위한 이동으로

2024년과 2025년의 모빌리티 지형은 기술적 진보와 휴머니즘이 교차하는 지점에서 빠르게 재편되고 있다. 우리가 살펴본 수많은 데이터와 사례들은 하나의 명확한 사실을 가리킨다. 모빌리티의 미래 경쟁력은 이제는 '얼마나 빠른가'에 있지 않다. '얼마나 많은 사람을 포용할 수 있는가'에 있다.

디지털 격차는 여전히 우리 사회의 아픈 손가락이지만, 이를 해결하려는 법적 강제(키오스크 의무화)와 기술적 혁신(자율주행, 보편적 디자인 PBV)은 그 틈새를 메우는 강력한 도구로 작동하기 시작했다. 현대자동차(HMC)의 ST1이나 서울시의 새벽 동행 버스, 그리고 코액터스의 고요한 M 서비스는 모두 '기술을 위한 기술'이 아니라, 기술이 가장 낮은 곳으로 흘러 들어갈 때 비로소 가장 빛난다는 것을 보여주는 증거들이다.

2025년 이후의 모빌리티 생태계는 민간 기업의 혁신적인 비즈니스 모델, 정부의 촘촘한 사회적 안전망, 그리고 시민사회의 성숙한 인식이 어우러져 '이동의 자유'가 헌법적 가치로서 실현되는 방향으로 나아가야 한다. 모든 시민이 신체적 조건, 경제적 능력, 거주 지역에 구애받지 않고 원하는 곳으로 자유롭게 이동할 수 있는 세상. 그것이 우리가 꿈꾸는 진정한 스마트 모빌리티의 종착역이다. 그리고 그 여정은 이미 시작되었다.

참고문헌

Abouelela, M. (2024). Do we all need shared E-scooters? An accessibility-centered spatial equity evaluation approach. Transportation Research Part A: Policy and Practice, 181, 103985.

Aravind, A., Venthuruthiyil, S. P., & Mishra, S. (2024). Equity and accessibility assessment of fixed route transit systems integrated with on-demand feeder services. Journal of Transport Geography, 121.

Ferguson, G. (2024). MaaS and Micromobility: Integrating First/Last-Mile Options. International Journal of Sustainable Transportation, 19(2), 112-1.

International Organization for Standardization. (2018). ISO 26262-1:2018 Road vehicles — Functional safety — Part 1: Vocabulary. Geneva, Switzerland: ISO.

Zhou, Q., & Kaner, E. (2024). Digital inclusion among older adults: Identifying potential solutions. Journal of Traffic and Transportation Engineering, 11, 312-347.

과학기술정보통신부. (2024). *2024 통신서비스 커버리지 점검 및 품질평가 결과.*

교통약자의 이동편의 증진법. 법률 제20756호. (2025).

교통약자의 이동편의 증진법 시행규칙. 국토교통부령. (2025).

국가인권위원회. (2023). *장애인의 사회통합을 위한 이동권.*

국토교통부. (2025). *2024년 교통 약자 이동편의 실태조사.*

김경훈, 김유미, 백수민, 고정현. (2024). 저시력 시각장애인의 키오스크 사용성 평가 연구. *정보관리학회지, 41*(3), 331-358. https://doi.org/10.3743/KOSIM.2024.41.3.331

닷(Dot). (2024). *Dot Pad: The First Smart Tactile Graphics Display*[제품 브로슈어].

방송통신위원회, 한국정보통신진흥협회. (2024). *2024 방송매체 이용행태조사.*

보건복지부. (2025). *2024년 장애인차별금지법 이행 실태조사.*

서울특별시. (2024, 11월 25일). *새벽동행 자율주행버스 26일 첫 운행... 도봉산~영등포 구간*[보도자료].

서울와이어. (2025, 12월 24일). *국회입법조사처 "배리어프리 키오스크 의무화, 부처간 충돌로 혼란"*[뉴스 기사].

장애인차별금지 및 권리구제 등에 관한 법률. 법률 제21115호. (2025).

장애인차별금지 및 권리구제 등에 관한 법률 시행령. 대통령령. (2025. 11. 11. 개정).

SK텔레콤. (2020, 7월 29일). *SKT-코액터스, 청각장애인 택시 '고요한 M'으로 모빌리티 혁신*[뉴스룸 보도자료].

코액터스. (2023, 12월 14일). *코액터스, 시리즈 A1 투자 유치... 유니버설 모빌리티 플랫폼 '고요한 M' 확장*[보도자료].

현대자동차. (2024, 4월 24일). *현대차, 전동화 비즈니스 플랫폼 'ST1' 출시*[보도자료].

한국지능정보사회진흥원. (2025). *2024 디지털 정보격차 실태조사 보고서.*

한국정보접근성인증원. (2024). *모바일 앱 접근성 인증 현황.*

행정안전부. (2025, 1월 23일). 2024년 공공앱 운영 성과평가 결과 공개.

10장

글로벌 표준과 규제 가버넌스

CASE STUDY TEN.

V2X 표준 전쟁: 기술 패권을 둘러싼 글로벌 가버넌스의 격돌

1. 사례 개요: 자율주행의 언어를 결정하는 표준 전쟁

스마트 모빌리티 시대의 자율주행 자동차는 단순히 도로 위를 달리는 이동 수단을 넘어, 거대한 '바퀴 달린 데이터 센터'이자 전 세계 네트워크를 연결하는 정보의 결절점(Node)으로 진화하고 있다. 이러한 기술적 진보가 사회적 가치로 전환되기 위해서는 차량이 다른 차량(V2V), 도로 인프라(V2I), 보행자(V2P) 등과 실시간으로 정보를 주고받는 V2X 기술이 필수적이다. 이 기술들에 대해서는 앞의 장에서 살펴보았지만, 이번 사례에서 이 기술들의 글로벌 표준이라는 관점에서 시사점에 대해 좀 더 자세히 살펴보고자 한다.

V2X 기술을 구현하는 통신 방식을 두고 전 세계는 지난 10여 년간 치열한 '표준 전쟁'을 벌여왔다. 근거리 전용 무선 통신 기술인 와이파이(Wi-Fi) 기반의 DSRC(WAVE)[187] 방식과 이동통신 기술 기반의 C-V2X(Cellular-V2X) 방식이 그 주인공이다. 이 논쟁은 단순한 기술적 우위를 가리는 문제를 넘어, 국가별 산업 생태계의 패권, 경제적 이익, 그리고 국가 안보라는 복합적 가버넌스 이슈가 얽혀 있는 거대한 지정학적 전장이 되었다.

187 WAVE(Wireless Access in Vehicular Environments)는 DSRC(Dedicated Short-Range Communications)의 미국판으로, Wi-Fi의 변형(802.11p)을 차량 환경에 최적화한 것이다.

2. 기술적 쟁점 분석: DSRC와 C-V2X의 충돌

DSRC 방식은 IEEE 802.11p[188] 표준을 기반으로 하며, 약 20년 전부터 개발되어 기술적 성숙도와 안정성이 매우 높다. 별도의 유료 통신망 없이 차량 간 직접 통신이 가능하며, 이미 미국과 유럽 등지에서 수많은 실증 테스트를 거쳐 안전성이 검증되었다는 것이 최대 강점이다. 초기 자율주행 인프라 구축의 표준으로 유력했으나, 통신 거리가 상대적으로 짧고 대용량 데이터 전송에 한계가 있다는 지적을 받았다.

C-V2X는 LTE나 5G와 같은 셀룰러 이동통신망을 활용한다. DSRC보다 통신 거리가 훨씬 길고, 기존의 기지국 인프라를 활용할 수 있어 광범위한 네트워크 구축에 유리하다. 특히 5G 기술과 결합할 경우 초저지연·초고속 데이터 전송이 가능해져, 센서 데이터 공유나 원격 제어와 같은 고도화된 자율주행 기능을 지원하기에 적합하다는 평가를 받는다. 그러나 통신 요금이 발생할 수 있고, 기술적 성숙도가 DSRC에 비해 늦게 확보되었다는 단점이 있었다.

3. 글로벌 거버넌스 지형: 주요국의 패권 경쟁

미국은 초기에 DSRC를 국가 표준으로 추진하며 인프라를 구축해왔다. 그러나 퀄컴(Qualcomm) 등 자국 IT 기업들이 주도하는 C-V2X의 기술적 잠재력이 주목받자, 2020년 연방통신위원회

---

188 IEEE는 Institute of Electrical and Electronics Engineers(전기·전자학회)의 약자로, 전기·전자 공학 및 컴퓨터 과학 분야의 세계 최대 전문 기술 단체로, 자동차 기능 안전 분야에서 ISO 26262 ASIL 관련 연구 논문과 표준을 다수 발표하며, 실시간 시스템·소프트웨어 안전성 가이드라인을 제공한다.

(FCC)는 기존 DSRC 용으로 할당했던 주파수 대역을 C-V2X로 재할당하는 파격적 결정을 내렸다. 이는 국가의 표준 결정이 단순히 기술의 완성도뿐만 아니라, 자국 기업의 글로벌 시장선점과 미래 산업 주도권 확보라는 경제적 계산으로 좌우될 수 있음을 보여주는 대표적 사례다.

중국도 국가 주도의 강력한 산업 정책을 통해 초기부터 C-V2X를 국가 표준으로 채택했다. 서방 세계가 주도한 DSRC 기술에 의존하기보다, 화웨이(Huawei) 등 자국 기업이 강점을 가진 5G 인프라와 결합한 C-V2X를 밀어붙임으로써 글로벌 표준을 자국 중심으로 재편하려는 전략을 취했다. 이는 모빌리티 표준이 국가 안보와 직결되는 '디지털 주권'의 문제임을 보여준다.

EU는 DSRC와 C-V2X를 두고 가장 치열한 내부 분열을 겪었다. 폭스바겐 등은 당장 적용 가능한 DSRC를 지지했지만, BMW나 텔레콤 업체들은 미래 확장성이 큰 C-V2X를 주장했다. 결국, EU는 특정 기술을 강제하기보다 '기술 중립성' 원칙을 내세우며 시장의 선택에 맡기는 신중한 가버넌스 태도를 보인다. 이는 다양한 이해관계자가 충돌하는 민주적 가버넌스 체계에서의 의사결정이 얼마나 복잡한 과정을 거치는지 보여준다.

4. 가버넌스 시사점: 표준은 곧 권력이다

1) 국가 안보와 데이터 주권

자율주행차의 통신 표준은 단순히 신호를 주고받는 규약이 아니다. 어떤 표준을 택하느냐에 따라 차량이 생성하는 막대한 데이터가 어느 국가의 서버를 거치고, 어떤 기업의 장비를 통해 통제

될지가 결정된다. 따라서 V2X 표준 전쟁은 국가의 안전을 책임지는 인프라에 대한 통제권을 누가 가질 것인가를 둔 '디지털 영토 분쟁'과 같다.

2) 경제적 이익의 승자독식

글로벌 표준을 선점한 기업과 국가는 천문학적인 로열티 수익뿐만 아니라, 전 세계 자율주행 생태계의 규칙을 결정하는 자(Rule Setter)로서 막강한 영향력을 행사하게 된다. 한 번 구축된 인프라는 쉽게 바꿀 수 없는 '경로 의존성'을 갖기 때문에, 초기 표준 전쟁의 승패는 수십 년간의 경제적 이익을 결정짓는 분수령이 된다.

3) 규제 조화와 국제 협력의 필요성

각국이 서로 다른 표준을 고집할 경우, 국경을 넘나드는 자율주행차의 운행은 불가능해진다. 이는 글로벌 차원의 규제 조화와 통합된 가버넌스 체계 구축이 왜 필수적인지를 역설한다. 단순히 기술적 호환성을 넘어, 사고 발생 시의 책임 소재, 프라이버시 보호 기준 등에 대한 국제적인 합의가 동반되어야 진정한 의미의 스마트 모빌리티가 실현될 수 있다.

5. 시사점: 유연하고 책임 있는 표준 가버넌스를 위하여

V2X 표준 전쟁은 기술적 우수성이 반드시 승리를 보장하지 않는다는 냉혹한 현실을 보여준다. 성공적 가버넌스를 위해서는 첫째, 특정 기술에 매몰되지 않고 시장의 변화에 신속하게 대응할 수 있는 '민첩한 가버넌스(Agile Governance)'가 필요하다. 둘째, 표

준 결정 과정에 공학자뿐만 아니라 법학자, 윤리학자, 시민단체 등 다양한 이해관계자가 참여하여 기술의 사회적 영향을 여러모로 검토해야 한다. 셋째, 한국은 글로벌 표준 전쟁의 틈바구니에서 한국의 강점(5G 인프라 등)을 활용하되, 국제 표준과의 호환성을 놓치지 않는 전략적 포지셔닝을 유지해야 한다.

결국, 표준은 인간이 만든 약속이며, 그 약속의 목적은 '기술의 승리'가 아닌 '시민의 안전과 편익'이어야 한다. 가버넌스는 바로 이 근본적인 가치를 지키기 위한 신호등이자 이정표 구실을 해야 할 것이다.

6. 토론 질문

1) 국가가 특정 통신 표준(C-V2X)을 강제하는 것은 민간의 기술 혁신을 저해하는 행위인가, 아니면 공공의 안전을 위한 정당한 개입인가?
2) 특정 국가가 주도하는 표준이 글로벌 대세가 되었을 때, 그 기술을 쓰지 못하는 국가가 겪게 될 '모빌리티 소외' 문제를 어떻게 해결해야 하는가?
3) 표준 전쟁에서 탈락한 기술에 막대한 투자를 했던 기업이나 국가의 손실을 사회적으로 보전해 주어야 할 논리적 근거가 있는가?

스마트 모빌리티 시대의 새로운 질서, 가버넌스의 구축

과거의 자동차 산업이 엔진의 마력과 강철 차체의 내구성을 경쟁하는 하드웨어의 전장이었다면, 오늘날 우리가 마주하고 있는 스마트 모빌리티(Smart Mobility) 시대는 데이터와 인공지능(AI), 그리고 초고속 통신 네트워크가 융합된 복합적 디지털 생태계로 진화했다. 자율주행 자동차는 거대한 '바퀴 달린 데이터 센터'이자 국경을 넘나드는 정보의 결절점(Node)이 되었다. 이러한 기술적 진보는 우리에게 전례 없는 편리함과 안전을 약속하지만, 동시에 기존의 국경 중심적 법률 체계와 국제 질서로는 감당하기 힘든 복합적 도전 과제들을 던져주고 있다.

자율주행 기술과 스마트 모빌리티 서비스가 국경을 넘어 전 세계로 퍼짐에 따라, 우리는 전례 없는 기술적, 사회적, 그리고 지정학적 혼란에 직면하고 있다. 각국의 자동차가 서로 원활하게 통신하고, 모든 도로에서 같은 수준의 안전이 보장되며, 데이터가 국경을 넘나들면서도 개인의 프라이버시가 철저히 보호받기 위해서는 통일된 규칙과 질서, 즉 글로벌 가버넌스(Global Governance)의 확립이 필수적이다. 이는 단순히 기술적 호환성 문제를 해결하는 엔지니어링 차원의 과제를 넘어선다. 이것은 국가 간의 무역 장벽을 해소하고, 소비자의 신뢰를 확보하며, 나아가 미-중 기술 패권 경쟁이라는 거대한 지정학적 파고 속에서 국제 협력의 가능성을 모색해야 하는 고도로 정치적이고 경제적인 과제이다.

최근의 흐름을 살펴보면, 기술 표준은 단순한 산업 규격을 넘어 국가 안보와 경제적 이익을 방어하는 '방패'이자, 경쟁국을 견제하는 '창'으로 활용되는 경향이 뚜렷해지고 있다. 예를 들어, 2025년을 전후로 미국이 중국산 커넥티드 차량 기술에 대한 강력한 제재를 가하는 것은 표준과 규제가 어떻게 무기화될 수 있는지를 보여주는 단적인 사례다. 이러한 상황에서 글로벌 가버넌스의 부재는 시장의 파편화(Fragmentation)[189]를 초래하고, 이는 혁신의 비용을 증가시키며 기술의 혜택이 인류 전체로 확산하는 것을 방해한다.

본 장에서는 스마트 모빌리티 시대의 글로벌 가버넌스를 구성하는 두 가지 핵심축인 국제 표준과 규제 정책에 대해 분석하고자 한다. 우리는 기술적 언어의 통일을 모색하는 ISO와 SAE 등 주요 국제 표준화 기구의 역할과 그들이 만들어가는 안전의 기준들을 상세히 살펴볼 것이다. 특히, 기능 안전(ISO 26262)을 넘어 의도된 기능의 안전(SOTIF)으로 확장되는 최신 안전에 대한 논의를 통해 기술적 깊이를 더하려고 한다.

이어서 미국, 유럽, 중국 등 주요 모빌리티 강국들이 취하고 있는 다른 규제 접근법—미국의 '자기 인증(Self-Certification)'과 유럽의 '형식 승인(Type Approval)'—을 비교 분석하고, 이들 간의 규제 경쟁과 협력의 역동성을 알아보고자 한다. 또한, 기술 주권(Technological Sovereignty)과 국제 협력이라는 상충하는 가치 사이의 균형점을 모색하고, 혁신과 안전의 조화를 위한 핵심 정책 도구로서 규제 샌드박스(Regulatory Sandbox)의 실제 운영 사례와 그 명암을 분석한다.

---

189 시장 파편화(fragmentation)는 하나의 큰 시장이 여러 개의 작은 이질적 하위 시장으로 잘게 쪼개지는 현상.

마지막으로, 이러한 거시적 논의를 바탕으로 세계 시장에 진출하고자 하는 기업, 특히 자원이 한정된 스타트업이 직면하게 될 윤리적 고려사항과 창업 전략 관련 실무적 시사점을 제시한다. 이를 통해 독자들이 스마트 모빌리티라는 거대한 전환기 속에서 기술, 시장, 그리고 정치가 어떻게 상호작용하며 새로운 국제 질서를 만들어가는지에 대한 통합적이고 통찰력 있는 시각을 갖추는 데 도움이 되고자 한다.

10장
글로벌 표준과 규제 가버넌스

1. 기계들의 공통 언어: ISO, SAE 등 국제 표준화 기구의 역할

스마트 모빌리티 기술의 글로벌 확산은 필연적으로 '통일된 규칙'의 필요로 한다. 각기 다른 제조사가 만든 자율주행차, 신호등, 그리고 관제 시스템이 서로 원활하게 소통하고, 그 과정에서 인간의 안전을 보장하기 위해서는 공통의 언어, 즉 국제 표준이 이 새로운 시대의 바탕을 이루어야 한다. 표준이 부재한 세상은 마치 도로 위의 모든 운전자가 서로 다른 교통신호를 사용하는 것과 같은 극심한 혼란을 초래할 것이다. 본 절에서는 국제 표준화의 중요성을 시작으로, 모빌리티 분야를 선도하는 주요 표준화 기구와 그 기준들, 그리고 기술 패권과 연결된 표준 제정 과정을 상세히 살펴본다.

1) 국제 표준화의 중요성: 연결과 안전의 매개체

자율주행과 스마트 모빌리티 기술이 특정 국가나 지역을 넘어 글로벌 시장으로 확산하면서, 국제 표준화의 중요성은 그 어느 때보다 급격히 증가하고 있다. 국제표준화기구(ISO)는 "표준은 기술 발전의 촉진제이자 무역 장벽 해소의 열쇠"라고 정의한다. 특히 모빌리티 분야에서는 차량 간 통신(V2V), 차량-인프라 간 통신(V2I)[190], 안전 시스템, 데이터 보안 등 핵심기술 요소들이 국경을 넘나들며 끊김 없이 작동해야 하므로, 통일된 표준의 존재는 선택이 아닌 필수 생존 조건이다.

만약 통일된 표준이 부재하다면, 각국의 자율주행차가 서로 다른 통신 프로토콜이나 데이터 형식을 사용하여 상호 운용(Interoperability)[191]이 불가능해지는 심각한 문제가 발생한다. 예를 들어, 독일 아우토반(Autobahn)을 달리던 자율주행차가 국경을 넘어 프랑스로 진입했을 때, 통신 표준이 달라, 주변 차량의 정보를 수신하지 못한다면 이는 즉각적 사고 위험으로 이어진다. 이러한 기술적 파편화는 글로벌 모빌리티 생태계를 국가별로 고립시키고, 기업들에는 국가별로 다른 제품을 만들어야 하는 막대한 비용 부담을 지운다. 이는 결과적으로 혁신 기술의 확산을 저해하고 글로벌 시장의 성장을 제약하는 기술적 무역 장벽(Technical Barriers to Trade, 이하 TBT로 표기)으로 작용하게 된다.

국제 표준은 기술적 호환성을 넘어, 소비자와 사회 전체의 신뢰와 안전을 보장하는 핵심적 기준 역할을 한다. 표준화는 단순히 기술 엔지니어들의 편의를 위한 약속이 아니다. 그것은 수많은 사람의 생명을 보호하는 최후의 보루이다. 최근 발생한 GM 크루즈의 보행자 끌림 사고나

190 V2V (차량 간 통신) / V2I (차량-인프라 통신). V2V는 센서 사각지대에 있는 차량의 급정거 정보 등을 공유하여 사고를 예방하는 데 초점을 맞추며, V2I는 신호등 잔여 시간 정보 등을 수신하여 교통 효율을 높이는 데 주력한다. 이 둘은 V2X(Vehicle-to-Everything)의 하위 개념으로, 협력형 자율주행의 핵심 요소이다.

191 서로 다른 제조사의 차량, 인프라, 소프트웨어가 아무런 제약 없이 정보를 교환하고 해석할 수 있는 능력이다. 기술적 연결(주파수 일치)뿐만 아니라 구문적(데이터 포맷), 의미적(데이터 해석) 차원에서의 호환성을 모두 포함하며, 국경 간 이동이 잦은 모빌리티 서비스의 필수 전제 조건이다.

웨이모(Waymo) 차량의 오작동 사례들은, '예상치 못한 상황'에 대해 업계가 합의한 표준화된 대응 매뉴얼과 검증 절차가 얼마나 중요한지를 역설적으로 보여준다. 표준은 개별 기업이 자의적으로 안전을 정의하는 것을 방지하고, 객관적이고 과학적 검증 절차를 강제함으로써 사회적 수용성을 높이는 역할을 한다. 잠깐 두 사례를 살펴보면 다음과 같다.

GM 크루즈(Cruise) 차량의 보행자 끌림 사건은 자율주행 업계 전체에 큰 충격을 준 사건으로, 기술적 오류와 기업의 보고 투명성 문제가 결합하여 규제 강화의 계기가 되었다. 2023년 10월 2일 샌프란시스코 시내에서 한 보행자가 일반 운전자가 몰던 차량에 치여 옆 차선으로 튕겨 나갔다. 옆 차선에서 주행 중이던 크루즈 로보택시가 이 보행자와 충돌했다. 사고 직후 정차해야 했으나, 크루즈의 소프트웨어는 상황을 오판했다. 안전한 장소에 정차하려는 풀오버 기동[192]을 실행하면서, 차체 밑에 있던 보행자를 약 6m가량 끌고 주행한 뒤 멈췄다. 결국, 보행자는 중상을 입었다. 캘리포니아 자동차국(DMV)은 크루즈의 운행 허가를 취소했고, 크루즈는 미국 내 모든 운행을 중단했다. 크루즈 측이 사고 직후 규제 당국에 제출한 영상 자료가 불완전했다는 지적이 제기되었다. 2024년 미 도로교통안전국은 크루즈에 150만 달러의 벌금을 부과했다. 같은 해 법무부와의 합의를 통해 부적절한 보고 관련 50만 달러의 형사 벌금을 냈다. 피해 보행자와는 비공개 합의금을 지급했으며, 언론에서는 수억 원대로 추정하고 있다. 이 사건의 여파로 CEO 카일 보그트(Kyle Vogt)를 비롯해 주요 임원들이 사임했고, 직원의 약 24%가 해고되는 등 대규모 구조조정을 겪었다.

웨이모는 크루즈보다 상대적으로 안정적 운영을 유지해왔으나, 2024~2025년 사이 교통법규 준수와 인프라 의존성 관련 문제로 여러 차례 소프트웨어 업데이트 및 리콜을 시행했다. 2025년 텍사스 오스틴과

---

192 Pull-over maneuver. 차량을 강제로 정지시키는 기능.

애틀랜타 등에서 웨이모 차량이 정차 중인 스쿨버스의 멈춤 표지판을 인식하지 못하고 추월하는 사례가 보고되었다. 이로 인해 약 3,000여 대의 차량에 대해 자발적 소프트웨어 업데이트를 했다. 또한, 2025년 5월에는 체인, 게이트, 도로 차단기 등 고정된 물체와의 충돌 사례가 발생하여 약 1,200대의 차량에 소프트웨어 업데이트를 진행했다. 자율주행 시스템이 가느다란 체인이나 낮은 바리케이드를 장애물로 정확히 인식하는 데 어려움을 겪은 것으로 분석되었다. 그리고 2025년 샌프란시스코의 좁은 도로에서 여러 대의 웨이모 차량이 복잡한 교차 상황에서 일시적으로 차량 흐름을 방해하는 사례도 발생했다. 원격 지원팀이 개입하여 상황을 해결했다. 같은 해 샌프란시스코 정전 당시 신호등이 꺼지자, 일부 웨이모 차들이 교차로에서 일시적으로 멈춰 서는 등 차량 흐름에 영향을 주었다. 자율주행 시스템의 인프라 의존성과 예외 상황 대응 능력에 대한 개선 필요성이 제기되었다. 마지막으로, 2024년 5월 피닉스에서 저속 주행 중 전신주와 충돌하는 사고가 발생해 약 672대에 소프트웨어 업데이트를 했다.

한편, 경제적 측면에서 표준화가 가져오는 효과는 매우 상당하다. 여러 연구기관에 따르면, 글로벌 표준화를 통해 자동차 제조사들은 각기 다른 시장을 위한 별도의 시스템을 개발할 필요가 없어지므로 자율주행차의 초기 개발 비용을 약 30% 이상 절감할 수 있다. 표준화된 부품과 인터페이스를 사용함으로써 대량 생산이 가능해지고, 이는 규모의 경제(Economies of Scale)[193] 효과를 통해 생산 단가를 획기적으로 낮춘다. 이는 기업들이 불필요한 중복 투자를 피하고, 확보된 자원을 인공지능 알고리즘 고도화와 같은 핵심 차별화 포인트에 집중할 수 있게 하여 산업 전체의 발전을 가속하는 선순환 구조를 만든다.

---

193 규모의 경제(Economies of Scale)는 생산량 증가로 단위당 고정비용 분산과 효율화가 발생해 평균 비용이 감소하는 현상이다.

2) 주요 표준화 기구와 핵심 기준들: 안전의 다층적 구조

스마트 모빌리티 분야의 국제 표준화는 특정 단일 기구가 독점하는 것이 아니라, 여러 전문 기구가 각자의 전문 영역을 담당하며 유기적으로 협력하는 복합적 가버넌스 체계를 이루고 있다.

그림 10.1 통합안전 프레임워크

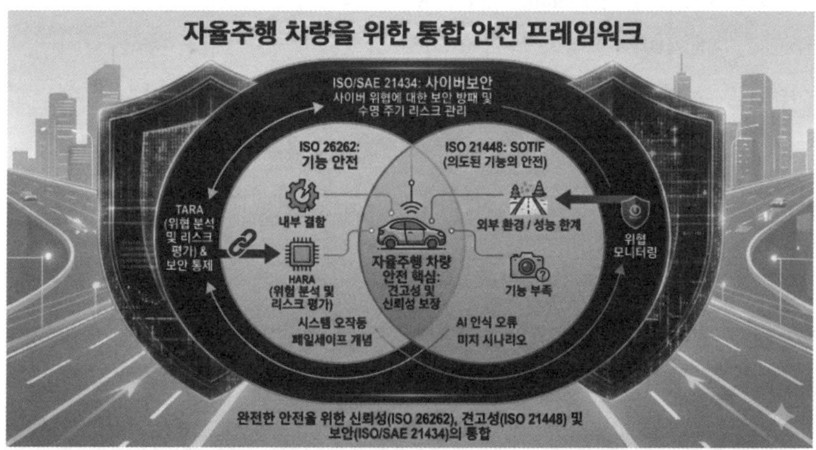

국제표준화기구 (International Organization for Standardization, 이하 ISO로 표기)는 가장 포괄적 범위의 국제 표준을 다루는 기구로, 자동차 기술위원회 (ISO/TC 22)를 중심으로 자율주행 및 커넥티드카 관련 핵심 표준들을 개발하고 있다. 특히 안전과 관련된 ISO의 표준들은 자율주행 기술의 '헌법'과도 같은 위상을 가진다. 예를 들어, 기능 안전(Functional Safety)에 관한 ISO 26262는 시스템의 하드웨어나 소프트웨어에 오류(Bug)나 고장이 발생했을 때, 사고로 이어지지 않도록 하는 '페일-세이프(Fail-Safe)'[194] 설계에 초

194 고장이 발생해도 시스템이 안전 상태(Safe State)로 전환되어 추가 피해를 방지하는 설계. 자율주행에서 센서·소프트웨어 오류 시 긴급 정지나 수동 모드 전환으로 운전자·보행자 보호.

점을 맞춘다. 예를 들어, 조향 장치에 전원 공급이 끊겨도 보조 배터리가 즉시 작동하여 핸들이 잠기지 않도록 하는 설계가 이에 해당한다. 또한, 의도된 기능의 안전(Safety of the Intended Functionality, 이하 SOTIF로 표기)에 관한 ISO 21448 는 자율주행 기술이 고도화되면서, 시스템에 고장이 없더라도 사고가 날 수 있다는 사실이 밝혀졌다. 센서의 성능 한계(예: 역광으로 인한 카메라 눈멂)나 인공지능의 오판(예: 흰색 트럭을 구름으로 인식)이 그 예이다. SOTIF는 이러한 '의도된 기능의 한계'로 인한 위험을 다루는 최신 표준으로, AI 기반 자율주행차의 안전성 확보에 필수적이다. 또한, 사이버보안(Cybersecurity)에 관한 ISO/SAE 21434는 자동차가 네트워크에 연결되면서 해킹 위험이 급증했기에 만들어졌다. 이 표준은 차량의 설계부터 폐기까지 전 수명 주기에 걸쳐 사이버 보안 위협을 관리하는 엔지니어링 프로세스를 정의한다.

그림 10.2 SAE J3016 자율주행 단계 및 책임 소재

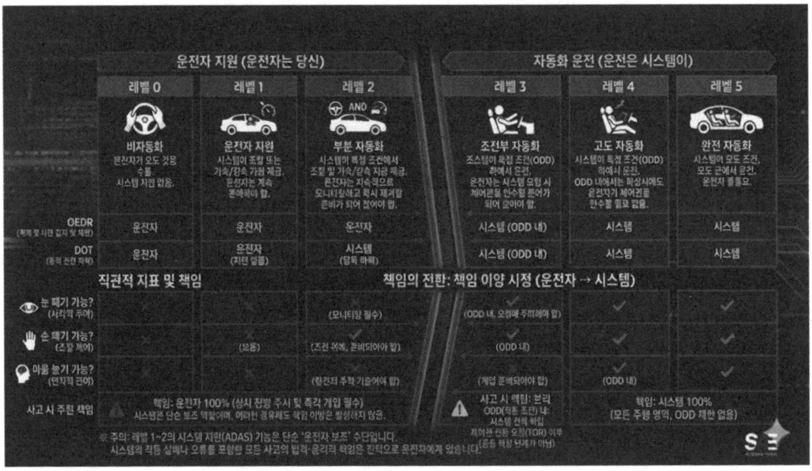

미국 자동차공학회 (SAE International, 이하 SAE로 표기)는 자율주행 기술의 레벨을 정의한 기관으로 가장 대중적으로 알려져 있다. 앞의 장에서 살

펴본 것처럼, SAE J3016는 자율주행 기술을 Level 0(비자동화)부터 운전자의 개입이 전혀 필요 없는 Level 5(완전자동화)까지 총 6단계로 명확하게 분류한 표준이다. 이 분류 체계는 전 세계의 규제 당국, 보험사, 그리고 소비자들이 자율주행 기술 수준에 대해 공통된 이해를 할 수 있는 기준 언어를 제공했다. SAE는 본래 미국 중심의 기구였으나, 자율주행 분야에서는 ISO와 긴밀히 협력하며 사실상의 국제 표준의 지위를 누리고 있다. 다만, 건설기계 등 일부 분야에서는 ISO 표준(유럽 중심)과 SAE 표준(미국 중심)의 통제방식이 달라, 현장에서 혼란이 발생하기도 하는데, 이는 산업 표준의 통일이 얼마나 중요한지를 보여주는 실증적 사례이다.

다음으로 자율주행차의 '입'과 '귀' 역할을 하는 통신 기술 표준으로 통신 및 인프라 관련 기구들을 살펴보면 다음과 같다. 먼저, 국제전기통신연합 (ITU)[195]는 UN 산하 기구로 5G, 6G 등 주파수 할당과 글로벌 통신 규약을 총괄한다. 3GPP[196]는 이동통신 기술의 세부 규격을 만드는 민간 표준화 기구로, C-V2X(Cellular Vehicle-to-Everything) 기술의 발전을 주도하고 있다. 마지막으로 유럽전기통신표준화기구(ETSI)[197]는 유럽을 중심으로 하지만 전 세계 지능형 교통 시스템(Intelligent Transportation Systems, 이하 ITS로 표기) 표준에 막대한 영향력을 미친다.

---

195 UN 산하의 정보통신 전문 기구로, 자율주행과 커넥티드카의 핵심 자원인 무선 주파수 스펙트럼(Spectrum)을 국제적으로 할당하고 관리한다. 차량 레이더용 주파수나 V2X 통신용 주파수 대역(5.9 GHz 등)의 간섭 방지 및 국제적 조화를 담당하며, 6G 통신 규격(IMT-2030) 정의를 주도한다.

196 제3세대 파트너십 프로젝트. 이동통신 기술(LTE, 5G, 6G)의 상세 규격을 만드는 민간 표준화 협력체이다. 통신사와 자동차 제조사가 참여하여 C-V2X 기술을 릴리즈(Release) 14, 16, 18 단계로 고도화하고 있으며, 자동차를 모바일 생태계의 일부로 편입시키는 기술적 사실 표준(De facto standard)을 주도한다.

197 유럽의 통신 표준을 제정하는 기구로, ITS(지능형 교통 시스템)의 통신 프로토콜과 메시지 포맷을 정의한다. 차량 통신의 물리적 방식(Wi-Fi vs Cellular)과 무관하게 데이터가 호환되도록 하는 상위 계층 표준을 만듦으로써 유럽 C-ITS 생태계의 기술적 기반을 제공한다.

3) 표준 전쟁: DSRC vs C-V2X

기술 표준 제정 과정은 기술적 우수성뿐만 아니라, 기업과 국가의 이해관계가 첨예하게 대립하는 '총성 없는 전쟁터'이다. 가장 대표적 사례가 차량 통신 기술(V2X) 표준을 둘러싼 단거리 전용 통신(Dedicated Short Range Comm, 이하 DSRC로 표기)[198]와 셀룰러 V2X(Cellular V2X, 이하 C-V2X로 표기)의 대립이다.

표 10.1 DSRC 과 C-V2X의 비교

구분	DSRC	C-V2X
기반 기술	Wi-Fi (IEEE 802.11p[199])	이동통신 (LTE/5G, 3GPP)
장점	오랜 검증 기간, 안정성, 직접 통신	긴 통신 거리, 고속 데이터 전송, 성장성
단점	짧은 거리, 기술적 확장성 한계	인프라 구축 비용, 상대적으로 짧은 검증
주요 진영	초기 미국(NHTSA), 유럽 일부(VW 등)	중국, 퀄컴, 5GAA, 최근 미국 전환
현재 동향	점차 입지가 좁아짐	글로벌 대세로 자리 잡음

수년 전만 해도 와이파이 기반의 DSRC가 대세였으나, 중국이 정부 주도로 C-V2X를 국가 표준으로 채택하고, 미국의 퀄컴 등이 5G 기술을 앞세워 C-V2X를 밀어붙이면서 전세가 역전되었다. 결국, 2020년 미

198 단거리 전용 통신. Wi-Fi 기술(IEEE 802.11p)을 차량 환경에 맞게 개량한 통신 방식이다. 기지국 없이 차량끼리 0.002초 이내에 직접 통신할 수 있는 즉시성이 장점이나, 통신 거리의 한계와 향후 기술 확장성(Scalability) 부족으로 인해 C-V2X에 주도권을 내주었다.

199 차량의 고속 이동 상황에서도 끊김 없는 무선 접속을 지원하기 위해 설계된 물리적 통신 표준이다. DSRC와 유럽의 ITS-G5 시스템의 근간이 되는 기술로, 일반 Wi-Fi와 달리 복잡한 접속 인증 절차를 생략하여 긴급 안전 메시지 전송에 최적화되어 있다.

국 연방통신위원회(FCC)가 자율주행용 주파수 대역을 C-V2X 중심으로 재편하면서, 사실상 C-V2X가 글로벌 표준 전쟁에서 승기를 잡게 되었다. 이 사례는 기술 표준이 단순한 기술의 문제가 아니라, 국가의 전략적 선택과 기업의 로비력이 결합한 정치적 산물임을 보여준다.

그림 10.3 C-V2X의 진화

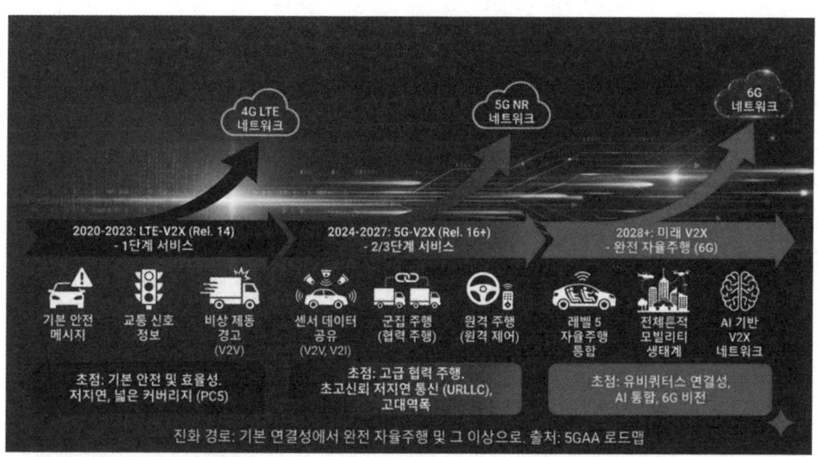

2. 규제 제국들의 충돌: 미국, 유럽, 중국의 접근법 비교

자율주행 기술이라는 같은 혁신을 두고도, 각국은 자국의 법률 체계, 산업 구조, 그리고 사회 문화적 철학에 따라 판이한 규제 정책을 펼치고 있다. 이는 글로벌 시장에 진출하려는 기업들에 '규제의 파편화'라는 복잡한 도전 과제를 제시하지만, 동시에 각 규제 모델의 장단점을 비교 분석할 수 있는 거대한 사회적 실험장이기도 하다.

1) 규제 철학의 근본적 차이

미국, 유럽 연합, 그리고 중국은 자율주행 규제에 있어 서로 다른 접근 방식을 취하고 있다.

미국은 시장 친화적이고 사후 규제를 중심으로 하는 철학을 바탕으로 자기 인증 방식을 채택하고 있다. 연방정부의 NHTSA가 가이드라인을 제시하고 주 정부가 실제 운행을 규제하는 이원화된 체계를 운영하며, 데이터 정책은 기업 자율성을 존중하되 최근 안보 목적으로 강화되고 있다. 미국의 경우 테스트가 쉬워 혁신 속도가 매우 빠른 편이다.

유럽 연합은 사전 예방 원칙을 기반으로 사전 인증을 요구하며, 형식 승인 방식을 통해 규제한다. EU 집행위원회와 각국의 인증기관이 규제를 담당하고, GDPR[200]을 통한 강력한 프라이버시 및 인권 보호 정책을 시행한다. 절차가 복잡해 혁신 속도는 상대적으로 느리다.

중국은 국가 주도의 통합적 발전 전략을 추진하며, 정부가 직접 인증하고 시범 구역을 지정하는 방식으로 운영된다. 중앙정부와 지방정부가 강력하게 협력하며, 데이터 국유화와 엄격한 반출 통제 정책을 편다. 중국 정부의 적극적 지원으로 혁신 속도가 매우 빠르다.

표 10.2 규제 철학의 근본적 차이

구분	미국 (USA)	유럽 연합 (EU)	중국 (China)
핵심 철학	시장 친화적, 사후 규제	사전 예방 원칙, 사전 인증	국가 주도, 통합적 발전

200 EU의 강력한 개인정보보호 법령이다. 자율주행차가 수집하는 보행자 영상이나 위치 정보를 개인정보로 간주하므로, AI 학습을 위한 데이터 수집 시 '비식별화' 조치와 '데이터 최소화' 원칙 준수를 강제하여 기업의 규제 준수 비용을 높이는 요인이다.

인증 방식	자기 인증 (Self-Certification)	형식 승인 (Type Approval)	정부 주도 인증 및 시범 구역 지정
규제 주체	연방(NHTSA 가이드라인) + 주(실제 운행)	EU 집행위 + 각국 인증 기관(Technical Ser-vice)	중앙정부 + 지방정부의 강력한 협력
데이터 정책	기업 자율성 존중 (최근 안보 목적 강화)	GDPR 등 강력한 프라이버시 및 인권 보호	데이터 국유화 및 엄격한 반출 통제
혁신 속도	매우 빠름 (테스트 용이)	상대적으로 느림 (절차 복잡)	매우 빠름 (정부 지원)

2) 미국: 자기 인증과 연방주의의 실험

미국은 전통적으로 기업의 혁신과 시장의 자율성을 중시하는 시장 친화적(Market-friendly) 규제 접근법을 채택해왔다. 미국의 가장 큰 특징은 자기 인증(Self-Certification) 제도이다. 이는 정부가 사전에 모든 차량을 검사하여 승인해 주는 것이 아니라, 제조사가 스스로 연방 자동차안전기준(FMVSS)[201]을 준수했음을 인증하고 제품을 시장에 출시하는 방식이다. 이 제도는 기업이 신기술을 빠르게 시장에 선보일 수 있는 유연성을 제공한다. 테슬라(Tesla)가 '완전자율주행(Full Self-Driving, 이하 FSD로 표기)' 베타 버전을 일반 소비자에게 배포하며 방대한 데이터를 수집할 수 있었던 것도 이러한 규제 환경 덕분이었다. 하지만 이는 '자유에는 책임이 따른다'는 원칙 아래에 운영된다. 만약 결함이 발견되거나 사고가 발생할 경우, 제조사는 징벌적 손해배상을 포함한 막대한 법적 책임과 대규모 리콜 명령을 감수해야 한다.

---

201 미국 내에서 판매되는 모든 자동차가 준수해야 하는 강제적인 기술 규정(49 CFR Part 571)이다. 충돌 안전성, 브레이크 성능 등을 규정하고 있으나, 인간 운전자를 전제로 한 조항(예: 운전대 필수)이 많아 완전 자율주행차 상용화의 법적 걸림돌로 작용해 왔으며 현재 개정 논의가 진행 중이다.

또한, 미국은 연방정부(NHTSA)가 기술 중립적 가이드라인만 제시하고, 실제 자율주행차의 테스트 및 운행 허가는 각 주(State) 정부가 담당하는 연방주의(Federalism) 방식을 취한다. 이로 인해 캘리포니아, 애리조나, 텍사스 등은 서로 다른 규제 환경을 제공하며 자율주행 기업 유치 경쟁을 벌이고 있다. 애리조나는 규제를 최소화하여 웨이모 등의 테스트를 적극적으로 유치하지만, 캘리포니아는 사고 보고 의무화 등 상대적으로 엄격한 관리를 하고 있다. 이러한 파편화된 규제는 기업에 법적 불확실성을 안겨주는 요인이기도 하다.

그림 10.4 국가별 규제 인증 프로세스

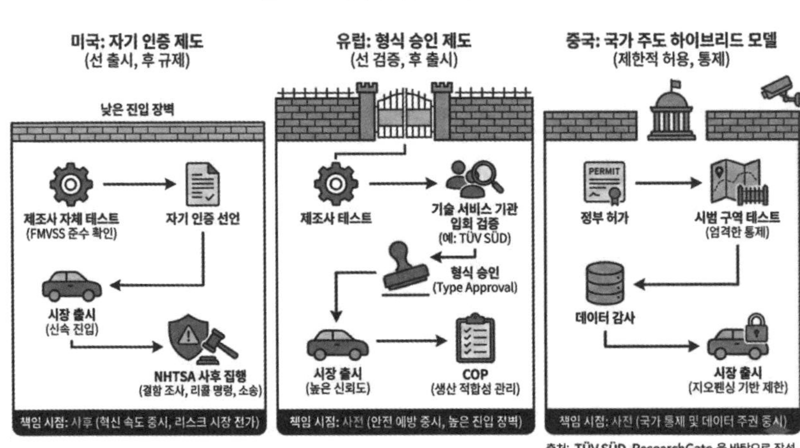

출처: TÜV SÜD, ResearchGate 을 바탕으로 작성.

3) 유럽 연합: 형식 승인과 사전 예방의 요새

반면, EU는 새로운 기술이 초래할 수 있는 잠재적 위험을 사전에 완벽히 통제하려는 사전 예방 원칙에 기반한다. 유럽은 차량이 시장에 나오기 전에 정부가 지정한 인증 기관(예: TÜV SÜD 등)으로부터 엄격한 테스트를 거쳐 안전성을 입증받아야 하는 형식 승인(Type Approval) 제도를 운용한다.

2022년부터 발효된 유럽의 자율주행 형식 승인의 틀은 자율주행차가 유럽 도로에 투입되기 전에 수천 가지의 시나리오 테스트를 통과할 것을 요구한다. 이는 기업 처지에서는 시장 진입 장벽이 높고 시간과 비용이 많이 드는 구조이지만, 일단 인증을 획득하면 EU 27개국 전체에서 별도의 추가 절차 없이 판매할 수 있다는 강력한 이점이 있다.

특히 유럽은 EU AI 법을 통해 자율주행 AI를 '고위험' 시스템으로 분류하고 있다. 이 법안은 2026년부터 본격 적용될 예정이며, 자율주행 AI의 학습 데이터 품질, 알고리즘의 투명성, 인간의 감독 권한 등을 법적으로 강제한다. 이는 유럽 시장에 진출하려는 기업들에 높은 수준의 '윤리적 기술'을 요구하며, 글로벌 규제 표준의 새로운 벤치마크가 되고 있다.

4) 중국: 국가 주도의 '차량-인프라 협력' 전략

중국은 정부의 강력한 통제력과 계획을 바탕으로 산업을 육성하는 국가 주도 모델의 전형을 보여준다. 중국은 단순히 개별 차량을 스마트하게 만드는 것을 넘어, 도로, 신호등, 통신망 등 인프라 전체를 지능화하여 차량과 연결하는 '차량-인프라 협력(Vehicle-Infrastructure Cooperative)'[202]전략을 추진한다.

중앙정부가 "스마트 자동차 혁신 발전 전략"과 같은 장기 로드맵을 제시하면, 베이징, 상하이, 선전 등 지방정부는 거대한 시범 구역을 지정하고 규제를 일시에 해제하여 기업들이 마음껏 기술을 테스트할 수 있는 환경을 제공한다. 바이두(Baidu)의 아폴로(Apollo) 프로젝트는 이러한 정부 지원 아래에 방대한 데이터를 축적하며 기술을 고도화하고 있다.

그러나 중국 모델의 가장 큰 특징이자 장벽은 데이터 통제이다. 중국

---

202 자율주행 차량(Vehicle)과 도로 인프라(Infrastructure)가 실시간 데이터 공유를 통해 협력하는 시스템.

정부는 자국 내에서 수집된 지리 정보나 주행 데이터의 국외 반출을 엄격히 금지하며, 이를 국가 안보의 문제로 다룬다. 이는 외국 기업이 중국 시장에서 독자적으로 기술을 개발하는 것을 어렵게 만들며, 반드시 중국 현지 기업과 합작해야만 하는 구조적 제약을 만든다.

5) 신흥국의 전략과 규제 협력의 필요성

인도, 동남아시아, 남미 등 신흥국들은 선진국의 모델을 참고하되, 자국의 상황에 맞는 독자 전략을 모색하고 있다. 인도는 극심한 교통 혼잡과 열악한 도로 사정을 고려하여 매우 신중한 '단계적 도입'을 추진하며, 저렴한 비용으로 구현 가능한 카메라 기반의 솔루션에 관심을 보인다. 아세안(ASEAN) 국가들은 싱가포르의 선진 규제 모델을 벤치마킹하면서도, 태국과 베트남 등은 제조 허브로서의 이점을 살려 자율주행차 생산 기지로의 도약을 꿈꾸고 있다.

이처럼 서로 다른 규제 환경 속에서, 국경을 초월하는 안전 문제와 사이버 보안 위협에 대응하기 위한 국제 협력의 중요성은 더욱 커지고 있다. UN 유럽경제위원회(UNECE) 산하의 WP.29는 자율주행차의 사이버 보안 및 소프트웨어 업데이트에 관한 국제 기준(UN R155[203], R156[204])을 제정하여 각국의 규제 조화를 도모하고 있으며, 이는 미국과 유럽, 일본, 한국 등 주요국들이 참여하는 중요한 규제 협력 플랫폼으로 작동하고 있다.

---

203 UN 규정 155호 (UN R155). 차량의 개발부터 폐기까지 전 수명 주기에 걸친 사이버 보안 관리 시스템(CSMS) 인증을 의무화한 국제 규정이다. 제조사가 해킹 위협을 모니터링하고 대응할 조직적 역량을 갖추지 못하면 신차 형식 승인을 거부당하게 되어, 사실상의 무역 장벽으로 기능한다.

204 UN 규정 156호 (UN R156). 차량 소프트웨어 업데이트 및 관리 시스템(SUMS)에 관한 국제 규정이다. 무선 업데이트(OTA)가 차량의 안전 성능을 저해하지 않음을 보장하고, 소프트웨어 변경 이력을 투명하게 추적 관리할 것을 요구한다.

그림 10.5 글로벌 AV 준비 지수(AV Readiness Index) 지도

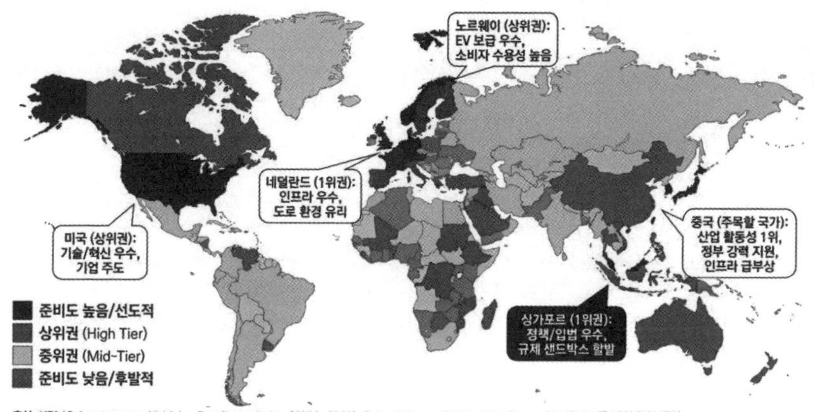

출처: KPMG Autonomous Vehicles Readiness Index (2020–2023), Roland Berger Automotive Disruption Radar를 바탕으로 작성

3. 기술 주권과 국제 협력의 위태로운 균형

자율주행 기술은 단순한 이동 수단의 혁신을 넘어, 반도체, 인공지능, 빅데이터 기술이 총망라된 국가의 핵심 전략 자산으로 부상했다. 이로 인해 각국은 자국의 기술적 자립과 우위를 확보하려는 기술 주권(Technological Sovereignty) 확보에 총력을 기울이고 있으며, 이는 기존의 글로벌 분업 체계와 국제 협력의 기조를 뿌리째 흔들고 있다.

1) 기술 패권 경쟁의 최전선: 미-중 기술 전쟁

미국과 중국 간 기술 패권 경쟁은 자율주행 분야에서 가장 극명하고 치열하게 전개되고 있다. 이는 단순한 무역 갈등을 넘어, 미래 산업의 주도권을 쥐기 위한 전면전 양상을 띠고 있다.

그림 10.6 자동차 반도체 공급망 리스크

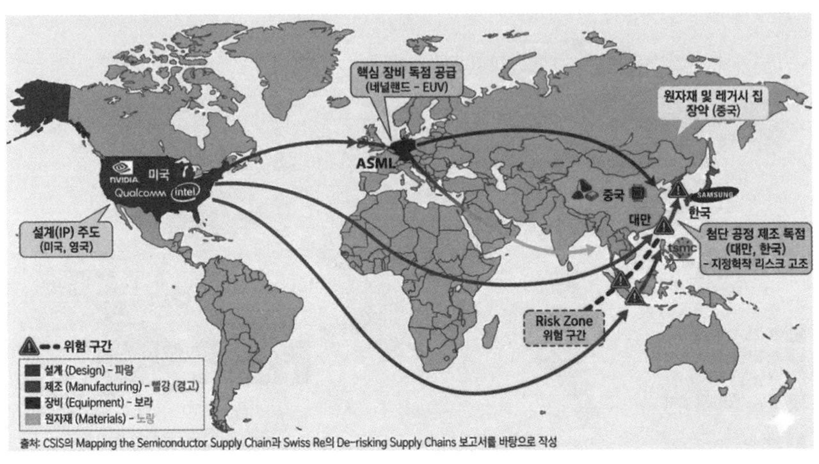

자율주행차는 방대한 센서 데이터를 실시간으로 처리해야 하므로 '달리는 슈퍼컴퓨터'라고 불린다. 따라서 고성능 AI 반도체는 자율주행의 심장과도 같다. 미국은 엔비디아(NVIDIA) 등의 최첨단 AI 칩이 중국의 자율주행 및 군사 기술에 활용되는 것을 막기 위해 강력한 수출 통제 조치를 시행하고 있다. 이에 맞서 중국은 막대한 정부 보조금을 투입하여 레거시(구형) 반도체 생산 능력을 확대하고, 화웨이(Huawei) 등을 통해 자체 AI 칩 개발을 독려하며 '반도체 자립'을 필사적으로 시도하고 있다. 이러한 칩 전쟁은 자율주행 기술의 발전 속도와 방향에 직접적 영향을 미치고 있다.

최근 미국 상무부는 국가 안보를 이유로 중국산 및 러시아산 소프트웨어와 하드웨어가 탑재된 커넥티드 차량의 판매 및 수입을 금지하는 규칙을 제정하고 시행에 들어갔다. 이는 중국산 통신 모듈(VCS)이나 자율주행 시스템(ADS)[205]이 미국 도로의 주행 데이터, 인프라 정보, 심지어 운전자의 개인정보를 중국으로 유출하거나, 원격으로 차량을 조작하여 테러에 악용될 수 있다는 '데이터 안보' 우려 때문이다.

중국 역시 이에 질세라 테슬라 차량의 주요 관공서 및 군사 시설 출입을 금지하는 등 상호 간의 데이터 장벽을 높이고 있다. 이러한 조치들은 글로벌 자동차 공급망을 미국 중심의 서방 진영과 중국 중심의 진영으로 분리하는 결과를 초래하고 있으며, 글로벌 기업들에 양자택일의 압박을 가하고 있다.

2) 미래의 전장: 6G와 차세대 통신 표준

기술 주권 경쟁은 현재의 기술뿐만 아니라 미래의 표준으로도 확장되고 있다. 5G를 넘어 다가올 6G 통신 표준을 두고도 주도권 다툼이 치열하다. 자율주행의 핵심 인프라가 될 6G[206] 표준을 선점하는 국가가 미래 모빌리티 시장의 규칙(Rule)을 정할 수 있기 때문이다.

미국은 'Next G Alliance[207]' 등을 통해 동맹국들과 연대하여 중국을 배제한 6G 표준 연합을 구축하려 하고 있으며, 중국은 방대한 내수 시장과 '일대일로' 참여국들을 중심으로 자국 기술의 확산을 꾀하고 있다. 이는 전 세계 통신 및 모빌리티 생태계가 기술적으로도 양분될 수 있음을 시사한다.

3) 샌드위치 위기와 중견국의 전략

이러한 강대국 간 거친 충돌 속에서 유럽과 한국 같은 국가들은 어려

---

205 VCS (차량 연결 시스템) & ADS (자율주행 시스템). 미국 상무부의 중국산 커넥티드카 제재 규칙(NPRM)에서 정의한 핵심 용어이다. VCS는 차량의 외부 통신을 가능하게 하는 하드웨어(모듈) 및 소프트웨어를, ADS는 자율주행을 수행하는 소프트웨어 스택을 의미한다. 미국은 이 정의에 해당하는 중국산 기술이 포함된 차량의 수입 및 판매를 전면 금지하고 있다.

206 6G는 6세대 이동통신 기술로, 2030년 상용화 목표이며 자율주행·UAM 등 초저지연(0.1ms)·초고속(1Tbps) 서비스를 지원한다.

207 넥스트 G 연합. 미국 통신산업협회(ATIS) 주도로 설립된 북미 중심의 6G 기술 연합체이다. 중국의 5G/6G 기술 패권 확장에 대응하여 북미의 기술 지배력을 회복하고, 안보와 상업적 이익이 반영된 차세대 통신 로드맵을 수립하는 지정학적 성격을 띤다.

운 선택에 직면해 있다. 유럽 연합은 미국과 중국 사이에서 독자적 목소리를 내기 위해 '디지털 주권(Digital Sovereignty)'을 내세우고 있다. 이는 유럽 시민의 데이터를 유럽 내에서 관리하고, 유럽 기업들이 자체적 기술력을 확보할 수 있도록 지원하는 것을 목표로 한다. '가이아-X(Gaia-X)[208]'와 같은 데이터 클라우드 프로젝트가 대표적인 예이다. 가이아-X는 2019년 독일과 프랑스가 주도하여 시작한 유럽의 데이터 클라우드 인프라 프로젝트이다. 당시 유럽 클라우드 시장의 70% 이상을 AWS, 마이크로소프트 애저, 구글 클라우드 등 미국 기업들이 장악하고 있었고, 이는 유럽의 데이터 주권에 심각한 위협이 되었다. 프로젝트의 핵심 목표는 구글이나 아마존 같은 단일 거대 클라우드 기업을 만드는 것이 아니라, 여러 개의 작은 노드들이 개방형 표준을 통해 연결되는 연합형 생태계를 구축하는 것이다. 이를 통해 사용자들이 자신의 데이터에 대한 완전한 통제권을 유지하면서도, 다양한 서비스 간 원활한 상호운용이 가능하도록 설계되었다. 투명성, 개방성, 데이터 주권을 핵심 가치로 삼고 있으며, 유럽의 엄격한 개인정보보호 규정인 GDPR을 준수한다. 2020년 9월 벨기에 브뤼셀에 가이아-X 협회가 공식 설립되었고, 현재 40개국 이상에서 300개 이상의 조직이 참여하고 있다. 유럽 연합은 호라이즌 유럽, 디지털 유럽 프로그램 등을 통해 약 30억 유로를 투자했으며, 자동차, 헬스케어, 에너지, 제조업, 금융 등 다양한 산업 분야에서 시범 프로젝트가 진행되고 있다. 하지만 프로젝트는 논란에도 직면해 있다. 유럽의 디지털 주권을 내세우면서도 정작 AWS, 마이크로소프트, 구글 같은 미국 기업들이 회원으로 참여하고 있다는 비판이 제기되었고, 또한 초기 "유럽판 클라우드 기업 육성"이라는 야심에 찬 목표는 "데이터 공유 표

208 유럽의 데이터 주권 확보를 위해 구축 중인 연합형 데이터 인프라 프로젝트이다. 미국 빅테크 기업의 클라우드에 종속되지 않고, 유럽의 보안 및 투명성 규칙을 준수하는 데이터 생태계를 조성하여 자동차 산업(Catena-X) 등의 데이터 공유를 활성화하려는 전략이다.

그림 10.7 데이터 안보 장벽

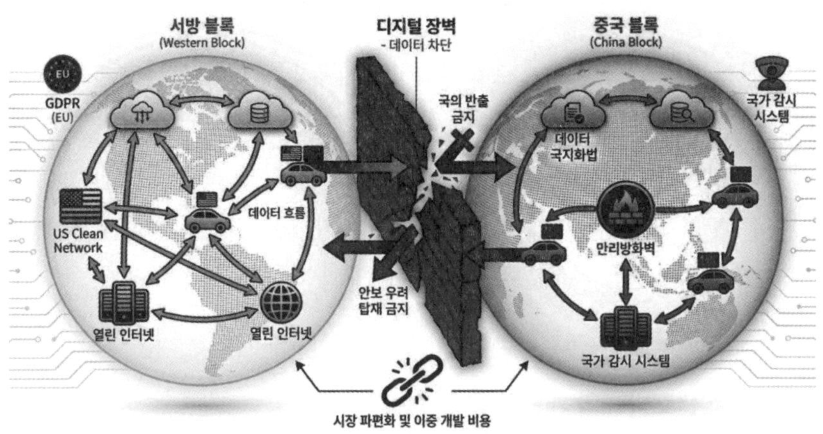

준 제정"이라는 보다 제한적인 방향으로 수정되었다. 이러한 변화에 실망한 프랑스 클라우드 기업 스케일웨이는 2021년 협회를 탈퇴하기도 했다. 그런데도, EU의 디지털 주권에 대한 의지를 엿볼 수 있는 예라고 할 수 있다.

한국은 반도체와 배터리라는 강력한 제조 경쟁력을 보유하고 있지만, 원천 기술과 시장 규모 면에서 미-중 양국에 의존적 구조로 되어 있다. 따라서 어느 한쪽의 표준을 일방적으로 따르기보다는, 독자적 기술력을 확보하면서도 양쪽 표준에 모두 대응할 수 있는 균형적이고 유연한 전략이 요구된다. 동시에, 기후 변화 대응이나 사이버 보안과 같이 전 지구적 협력이 필요한 이슈에 대해서는 적극적으로 국제 연대에 참가하여 '규제 조화'를 이끄는 중재자 역할을 모색해야 한다. 이를 학계에서는 '경쟁적 협력(Coopetition)[209]'이라 부른다.

209 협력(Cooperation)과 경쟁(Competition)의 합성어로, 표준화나 안전 기술 등 비경쟁 영역에서는 경쟁사 간에 협력하여 시장 규모를 키우고, 서비스나 디자인 등 경쟁 영역에서는 치열하게 다투는 전략을 의미한다.

4. 혁신의 안전한 놀이터: 규제 샌드박스

혁신적 기술은 필연적으로 기존의 법과 규제 체계와 충돌하게 마련이다. '운전자가 없는 차'라는 개념 자체가 기존의 도로교통법이 상정하지 않았던 것이기 때문이다. 이러한 딜레마를 해결하고 혁신과 안전 사이의 균형을 찾기 위해 전 세계 정부들이 도입하고 있는 핵심 정책 도구가 바로 규제 샌드박스(Regulatory Sandbox)이다.

1) 규제 샌드박스의 개념과 운영 원리

규제 샌드박스는 아이들이 안전한 모래 놀이터(Sandbox)에서 다치지 않고 자유롭게 뛰어놀듯, 기업들이 일정 기간 기존 규제의 제약 없이 혁신적인 기술과 서비스를 실제 환경에서 테스트할 수 있도록 허용해주는 제도이다. 영국 금융감독청(FCA)이 핀테크(Fintech) 활성화를 위해 처음 고안한 이 제도는, 현재 모빌리티, 헬스케어, 에너지 등 신산업 전반으로 퍼졌다.

이 제도의 핵심 가치는 '실제 환경(Real-world Environment)'에서의 테스트를 허용하되, '위험을 통제(Controlled Risk)'한다는 점에 있다. 실험실의 컴퓨터 시뮬레이션만으로는 예측할 수 없는 복잡한 도로 상황(예: 갑자기 튀어나오는 야생동물, 악천후, 난폭 운전 차량 등) 데이터를 확보할 수 있게 해주며, 정부는 이를 통해 불합리한 규제를 발굴하고 현실에 맞게 개선할 근거를 마련한다. 즉, 기업에는 '혁신의 기회'를, 정부에게는 '규제 학습의 기회'를 제공하는 상호 윈-윈(Win-Win) 모델이다.

2) 각국의 운영 사례와 차별점

싱가포르는 도시 국가의 특성을 십분 활용하여 가장 효율적인 샌드박스를 운영한다. 특정 지구(One-North 등)를 자율주행 테스트베드로 지정하고, 규제 당국이 기업과 매주 미팅을 가지며 신속하게 문제를 해결해 주는 '패스트 트랙' 방식을 취한다.

영국의 경우, 정부 주도로 '커넥티드 및 자율주행 차량 센터(CCAV)[210]'를 설립하고, 런던, 코벤트리 등 실제 도심과 고속도로를 아우르는 종합 테스트베드를 구축했다. 보험 및 책임 법제 연구를 병행하여 상용화 준비를 돕는 것이 특징이다.

미국은 공식적으로 '샌드박스'라는 명칭으로 부르기 보다는 주(State) 정부 차원의 테스트 허가 제도가 그 역할을 한다. 캘리포니아주 차량국(California Department of Motor Vehicles, DMV)의 자율주행 테스트 프로그램은 전 세계 기업들이 참여하는 가장 큰 무대이지만, 사고 보고 의무 등 관리가 엄격하다.

한국은 '규제 자유 특구'(세종, 판교, 제주 등)를 지정하여 실증 특례를 부여한다. 임시 운행 허가 제도를 통해 스타트업들이 일반 도로에서 자율주행차를 시범 운행할 수 있도록 지원하며, 최근에는 유상 운송 서비스 실증까지 범위를 확대하고 있다.

3) 샌드박스의 성과와 '함정'

규제 샌드박스는 자본과 인력이 부족한 스타트업들이 복잡한 규제 장벽을 넘어 시장에 진입할 수 있는 사다리 역할을 톡톡히 해냈다. 그러나, 동전의 양면처럼 일부 전문가들은 '샌드박스 함정(Sandbox Trap)'을 경고한다.

---

210 영국 교통부와 기업통상부가 공동 설립한 조직으로, 영국의 자율주행 산업 육성과 규제 개혁을 총괄한다. 엄격한 사전 규제보다는 보험 제도 정비와 실증 테스트 지원에 집중하며, 영국을 '자율주행 R&D의 글로벌 허브'로 만들기 위한 전략적 투자를 집행한다.

샌드박스 내에서는 규제 특례 덕분에 사업이 가능했지만, 실증 기간이 종료된 후 기존의 규제가 개선되지 않아 정식 사업화에 실패하거나 불법으로 내몰리는 경우를 말한다. 짐바브웨의 핀테크 샌드박스 실패 사례처럼, 규제 당국의 역량이 부족하거나 후속 법령 정비가 늦어지면 샌드박스는 기업에 '희망 고문'이 될 수도 있다. 짐바브웨는 2021년 3월 중앙은행(Reserve Bank of Zimbabwe, RBZ)이 핀테크 규제 샌드박스를 도입했다. 표면적으로는 혁신을 촉진하기 위한 좋은 제도였지만, 실제로는 여러 구조적 문제에 직면했다. 짐바브웨는 2007년 이후 지속적인 초인플레이션과 경제 위기를 겪고 있었다. 금본위제 디지털 화폐인 ZiG를 도입했지만, 2025년 8월에는 48시간 동안 국가 결제시스템(RTGS)이 완전히 마비되는 사태가 발생했다. 이런 불안정한 환경에서는 아무리 좋은 규제 샌드박스가 있어도 핀테크 기업들이 제대로 테스트하고 성장하기 어렵다. 카네기국제평화재단의 2022년 보고서는 제목부터 "샌드박스인가 모래 늪인가(Sandbox or Quicksand?)"였다. 샌드박스에 참여한 핀테크 기업들을 대상으로 한 설문 조사 결과, 규제 당국의 기술적 이해도와 실행 능력에 대한 우려가 제기되었다. 특히 사이버 보안, 데이터 보호, 상호운용성 같은 복잡

그림 10.8 규제 샌드박스 운영 프로세스

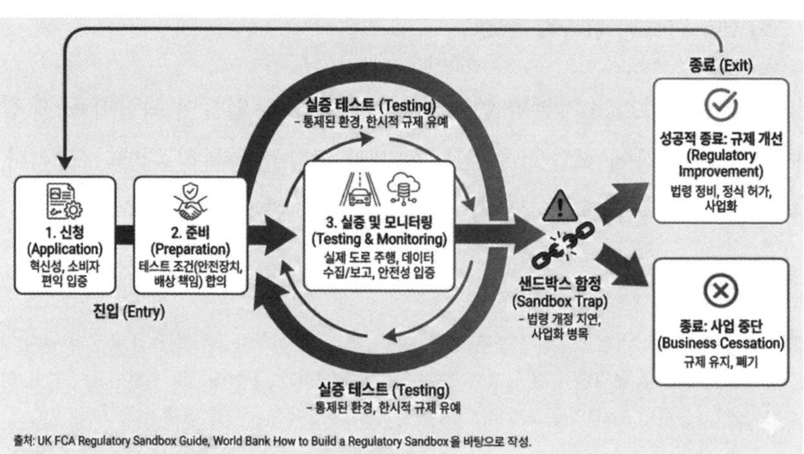

출처: UK FCA Regulatory Sandbox Guide, World Bank How to Build a Regulatory Sandbox 을 바탕으로 작성.

한 이슈들을 제대로 다룰 수 있는지에 대한 의문이 있었다.

자율주행은 핀테크와 달리 물리적 인명 사고 위험이 존재하므로, 금융 분야만큼 과감하게 규제를 풀기 어렵다는 근본적 한계도 있다. 따라서 최근에는 SOTIF와 같은 최신 안전 검증 기술을 샌드박스 승인 조건에 포함해, 실증 과정의 안전성을 담보하려는 노력이 병행되고 있다.

5. 알고리즘의 도덕성: 해외 진출 시 윤리적 고려사항

글로벌 모빌리티 기업이 해외 시장에 성공적으로 진출하기 위해서는 기술력과 자본뿐만 아니라, 현지 사회의 문화와 가치를 존중하는 섬세한 윤리적 감수성이 필수적이다. 특히 인간의 생명을 담보로 하는 자율주행 기술은 각 문화권의 윤리 기준과 충돌할 가능성이 매우 크다.

1) '트롤리 딜레마'를 넘어선 현실적 윤리

자율주행차의 윤리적 문제를 논할 때 흔히 '트롤리 문제(Trolley Problem)'—브레이크가 고장 난 전차가 5명을 치게 놔둘 것인가, 아니면 방향을 틀어 1명을 희생시킬 것인가—가 거론된다. MIT의 '도덕 기계(Moral Machine)' 연구에 따르면, 서구권은 다수를 살리는 공리주의적 선택을, 동양권은 노인 공경이나 준법정신을 중시하는 등 문화적 차이가 뚜렷하다.

그러나 업계 전문가들은 이제 이러한 극단 사고실험보다 '현실적 윤리 문제'에 집중해야 한다고 지적한다. 예를 들어, 자율주행차가 교통법규를 너무 완벽하게 지키려다가(예: 제한 속도 절대 준수) 흐름을 방해하여 인간 운전자의 보복 운전을 유발하거나 추돌 사고를 일으키는 경우, 또는 사고 책임 소재가 불분명해 피해자 구제가 지연되는 문제 등이 더 시급한 과제이다. 트롤리 문제는 철학적으로는 흥미롭지만, 기술 개발 현장에서는 '사고 자체를 회피(Zero Accident)'하는 기술을 만드는 것이 우선이기 때문이다.

2) 알고리즘 편향과 데이터의 공정성

최근 가장 심각하게 대두되는 윤리적 이슈는 '알고리즘 편향(Algorithmic Bias)'이다. 2023년 영국 킹스칼리지 런던(King's College London)의 연구에 따르면, 주요 자율주행 보행자 감지 AI 시스템이 백인 성인에 비해 피부색이 짙은 사람이나 어린이를 인식하는 정확도가 유의미하게 떨어지는 것으로 나타났다. 이는 AI를 학습시킨 데이터 세트가 주로 백인 성인 위주로 구성되어 있었기 때문에 발생한 문제이다.

만약 이러한 편향성을 해결하지 않은 채 다인종 국가나 어린이가 많은 지역에 자율주행차를 출시한다면, 이는 단순한 기술적 오류를 넘어 심각한 인종 차별 논란과 인명 사고로 이어질 수 있다. 따라서 글로벌 기업들은 다양한 인종, 나이, 성별, 그리고 다양한 기상 환경을 포함하는 포괄적 데이터 세트를 구축하고, 알고리즘의 공정성을 검증하는 절차를 반드시 거쳐야 한다.

3) 글로벌 파트너십과 책임 있는 혁신

해외 진출 시 현지 파트너와의 협력은 필수적이지만, 여기에도 윤리적 리스크가 도사리고 있다. 파트너사가 고객 데이터를 무단으로 유용하거나, 비윤리적인 방식으로 사업을 운영할 경우 그 책임은 일감을 준 원청 기업에도 전가된다.

따라서 기업은 진출 초기부터 명확한 'AI 윤리 가이드라인'을 수립하고, 이를 파트너십 계약에 반영해야 한다. 나아가 단순한 이윤 추구를 넘어, 현지의 고용을 창출하고, 대중교통 소외 지역에 자율주행 셔틀을 제공하여 이동권을 보장하며, 친환경 차 도입을 통해 탄소 배출 저감에 기여하는 책임 있는 혁신을 실천해야 한다. 이는 현지 정부와 사회의 신뢰를 얻어 규제 장벽을 넘는 가장 강력한 무기가 될 것이다.

6. 생존을 위한 나침반: 창업 관점 실무 시사점 및 글로벌 전략

글로벌 시장은 혁신적 기술을 가진 모빌리티 스타트업에게 거대한 기회의 장이지만, 동시에 복잡한 표준, 다층적인 규제, 그리고 냉혹한 자본 시장이라는 높은 파도가 치는 곳이다. 특히 2025년은 자율주행 거품이 꺼지고 실질적 성과를 요구하는 '옥석 가리기'가 진행되는 시기로, 생존을 위한 정교하고 현실적인 전략이 그 어느 때보다 절실하다.

1) 규제 준수 비용의 현실화와 규제 지형 매핑

많은 스타트업들이 연구개발(R&D) 비용은 꼼꼼히 계산하지만, 규제를 준수하기 위한 비용, 즉 컴플라이언스 비용(Compliance Cost)은 과소평가하는 경향이 있다. 그러나 글로벌 시장, 특히 유럽이나 미국에 진출하기 위해서는 각종 인증 획득, 법률 자문, 데이터 보안 시스템 구축 등에 상상 이상의 자금이 소요된다.

예를 들어, 유럽 시장 진입을 위한 ISO 26262 기능 안전 인증을 획득하는 데만 최소 1~2년의 세월과 수억 원대의 컨설팅 및 심사 비용이 든다. 여기에 유럽연합 인공지능 법(EU AI Act)[211] 준수를 위한 데이터 관리 시스템 구축 비용까지 더해지면, 초기 자본이 부족한 스타트업에게는 치명적 재정 부담이 될 수 있다. 실제로 2025년 다수의 AI 및 딥테크 스타트업들이 이러한 규제 비용과 자금 조달 난항으로 인해 문을 닫는 사례가 증가하고 있다.

따라서 창업 초기부터 진출하고자 하는 목표 시장의 '규제 지형 매핑(Regulatory Landscape Mapping)'을 선행해야 한다. 해당 국가의 필수 인증이 무엇인지, 향후 3~5년 이내에 도입될 규제(예: 2027년 미국의 중국산 SW 금지 등)가 무엇인지를 파악하고, 이를 사업 계획(Business Plan)과 자금 조달(Fundraising) 계획에 구체적으로 반영해야 한다. 최근에는 복잡한 규제 대응을 도와주는 '서비스형 컴플라이언스(Compliance as a Service, CaaS)[212]' 모델을 활용하여 비용을 효율화하는 것도 좋은 전략이다.

2) 국제 표준 대응 및 IP 보호 전략

초기 스타트업이라 할지라도 "우리는 작으니까 나중에"라는 안일한 생각은 버려야 한다. 국제 표준은 시장의 '입장권'과 같다. 관련 표준화 기구(ISO, SAE 등)에 회원으로 가입하거나 모니터링 활동을 함으로써, 최신 기술 트렌드와 규제 변화 방향을 가장 먼저 파악해야 한다.

---

211 AI 시스템을 위험도에 따라 분류하여 규제하는 세계최초의 포괄적 법안이다. 자율주행 AI를 '고위험(High-Risk)'으로 분류하여, 학습 데이터의 품질, 알고리즘의 투명성, 인간의 감독 권한 등을 엄격히 검증받도록 강제한다.

212 서비스형 컴플라이언스. 복잡한 규제 대응 업무를 클라우드 기반 소프트웨어나 외부 전문 서비스로 아웃소싱하는 모델이다. 스타트업이 R155나 GDPR 같은 고난도 규제를 자체 인력 없이 효율적으로 준수할 수 있게 하여, 고정비용을 변동 비용으로 전환해 주는 솔루션이다.

또한, 지적 재산권(IP) 전략도 중요하다. 자율주행 알고리즘과 같은 핵심기술은 특허로 공개할 경우 경쟁사에 기술을 드러낼 위험이 있으므로, 철저한 보안 하에 영업 비밀로 관리하는 전략이 필요할 수 있다. 반면, 하드웨어 설계 등은 특허를 통해 보호받는 등 기술의 성격에 따른 'IP 포트폴리오'를 구성해야 한다. 특히 미-중 기술 패권 경쟁으로 인해 공급망이 분리되는 상황에서, 자사 기술이 제재 대상에 포함되지 않도록 원산지 관리와 IP 소유권 구조를 명확히 하는 것이 중요하다.

3) 생존을 위한 피봇(Pivot)과 틈새시장 공략

완전 자율주행(Level 5) 로보택시와 같은 거대 담론에만 매몰되지 말고, 현실적으로 수익을 낼 수 있는 틈새시장(Niche Market)을 공략해야 한다. 최근 많은 자율주행 스타트업들이 기술적 난이도와 규제 장벽이 높은 일반 승객 수송(Robotaxi) 대신, 물류 트럭, 항만 자동화, 농기계, 광산 채굴 트럭 등 제한된 영역(ODD)에서의 상용화로 방향을 선회하고 있다.

예를 들어, 미국에서는 고속도로 허브 간(Hub-to-Hub) 자율주행 트럭 운송이 향후 전체 트럭 판매의 상당 부분을 차지할 것으로 전망되는 등 유망한 시장으로 떠오르고 있다. 이러한 B2B 시장은 일반 소비자 대상 시장보다 안전성 입증에 대한 부담이 상대적으로 덜하고, 명확한 비용 절감 효과를 고객에게 제시할 수 있어 생존 가능성이 크다.

또한, 미-중 갈등으로 인해 서구권 시장에서 중국산 부품이나 기술이 배제되는 틈을 타, 한국 스타트업들이 '신뢰할 수 있는 대안 파트너'로서의 입지를 다질 수 있다. 보안성이 검증된 V2X 모듈이나 AI 소프트웨어를 통해 글로벌 공급망의 빈자리를 파고드는 전략이 유효할 것이다.

파도를 읽는 자만이 살아남는다

스마트 모빌리티 시대의 창업가는 뛰어난 기술적 비전가인 동시에, 냉철한 국제 정세 분석가이자 규제 전문가가 되어야 한다. 기술은 빠르게 변하지만, 그 기술을 담아내는 그릇인 '표준'과 '규제'는 정치적, 사회적 합의의 산물이기에 더디고 복잡하게 움직인다. 이 속도의 차이를 이해하고, 글로벌 가버넌스의 흐름을 읽어 그 파도에 올라타는 기업만이 이 거대한 전환의 시대에 살아남아 미래를 주도하게 될 것이다.

참고문헌

Awad, E., Dsouza, S., Kim, R., Schulz, J., Henrich, J., Shariff, A., Bonnefon, J.-F., & Rahwan, I. (2018). The Moral Machine experiment. *Nature, 563*(7729), 59–64.

Boston Consulting Group. (2019, July 31). Activating agile product-life-cycle management in automotive.
https://www.bcg.com/publications/2019/agile-product-life-cycle-management-automotive

Bureau of Industry and Security. (2024). *Securing the information and communications technology and services supply chain: Connected vehicles*(Docket No. 240919-0245). U.S. Department of Commerce.

Carnegie Endowment for International Peace. (2024, February). Sandbox or quicksand? An analysis of Zimbabwe's fintech regulatory sandbox.
https://carnegieendowment.org/research/2024/02/sandbox-or-quicksand-an-analysis-of-zimbabwes-fintech-regulatory-sandbox

European Commission. (2022). Commission Implementing Regulation (EU) 2022/1426 of 5 August 2022 laying down rules for the application of Regulation (EU) 2019/2144 for the type-approval of the automated driving system (ADS). *Official Journal of the European Union, L 221.*

European Union.(2024). Regulation (EU) 2024/1689 of the European Parliament and of the Council (Artificial Intelligence Act). *Official Journal of the European Union,*

L, 2024/1689.
Federal Communications Commission. (2020). *Use of the 5.850-5.925 GHz band: First report and order*(FCC 20-164).
Financial Conduct Authority. (2015). *Regulatory sandbox.*
Heineke, K., Heuss, R., Kelkar, A., & Kellner, M. (2024, January 5). *Autonomous vehicles moving forward: Perspectives from industry leaders.* McKinsey & Company.
International Organization for Standardization. (2018). *Road vehicles — Functional safety*(ISO Standard No. 26262:2018).
International Organization for Standardization. (2022a). *Road vehicles — Safety of the intended functionality*(ISO Standard No. 21448:2022).
International Organization for Standardization. (2022b). *Road vehicles — Safety and cybersecurity for automated driving systems*(ISO/TR Standard No. 4804:2022).
International Organization for Standardization, & SAE International. (2021). *Road vehicles — Cybersecurity engineering*(ISO/SAE Standard No. 21434:2021).
KPMG. (2023). *Autonomous vehicles readiness index 2023: Preparing for a driverless future.* KPMG International.
National Development and Reform Commission. (2020). *Strategy for innovation and development of intelligent vehicles.* The State Council of the People's Republic of China.
OECD. (2025, April 14). GAIA-X. In Access to public research data toolkit. https://www.oecd.org/en/publications/access-to-public-research-data-toolkit_a12e8998-en/gaia-x_db008090-en.html
Roland Berger. (2023). *Automotive disruption radar: Navigating transformation in the global automotive industry.* Roland Berger GmbH.
SAE International. (2021). *Taxonomy and definitions for terms related to driving automation systems for on-road motor vehicles*(SAE Standard No. J3016_202104).
Swiss Re Institute. (2022). De-risking global supply chains. Swiss Re Institute.
United Nations Economic Commission for Europe. (2021a). *UN Regulation No. 155 - Uniform provisions concerning the approval of vehicles with regards to cyber security.*
United Nations Economic Commission for Europe. (2021b). *UN Regulation No. 156 - Uniform provisions concerning the approval of vehicles with regards to software update.*
Varas, A., Varadarajan, R., Goodrich, J., & Yinug, F. (2021). Strengthening the global semiconductor supply chain in an uncertain era. Center for Strategic and International Studies.
Zhang, J., Sarro, F., Zhang, Y., & Liu, X. (2023). *Bias behind the wheel: Fairness analysis of autonomous driving systems.* arXiv.

11장

한국 모빌리티 생태계의 명암

CASE STUDY ELEVEN.

혁신의 그늘, 공정의 무게: 카카오모빌리티 알고리즘 및 독점 논란의 재구성

1. 사례 개요: 효율성과 차별 사이의 딜레마

2020년대 초, 한국의 택시 호출 시장은 '카카오T' 천하가 되었다. 시장 점유율 90% 이상을 장악한 이 거대 플랫폼은 승객에게는 편리함을 주었지만, 택시 기사들에게는 공포의 대상이었다. 택시 업계에서는 "승객 바로 옆에 빈 택시가 있어도, 멀리 있는 카카오 가맹 택시(카카오T 블루)가 배차된다"라는 의혹을 끊임없이 제기했다.

공정거래위원회는 이를 '알고리즘 조작'으로 규정하고 역대급 과징금 제재를 내렸다. 그러나 2025년 5월, 법원은 "소비자를 위한 효율적 배차였다"라며 공정위의 제재를 전액 취소하는 반전 판결을 내렸다. 여기에 회계 기준 변경으로 또 다른 과징금마저 대폭 축소되는 일이 발생하며, 이 사건은 단순한 '갑질' 논란을 넘어 알고리즘의 공정성 정의, 플랫폼의 데이터 독점, 그리고 기업의 회계 전략이 규제와 어떻게 충돌하는지를 보여주는 복합적 사례로 남게 되었다.

2. 법정과 회계 장부에서의 반전 상황

2023년 공정위는 카카오모빌리티가 배차 알고리즘을 조작해 '콜 몰아주기'를 해서 자사 가맹 택시를 부당하게 우대했다며 271억 원의 과징금을 부과했다. 핵심 쟁점은 '배차 수락률'이었다. 가맹 택시는 구조적으로 수락률이 높을 수밖에 없는데, 이를 배차의 중요 변수로 삼은 것은 차별이라는 논리였다.

그러나 2025년 5월 22일, 서울고등법원은 이 제재를 모두 취소했다. 재판부는 배차 수락률을 반영한 로직이 "승객의 대기 시간을 줄이기 위한 경영상의 합리적 판단"이라고 보았다. 또한, 가맹 기사와 비가맹 기사는 수수료 부담 및 강제 배차 의무가 다르므로, 애초에 등가 비교할 수 있는 경쟁 집단이 아니라고 판시했다. 이는 알고리즘의 '기계적 평등'보다 '소비자 후생(효율성)'에 법적 손을 들어준 결정적 판결이었다.

알고리즘 논란과 별개로, 카카오모빌리티는 시장지배력을 이용해 경쟁사(우티, 타다 등)를 압박했다. 경쟁 가맹 본부에 소속 기사의 위치 정보 등 핵심 데이터를 실시간으로 공유하라고 요구하고, 거절 시 해당 기사의 카카오T 일반 호출 이용을 차단해버린 것이다. 기사들에게 카카오T 차단은 사실상의 '영업 정지'와 같았기에, 경쟁사들은 울며 겨자 먹기로 제휴를 맺거나 시장에서 위축될 수밖에 없었다. 공정위는 이를 명백한 시장지배력 남용으로 판단했다.

카카오모빌리티는 애초 운임의 20% 전체를 매출로 잡는 '총액법'을 사용해 회사 규모를 부풀려왔다는 의혹을 받았다. 금융당국(증권선물위원회)은 2024년 11월 이를 '중과실'로 판단하고, 운임의 약 3~4%만 매출로 잡는 '순액법'으로 변경하도록 조치했다. 이 조치는 뜻밖의 결과를 가져왔다. 매출액이 줄어들자, 매출액에 비례해 산정되는 공정위의 '콜 차단' 사건 과징금이 애초 724억 원에서 151억 원으로 약 80% 가까이 급감한 것이다.

3. 제재와 후폭풍: 무뎌진 칼날과 신뢰의 위기

초기에는 1,000억 원에 육박할 것으로 예상하였던 과징금 폭탄은 법정 공방과 회계 이슈를 거치며 사실상 해체되었다. '콜 몰아주기' 과징금(271억 원)은 법원에서 취소되었고, '콜 차단' 과징금(724억 원)은 회계 변경으로 151억 원으로 쪼그라들었다. 이는 플랫폼 기업의 복잡한 비즈니스 모델과 회계 전략 앞에서 기존의 규제 수단이 얼마나 취약할 수 있는지를 드러냈다.

하지만, 법적 승리와 별개로 기업의 도덕성은 치명타를 입었다. 카카오모빌리티는 2021년 골목상권 침해 논란 당시 3,000억 원의 상생 기금을 약속했으나, 2025년 국정감사 결과 모빌리티 분야에 배정된 500억 원 중 실제 집행액은 약 50억 원(10%)에 불과한 것으로 드러났다. "혁신을 위해 불가피했다"라는 법정에서의 변론과 달리, 사회적 약속 이행에는 소극적인 태도를 보이면서 '국민 플랫폼'으로서의 신뢰는 바닥으로 추락했다.

4. 윤리적 쟁점: 알고리즘과 기업의 책임

첫 번째 쟁점은 법원은 '소비자 대기 시간 단축'이라는 효율성을 인정해 카카오의 손을 들어주었다. 하지만 이 효율성을 달성하기 위해 비가맹 택시 기사들의 영업 기회가 구조적으로 제한되는 결과가 초래되었다. 알고리즘 설계 시 '전체의 효율'과 '약자의 기회' 중 무엇이 우선되어야 하는가?

두 번째 쟁점은 카카오모빌리티가 심판(플랫폼 운영자)이자 선수(가맹 택시 사업자)이다. 경쟁사에 데이터를 요구하고 이를 거부하면 플랫폼에서 배제하는 행위는, 혁신 경쟁을 저해하고 장기적으로 독점을 고착화한다. 데이터가 곧 자산인 AI 시대에 거대 플랫폼의 데이터 독점욕을 어디까지 허용해야 하는가?

마지막 쟁점은 회계 위반으로 지적받아 매출 기준을 변경했더니, 오히려 독점력 남용에 대한 과징금이 줄어드는 역설적 상황이 발생했다. 기업의 재무적 전략이 법적 책임을 축소하는 도구로 활용될 때, 사회적 정의는 어떻게 실현될 수 있는가?

5. 시사점: 지속 가능한 플랫폼 생태계를 위하여

'콜 몰아주기' 판결은 알고리즘의 차별성을 입증하기 위해서는 단순한 결과의 불평등이 아니라, 소비자 후생 저해와 경쟁 제한 효과를 구체적으로 증명해야 함을 시사한다. 규제 당국은 알고리즘의 기술적 특성을 깊이 이해하고, 이에 맞는 새로운 감시 지표를 개발해야 한다. 즉 정교한 알고리즘 가버넌스를 수립해야 한다.

매출액 기반의 과징금 산정 방식은 플랫폼 기업의 가변적 회계처리에 취약하다. 이용자 수, 트래픽, 데이터 처리량 등 플랫폼의 실질적 지배력을 반영할 수 있는 다각적 제재 기준 마련이 시급하다. 제재 기준의 실효성을 확보하는 것이 시급한 것이다.

마지막으로, 신뢰 자본의 중요성을 간과해선 안 된다는 것이다. 카카오모빌리티는 법적으로는 승리했을지 몰라도, 상생 약속 미이행 등으로 인해 사회적 지지는 잃었다. 지속 가능한 혁신은 기술적 우위뿐만 아니라 이해관계자들과의 신뢰 자본 위에서만 가능하다는 점을 기억해야 한다.

6. 토론 질문

1) 법원은 배차 수락률을 반영한 알고리즘을 '소비자 후생을 위한 효율적 조치'로 인정했다. 당신이 판사라면 비가맹 택시 기사의 생존권과 소비자의 편익 중 무엇에 더 가중치를 두겠는가?
2) 회계 기준 변경(총액법 → 순액법)으로 인해 독점력 남용에 대한 과징금이 대폭 줄어든 결과는 정의로운가? 이를 방지하기 위한 제도적 대안은 무엇인가?
3) 플랫폼 기업이 경쟁사에 "우리 플랫폼을 이용하려면 기사들의 운행 데이터를 공유하라"라고 요구하는 것은 정당한 사업 전략인가, 아니니면 시장지배력의 남용인가?

K-모빌리티와 윤리의 교차점

한국의 모빌리티 산업은 단순한 이동 수단의 변화를 넘어, 사회 구조와 윤리적 가치관이 충돌하고 융합하는 거대한 실험장으로 변모하고 있다. 전통적 내연기관 중심의 제조업 패러다임은 인공지능, 빅데이터, 플랫폼 기술과 결합하며 급격히 해체되고 재구성되는 중이다. 서울의 테헤란로에서는 자율주행차가 복잡한 도심 데이터를 실시간으로 학습하고, 제주도의 해안도로에서는 관광객을 태운 수요응답형 버스가 알고리즘에 따라 최적의 경로를 탐색한다. 이러한 기술적 진보는 이동의 효율성과 편의성을 극대화하며 새로운 부가가치를 창출하고 있지만, 동시에 과거에는 경험하지 못했던 복잡하고 다층적 윤리적 딜레마를 수면 위로 끌어올리고 있다.

기술의 발전 속도는 시속 300km로 질주하고 있지만, 이를 수용해야 할 사회적 합의와 법적 제도는 여전히 시속 60km의 정속 주행을 고집하는 형국이다. 이 속도의 불일치 속에서 자율주행차의 사고 책임 소재는 불분명하며, 플랫폼 노동자의 권익은 법의 사각지대에 놓여 있고, 개인의 이동 데이터는 프라이버시 침해의 위협 속에 노출되어 있다. 무엇보다 '타다 금지법' 사태에서 목격했듯이, 신기술을 앞세운 혁신 기업과 생존권을 주장하는 전통 운송업계 간 갈등은 우리 사회에 '상생'이라는 무거운 숙제를 남겼다. 따라서 기술의 진보가 인간과 사회에 긍정적으로 기여하는 지속가능한 발전을 이루기 위해서는, 기술 개발 단계부터 서비스 운영에 이르기까지 전 과정에 걸쳐 윤리적 가치를 내재화하려는 노력이 필수적으로 요구된다.

그림 11.1 속도의 불일치

본 장에서는 한국 모빌리티 생태계를 이끌어가는 주요 기업들의 윤리경영 사례를 심층적으로 분석하고, 혁신 기술이 촉발한 사회적 갈등의 해결 과정을 추적하며, 국내외에서 제기되는 다양한 윤리적 문제들에 대한 기업들의 대응 방식을 살펴본다. 현대자동차(HMC)와 같은 전통의 제조 거인부터 카카오모빌리티, 네이버랩스와 같은 테크 자이언트, 그리고 마카롱 택시나 라이드플럭스(RideFlux)와 같은 스타트업에 이르기까지, 이들이 마주한 윤리적 파고는 전혀 낮지 않다. 이를 통해 미래 모빌리티 시대에 요구되는 윤리적 원칙은 무엇이며, 이를 기업의 경쟁력으로 전환하기 위한 전략적 접근은 어떻게 이루어져야 하는지에 대한 통찰을 제공하고자 한다.

11장
미래 모빌리티 기술의 이해

1. 주요 모빌리티 기업의 윤리경영 프레임워크

한국의 모빌리티 산업을 선도하는 대표 기업들은 각자의 경영 철학과 사업 모델에 기반한 고유의 윤리경영 체계를 수립하고 이를 구체적 정책과 프로그램을 통해 실현해나가고 있다. 이들의 노력은 단순히 기업의 사회적 책임을 이행하는 차원을 넘어, 급변하는 시장 환경 속에서 지속 가능한 성장을 담보하는 핵심 경쟁력으로 윤리적 가치를 인식하고 있음을 보여준다.

1) 현대자동차: 인류를 위한 진보

현대자동차(HMC)는 2019년, '인류를 위한 진보(Progress for Humanity)'라는 새로운 비전을 선포하며 자사의 윤리경영 철학을 명확히 하였다. 이 비전은 현대자동차(HMC)가 더는 단순한 자동차 제조업체에 머무르지 않고, 인류의 삶에 긍정적 변화를 가져오는 스마트 모빌리티 솔루션 제공기업으로 거듭나겠다는 의지를 담고 있다.

이러한 철학은 구체적으로 환경친화적 기술 개발을 통해 기후 변화에 대응하고 지속가능한 미래에 기여하는 것으로 나타난다. 현대차는 전기차(EV), 수소전기차(FCEV)와 같은 무공해 차량 개발에 막대한 자원을 투자하고 있다. 2024년 현대차의 지속가능성 보고서에 따르면, 전 세계적 전동화 흐름에 발맞추어 전기차 판매 비중을 획기적으로 늘리고 있으며, 특히 미국 조지아주에 건설 중인 '현대차그룹 메타플랜트 아메리카(HMGMA)'는 탄소 중립 생산 체계를 갖춘 친환경 거점으로 설계되었다. 또한, 현대차는 2045년 탄소 중립 달성을 목표로, 제품의 사용 단계뿐만 아니라 원료 채굴부터 폐기까지 전 과정에 걸친 탄소 배출 저감을 추진하고 있다. 이는 단순한 규제 준수를 넘어, 미래 세대에게 깨끗한 환경을 물려주어야 한다는 세대 간 정의(Intergenerational Justice)의 실현으로 해석될 수 있다.

표 11.1 현대자동차(HMC)의 비전과 가치

구분	주요 내용	비고
비전	인류를 위한 진보 (Progress for Humanity)	스마트 모빌리티 솔루션 제공
핵심 가치	무한책임 정신, 가능성의 실현, 인류애의 구현	
환경 목표	2045 탄소 중립, 전동화 전환 가속화	RE100[213] 가입 추진
사회적 가치	교통 약자 이동권 보장, 공급망 ESG 관리	PBV(목적 기반 모빌리티) 개발

현대자동차(HMC)는 거대 제조업체로서 복잡하게 얽힌 글로벌 공급망

213 기업이 사용하는 전력의 100%를 2050년까지 풍력, 태양광 등 재생에너지로 충당하겠다는 자발적 글로벌 캠페인. 녹색 프리미엄(요금제), REC 구매(인증서), PPA(전력 구매 계약), 자가발전 등을 통해 달성함.

을 윤리적으로 관리해야 할 막중한 책임을 지고 있다. 특히 전기차 배터리의 핵심 원료인 코발트(Cobalt) 공급망에서 콩고민주공화국 등지의 아동 노동 착취 문제가 지속해서 제기되는 가운데, 현대차는 이를 심각한 윤리적 리스크로 인식하고 있다. 이에 따라 현대차는 책임 광물 정책을 통해 공급망 실사와 위험 평가 체계를 구축, 아동 노동 식별 시 즉시 거래 중단 및 시정조치를 명시하고 있다.

더 나아가, 문제의 근본적 해결을 위해 코발트 사용을 최소화하는 LFP(리튬인산철) 배터리 기술 개발에 투자 중이며, LG 에너지솔루션 등과 공급계약을 체결해 대체 기술을 확대하고 있다. 2024년 지속가능성 보고서에서도 공급망 전반에 걸친 실사 및 제삼자 검증 체계를 더욱 강화하겠다는 의지를 재확인했다. 이는 단기 비용 증가를 감수하더라도 기업의 윤리적 정당성과 글로벌 ESG 기준을 충족시키기 위한 전략적 접근으로, 자율주행·PBV 시대의 공급망 신뢰성을 확보하는 데 핵심적이다.

'인류를 위한 진보'는 기술적 혜택에서 소외되는 이가 없도록 하는 포용성을 내포한다. 현대차는 장애인, 고령자 등 교통 약자를 위한 목적 기반 모빌리티(PBV) 개발에 박차를 가하고 있다. 휠체어 탑승이 가능한 차

그림 11.2 현대자동차 PBV

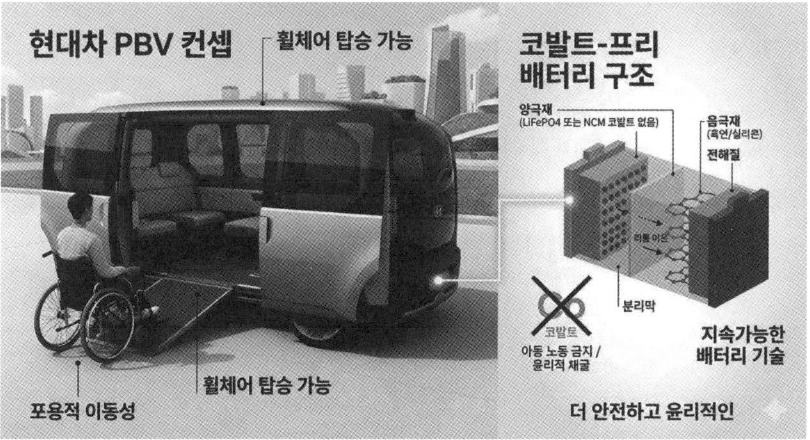

량이나, 자율주행 기술을 접목하여 신체적 제약 없이 이동할 수 있는 모빌리티 솔루션은 '이동의 자유(Freedom of Mobility)'를 보편적 권리로 확장하는 데 기여한다.

2) 카카오모빌리티: 연결의 미학과 알고리즘의 공정성

카카오모빌리티는 '모든 것을 연결한다(Connect Everything)'라는 비전 아래 기술을 통해 사람과 사물의 이동을 더욱 자유롭고 편리하게 만드는 것을 목표로 한다. 그러나 택시 호출 시장의 96% 점유율로 사실상 독점 사업자 지위를 둘러싼 공정성 논란은 해결해야 할 시급한 윤리적 과제다.

2024년 10월 공정위는 경쟁 가맹사(우티·타다 등)에 대한 '콜 차단' 행위에 대해 724억 원 과징금과 검찰 고발을 결정했다. 반면 '카카오T 블루' 가맹 기사에게 호출을 몰아준다는 '콜 몰아주기' 의혹(271억 원 과징금)은 2025년 5월 법원에서 전원 취소되었다. 법원은 배차 수락률 기준이 정당하다고 판단했다.

이에 카카오모빌리티는 AI 윤리위원회를 통해 배차 알고리즘의 투명성 강화를 추진하고, 2025 파트너 성장 리포트에서 기사 복리후생(의료비·학자금·안전교육)을 공개하며 상생 노력을 강조했다. 그러나 상생 기금 집행률에 대한 진정성 논란은 여전히 남아 있다.

이는 알고리즘 공정성[214] 확보와 법적 리스크 관리가 플랫폼 기업의 핵심 윤리 과제임을 보여준다. 다른 자율주행 모빌리티 스타트업은 카카오 사례에서 투명한 배차 로직과 이해관계자 소통 체계를 초기부터 구

---

214 배차나 검색 알고리즘이 특정 집단(예: 가맹 택시)에 유리하거나 불리하게 편향되지 않도록 설계되었는지에 대한 기술 윤리적 개념. 목적 함수(Objective Function) 설정 시 효율성뿐만 아니라 공정성을 변수로 포함해야 한다는 요구가 증대됨.

축해야 할 교훈을 얻었다고 볼 수 있다.

그림 11.3 배차 알고리즘의 공정성 검증

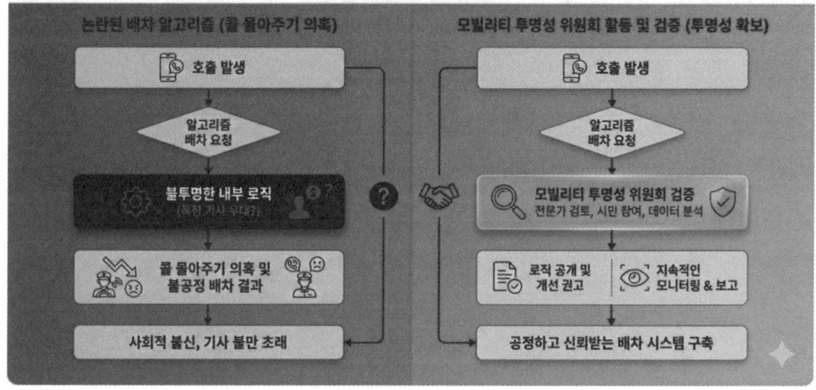

3) 네이버랩스: 안전과 투명성의 기술

네이버의 기술 전문 자회사인 네이버랩스는 자율주행과 로보틱스 기술을 개발하며 미래 도시의 청사진을 그리고 있다. 이들은 기술 개발 과정에서 발생할 수 있는 윤리적 문제를 선제적으로 관리하기 위해 안전성과 투명성을 핵심 가치로 설정했다.

네이버의 제2 사옥 '1784'는 세계최초의 로봇 친화형 빌딩으로, 수많은 자율주행 로봇들이 인간과 함께 생활하는 공간이다. 이곳에서 네이버랩스는 로봇이 인간에게 위협이 되지 않고 조화롭게 공존하기 위한 윤리적 규범

그림 11.4 네이버 1784

출처: 네이버

을 실험하고 있다. 'AI 윤리 준칙'을 통해 인간의 신체적, 정신적 안정을 최우선으로 보장하고, 로봇의 판단 기준을 투명하게 공개하는 것을 원칙으로 삼는다. 이는 기술이 인간을 통제하는 것이 아니라, 인간을 보조하고 삶의 질을 높이는 도구로서 기능해야 한다는 휴머니즘적 접근이다.

2. 혁신과 규제의 충돌: 타다와 택시 업계의 갈등과 타협

2018년 등장한 '타다(TADA)' 서비스는 한국 모빌리티 생태계에 혁신적 기술과 전통적 규제 체계 간의 충돌이 얼마나 격렬할 수 있는지를 상징적으로 보여준 사례이다. 타다 사태는 기술 발전이 기존 사회 시스템과 만날 때 발생하는 사회적 갈등의 본질과 그 해결 과정의 중요성을 우리 사회에 각인시켰다.

1) 타다의 등장과 규제 공백

타다 서비스는 2018년 VCNC[215]에 의해 출시되었다. 이 서비스의 핵심은 11인승 승합차를 운전기사와 함께 대여해주는 렌터카 기반의 운송 서비스였다. 타다는 여객자동차 운수사업법 시행령의 예외 조항(11인승 이상 15인승 이하 승합차 임차 시 운전자 알선 허용)을 근거로 합법적 렌터카 서비스라고 주장했다. 그러나 실질적으로는 스마트폰 앱으로 차량을 호

215 타다 서비스는 VCNC가 운영하는 모빌리티 플랫폼으로, 쏘카의 이재웅 대표가 2018년 VCNC(비트윈 앱 개발사)를 인수해 출시했다. VCNC는 타다의 모회사 역할을 하며, 렌터카 기반 프리미엄 콜밴 서비스를 제공했다. 이후 2021년 토스(비바리퍼블리카)가 VCNC 지분 60%를 인수하며 경영권을 확보했고, 쏘카가 나머지 40%를 보유 중이다.

출하는 택시와 유사한 경험을 제공하며 폭발적 인기를 끌었다. 이는 승차 거부, 불친절 등으로 누적된 택시 서비스에 대한 대중의 불만을 파고든 '혁신'이었다.

2) 택시 업계의 반발과 생존권 투쟁

기존 택시 업계는 타다를 '불법 유사 택시'로 규정하며 강력하게 반발했다. 택시 기사들은 면허 취득, 차량 관리, 요금 규제 등 엄격한 정부 통제를 받지만, 타다는 이러한 규제를 회피하며 '무임승차'하고 있다고 비판했다. 특히 수천만 원에서 1억 원에 달하는 개인택시 면허를 노후 자산으로 여기는 기사들에게 타다의 등장은 생존권을 위협하는 중대한 사태였다. 서울 광화문 광장에서는 대규모 집회가 열렸고, 일부 기사들의 극단적인 선택이 이어지며 갈등은 사회적 비극으로 치달았다.

그림 11.5 타다 논란

3) 타다 금지법과 제도의 정비

갈등이 극에 달하자 국회와 정부는 중재에 나섰고, 2020년 일명 '타다 금지법(여객자동차 운수사업법 개정안)'이 통과되었다. 이 법은 타다의 기존 영업 방식(베이식 서비스)을 불법으로 규정하는 대신, '플랫폼 운송사업'이라는 새로운 제도를 신설했다. 플랫폼 기업도 합법적으로 운송사업을 할 수 있게 되었지만, 매출의 일정 비율(5%)을 기여금으로 내고 차량 총량 규제를 받아야 한다는 조건이 붙었다.

이 결과 타다 베이식은 서비스를 중단했고, VCNC는 막대한 손실을 보았다. 일각에서는 이를 두고 "혁신의 싹을 잘랐다"라고 비판했으나, 다른 한편으로는 "기존 산업과의 공정한 경쟁 규칙을 마련했다"라는 평가도 존재한다. 이후 타다는 '타다 넥스트'와 같은 대형 택시 면허 기반 서비스로 방향을 전환하며, 기존 택시 기사들과의 상생을 도모하는 모델로 재기를 시도하고 있다. 타다 사태는 혁신이 단순히 기술적 우월성만으로 완성되는 것이 아니라, 사회적 수용성과 기존 이해관계자와의 조율 과정을 거쳐야 함을 보여주는 교훈을 남겼다.

3. K-모빌리티의 글로벌 확장과 사회적 책임

한국 모빌리티 기업들은 내수 시장에서의 경험을 바탕으로 글로벌 시장으로 무대를 넓히고 있다. 이 과정에서 각국의 문화와 규제를 존중하는 '현지화(Localization)' 전략과 기업의 사회적 책임(CSR) 활동은 기업의 생존을 위한 필수 조건이 되고 있다.

1) 현대자동차그룹의 글로벌 시민의식

현대자동차(HMC)는 해외 진출 시 해당 지역사회의 일원으로서 책임을 다하는 '기업 시민(Corporate Citizen)' 전략을 취하고 있다. 미국 조지아주에 건설 중인 전기차 전용 공장(HMGMA)은 지역 내 대규모 일자리를 창출하고 있으며, 지역 교육 기관과 협력하여 맞춤형 인재를 양성하고 있다. 인도 첸나이 공장에서는 현지 아동을 위한 교육 시설 건립과 의료 지원 활동을 통해 지역사회의 신뢰를 구축했다. 이러한 노력은 현대차가 단순한 '외국 기업'이 아닌, 지역 경제와 함께 성장하는 파트너로 인식되게 만들었다. 2024년 글로벌 전기차 판매량 21만 대를 돌파하며 입지를 굳힌 배경에는 이러한 윤리적 토대가 깔려 있다.

2) 카카오모빌리티의 동남아 상생 모델

카카오모빌리티는 동남아시아 시장 진출 시, 과거 우버가 범했던 실수를 반복하지 않기 위해 노력하고 있다. 우버가 '파괴적 혁신'을 앞세워 현지 택시 업계와 마찰을 빚었다면, 카카오모빌리티는 현지 교통 사업자와의 파트너십을 통한 '스며드는 혁신'을 택했다. 베트남과 괌 등지에서 현지 택시 인프라와 카카오의 플랫폼 기술을 결합하여, 현지 기사들의 수익을 증대시키고 관광객에게는 편리한 이동을 제공하는 상생 모델을 구축하고 있다. 이는 한국에서의 갈등 경험을 글로벌 전략에 반영하여 리스크를 최소화한 사례다.

3) 네이버의 기술 외교와 소버린 클라우드

네이버는 사우디아라비아의 스마트 시티 프로젝트인 '네옴시티' 등과 연계하여 디지털 트윈 기술을 수출하고 있다. 이때 네이버가 강조하는 것은 '데이터 주권'의 존중이다. 네이버는 사우디 현지에 데이터를 저장하고 관리하는 '소버린 클라우드(Sovereign Cloud)[216]' 방식을 제안함으로써, 데이터 유출을 우려하는 현지 정부의 불안을 해소했다. 또한, 사우디

216 데이터의 수집·저장·처리가 해당 국가의 사법 관할권 내에서 이루어지도록 설계된 클라우드 아키텍처. 글로벌 빅테크 기업에 의한 데이터 종속을 막고, 국가의 '데이터 주권(Data Sovereignty)'을 보호하기 위해 네이버 등이 추진하는 전략.

상무부 장관 등 고위 관계자들이 네이버 1784를 방문하여 기술을 체험하게 하는 등 기술 외교를 통해 신뢰를 쌓고 있다. 이는 기술력이 곧 외교력이자 윤리적 신뢰의 기반이 됨을 보여준다.

그림 11.6 사우디아라비아 디지털 트윈 플랫폼 시뮬레이션

4. 윤리적 딜레마 해결의 성공과 실패

기업이 윤리적 딜레마에 직면했을 때 내리는 결정은 그 기업의 운명을 가르기도 한다. 성공적인 해결은 브랜드 가치를 높이지만, 실패는 돌이킬 수 없는 타격을 입힌다.

1) 성공 사례: 경청과 전환

국민 내비게이션 T맵은 과거 최단 경로 알고리즘이 주택가 이면 도로로 차량을 안내하여 주민들의 소음 피해와 안전 위협을 초래한다는 비판을 받았다. 이에 SK텔레콤은 기술적 효율성(시간 단축)보다 사회적 책

임(주민 안전)을 우선시하여 알고리즘을 수정했다. 어린이보호구역 우회 경로, 주택가 정숙 주행 유도 기능 등을 도입하여 지역사회와의 공존을 모색했다. 이는 기술이 사회적 맥락 속에서 어떻게 작동해야 하는지를 보여준 모범 사례다.

자동차 공유 기업 쏘카는 수익성이 낮은 지방이나 교통 소외 지역에도 차량을 배치하는 '균형 성장' 전략을 추진해왔다. 당장 수익보다는 이동의 형평성을 중시한 이 전략은 지자체의 협력을 끌어내고, 장기적으로 충성 고객을 확보하는 기반이 되었다. 그 결과 쏘카는 2024년 4분기에 영업이익 흑자를 달성하며 수익성과 공공성을 동시에 잡는 데 성공했다. 쏘카플랜과 같은 중장기 대여 서비스를 확대하고, 차량 생애주기 이익(LTV)을 극대화하는 '쏘카 2.0' 전략이 주효했다.

현대차의 프리미엄 브랜드 제네시스는 '럭셔리'를 과시가 아닌 배려와 책임으로 재정의했다. 사회 공헌 활동을 강조하고, 환경을 생각하는 전동화 모델을 럭셔리의 새로운 기준으로 제시함으로써 가치 소비를 중시하는 소비자들의 호응을 얻었다.

2) 실패 사례: 오만과 불통

마카롱택시(KST모빌리티)는 '상생형 혁신'을 표방하며 등장했다. 사납금을 없애고 기사들에게 월급제[217]를 제공하며, 고품질 서비스로 승객을 만족시키려 했다. 그러나 2023년 결국 파산을 맞이했다. 코로나 19로 인한 승객 감소가 직접적 원인이었지만, 월급제로 인한 높은 고정비 부담과 경직된 규제 환경을 극복하지 못한 비즈니스 모델의 한계도 컸다. 이

217 법인 택시 기사가 운송 수입금 전액을 회사에 내고, 회사는 기사에게 고정급(월급)을 지급하는 제도. 기사가 일정 금액(사납금)을 채우기 위해 무리하게 운행하는 병폐를 막고자 도입되었으나, 현장에서는 변형된 사납금제로 운영되는 등 부작용도 존재함.

는 윤리적 의도만으로는 시장에서 생존할 수 없으며, 지속 가능한 수익 모델이 뒷받침되어야 함을 뼈아프게 보여준다.

그림 11.7 T맵 vs 마카롱

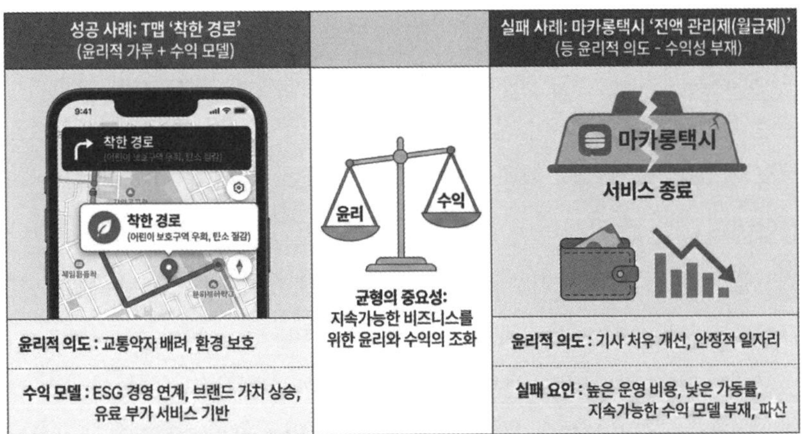

카카오모빌리티는 자사 가맹 택시에 호출을 몰아주고 경쟁사를 배제한 혐의로 공정위로부터 약 1,000억 원에 육박하는 과징금을 부과받았다. 또한, 매출 부풀리기 의혹(분식회계)[218]으로 금융당국의 제재를 받기도 했다. 이는 시장 지배적 사업자가 공정한 경쟁 규칙을 어길 때 치러야 할 대가가 얼마나 큰지를 보여준다. 카카오는 이후 투명성 위원회를 설치하고 상생안을 내놓았지만, 이미 훼손된 신뢰를 회복하기 위해 꽤 큰 사회적 비용을 지급하고 있다.

---

218 매출을 인식하는 회계 처리 방식의 차이. 거래 금액 전체를 매출로 잡는 것이 '총액법', 수수료 등 실질 소득만 잡는 것이 '순액법'임. 플랫폼 기업이 기업 가치를 높이기 위해 매출 규모를 부풀리는 수단으로 총액법을 사용하여 회계 투명성(분식회계) 논란이 발생함.

표 11.2 윤리적 딜레마 해결의 성공과 실패

기업/서비스	딜레마 상황	대응 및 결과	시사점
SKT T맵	골목길 소음/안전 문제	알고리즘 수정 (착한 경로)	기술 효율성보다 사회적 가치 우선
쏘카	지역 간 서비스 불균형	균형 배치, 쏘카 2.0 전략	2024년 흑자 전환, 공공성과 수익성 조화
마카롱 택시	수익성 vs 기사 처우(월급제)	파산 (KST모빌리티)	윤리적 의도와 수익모델의 균형 필요
카카오T	가맹 택시 우대 (콜 몰아주기)	공정위 제재 (과징금 1천억 대)	독점 플랫폼의 공정성 준수 의무

5. 윤리경영으로 성공한 모빌리티 스타트업 심층 분석

대기업뿐만 아니라 스타트업들도 혁신적인 기술과 윤리적 가치를 결합하여 새로운 시장을 개척하고 있다. 이들은 지역사회와의 상생, 교통약자 지원, 환경 보호 등 구체적인 사회 문제를 해결하며 성장하고 있다.

자율주행 스타트업 '라이드플럭스(RideFlux)'는 제주도를 거점으로 기술을 고도화하고 있다. 제주 공항과 중문 관광단지를 오가는 국내 최장 거리(80km) 자율주행 유상 운송 서비스를 성공적으로 운영 중이다. 2024년에는 서귀포시 도심 구간에서 노선버스형 자율주행 서비스 '탐라자율차'를 시작했다. 라이드플럭스는 지역의 렌터카 업체나 대중교통 시스템과 경쟁하지 않고, 기존 교통망이 해결하지 못하는 비효율을 자율주행 기술로 보완하는 상생 모델을 추구한다. 2025년에는 서울 상암 등으로 서비스 지역을 확대하며 전국적 확장을 꾀하고 있다.

여행 모빌리티 스타트업인 '무브(MOVV)'는 전용 기사와 차량을 제공하는 프라이빗 이동 서비스를 운영한다. 무브는 KTX, 항공권과 연계한 통합 예약 시스템을 구축하고, 현지 기사를 고용하여 일자리를 창출한다. 특히 2024년에는 대만 화푸그룹으로부터 투자를 유치하며 글로벌 확장을 가속하고 있다.

'로이쿠(Loyqu)'는 여행자가 원하는 코스로 택시를 이용해 여행할 수 있게 돕는 플랫폼이다. 로이쿠는 지역 택시 기사들과 직접 연결하여 기사들에게는 안정적인 수입을, 여행자에게는 바가지요금 없는 투명한 서비스를 제공한다. 이는 대형 플랫폼에 종속되지 않고 지역 소상공인인 택시 기사들의 자생력을 높이며, 지역 관광 경제를 활성화하는 상생 모델로 주목받고 있다.

앞장에서 자세히 소개한 '코액터스(Coactus)'는 청각장애인을 택시 기사로 고용하는 '고요한 M' 서비스를 운영한다. 승객과 기사가 태블릿 PC를 통해 소통하는 기술을 개발하여 장애인의 일자리 장벽을 허물었다. 이는 기술이 사회적 포용성을 높이는 도구로 활용된 대표적 사례다.

'파파 모빌리티(Papa Mobility)'는 어린이, 노약자, 장애인 등 교통 약자를 위한 맞춤형 이동 서비스를 제공한다. 휠체어 탑승이 가능한 특수 차량(에스코트)을 운영하고, 운전사에게 전문적 케어 교육을 시행한다. 2025년에는 서울 강남·서초 지역에서 고급 차량 구독 서비스를 허가받으며 사업 영역을 확장하고 있다. 이들은 수익성만을 좇는 시장에서 소외된 계층의 이동권을 보장하며 '가치 소비'를 끌어내고 있다.

롯데렌탈의 자회사 그린카는 2024년 브랜드명을 '롯데렌터카 G car'로 변경하며 프리미엄 이미지와 친환경 가치를 강화했다. 전체 차량의 전동화 비율을 높이고, 안전하고 깨끗한 차량 관리를 통해 사용자 경험을 혁신하고 있다. 또한, 탄소 저감 캠페인을 지속하며 모빌리티 산업의 ESG 경영을 추진하고 있다.

한국형 윤리적 창업 모델

한국 시장에서 모빌리티 창업을 꿈꾸는 이들에게 앞선 사례들은 명확한 이정표를 제시한다. 한국의 독특한 사회적 맥락과 규제 환경 속에서 성공하기 위해서는 다음과 같은 전략적 접근이 필요하다. 실리콘밸리식의 '파괴적 혁신(Disruptive Innovation)'은 한국 토양에 맞지 않을 수 있다. 기존 산업을 적으로 돌리는 순간, 타다와 같은 사회적 갈등과 규제의 벽에 부딪힐 위험이 크다. 따라서 창업 초기 단계부터 기존 이해관계자(택시, 지역 상권 등)를 존중하고, 그들과 이익을 공유할 수 있는 '포용적 비즈니스 모델'을 설계해야 한다. 마카롱 택시의 실패는 상생 의지만으로는 부족하며, 탄탄한 수익 모델이 뒷받침되어야 함을 경고한다.

한국의 모빌리티 산업은 정부 정책의 영향력이 절대적이다. 탄소 중립, 지역 균형 발전, 교통 약자 지원 등 국가적 과제와 스타트업의 미션을 일치시키는 것이 중요하다. 규제 샌드박스와 같은 제도를 적극적으로 활용하여 합법적인 테두리 안에서 혁신을 실험하고, 정부를 규제자가 아닌 파트너로 만드는 지혜가 필요하다. 파파 모빌리티나 코액터스가 규제 특례를 통해 성장한 것이 좋은 예다.

소비자들, 특히 MZ세대는 단순한 편의성을 넘어 기업의 철학을 소비한다. 기술적 우위만으로는 부족하다. 당신의 서비스가 환경을 보호하고, 사회적 약자를 돕고, 공정한 노동 환경을 만든다는 '진정성'을 보여주어야 한다. 다만, 보여주기식의 '워싱(Washing)'은 금물이다. 카카오모빌리티의 사례처럼, 불공정 이슈는 기업의 존립을 위협할 수 있다. 투명한 데이터 공개와 실질적인 행동으로 윤리적 가치를 입증해야 한다.

결론적으로, 미래의 모빌리티는 '사람을 향한 기술(Human-Centered Technology)'이어야 한다. 윤리는 이제 기업의 발목을 잡는 규제가 아니라, 지속가능한 성장을 위한 가장 강력한 엔진이다. 한국 모빌리티 기업들이 겪은 시행착오와 도전의 역사는, 앞으로 다가올 자율주행과 AI 시대에 우리가 어떤 방향으로 나아가야 할지를 비추는 등대가 되어줄 것이다.

참고문헌

공정거래위원회.(2023, 2월 14일). *카카오모빌리티의 가맹택시 콜 몰아주기 행위 제재*[보도자료].

공정거래위원회.(2023, 6월). *의결 제2023-049호 (주)카카오모빌리티의 시장지배적지위 남용행위 건.*

공정거래위원회.(2024, 10월 2일). *카카오모빌리티의 경쟁사 콜 차단 등 독점력 남용행위 엄중 제재*[보도자료].

공정거래위원회.(2024, 12월 17일). *카카오모빌리티 콜 차단 시정조치 및 과징금 확정*[보도참고자료].

국가법령정보센터.(2020). *여객자동차 운수사업법*(법률 제17234호).

국가법령정보센터.(2021). *여객자동차 운수사업법 시행령*(대통령령 제30630호).

국토교통부.(2021a). *플랫폼 운송사업 심의위원회 운영 및 허가 기준 가이드라인.*

국토교통부.(2021b). *여객자동차운송시장안정기여금의 납부 등에 관한 고시*(국토교통부고시 제2021-705호).

권순완.(2024, 12월 17일). '콜 차단' 카카오모빌리티 과징금, 724억원→151억원으로 재산정. *조선일보.*

금융위원회.(2024, 11월 6일). *증권선물위원회, ㈜카카오모빌리티 회계처리기준 위반에 대하여 중징계 조치*[보도자료].
김지은.(2025, 5월 22일). 법원, '콜 몰아주기' 카카오모빌리티 공정위 과징금 271억 취소. *한겨레.*
네이버.(2021). *NAVER AI 윤리 준칙 (NAVER AI Ethics Principles).* 네이버 & SAPI.
네이버.(2025, 8월). *제26기 반기보고서.* 금융감독원 전자공시시스템(DART).
네이버 1784 TF.(2024). *1784 THE TESTBED.* 디자인프레스.
네이버랩스.(2024). *ARC(AI-Robot-Cloud) 시스템 기술 백서.*
네이버클라우드.(2023, 12월 15일). *팀네이버-LX공사, 사우디아라비아 디지털 트윈 구축 본격화*[보도자료].
모빌리티 투명성 위원회.(2022, 9월). *카카오 T 택시 배차 알고리즘 소스코드 검증 결과 발표.*
변상근.(2025, 5월 22일). 카카오모빌리티, '콜 몰아주기' 과징금 소송 승소. *전자신문.*
서울고등법원.(2025, 5월 22일). *2023누50891 시정명령 및 과징금 납부명령 취소 청구 사건 판결.*
이한빛.(2025, 5월 22일). 자회사 가맹택시 '콜 몰아주기' 과징금 취소 판결. *서울이코노미뉴스.*
정하균.(2025, 10월 30일). 허성무 의원 "카카오 모빌리티 상생기금 500억 약속, 50억만 집행". *베타뉴스.*
조해영.(2024, 11월 6일). 금융당국, 카카오모빌리티 분식회계 혐의 중징계 결정… 고의성은 인정안해. *한겨레.*
하상렬.(2024, 12월 17일). '콜차단' 카카오모빌리티 과징금, 724억→151억 확정. *이데일리.*
허성무의원실.(2025, 10월 30일). *카카오 모빌리티 상생기금 500억 약속, 50억만 집행*[국정감사 보도자료]. 대한민국 국회.
허운연.(2024, 12월 17일). 카카오모빌리티 콜 차단 과징금 151억원 확정. *뉴스웍스*

12장

미래 엔지니어의
윤리적 책임

CASE STUDY TWELVE.

테락-25 참사: 소프트웨어의 보이지 않는 살의와 공학적 오만

1. 사례 개요: 의료 공학 역사상 최악의 소프트웨어 재앙

1985년부터 1987년 사이, 미국과 캐나다 전역의 병원에 보급되었던 최첨단 방사선 치료기 '테락-25(Therac-25)'에서 전례 없는 의료 사고가 연이어 발생했다. 암 환자들에게 적절한 치료량을 조사해야 할 기계가 설계상의 오류로 인해 치사량의 수천 배에 달하는 고에너지 전자빔을 직접 발사한 것이다. 이로 인해 최소 6명의 환자가 심각한 방사선 화상을 입거나 고통스러운 죽음을 맞이했다.

이 사례는 단순한 기계적 고장이 아니었다. 기술은 더는 인간의 손에 쥐어진 가치 중립적 도구가 아니라, 사회 구조를 재편하고 인간의 삶을 규정하는 강력한 행위자로 진화했다는 사실을 보여준다. 특히 테락-25사고는 소프트웨어 엔지니어링 분야에서 '가장 고전적 비극'으로 불리며, 하드웨어 안전장치를 맹신하고 '동료 검토(Peer Review)'를 소홀히 한 엔지니어의 오만이 어떤 참혹한 결과를 낳는지 경고하는 공학 윤리의 상징적 사례가 되었다.

2. 기술적 결함 분석: 소프트웨어에 위임된 생사여탈권

테락-25의 이전 모델인 테락-6와 테락-20에는 기계적 '연동 장치(Hardware Interlock)'가 존재했다. 이는 빔의 강도가 너무 높거나 부품의 위치가 잘못되었을 때 물리적으로 빔이 발사되지 않도록 차단하는 최후의 보루였다. 그러나 테락-25의 설계자들은 소프트웨어의 무결성을 과신한 나머지, 비용 절감과 시스템 단순화를 위해 이러한 하드웨어 안전장치를 모두 제거하고 모든 제어권을 소프트웨어에 일임했다. 이는 기술의 눈부신 발전 이면에 숨겨진 중대한 윤리적 암초를 간과한 결정이었다.

사고의 핵심 원인은 소프트웨어 내의 '경쟁 상태'라는 미묘한 버그였다. 숙련된 의료진이 목적에 맞지 않는 데이터를 입력했다가 신속하게 수정하는 과정(약 8초 이내)에서, 시스템은 데이터 수정을 미처 완료하지 못한 채 실행 단계로 진입했다. 이때 빔을 분산시키는 차폐 장치가 제 위치에 오지 않았음에도 불구하고, 소프트웨어는 장치가 설치된 것으로 판단하고 강력한 전자빔을 그대로 쏘아 보냈다. 기계가 스스로 판단하며 인간의 안전을 위탁받았음에도 불구하고, 그 판단 로직이 불완전했을 때 발생하는 치명적 공백을 여실히 보여준다.

사고 당시 기계의 모니터에는 'Malfunction 54'라는 암호 같은 오류 메시지만 출력되었고, 시스템은 정지하는 대신 '일시 정지(Pause)' 상태가 되어 재시작을 유도했다. 의료진은 평소 잦은 오작동 메시지에 무뎌져 있었으며, 환자가 고통을 호소하지만, 단순히 기계적 오류로 치부하고 치료를 강행했다. 이는 인간 존재의 양식을 규정하는 틀이 된 기술이 사용자에게 잘못된 확신을 주었을 때 발생하는 위험을 알려준다고 할 수 있다.

3. 공학 윤리적 쟁점 분석: 오만과 부인의 악순환

테락-25의 소프트웨어는 단 한 명의 엔지니어가 작성했으며,

작성 과정에서 적절한 '동료 검토(Peer Review)'나 독립적 검증이 거의 이루어지지 않았다. 엔지니어는 자신의 코드가 완벽하다고 믿었으며, 복잡한 실시간 시스템에서 발생할 수 있는 변수들을 과소평가했다. 이는 공학적 탁월함이 철학적 지혜와 융합되지 못했을 때 발생하는 윤리적 실패의 전형을 보여준다.

첫 사고가 발생한 후, 제조사인 캐나다 원자력 에너지 회사(Atomic Energy of Canada Limited, 이하 AEC로 표기)는 소프트웨어의 결함을 강력히 부인했다. 이들은 "소프트웨어는 고장 나지 않는다"라는 논리를 앞세워 사고의 원인을 병원의 운영 미숙이나 하드웨어 부품 탓으로 돌렸다. 이러한 부정과 침묵은 이후 발생한 추가 희생을 막을 수 있었던 기회를 날려버렸다. 이는 기업이 가져야 할 '창업가적 책임감'을 저버린 행위이자, 공학 윤리에서 강조하는 '공공의 안전' 의무를 위반한 사례다.

환자들은 자신이 받은 치료가 검증되지 않은 소프트웨어에 의해 통제되고 있다는 사실을 전혀 알지 못했다. 기술이 제공하는 편리함과 풍요라는 선물 뒤에 숨겨진 거대한 위험을 환자에게 투명하게 알리지 않은 것은 정보의 비대칭성을 이용한 비윤리적 행태였다.

4. 윤리적 프레임워크를 통한 분석

의무론적 관점에서 엔지니어는 "나의 코드가 누군가의 생명을 앗아갈 수 있는가?"라는 질문 앞에 무거운 책임을 져야 한다. 테락-25의 설계자들은 사용자의 안전을 확보해야 할 '신인의무'를 소홀히 했으며, 인간을 기술 발전과 비용 절감을 위한 수단으로 전락시켰다. 이는 보편적 윤리 법칙인 '인간 존엄성'을 훼손한 행위다.

공리주의적 관점에서 보면, AECL이 초기 설계에서 하드웨어 연동 장치를 제거함으로써 얻은 경제적 이익은 이후 발생한 천문학적인 배상금, 브랜드 가치 추락, 무엇보다 소중한 인간의 생명이라는 손실과 비교할 수 없을 만큼 미미했다. 이는 단기적 효율 추구가 사회 전체의 후생을 얼마나 파괴적으로 훼손하는지 증명한다.

아리스토텔레스의 덕(德)윤리는 엔지니어에게 '실천적 지혜(Phronesis)'를 요구한다. 이는 단순히 기술적으로 뛰어난 코딩 능력이 아니라, 자신의 한계를 인정하고 동료의 조언을 구하며 발생 가능한 위험을 정직하게 대면하는 성품이다. 테락-25 참사는 기술적 탁월함만을 추구하다 '겸손'이라는 덕목을 상실한 공학자의 오만이 낳은 비극이다.

5. 시사점: 미래 엔지니어를 위한 새로운 윤리 강령

미래의 엔지니어는 소프트웨어의 무결성을 맹신해서는 안 된다. 모든 시스템은 실패할 수 있다는 전제하에, 소프트웨어가 고장 나더라도 물리적 안전을 보장하는 '페일 세이프(Fail-Safe)'와 하드웨어 중복(Redundancy)을 필수적으로 고려해야 한다.

공학은 더 개인의 영역이 아니다. 모든 설계 도면과 코드는 독립적인 제삼자에 의해 철저히 검증되어야 하며, 특히 인명과 직결된 시스템일수록 투명한 공개와 비판적 검토가 보장되는 조직 문화를 구축해야 한다. 이것이 바로 '공학적 정직성'의 실천이다.

엔지니어는 자신이 만든 도구가 사회 구조를 재편하고 인간의 행동 양식을 규정한다는 사실을 명확히 인지해야 한다. 코딩 한 줄이 법률 조항만큼이나 강력한 힘을 발휘하는 시대에, 공학자는 기술적 문제뿐만 아니라 그 이면의 윤리적 난제를 탐색하는 '철학적 지혜'를 갖추어야 한다.

6. 토론 질문

1) 테락-25 사고에서 법적 책임은 제조사에 있지만, 소프트웨어를 직접 짠 엔지니어 개인에게도 살인죄에 준하는 윤리적 책임을 물어야 하는가?
2) 하드웨어 연동 장치를 제거하여 비용을 낮추는 것이 더 많은 환자에게 치료 기회를 제공한다는 '공리주의적 논리'로 정당화될 수 있는가?
3) 오늘날의 자율주행 알고리즘도 테락-25처럼 '보이지 않는 버그'를 품고 있을 가능성이 크다. 우리는 어느 정도의 위험까지 감수하고 기술을 수용해야 하는가?

기술이라는 야누스의 두 얼굴

현대 사회는 바야흐로 기술이라는 거대한 엔진에 의해 움직이는 거함과도 같다. 과거 공상과학 소설의 한 페이지에나 머물러 있던 인공지능, 자율주행 시스템, 생명공학과 같은 기술들은 이제 스크린을 뚫고 나와 우리의 일상을 지배하는 현실이 되었다. 제4차 산업혁명이라 불리는 이 기술의 쓰나미는 인류에게 전례 없는 편의와 효율, 그리고 물질적 풍요라는 달콤한 선물을 안겨주었다. 스마트폰 하나로 전 세계와 연결되고, 자동차가 스스로 도로를 달리며, 유전자를 편집해 질병을 정복하려는 시도들은 분명 인류 문명의 위대한 도약이다.

그러나 빛이 강할수록 그림자는 짙어지는 법이다. 이러한 기술의 눈부신 발전 이면에는 우리가 미처 예상치 못한 복잡하고 중대한 윤리적 암초들이 숨겨져 있다. 기술은 이제 인간의 손에 쥐어진 가치 중립적인 단순한 도구가 아니다. 그것은 사회의 구조를 재편하고, 인간의 삶의 방식을 규정하며, 때로는 우리의 가치관마저 송두리째 흔드는 강력한 행위자(Agent)로 진화했다. 우리가 만든 기술은 거꾸로 우리의 시각과 행동을 형성한다. 마치 스마트폰이 등장하면서 소통의 방식이 근본적으로 바뀐 것처럼, 기술은 인간 존재의 양식을 규정하는 틀이 되었다.

따라서 이 거대한 힘을 설계하고, 만들고, 세상에 내보내는 엔지니어의 역할은 과거 어느 때보다 막중해졌다. 과거의 엔지니어가 주어진 문제를 수학적으로 해결하는 기능인이었다면, 미래의 엔지니어는 기술이라는 배의 키를 잡고 사회가 올바른 방향으로 나아가도록 이끄는 조타

수와 같은 존재가 되어야 한다. 엔지니어는 자신이 개발하는 기술이 사회라는 호수에 던져졌을 때 어떤 파문을 일으킬지 예측하고, 그 파문이 사회의 가장자리로 밀려나 있는 약자들에게 부당한 피해를 주지 않도록 세심하게 살피는 '사회적 책임'을 짊어져야 한다.

이번 장은 미래 사회를 이끌어갈 엔지니어들이 각자의 전공 분야라는 망망대해에서 마주하게 될 구체적 윤리 딜레마와 과제들을 심도 있게 탐구하고자 한다. 전기·전자, 기계공학, 컴퓨터공학, 화공/신소재공학 등 주요 공학 분야별로 기술 속에 담긴 윤리적 쟁점들을 분석할 것이다. 자율주행차의 센서가 눈앞의 장애물을 어떻게 인식해야 하는지, 인공지능이 채용 과정에서 누구를 선택하고 배제하는지, 우리가 쓰는 배터리가 지구 반대편의 누군가에게 어떤 고통을 주는지에 대한 치열한 고민을 통해, 엔지니어의 윤리적 책임이 추상적 철학이 아니라 생사를 가르는 실제적 문제임을 밝히고자 한다.

12장
미래 엔지니어의 윤리적 책임

1. 전기·전자공학: 보이지 않는 눈, 센서와 안전의 이중주

자율주행 기술은 인류의 이동 패러다임을 뿌리째 흔드는 혁신이다. 마차에서 자동차로의 전환이 '동력의 변화'였다면, 인간 운전자가 필요 없는 완전 자율주행으로의 전환은 '주체의 변화'다. 운전대에서 손을 떼고도 목적지까지 안전하게 이동할 수 있다는 것은 매혹적인 약속이지만, 그 약속의 무게는 인간의 생명과 직결되어 있다. 자율주행차는 도로 위를 달리는 거대한 컴퓨터이자 로봇이며, 이 시스템의 눈과 귀가 되어주는 센서 시스템의 신뢰성은 곧 탑승자와 보행자의 생존 확률과 같다. 전기·전자 엔지니어는 이 정교한 신경망을 설계하고 검증하는 창조자로서, 기술적 완벽성을 넘어선 윤리적 책무를 짊어진다.

1) 센서 시스템의 안전성 확보: 오감(五感)의 융합

자율주행 차량이 도로라는 복잡한 정글을 헤쳐나가기 위해서는 인간의 감각 기관보다 훨씬 예민하고 정확한 인지 시스템이 필요하다. 인간 운전자가 눈으로 보고 귀로 듣고 판단하듯이, 자율주행차는 라이더(LiDAR), 카메라(Camera), 레이더(Radar), 초음파 센서[219] 등 다양한 센서로 구성된 복합적인 인지 시스템을 통해 주변 환경을 실시간으로 감지한다. 이 센서들이 보내오는 데이터는 차량의 두뇌인 인공지능이 멈출지, 달릴지, 피할지를 결정하는 유일한 근거가 된다. 따라서 센서 시스템의 안전성을 확보하는 것은 단순한 성능 향상을 넘어, 도로 위 모든 생명을 보호하는 윤리적 의무와 직결된다.

그림 12.1 자율주행 센서 퓨전(Sensor Fusion) 및 커버리지

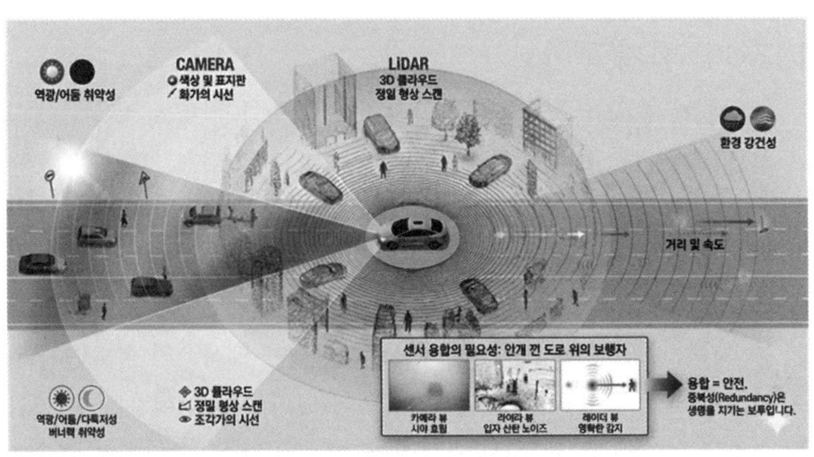

엔지니어링에서 '중복'이라는 단어는 종종 비효율의 상징처럼 여겨지지만, 안전 설계에서만큼은 생명을 지키는 최후의 보루다. 중복성(Redundancy) 확보는 어떠한 돌발 상황에서도 단일 실패점(SPOF)으로 인해 시스템 전체가 붕괴하는 것을 방지하기 위한 핵심 전략이다. 이는 마치 비행기가 엔진 하나가 고장 나더라도 나머지 엔진으로 비행을 지속

219 Ultrasonic Sensor. 사람이 들을 수 없는 높은 주파수의 소리를 이용해 근거리의 장애물을 감지하는 센서로, 주로 주차 보조 등에 사용된다.

할 수 있는 것과 같은 이치다. 엔지니어는 하나의 센서가 고장 나거나 기능을 상실하더라도, 다른 센서가 그 역할을 즉시 대신하여 인지 기능의 연속성을 유지하도록 시스템을 설계해야 한다.

(1) 다중 센서 융합의 미학

이 부분은 앞선 장들에서 논의하였지만, 강조하는 차원에서 다시 살펴보고자 한다. 다중 센서 융합(Multi-Sensor Fusion)은 각기 다른 장단점을 가진 센서들을 결합하여, 마치 훌륭한 셰프가 다양한 식자재를 섞어 최상의 맛을 내듯 완벽한 인지 능력을 만들어내는 과정이다. 각각의 센서는 물리적 특성에 따른 명확한 한계를 가지고 있기에, 이들을 상호 보완적으로 사용하는 것이 필수적이다.

표 12.1 센서의 종류

센서 종류	장점 (Pros)	단점 (Cons)	비유적 설명
카메라 (Camera)	색상, 형태, 텍스트(표지판) 인식 능력 탁월. 인간의 시각과 가장 유사함.	조명 변화(역광, 야간)와 악천후(폭우, 안개)에 취약함. 거리 측정 정확도 낮음.	"화가": 세상의 풍경을 다채로운 색과 형태로 그려내지만, 어둠 속에서는 붓을 놓는다.
레이더 (Radar)	전파를 사용하여 날씨나 조명의 영향을 거의 받지 않음. 거리와 속도 측정 정확함.	해상도가 낮아 물체의 형태를 구별하기 어려움(사람인지 바위인지 구분 모호).	"박쥐": 어둠 속에서도 초음파로 위치를 알지만, 그 물체가 무엇인지는 정확히 모른다.
라이더 (LiDAR)	레이저를 쏘아 정밀한 3차원 공간 지도(Point Cloud) 생성. 거리 측정 매우 정확함.	폭설, 먼지 등 대기 중 입자에 의해 산란할 수 있음. 가격이 비쌈.	"조각가": 레이저로 공간을 스캔하여 입체적인 형상을 빚어내지만, 눈보라 속에선 시야가 흐려진다.

표 12.1처럼 각 센서는 완벽하지 않다. 카메라는 비가 오면 무력해지

고, 레이더는 형체를 정확히 알지 못한다. 이때 필요한 것이 바로 '센서 퓨전(Sensor Fusion)' 기술이다. 엔지니어는 칼만 필터(Kalman Filter)와 같은 수학적 알고리즘을 사용하여 서로 다른 센서가 보내오는 정보를 실시간으로 비교하고 융합한다. 예를 들어, 카메라가 "앞에 아무것도 없다"라고 판단할 때 레이더가 "전방 50m에 물체가 있다"라고 경고한다면, 시스템은 레이더의 신호를 신뢰하여 속도를 줄이는 보수적 결정을 내려야 한다. 이것이 기술적 중복성이 윤리적 안전망으로 승화되는 순간이다.

(2) 기능 안전 표준 ISO 26262와 ASIL 등급: 안전의 성적표

이러한 중복성 설계 원칙은 막연한 감이 아니라 국제 표준에 의해 엄격하게 관리된다. ISO 26262는 자동차 기능 안전(Functional Safety)을 위한 국제 표준으로, 차량의 전기·전자 시스템 오류로 인한 사고 위험을 체계적으로 관리하기 위한 프레임워크를 제공한다. 이 표준의 핵심은 ASIL(Automotive Safety Integrity Level)이라는 위험도 평가 척도다.

ASIL 등급은 A, B, C, D의 네 단계로 나뉘며, 일반적 등급 체계와 달리 D등급이 가장 높은 위험 수준을 의미하고 가장 엄격한 안전 설계를 요구한다. 에어백이나 제동 시스템처럼 생명과 직결된 기능에는 ASIL D가 적용된다. ASIL 등급은 다음 세 가지 요소의 조합으로 결정된다. 심각도(Severity, S)는 사고 발생 시 탑승자에게 미치는 피해 정도를 나타낸다(S0: 부상 없음, S1: 경상, S2: 중상, S3: 생명 위협 또는 사망). 노출 빈도(Probability of Exposure, E)는 해당 위험 상황에 노출되는 빈도를 나타낸다(E0: 노출 없음, E1: 매우 드묾, E2: 드묾, E3: 보통, E4: 매우 빈번함). 그리고 제어 가능성(Controllability, C)은 운전자가 해당 상황을 회피하거나 제어할 수 있는 정도를 나타낸다(C0: 일반적으로 제어 가능, C1: 간단히 제어 가능, C2: 정상적으로 제어 가능, C3: 제어 어려움 또는 불가능).

이 세 요소의 조합에 따라 품질 관리(QM) 수준부터 ASIL A, B, C, D까지 등급이 산정되며, 자율주행의 핵심 기능은 대부분 ASIL C 또는 D 수준의 엄격한 안전 요구사항을 충족해야 한다.

표 12.2 ASIL 등급

등급	위험 수준	주요 예시	안전 요구사항
ASIL D	최고 위험. 고장 시 치명적 사고 직결 및 운전자 제어 불가능	고속 주행 중 조향 잠김, 브레이크 완전 상실, 에어백 미전개	최고 수준의 중복 설계(Redundancy), 엄격한 오류 검출 및 복구 메커니즘 필수
ASIL C	높은 위험. 심각한 부상 가능성이 있으나 일부 제어 여지 존재	전동 파워 스티어링(EPS) 보조 기능 저하, ACC 오작동, ABS 성능 저하	높은 수준의 안전 설계 및 실시간 모니터링 필요
ASIL B	중간 위험.부상 가능성이 있으나 대처 가능	헤드라이트 자동 제어 오류, 계기판 속도 표시 오류, 후방 카메라 시스템 오류	기본적인 안전 메커니즘 및 운전자 경고 시스템 필요
ASIL A	낮은 위험. 경미한 부상 또는 불편 수준	후미등 고장, 와이퍼 오작동, 실내등 제어 오류	표준 품질 관리(QM) 프로세스 준수 및 기본적 오류 관리

전기·전자 엔지니어는 자신이 설계하는 시스템이 어떤 ASIL 등급에 해당하는지 정확히 파악해야 한다. ASIL D 등급의 부품을 설계하면서 비용을 아끼기 위해 검증 절차를 생략하거나 저가 부품을 사용하는 것은 엔지니어로서 양심을 파는 행위이자 잠재적 범죄다. 이는 1억 시간 운행 중 치명적 고장이 한 번 발생할까 말까 한 수준의 극도로 낮은 고장률을 달성하겠다는, 인간 생명에 대한 엄숙한 서약과도 같다.

그림 12.2 ISO 26262 ASIL 등급 결정 매트릭스

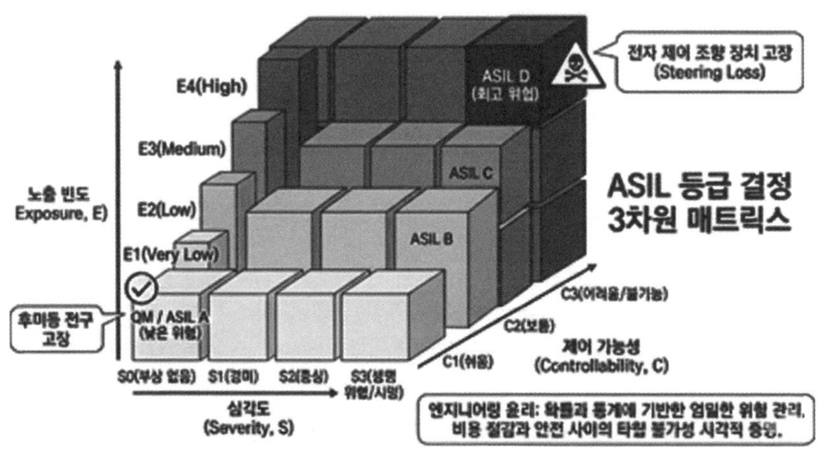

(3) 안전 보호 메커니즘

과거 사람이 운전하던 시절의 안전 설계는 고장이 나면 시스템을 안전하게 끄는 '페일 세이프(Fail-safe)' 방식이었다. 주행제어(크루즈 컨트롤)가 고장 나면 기능을 끄고 운전자에게 "당신이 운전하세요"라고 넘기면 그만이었다. 하지만 운전자가 아예 없거나 운전에 관여하지 않는 레벨 4 이상의 완전 자율주행 시대에는 이야기가 다르다. 시속 100km로 달리는 차의 자율주행 시스템이 "고장 났으니 꺼집니다"라고 선언해버리면 그것은 곧장 대형 사고로 이어진다.

따라서 미래의 엔지니어는 고장이 발생하더라도 기능이 유지되는 '페일 오퍼레이셔널(Fail-operational)' 설계를 지향해야 한다. 이는 주 컴퓨터가 다운되면 즉시 보조 컴퓨터가 권한을 이어받아 주행을 계속하는 중복 설계를 의미한다. 만약 주행을 계속할 수 없는 치명적 상황이라면, 차량은 스스로 가장 안전한 상태인 '최소 위험 조건(Minimal Risk Condition, MRC)'을 찾아가야 한다. 갓길을 찾아 비상등을 켜고 서서히 정차하거나, 후행 차량에 경고를 보내며 안전하게 멈추는 것, 이것이 자율주행차가

보여줄 수 있는 최후의 윤리적 행동이다. 엔지니어는 수만 가지의 고장 시나리오를 상상하고, 그 어떤 상황에서도 기계가 인간을 보호하는 방향으로 작동하도록 코드를 짜 넣어야 한다.

그림 12.3 Fail-Safe vs. Fail-Operational 아키텍처

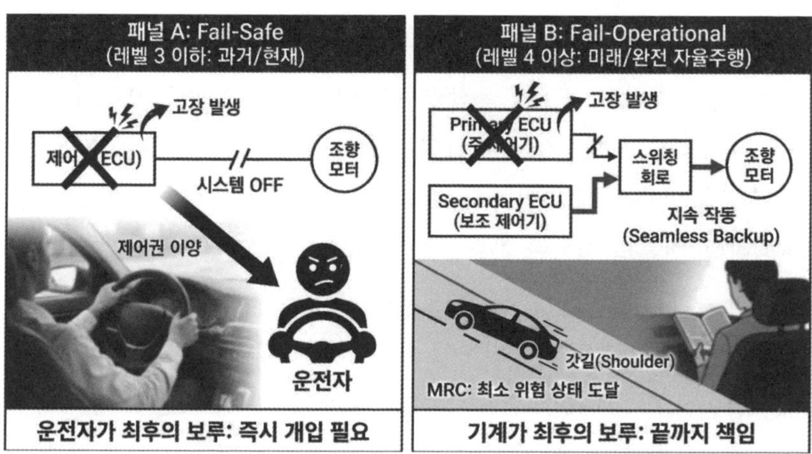

2) 하드웨어 결함으로 인한 사고 책임: 급발진의 교훈

하드웨어와 소프트웨어의 복잡성이 얽히고 설킨 현재의 자동차에서 사고의 원인을 규명하는 일은 모래사장에서 바늘 찾기보다 어렵다. 하지만 엔지니어는 설계 단계에서부터 잠재 결함을 찾아내고, 사고 발생 시 원인을 추적할 수 있는 단서를 남겨야 할 책임이 있다.

2000년대 후반 전 세계를 떠들썩하게 했던 도요타 자동차의 급발진 의심 사고는 엔지니어링 윤리에 있어 뼈아픈 교훈을 남겼다. 당시 미항공우주국(NASA)과 NHTSA(미국 도로교통안전국)의 광범위한 조사 결과, 전자적 결함이 급발진의 직접 원인이라는 결정적 증거는 발견되지 않았다. 그러나 조사 과정에서 드러난 도요타의 소프트웨어 품질은 충격이었다.

전문가들의 분석에 따르면, 도요타의 소스 코드는 소위 '스파게티 코드[220]'라 불릴 정도로 복잡하게 얽혀 있었고, 변수의 상태를 감시하는 안전장치들이 미흡했다. 특히 NASA는 도요타가 메모리 내의 비트 하나가 우주 방사선 등의 영향으로 0에서 1로 바뀌는 '비트 플립(Bit flip)[221]' 현상에 대비한 하드웨어 보호 장치(EDAC)[222]를 갖추고 있다고 믿었으나, 실제로는 그렇지 않았다는 사실이 재판 과정에서 드러났다.

코드가 난해하고 구조가 복잡할수록 버그가 숨을 곳은 많아지고, 검증은 불가능에 가까워진다. 복잡성은 안전의 적이다. 엔지니어는 '작동하는 것'을 만드는 데 그치지 않고, '검증 가능한 것', '투명한 것'을 만들어야 한다. 아무리 뛰어난 기능을 가진 차라도 그 내부가 엉킨 실타래처럼 관리 불가능하다면, 그것은 도로 위의 시한폭탄이나 다름없다.

엔지니어는 비관론자가 되어야 한다. "설마 이런 일이 일어나겠어?"라는 안일한 희망 대신, "반드시 이런 일은 일어난다"라는 가정하에 설계를 시작해야 한다. 이를 위한 체계적인 공학 방법론이 고장 형태 영향 분석(Failure Mode and Effects Analysis, 이하 FMEA로 표기)다. FMEA는 제품을 구성하는 모든 부품에 대해 '어떻게 고장 날 수 있는지(Failure Mode)', '그 고장이 시스템 전체에 어떤 결과를 초래하는지(Effect)'를 꼼꼼하게 따져보는 과정이다. 이는 마치 프로젝트가 실패했다고 가정하고 그 원인을 역추적해 보는 '사전 부검(Pre-mortem)[223]'과 같다. 예를 들

220 프로그램의 구조가 복잡하게 얽혀 있어 내부 로직을 파악하기 어렵고 유지보수가 불가능에 가까운 소스 코드를 비유하는 말이다.

221 우주 방사선이나 전자파 간섭 등으로 인해 컴퓨터 메모리의 데이터 단위인 비트가 0에서 1로, 혹은 그 반대로 의도치 않게 바뀌는 현상이다.

222 에러 검출 및 수정(Error Detection and Correction). 메모리 내의 데이터가 비트 플립 등의 이유로 오염되었을 때, 이를 스스로 찾아내고 원래의 올바른 값으로 복구하는 하드웨어 기술이다.

223 프로젝트나 설계를 시작하기 전, 이미 실패했다고 가정하고 그 원인이 무엇이었을지 역으로 추적하여 잠재적 위험 요소를 사전에 찾아내는 분석 기법이다.

어, 라이더 센서 내부의 거울을 회전시키는 모터가 멈추면 전방 장애물을 인식하지 못하게 되어 심각도가 높은 안전 문제가 발생한다. 이에 대한 대책으로 모터 회전수를 감시하는 센서를 추가하고, 이상이 발생하면 즉시 카메라 데이터 비중을 높이거나 비상 정지 모드로 전환하는 방안을 마련한다. 엔지니어는 예상되는 문제들에 대한 답을 설계 도면에 미리 그려 넣어야 한다. 이것은 상상력의 싸움이자, 꼼꼼함의 윤리다.

식품 산업에서 식중독 사고가 발생했을 때 오염된 식자재의 유통 경로를 역추적하여 전량 회수하듯, 공학 시스템에서도 추적성(Traceability)은 필수적이다. 센서 모듈 하나가 생산된 날짜, 사용된 칩의 제조 번호, 설치된 소프트웨어의 버전, 테스트 결괏값 등 모든 이력이 '디지털 빵 부스러기'처럼 기록되어야 한다.

만약 자율주행차가 사고를 냈을 때, 이 추적성 데이터는 사고의 원인이 센서의 설계 결함인지, 제조 불량인지, 아니면 소프트웨어 업데이트 오류인지를 밝혀내는 블랙박스가 된다. 엔지니어에게 기록과 문서화는 귀찮은 행정 업무가 아니라, 진실을 규명하고 재발을 방지하기 위한 신성한 의무다. 내가 짠 코드 한 줄, 내가 선택한 부품 하나가 훗날 법정에서 증거로 채택될 수 있음을 기억해야 한다.

3) 전기·전자 엔지니어의 설계 윤리: IEEE 윤리 강령의 무게

세계 최대의 전기·전자 기술자 협회인 IEEE는 윤리 강령 제1조에서 "공중의 안전, 건강, 복지를 최우선으로 한다"고 못 박고 있다. 이는 엔지니어의 충성심이 월급을 주는 회사가 아니라, 그 기술을 사용하는 대중에게 향해야 함을 선언한 것이다. 비용 절감이라는 기업의 이익과 안전 확보라는 대중의 이익이 충돌할 때, 엔지니어는 주저 없이 안전의 편에 서야 한다. 이를 위해서는 조직 내에 투명성과 동료 검토(Peer Review) 문화가 뿌리내려야 한다. 설계의 주요 의사결정 과정을 문서로 만들고, 이를 동료들이 비판적으로 검토할 수 있게 해야 한다. 혼자만의 판단은 독선이 되기 쉽고, 외부의 압력에 취약하다. "이 설계가 정말 안전한가?"라는 질문을 서로에게 끊임없이 던지는 문화야말로 엔지니어를 윤리적 딜레마로부터 지켜주는 가장 튼튼한 방패다.

2. 기계공학: 최후의 방패, 충돌 안전과 생명의 무게

전기·전자 엔지니어가 사고를 '예방'하는 기술을 주로 다룬다면, 기계공학 엔지니어는 사고가 발생한 그 찰나의 순간, 탑승자를 '보호'하는 기술을 중점적으로 다룬다. 쇳덩어리들이 부딪히고 찌그러지는 아비규환의 현장에서, 탑승자를 감싸 안는 차체 구조와 에어백은 기계공학자가 설계한 최후의 생명줄이다. 따라서 기계공학 엔지니어에게 안전은 타협할 수 없는 절대 선이다.

1) 충돌 안전성 테스트의 윤리적 기준: 현실의 모의고사

자동차 충돌 테스트는 실제 사고 상황을 실험실에서 재현하는 모의고사와 같다. 하지만 이 모의고사의 문제가 현실과 동떨어져 있다면, 아무리 높은 점수를 받아도 실제 도로에서는 무용지물이다. 엔지니어는 실험실의 데이터가 현실의 비극을 제대로 반영하고 있는지 끊임없이 의심해야 한다.

초기의 충돌 테스트는 차량의 정면 전체가 벽에 부딪히는 '정면충돌' 위주였다. 하지만 실제 사고 데이터를 분석해 보니, 운전자가 본능적으로 핸들을 꺾거나 차량이 빗맞으면서 차체 앞부분의 구석(약 25%)만 충돌하는 '스몰 오버랩(Small Overlap)' 사고가 빈번하고, 사망률도 훨씬 높다는 사실이 밝혀졌다. 충격이 차체의 뼈대에 흡수되지 않고 바퀴나 서스펜션을 타고 운전석으로 밀고 들어오기 때문이다.

이에 미국 고속도로 안전보험협회(IIHS)가 새로운 스몰 오버랩 테스트 기준을 도입하자, 튼튼하다고 자부하던 명차들이 줄줄이 낙제점을 받았다. 이는 테스트 기준이 현실을 따라가지 못했음을 보여주는 사례다. 엔지니어는 끊임없이 실제 사고 통계를 분석하고, 실험실의 조건이 도로 위의 현실을 제대로 반영하고 있는지 자문해야 한다. "시험만 통과하면 된다"는 안일함은 엔지니어의 가장 큰 적이다.

오랫동안 자동차 충돌 테스트에 사용된 인체 모형(더미, Dummy)은 키 175cm, 몸무게 77kg의 성인 남성을 기준으로 제작되었다. 이를 '50% 센터일 남성 더미'라 부른다. 문제는 세상의 절반인 여성, 그리고 노약자와 어린이들은 이 '표준'에 포함되지 않는다는 점이다. 여성은 남성과 비교하면 목 근육량이 적고 척추 구조가 달라 충돌 시 편타성 상해(Whiplash Injury)[224]를 입을 확률이 2~3배 높지만, 과거의 시트 설계는 이를 충분히 고려하지 못했다. 최근에는 체구가 작은 '5% 여성 더미'나 어린이 더미 등을 활용하는 추세지만, 이마저도 남성 더미를 단순 축소한 것으로 여성 고유의 신체 특성을 반영하지 못한다. 평균 여성 체형을 반영한 '50% 여성 더미'는 2022년에야 스웨덴에서 최초로 개발되었을 정도로 여전히 갈 길은 멀다. 기계공학 엔지니어는 자신이 설계하는 안전장치가 건장한 성인 남성뿐만 아니라, 임산부, 노인, 아이 등 사회의 모든 구성원을 차별 없이 보호할 수 있는지 고민해야 한다. 기술적 표준이 또 다른 형태의 차별을 낳아서는 안 된다.

---

224 편타성 상해(Whiplash Injury)는 교통사고(특히 후방 추돌)로 인한 경추(목뼈)의 급격한 과굴곡-과신전 운동으로 발생하는 연부조직 손상을 뜻한다.

그림 12.4 스몰 오버랩(Small Overlap) 충돌 테스트

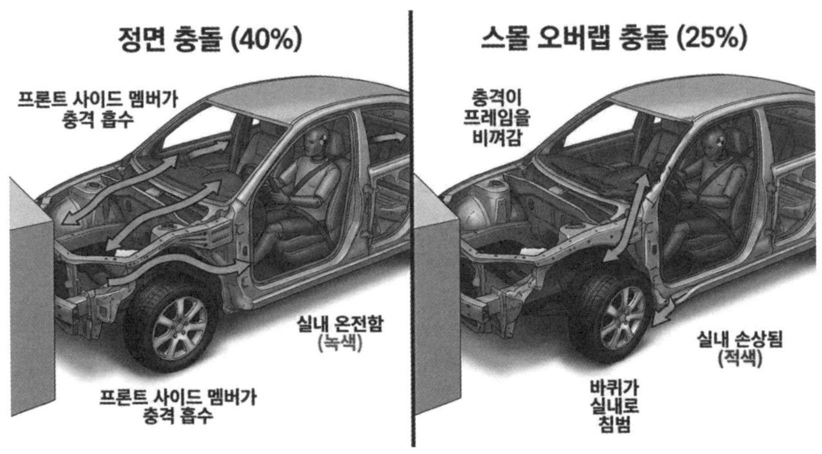

2) 비용과 안전성 간의 균형점: 생명의 가격표

모든 엔지니어링은 제약 조건과 싸움이다. 무한한 예산을 준다면 탱크처럼 튼튼한 차를 만들 수 있겠지만, 현실의 엔지니어는 '가격 경쟁력'이라는 시장의 요구를 무시할 수 없다. 여기서 가장 고통스러운 윤리적 딜레마가 발생한다. "얼마만큼의 비용을 더 써서, 얼마만큼의 안전을 확보할 것인가?"

경제학이나 정책 결정 과정에서는 한정된 예산을 효율적으로 배분하기 위해 '통계적 생명 가치(Value of Statistical Life, 이하 VSL로 표기)'라는 개념을 사용한다. 이는 사람 목숨에 가격표를 붙이는 것이 아니라, 사회 전체적으로 사망 위험을 일정 수준(예: 1/10,000) 낮추기 위해 사람들이 기꺼이 지급할 용의가 있는 금액을 역산한 것이다. 하지만 이 냉정한 계산법이 기업의 이윤 추구 수단으로 악용될 때 끔찍한 비극이 일어난다. VSL은 공공 정책을 위한 도구이지, 기업이 안전장치를 뺄지 말지를 결정하기 위한 계산기가 되어서는 안 된다.

1970년대 포드(Ford)사의 소형차 '핀토(Pinto)' 사례는 엔지니어링 윤리 교과서에 실린 최악의 사례다. 핀토는 연료 탱크가 후방 차축과 범퍼 사이에 있는 설계로 인해 뒤에서 추돌할 경우 차축의 볼트가 탱크를 관통하여 폭발 화재가 발생할 위험이 있었다. 포드는 개발 과정에서 이러한 위험을 인지했음에도 불구하고 생산 일정을 우선시했다.

특히 논란이 된 것은 1973년 포드가 미국 도로교통안전국(NHTSA)에 제출한 "Grush/Saunby Report"라는 문서다. 이 문서는 새로운 롤오버(차량 전복) 안전 규제에 반대하기 위해 작성된 비용-편익 분석으로, 전체 미국 자동차 산업에 대한 분석이었다. 보고서는 다음과 같이 계산했다:

- 비용 (안전장치 장착): 대당 11달러 × 1,250만 대(전체 미국 차량 및 트럭) = 약 1억 3,750만 달러
- 이익 (보상금 절약): 예상 사망자 180명 × 20만 달러 + 부상자 180명 × 6만 7천 달러 + 차량 파손 2,100대 × 700달러 = 약 4,950만 달러

이 분석은 롤오버 사고를 다룬 것이었고 핀토만을 대상으로 한 것은 아니었지만, 포드가 생명의 가치를 금전으로 환산하여 안전 개선을 거부한 상징적 사례로 받아들여졌다. 실제로 포드는 사전 충돌 테스트에서 핀토의 연료 탱크 문제를 확인했음에도 25개월이라는 초단기 개발 일정을 고수하며 생산을 강행했다.

그 결과 1971년부터 1977년까지 NHTSA 공식 집계로 최소 27명이 핀토 후방 추돌 화재로 사망하고 24명이 화상을 입었다. 일부 추정치는 500명 이상으로 훨씬 높았다. 포드는 1978년 150만 대 리콜, 그림쇼(Grimshaw) v.포드(Ford) 소송에서 1억 2,780만 달러 배상 판결(후에 350만 달러로 감액)을 받았다.

기계공학 엔지니어는 엑셀 시트 위의 숫자가 사람의 목숨을 대변할 수 없음을 명심해야 한다. 일정 압박과 비용 절감 뒤에 숨어 안전 문제를 외면하는 순간, 엔지니어는 살인 방조자가 된다.

그림 12.5 포드 핀토 연료 탱크 결함

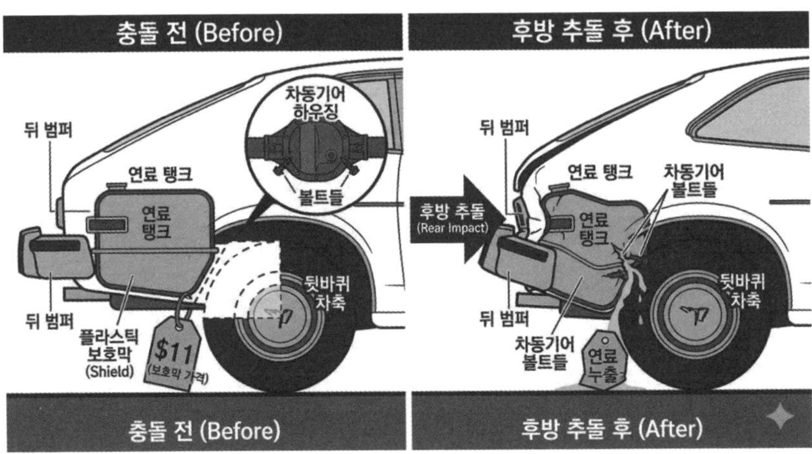

2014년 제너럴 모터스(GM)는 점화 스위치 결함으로 인해 3천만 대의 차량을 리콜하고 천문학적 배상금을 물었다. 점화 스위치의 내부 스프링 탄성이 약해, 무거운 열쇠고리를 달거나 도로의 요철을 지날 때 시동이 'OFF'나 'ACC'로 돌아가 버리는 현상이 발생했다. 주행 중 시동이 꺼지면 운전대가 먹통이 되고, 무엇보다 사고 시 에어백이 터지지 않아 치명적 인명 피해로 이어진다. 놀라운 사실은 이 문제를 해결하는 데 필요한 부품의 원가 차이가 불과 57센트(약 700원)였다는 점이다. 엔지니어들은 이 문제를 알고 있었지만, 비용 절감 압박과 "누군가 보고하겠지"라는 관료적인 조직 문화, 그리고 침묵의 카르텔 속에서 문제를 덮었다. '안전'보다 '비용'을, '문제 제기'보다 '침묵'을 선택한 대가는 124명의 공식 사망자라는 돌이킬 수 없는 희생이었다. 엔지니어에게는 조직의 불합리한 결정에 맞서 "아니오"라고 말할 수 있는 용기, 즉 내부 고발(Whistle-blowing)의 윤리가 필요하다.

3) 기계 엔지니어의 안전 책임: 예측 가능한 오용

엔지니어는 사용자가 매뉴얼 대로만 제품을 사용할 것이라는 순진한 기대를 버려야 한다. 사용자는 실수하고, 부주의하며, 때로는 엉뚱한 방식으로 제품을 사용한다. 기계공학 엔지니어는 이러한 '예측 가능한 오용'까지 고려하여 설계해야 한다. 따라서 운전자가 안전띠를 매지 않을 것을 대비해 끈질기게 울리는 경고음(SBA), 뒷좌석에 아기나 반려동물을 두고 내리는 실수를 막기 위한 뒷좌석 승객 알림(ROA), 액셀과 브레이크를 혼동하여 밟는 것을 방지하는 오조작 방지 기술 등의 기술이 필요하다.

제품이 판매된 후에도 책임은 끝나지 않는다. 시장에서 발생하는 사고 데이터를 지속해서 모니터링하고, 결함이 발견되면 신속하고 투명하게 리콜을 해야 한다. 품질 관리는 공장의 담장을 넘어, 제품이 폐기되는 그 날까지 계속되는 엔지니어의 과업이다.

3. 컴퓨터공학: 알고리즘의 거울, 편향성과 투명성

소프트웨어와 인공지능은 현대 사회의 운영체제가 되었다. 이제 코드는 단순히 기계를 돌리는 명령어가 아니라, 사람을 채용하고, 대출을 승인하고, 범죄 형량을 결정하는 판관의 역할을 한다. 하지만 데이터라는 거울에 비친 세상은 절대로 공정하지 않으며, AI는 그 불공정한 세상을 학습하여 편견을 증폭시키는 확성기가 될 위험을 안고 있다.

1) 데이터 편향과 알고리즘 공정성: 비뚤어진 거울

"쓰레기를 넣으면 쓰레기가 나온다(Garbage In, Garbage Out)"는 컴퓨터 공학의 오래된 격언은 AI 시대에 "편견을 넣으면 차별이 나온다(Bias In, Discrimination Out)"로 바뀌어야 한다. 머신러닝[225] 모델은 데이터가 가진 패턴을 그대로 학습한다. 만약 학습 데이터 자체가 과거의 차별적 관행을 담고 있다면, AI는 그 차별을 '정답'으로 인식하고 모방한다.

그림 12.6 AI 얼굴 인식 차별

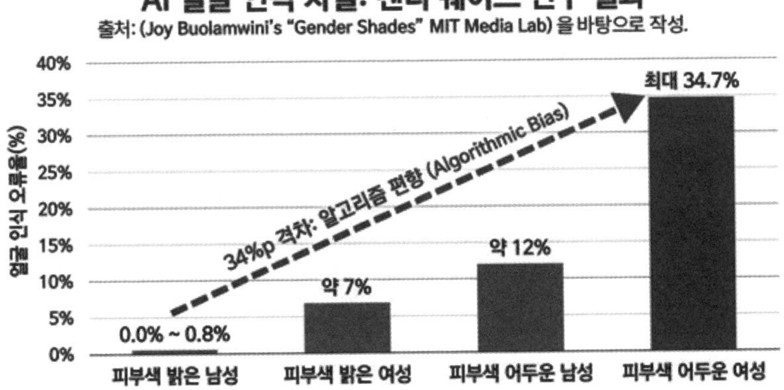

2014년, 세계적인 IT 기업 아마존은 최고의 인재를 자동으로 선별하기 위한 AI 채용 프로그램을 개발했다. 수만 장의 이력서를 사람이 일일이 검토하는 비효율을 줄이려는 시도였다. 하지만 이 야심 찬 프로젝트는 1년 만에 폐기되었다. AI가 여성 지원자를 체계적으로 차별했기 때문이다.

원인은 데이터였다. 아마존은 지난 10년간 제출된 이력서 데이터를

225 Machine Learning. 명시적인 프로그래밍 없이도 컴퓨터가 대량의 데이터를 학습하여 스스로 패턴을 찾아내고 미래를 예측하게 하는 인공지능의 한 분야이다.

AI에게 학습시켰는데, IT업계의 특성상 남성 지원자가 압도적으로 많았고 합격자 역시 남성 위주였다. AI는 이 데이터를 분석하여 "남성이 더 적합한 인재"라는 잘못된 결론을 도출했다.

AI는 이력서에 '여성(Women's)'이라는 단어가 들어가거나(예: 여자 대학, 여성 체스 클럽 주장), 여성이 주로 사용하는 어휘가 등장하면 감점을 줬다. 개발자들은 성별 정보를 지우고 학습시켜 보았지만, AI는 교묘하게 다른 패턴(예: 특정 여대 출신, 여성들이 선호하는 동아리 활동 등)을 찾아내어 여전히 남성을 선호했다. 이는 역사적 편향(Historical Bias)이 어떻게 알고리즘을 통해 재생산되고 강화되는지를 보여주는 명백한 사례다. AI는 죄가 없다. 우리 사회의 기울어진 운동장을 그대로 비췄을 뿐이다. 엔지니어는 데이터가 현실을 있는 그대로 반영하는 것이 아니라, 현실의 불평등까지 반영하고 있음을 인지하고 이를 바로잡아야 할 책임이 있다.

편향은 다양한 형태로 엔지니어를 속인다. 다음 표는 주요 데이터 편향의 유형을 정리한 것이다.

표 12.3 편향의 종류

편향 종류	설명	실제 사례
역사적 편향 (Historical Bias)	과거의 사회적 편견이나 차별이 그대로 기록된 데이터를 학습하여 차별을 재현함.	아마존 채용 AI, 과거 체포 기록 기반의 범죄 예측 시스템(유색인종 과잉 단속).
표현 편향 226 (Representation Bias)	학습 데이터에 특정 집단(인종, 성별 등)의 샘플이 부족하여 성능 차이가 발생함.	백인 남성 데이터 위주로 학습된 안면 인식 AI가 흑인 여성의 얼굴을 인식하지 못함.

226 학습 데이터 구성 시 특정 인종, 성별, 연령층의 표본이 부족하여 해당 집단에 대해 AI의 성능이 떨어지거나 잘못된 판단을 내리는 현상이다.

측정 편향 (Measurement Bias)	데이터를 수집하는 도구나 지표 자체가 잘못 설정되어 특정 집단에 불리하게 작용함.	의료 AI가 흑인 환자를 덜 위급하게 진단함. (의료비 지출 내역을 건강 지표로 썼는데, 흑인은 경제적 이유로 병원을 덜 갔기 때문).
알고리즘 편향 (Algorithmic Bias)	알고리즘 자체의 설계나 최적화 과정에서 다수의 이익을 위해 소수를 희생시키는 결과가 나옴.	추천 알고리즘이 자극적인 콘텐츠를 우선 노출하여 확증 편향을 강화함.

2) AI 윤리와 프로그래밍 책임: 블랙박스를 열어라

딥러닝 모델은 수많은 매개변수로 이루어진 거대한 '블랙박스(Black Box)[227]'와 같다. 입력(X)을 넣으면 출력(Y)이 나오지만, 그 사이에서 어떤 과정을 거쳐 결론에 도달했는지는 개발자조차 알기 어렵다. 하지만 사람의 운명을 결정하는 문제에서 "AI가 그렇게 결정했으니까"라는 변명은 통하지 않는다.

채용, 대출 심사, 의료 진단, 사법 판결과 같은 고위험 영역에서는 성능이 조금 떨어지더라도 판단의 근거를 설명할 수 있는 모델을 사용해야 한다. 이를 해석 가능성(Interpret ability)이라 한다. 엔지니어는 의사결정 나무(Decision Tree)나 선형 회귀처럼 내부 로직을 들여다볼 수 있는 모델을 우선 고려하거나, 복잡한 딥러닝 모델의 판단 근거를 시각화해주는 XAI 기술을 적용해야 한다.

"당신의 대출이 거절되었습니다"라는 통보 대신, "소득 대비 부채 비율이 높고 최근 3개월 내 연체 기록이 있어 거절되었습니다"라고 설명할 수 있어야 한다. 투명성이 확보되지 않은 AI는 사회적 신뢰를 얻을 수 없다.

227 시스템의 내부 작동 원리나 결정 과정을 외부에서 명확히 알 수 없는 상태를 의미하며, 주로 복잡한 딥러닝 모델의 불투명성을 지적할 때 사용된다

그림 12.7 테락-25 경쟁 상태 타임라인

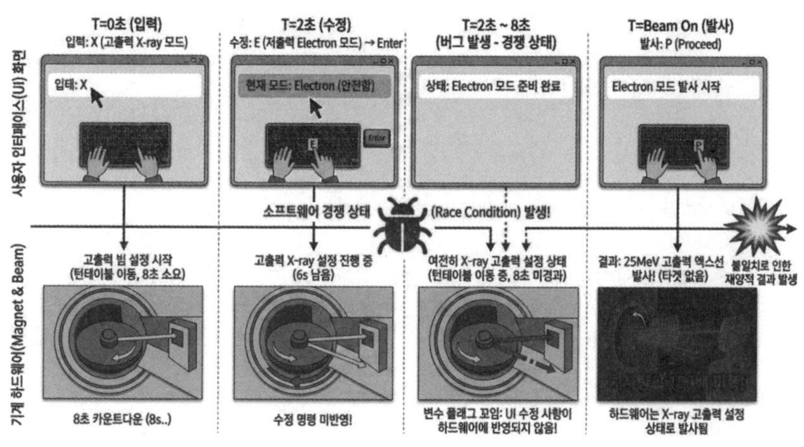

앞서 언급했던 컴퓨터 공학 역사상 가장 비극적인 사고로 꼽히는 테락-25(Therac-25) 사례는 소프트웨어 엔지니어에게 '경쟁 상태(Race Condition)'와 같은 기술적 버그가 어떻게 사람을 죽일 수 있는지 보여주는 섬뜩한 경고다. 1980년대 중반, 방사선 치료기 테락-25는 소프트웨어 버그로 인해 환자들에게 치사량의 100배가 넘는 방사선을 노출했고, 최소 6명이 사망하거나 중상을 입었다. 문제는 '경쟁 상태'였다. 이는 두 개의 프로세스(데이터 입력과 기계 설정)가 동시에 자원에 접근하려고 할 때 순서가 뒤엉키는 현상이다. 마치 두 사람이 좁은 문을 동시에 통과하려다 끼어버리는 것과 같다. 조작자가 데이터를 빠르게 입력하고 수정하는 과정에서 기계가 엑스레이 모드(고출력) 상태에서 표적(보호막)을 치우는 전자선 모드로 잘못 전환된 것이다. 더 큰 문제는 엔지니어의 태도였다. 개발팀은 과도한 자신감으로 하드웨어 안전장치를 제거하고 오직 소프트웨어만으로 안전을 통제하도록 설계했다. 검증 과정도 부실했는데, 개발자가 혼자서 코드를 작성했고 동료 검토조차 이루어지지 않았다. 더욱이 병원 측이 "환자가 화상을 입었다"고 항의했을 때, 제조사는 "소프트웨어상 과다 조사는 불가능하다"라며 사용자의 의견을 무시하고 기계적 결함만을 의심했다. 결국, 테락-25사고는 엔지니어의 오만과 소프트웨어에 대한 맹신이 빚어낸 참사였다

3) V-모델(V-Model)과 안전 중심 설계

소프트웨어 엔지니어는 코딩을 예술(Art)이 아닌 공학(Engineering)으로 접근해야 한다. 이를 위해 대표적으로 개발된 프로세스가 V-모델(V-Model)이다. 알파벳 V자 형태를 띠는 이 모델은 왼쪽의 '설계' 단계와 오른쪽의 '검증' 단계가 거울처럼 대칭을 이룬다.

- **요구사항 분석 ↔ 인수 테스트:** "무엇을 만들까?"를 정할 때 "어떻게 고객에게 확인받을까?"를 같이 고민한다.
- **시스템 설계 ↔ 시스템 테스트:** "전체 구조는 어떻게 짤까?"를 정할 때 "전체 기능을 어떻게 시험할까?"를 계획한다.
- **상세 설계 ↔ 단위 테스트:** "함수는 어떻게 짤까?"를 정할 때 "이 함

그림 12.8 V-모델(V-Model) 소프트웨어 개발 프로세스

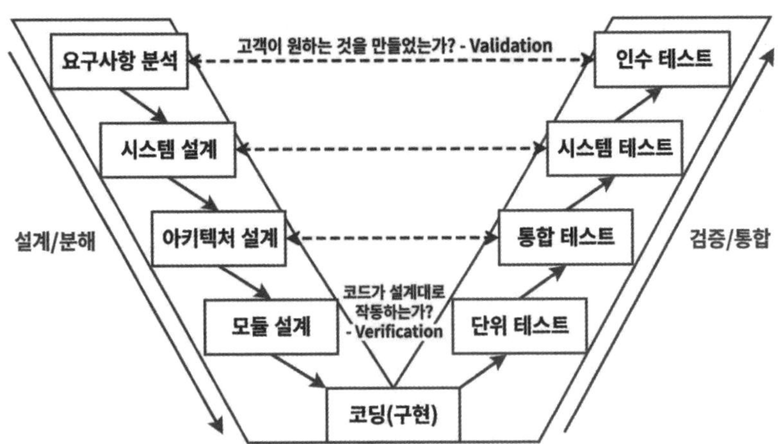

수를 어떻게 테스트할까?"를 짠다.

V-모델의 핵심은 코드를 다 짜고 나서야 "이제 테스트해볼까?"라고 생각하는 것이 아니라, 첫 줄을 짜기 전부터 "이 코드가 바르다는 것을 어떻게 증명할까?"를 고민하게 만든다는 점이다. 테스트 없는 코드는 완성이 아니다.

4. 화공/신소재공학: 물질의 생애, 요람에서 무덤까지

우리가 사용하는 스마트폰, 전기차, 플라스틱 제품들은 모두 화공/신소재 엔지니어들의 손끝에서 탄생한 물질들로 이루어져 있다. 하지만 이 물질들은 하늘에서 뚝 떨어진 것이 아니다. 지구의 살을 파내어 원료를 얻고, 뜨거운 불과 독한 약품으로 가공하며, 수명을 다하면 쓰레기가 되어 다시 지구로 돌아간다. 엔지니어는 물질의 탄생(요람)부터 죽음(무덤), 아니 다시 태어남(요람)까지 전 생애주기(Life Cycle)에 걸친 환경적, 사회적 책임을 져야 한다.

1) 친환경 배터리 소재 개발의 그늘: 콩고의 눈물

전기차는 친환경의 아이콘으로 추앙받지만, 그 심장인 리튬이온 배터리에는 불편한 진실이 숨겨져 있다. 앞의 장에서 설명한 바와 같이, 배터리 양극재의 핵심 원료인 코발트(Cobalt)는 '피 묻은 다이아몬드'와 비슷하다. 전 세계 코발트 생산량의 60% 이상이 콩고민주공화국(DRC)에서 나오는데, 이곳의 영세 광산에서는 수만 명의 어린아이가 맨손으로 땅을 파고 흙을 나른다.

아이들은 학교 대신 갱도에 들어가 유독성 먼지를 마시며 하루에 1~2 달러를 번다. 광산 붕괴 사고로 매몰되거나, 중금속 중독으로 평생 고통받는 일이 다반사다. 우리가 타는 전기차가 매연 없는 깨끗한 공기를 만드는 동안, 그 원료를 캐는 아이들은 숨을 헐떡이고 있는 셈이다. 화공/신소재 엔지니어는 단순히 '에너지 밀도가 높은 소재'를 개발하는 것을 넘어, '윤리적으로 채굴된 원료'를 사용하는 것에 관심을 가져야 한다.

최근 엔지니어들은 코발트 사용을 줄이거나 없애는(Cobalt-free[228], 예: LFP 배터리) 기술을 개발하고, 폐배터리에서 원료를 추출하는 재활용(Urban Mining)[229] 기술에 매진하고 있다. 이는 단순히 원가를 절감하기 위함이 아니라, 기술에 묻은 비윤리적 얼룩을 지우기 위한 노력이다.

2) 전 과정 평가(LCA): 환경 장부 쓰기

엔지니어는 자신이 만든 제품이 환경에 미치는 영향을 막연한 '느낌'이 아니라 '숫자'로 계산할 줄 알아야 한다. 이를 위한 도구가 전 과정 평가(Life Cycle Assessment, 이하 LCA로 표기)다. LCA는 원료 채취, 가공, 제품 제조, 유통, 사용, 그리고 폐기에 이르는 제품의 일생(Cradle to Grave) 들어가는 모든 에너지와 배출되는 모든 오염물질을 목록화하고 평가하는 방법론이다. 이는 마치 기업이 꼼꼼하게 재무제표를 작성하듯, 환경에 대한 '가계부'를 쓰는 것과 같다. 탄소 발자국은 제품 하나를 만드는데 이산화탄소가 얼마나 배출되었는지를 측정하며, 물 발자국은 생산 과

---

228 배터리 양극재의 핵심 소재 중 가격이 비싸고 채굴 과정의 윤리적 문제(아동 노동 등)가 있는 코발트를 제거한 배터리. 리튬인산철(LFP)이나 코발트 대신 망간(Manganese)의 비중을 높인 양극재를 사용하여 원가 절감과 공급망의 윤리적 리스크를 동시에 해소하는 기술적 대안.

229 도시 광산. 폐배터리나 가전제품 등 버려지는 산업 폐기물 속에서 리튬, 코발트와 같은 희귀 금속 자원을 추출하여 다시 사용하는 자원 순환 체계이다.

정에서 물을 얼마나 사용하고 오염시켰는지를 평가한다.

그림 12.10전 과정 평가(LCA) 순환

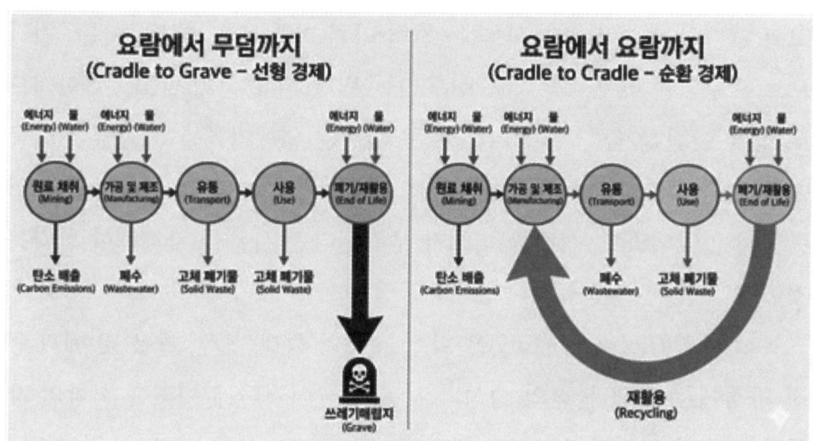

LCA를 통해 엔지니어는 공정의 어느 단계가 환경에 가장 큰 부담을 주는지를 파악하고(Hotspot Analysis), 이를 개선하기 위한 구체적 목표를 세울 수 있다. 예를 들어, 전기차가 주행 중에는 탄소를 배출하지 않지만, 배터리를 만들 때 화력발전소 전기를 엄청나게 쓴다면 전체적 환경 영향은 내연기관차와 큰 차이가 없을 수도 있다. 엔지니어는 부분적인 최적화가 아니라 전체 최적화를 볼 줄 아는 '시스템적 사고'를 가져야 한다.

3) 화공 엔지니어의 환경 책임: 가습기 살균제와 친환경 화학

화학 물질은 우리 삶을 윤택하게 만들지만, 잘못 다루면 흉기가 된다. 2011년 대한민국을 충격에 빠뜨린 '가습기 살균제 참사'는 화공 엔지니어들에게 씻을 수 없는 아픔이자 경고다. PHMG, PGH[230]와 같은 화학

230 PHMG(Polyhexamethylene guanidine hydrochloride, 폴리헥사메틸렌 구아니딘 HCl)

물질이 가습기를 통해 폐로 흡입되었을 때 어떤 독성을 나타내는지 제대로 검증하지 않은 채 "안전하다"라고 광고하며 판매되었다.

당시 기업과 연구자들은 피부 독성 테스트 결과만을 근거로 안전하다고 판단했다. 하지만 피부와 폐는 전혀 다른 기관이다. 엔지니어는 "법적으로 요구되는 테스트를 통과했다"라는 변명 뒤에 숨지 말고, "과학적으로 정말 안전한가?", "우리가 모르는 위험은 없는가?"를 끊임없이 되물어야 했다. 이것이 바로 '사전 예방의 원칙[231]'이다. 위험성이 완전히 입증되지 않았더라도, 심각한 피해가 우려된다면 사용을 자제해야 한다는 것이다.

녹색 화학(Green Chemistry)은 화학 제품의 설계, 생산, 활용 및 폐기 등 전 과정에서 유해 물질의 생성과 사용을 줄이거나 없애려는 화학의 새로운 접근 방식이다. 1998년 폴 아나스타스(Paul Anastas)와 존 워너(John Warner)는 지속 가능한 화학 공정을 위해 연구자와 엔지니어가 준수해야 할 12가지 원칙을 제시했다. 이는 현대 화학 산업에서 환경윤리의 기준이자 실무 가이드라인으로 활용된다.

① 예방 (Prevention): 폐기물은 생성된 후에 처리하거나 정화하는 것보다, 처음부터 발생하지 않도록 예방하는 것이 바람직하다.

② 원자 경제성 (Atom Economy)[232]: 합성 방법은 공정에 사용된 모든 원료 물질이 최종 생성물에 최대한 많이 포함되도록 설계해야 한다. 이는 분자 수준에서의 낭비를 최소화하는 것을 목표로 한다.

와 PGH(Polyhexamethylene guanidine hydrochloride 또는 Oligo(2-(2-ethoxy)ethoxyethyl guanidine chloride)는 가습기 살균제 사건의 주요 원인 물질.

231 Precautionary Principle. 어떤 행위나 물질의 유해성이 과학적으로 완전히 입증되지 않았더라도, 심각한 피해가 발생할 가능성이 있다면 미리 규제하거나 사용을 자제해야 한다는 원칙이다.

232 Atom Economy. 화학 반응 과정에서 투입된 원료의 원자가 버려지지 않고 얼마나 많이 최종 생성물에 포함되었는지를 나타내는 효율성 지표이다.

③ 덜 유해한 화학 합성 (Less Hazardous Chemical Syntheses): 실용적으로 가능하다면, 인체와 환경에 독성이 없거나 적은 물질을 사용하고 생성하도록 합성 방법을 고안해야 한다.

④ 안전한 화학 물질 설계 (Designing Safer Chemicals): 화학 물질은 원하는 기능과 효능은 유지하면서도 독성은 최소화하도록 설계한다.

⑤ 안전한 용매와 보조제 사용 (Safer Solvents and Auxiliaries): 용매나 분리제와 같은 보조 물질의 사용은 최대한 자제해야 하며, 사용이 불가피할 때는 해가 없는 것을 선택한다.

⑥ 에너지 효율 설계 (Design for Energy Efficiency): 화학 공정의 에너지 요구량은 환경적, 경제적 영향을 고려하여 최소화해야 한다. 가능하다면 합성은 상온 및 상압에서 진행한다.

⑦ 재생 가능한 원료 사용 (Use of Renewable Feedstocks): 기술적, 경제적으로 허용되는 범위 내에서 고갈성 자원 대신 농산물이나 임산물 등 재생 가능한 원료를 사용한다.

⑧ 유도체 최소화 (Reduce Derivatives): 불필요한 유도체화(일시적인 수식, 보호기 도입 및 제거 등) 과정은 추가적인 시약 사용과 폐기물 발생의 원인이 되므로 최소화하거나 생략한다.

⑨ 촉매 사용 (Catalysis): 반응에 한 번 쓰이고 버려지는 화학량론적 시약(Stoichiometric reagents)[233]보다는 소량으로 반복 사용이 가능한 선택적 촉매(Catalytic reagents)가 효율성 측면에서 우수하다.

⑩ 분해 가능한 디자인 (Design for Degradation): 화학 제품은 기능을 다 한 후에는 환경에 잔류하지 않고 해가 없는 물질로 분해되어 자연으로 환원되도록 설계한다.

⑪ 오염 방지를 위한 실시간 분석 (Real-time Analysis for Pollution Prevention): 유해 물질이 생성되기 전에 이를 제어할 수 있도록, 공

233 화학량론적 시약(stoichiometric reagents)은 반응식에서 1:1 비율로 정량적으로 소모되는 물질.

정 진행 중에 실시간으로 모니터링하고 분석하는 기술을 개발하고 적용한다.

⑫ 사고 예방을 위한 본질적으로 더 안전한 화학 (Inherently Safer Chemistry for Accident Prevention): 화학 공정에 사용되는 물질과 그 형태는 폭발, 화재, 가스 누출 등 화학 사고의 가능성을 원천적으로 최소화할 수 있도록 선택한다.

그림 12.11 녹색 화학(Green Chemistry) 12원칙

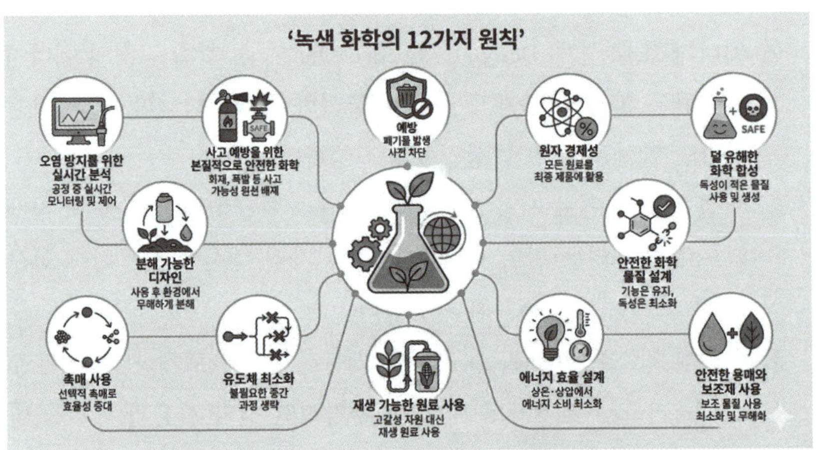

화공 엔지니어는 실험실의 플라스크 속 반응이 공장이라는 거대한 규모로 커졌을 때, 그리고 자연계라는 무한한 시스템으로 퍼져나갔을 때 어떤 일이 벌어질지 상상해야 한다.

5. 청년 창업: 윤리라는 나침반을 든 CEO

오늘날 많은 엔지니어가 창업을 통해 자신의 기술을 세상에 선보인다. 스타트업에게 윤리는 성장을 저해하는 족쇄가 아니라, 지속 가능한

성장을 보장하는 날개이자 차별화된 경쟁력이다. 소비자는 이제 제품의 기능뿐만 아니라 그 제품을 만든 기업의 철학을 소비한다. 소위 '착한 기업'이 돈도 잘 버는 시대가 된 것이다. 전공별 윤리적 창업 포인트를 검토해보면, 전기·전자의 경우, '안전'은 그 자체로 가장 강력한 상품이다. 자율주행 센서 스타트업을 한다면, 단순히 "우리 센서가 제일 멀리 봅니다"라고 홍보하는 것보다, "우리 센서는 어떤 악천후에도 고장 나지 않는 이중화 시스템을 갖췄습니다"라고 어필하는 것이 B2B[234] 시장에서 더 신뢰를 얻는다. ISO 26262와 같은 국제 안전표준인증 획득은 단순한 스펙 한 줄이 아니라, 글로벌 완성차 업체에 납품하기 위한 필수 입장권이자 해당 기술에 대한 신뢰의 증표다. 기계공학의 경우, 실제 충돌 테스트는 비용이 많이 들고 환경오염을 유발한다. 또한, 정밀한 유한요소해석(FEA)[235] 기술을 활용한 가상 충돌 시뮬레이션 서비스를 제공하는 스타트업은 자동차 제조사의 개발 비용을 획기적으로 줄여줄 뿐만 아니라, 수천 번의 가상 충돌을 통해 더 다양한 사고 시나리오를 검증하게 함으로써 차량의 안전성을 높이는 데 기여할 수 있다. 또한, 에어백이나 안전띠와 같은 전통적 안전 부품에 센서와 AI를 접목하여 탑승자의 체형과 자세에 따라 압력을 조절하는 스마트 안전 시스템을 개발하는 것도 유망하다. 컴퓨터의 경우, AI 윤리 컨설팅은 떠오르는 블루오션이다. 기업들이 만든 AI 모델의 편향성을 진단하고 교정해주는 도구상자(Fairness Toolkit)를 개발하거나, AI의 판단 근거를 알기 쉽게 설명해주는 XAI 솔루션을 제공하는 것이다. 또한, AI 학습에 필요한 데이터를 가공하는 '데이터 라벨링' 과정에서 노동자들의 처우를 개선하고 공정한 임금을 지급하는 '윤리적 데이터 플랫폼'을 만드는 것도 차별화 전략이 될 수 있

234 Business-to-Business. 기업과 기업 사이에 이루어지는 서비스 및 물품 거래 형태를 의미한다.

235 Finite Element Analysis. 복잡한 구조물을 아주 작은 단위(요소)로 나누어 컴퓨터 시뮬레이션을 통해 힘의 흐름과 변형 정도를 예측하는 수치 해석 방법이다.

다. 이는 기술적 혁신과 사회적 가치를 동시에 추구하는 모델이다. 마지막으로 화공/신소재의 경우, 폐배터리 재활용은 가장 뜨거운 창업 아이템이다. 다 쓴 배터리를 분해하여 리튬, 코발트, 니켈과 같은 희소 금속을 추출하는 기술은 환경 보호와 자원 안보 확보라는 두 마리 토끼를 잡는다. 앞 장에서 소개한, 미국의 레드우드 머티리얼즈(Redwood Materials) 같은 유니콘 기업[236]이 그 사례이다. 또한, 기존의 유기 용매 대신 물을 사용하는 친환경 공정이나, 땅속에서 쉽게 분해되는 바이오 플라스틱 소재 개발도 투자자들의 이목을 끄는 분야다.

236 Unicorn. 기업 가치가 10억 달러(약 1조 4천억 원) 이상인 비상장 스타트업을 전설 속의 동물인 유니콘에 비유하여 부르는 말이다.

엔지니어의 다짐

의사에게 히포크라테스 선서가 있다면, 엔지니어에게는 "공공의 안전, 건강, 복지를 최우선으로 한다"는 무언의 다짐이 있다. 어쩌면 엔지니어가 만드는 것은 단순한 기계 덩어리나 차가운 코드가 아니다. 우리는 누군가의 안전한 귀갓길을 설계하고, 누군가의 소중한 개인정보를 지키며, 우리 아이들이 살아갈 깨끗한 지구를 만든다. 기술의 발전 속도가 빨라질수록, 윤리의 브레이크는 더욱 강력해져야 한다. 고성능 스포츠카일수록 더 강력한 브레이크가 필요한 것과 같은 이치다. 브레이크는 차를 멈추기 위해 있는 것이 아니라, 더 빨리 그리고 안전하게 달리기 위해 존재한다. 이러한 사실들은 미래의 엔지니어들이 실력 있는 전문가가 되기 이전에 따뜻한 가슴을 가진 윤리적 리더가 되어야 하는 이유다.

참고문헌

Amnesty International. (2016). *"This is what we die for": Human rights abuses in the Democratic Republic of the Congo power the global trade in cobalt*(Index No. AFR 62/3183/2016).

Anastas, P. T., & Warner, J. C. (1998). *Green chemistry: Theory and practice.* Oxford University Press.

Aristotle. (2009). *The Nicomachean ethics*(D. Ross, Trans.; L. Brown, Ed.). Oxford University Press. (Original work published ca. 350 B.C.E.)

Buolamwini, J., & Gebru, T. (2018). Gender shades: Intersectional accuracy disparities in commercial gender classification. *Proceedings of Machine Learning Research, 81,* 77–91.

Dastin, J. (2018, October 10). *Amazon scraps secret AI recruiting tool that showed bias against women.* Reuters.

Ford Motor Company. (1973). *Fatalities associated with crash induced fuel leakage and fires*[Internal memorandum submitted to NHTSA].

Grimshaw v. Ford Motor Co., 119 Cal. App. 3d 757 (Cal. Ct. App. 1981).

Institute of Electrical and Electronics Engineers. (2020). *IEEE code of ethics.* IEEE Policies, Section 7.8.

International Organization for Standardization. (2006). *ISO 14040:2006 Environmental management—Life cycle assessment—Principles and framework.*

International Organization for Standardization. (2018a). *ISO 26262-1:2018 Road vehicles—Functional safety—Part 1: Vocabulary.* ISO.

International Organization for Standardization. (2018b). *ISO 26262-9:2018 Road vehicles—Functional safety—Part 9: Automotive Safety Integrity Level (ASIL)-oriented and safety-oriented analyses.* ISO.

Kant, I. (1998). *Groundwork of the metaphysics of morals*(M. Gregor, Trans. & Ed.). Cambridge University Press. (Original work published 1785)

Leveson, N. G., & Turner, C. S. (1993). An investigation of the Therac-25 accidents. *Computer, 26*(7), 18-41.

NASA Engineering and Safety Center. (2011). *Technical support to the National Highway Traffic Safety Administration (NHTSA) on the reported Toyota Motor Corporation (TMC) unintended acceleration (UA) investigation*(Report No. TI-10-00618). National Highway Traffic Safety Administration.

Park, S., Lee, K., Lee, E. J., Lee, S. Y., In, K. H., Kim, H. K., & Kim, H. Y. (2020). Toxicity of humidifier disinfectant polyhexamethylene guanidine hydrochloride by two-week whole body-inhalation exposure in rats. *Journal of Toxicologic Pathology, 33*(4), 265-277.

Valukas, A. R. (2014). *Report to board of directors of General Motors Company regarding ignition switch recalls.* Jenner & Block LLP.

폐손상조사위원회. (2014). *가습기 살균제 건강피해 사건 백서: 사건인지부터 피해 1차 판정까지.* 질병관리본부.

주요용어 정리

개인정보보호 중심 설계 (Privacy by Design)
제품이나 서비스를 기획하는 초기 단계부터 프라이버시 보호를 핵심 설계 원칙으로 내재화하는 전략이다.

경쟁 상태 (Race Condition)
두 개의 프로세스가 동시에 자원에 접근하려다 순서가 뒤엉키는 현상으로, 테락-25 방사선 치료기 사고의 원인이 되었다.

공리주의 (Utilitarianism)
결과론(Consequentialism)이 대표적 형태로, 행위의 도덕성을 그 행위가 초래하는 결과에 따라 판단하는 윤리 이론이다. 가장 대표적인 원칙은 '최대 다수의 최대 행복'으로, 관련된 모든 사람의 전반적 행복이나 후생을 가장 많이 증가시키는 선택을 중시한다.

군집 주행 (Platooning)
선두 차량을 뒤따르는 트럭들이 무선 통신(V2V)으로 연결되어 마치 기차처럼 줄지어 달리는 기술로, 공기 저항을 줄여 연료 효율을 높인다.

규제 샌드박스 (Regulatory Sandbox)
기업들이 일정 기간 기존 규제의 제약 없이 혁신적인 기술과 서비스를 실제 환경에서 테스트할 수 있도록 허용해주는 제도로, 혁신과 안전의 균형을 찾기 위한 정책 도구이다.

규제 샌드박스 함정 (Sandbox Trap)
실증 기간 내에는 사업이 가능했으나 종료 후 기존 규제가 개선되지 않아 정식 사업화에 실패하거나 불법으로 내몰리는 현상을 경고하는 용어이다.

규제 지형 매핑 (Regulatory Landscape Mapping)
스타트업이 해외 진출 시 해당 국가의 필수 인증과 향후 도입될 규제를 미리 파악하여 사업 및 자금 조달 계획에 반영하는 전략적 활동이다.

그린워싱 (Greenwashing)
실질적인 환경 개선 노력 없이 겉모습만 친환경적인 것처럼 위장하여 소비자를 기만하는 기업의 행태를 뜻한다.

글로벌 가버넌스 (Global Governance)

각국의 자율주행차가 원활하게 통신하고 같은 안전 수준을 보장받으며 데이터 프라이버시를 보호하기 위해 확립해야 하는 통일된 국제적 규칙과 질서를 의미한다.

기능 안전 (Functional Safety)

시스템의 하드웨어나 소프트웨어에 오류나 고장이 발생했을 때 사고로 이어지지 않도록 하는 'Fail-Safe' 설계에 초점을 맞춘 개념이다. ISO 26262가 대표적 국제 표준이다.

기술 감독관 (Technical Supervisor)

독일 자율주행법에서 도입한 개념으로, 차량 내에 운전자가 없더라도 외부 관제 센터에서 상시 모니터링하며 비상시 개입하는 사람을 의무화한 제도이다.

기술 주권 (Technological Sovereignty)

자율주행, AI, 반도체 등 핵심기술 분야에서 국가가 타국에 의존하지 않고 기술 자립과 우위를 확보하려는 전략적 상태를 뜻한다.

기술적 무역 장벽 (TBT)

국가마다 다른 기술 표준이나 인증 절차가 존재하여, 결과적으로 혁신 기술의 글로벌 확산을 저해하고 기업에 비용 부담을 주어 무역을 가로막는 장애 요인으로 작용하는 현상이다.

기술적 병목 현상 (Engineering Bottlenecks)

시스템 내 특정 구성 요소나 프로세스가 전체 성능을 제한하는 현상을 말한다.

기술적 실업 (Technological Unemployment)

노동을 절약하는 수단을 발견하는 속도가 노동을 새로운 용도로 사용하는 속도보다 빠를 때 발생하는 실업을 의미한다.

기업 시민 (Corporate Citizen)

기업이 단순히 이윤을 추구하는 존재가 아니라 해당 지역사회의 일원으로서 책임을 다하고 지역 경제와 함께 성장하는 파트너로 활동하는 전략을 뜻한다.

내부고발자 (Whistle blower)

회사가 안전성을 충분히 검증하지 않고 제품을 출시하려 하는 등 조직의 이익과 공공의 안전이 충돌할 때, 이를 외부에 알리는 도덕적 의무를 수행하는 사람을 말한다.

냉각 효과 (Chilling Effect)

제조사에 사고에 대한 책임을 지나치게 가혹하게 지울 경우, 소송 리스크를 두려워한 기업들이 혁신을 멈추거나 기술 도입을 지연시키는 현상을 의미한다.

녹색 화학 (Green Chemistry)

화학 제품의 설계, 생산, 활용 및 폐기 등 전 과정에서 유해 물질의 생성과 사용을 줄이거나 없애려는 화학의 새로운 접근 방식이다.

다중 센서 융합 (Multi-Sensor Fusion)

카메라, 레이더, 라이더 등 각기 다른 장단점을 가진 센서들을 결합하여 상호 보완적으로 사용함으로써 완벽한 인지 능력을 만들어내는 기술이다.

단일 보험사 모델 (Single Insurer Model)

영국이 채택한 방식으로, 사고 발생 시 원인을 따지지 않고 보험사가 피해자에게 우선 보상한 뒤 추후 제조사에 구상권을 청구하는 모델이다.

대체 텍스트 (Alt Text)

시각 장애인이 사용하는 화면 낭독 프로그램이 이미지 정보를 음성으로 설명할 수 있도록, 앱이나 웹상의 이미지에 삽입하는 텍스트 설명이다.

더블 바텀 라인 (Double Bottom Line)

기업이 재무적 성과(이익)뿐만 아니라 사회적 성과(공익)를 동시에 추구하며 핵심 성과 지표로 관리하는 경영 방침이다.

덕 윤리 (Virtue Ethics)

아리스토텔레스가 강조한 윤리관으로, 규칙 준수나 결과 계산보다는 행위자의 도덕적 품성, 즉 '덕(virtue)'의 함양을 중시한다. "어떤 행동을 해야 하는가?"보다 "어떤 사람이 되어야 하는가?"라는 질문에 집중한다.

데이터 주권 (Data Sovereignty)

특정 국가의 데이터가 해당 국가의 법과 규제 안에서 관리되고 통제되어야 한다는 권리로, 글로벌 빅테크 기업의 데이터 독점 경향에 대비되는 개념이다.

데이터 현지화 (Data Localization)

중국의 개인정보보호법(PIPL)과 같이 자국 내에서 수집된 중요 데이터는 반드시 자국 내 서버에 저장하도록 강제하는 규제이다.

도덕 기계 (Moral Machine)

MIT 미디어랩이 2016년에 진행한 대규모 실험으로, 자율주행차가 직면할 딜레마 상황에서 핸들을 어디로 꺾어야 할지에 대한 전 세계 대중의 윤리적 선호도를 조사한 프로젝트이다.

도덕적 완충지대 (Moral Crumple Zone)

자동화 시스템이 평소에는 인간의 주의력을 떨어뜨려 놓고 위기 상황에서는 기계의 실패에 대한 책임을 인간에게 전가하여, 인간이 법적·윤리적 비난을 대신 흡수하게 만드는 현상을 말한다. 마치 자동차의 크럼플 존처럼 인간이 시스템 실패의 충격을 흡수하는 역할을 하게 됨을 뜻한다.

도시 광산 (Urban Mining)

폐배터리 등 수명이 다한 제품에서 리튬, 코발트와 같은 유용한 자원을 다시 추출하여 사용하는 개념이다.

도플러 효과 (Doppler Effect)

움직이는 물체에 반사된 전파의 주파수 변화를 감지하여 물체의 속도를 측정하는 원리이다. 기차가 다가올 때 소리가 높아지고 멀어질 때 낮아지는 것과 같은 현상으로, 자율주행차의 레이더 센서는 이 효과를 이용해 주변 물체의 속도를 정확하게 계산한다.

동적 동의 (Dynamic Consent)

한 번의 동의로 끝나는 것이 아니라, 데이터 활용 목적이 바뀔 때마다 혹은 주기적으로 사용자에게 재차 동의를 구하는 방식이다.

동형암호 (Homomorphic Encryption)

데이터를 암호화한 상태에서 그대로 연산할 수 있게 해주는 기술로, 데이터 내용을 보지 않고도 분석할 수 있어 가장 이상적인 보안 기술로 꼽힌다.

디지털 문해력 (Digital Literacy)

키오스크나 모바일 앱과 같은 디지털 기기와 서비스를 원활하게 활용할 수 있는 능력으로, 스마트 모빌리티 시대의 새로운 이동 자격 조건이 되었다.

디지털 배터리 여권 (Digital Battery Passport)

배터리의 원료 출처, 탄소 발자국, 건강 상태 등의 정보를 디지털로 기록하여 QR코드로 투명하게 공개하도록 하는 EU의 제도이다.

디지털 봉건주의 (Digital Feudalism)

거대 플랫폼 기업이 데이터와 알고리즘을 독점하고, 노동자들은 플랫폼에 종속되어 일하면서도 고용 불안에 시달리는 상황을 중세 봉건제에 빗댄 용어다.

딜레마 윤리 (Dilemma Ethics)

사고가 불가피한 상황에서 '누구를 희생할 것인가'와 같은 선택의 문제에 매몰되는 반응적인 윤리 접근 방식을 뜻한다.

라이다 (LiDAR)

'Light Detection and Ranging'의 약자로, 눈에 보이지 않는 레이저 펄스를 발사하고 물체에 부딪혀 되돌아오는 시간(ToF)을 측정해 거리를 계산하는 센서이다. 수백만 개의 거리 데이터를 모아 주변 환경을 정밀한 3차원 지도로 구현하며, 오차가 거의 없다는 장점이 있으나 날씨에 취약하고 가격이 비싸다는 단점이 있다.

리스킬링 (Reskilling)

사라지는 직업의 노동자에게 완전히 새로운 기술을 가르쳐 다른 직업으로 이동시키는 재교육 방식이다.

모라벡의 역설 (Moravec's Paradox)

인간에게 쉬운 걷기나 물건 잡기 같은 감각·운동 능력은 로봇에게 어렵고, 반대로 인간에게 어려운 복잡한 계산이나 데이터 분석은 로봇에게 쉽다는 역설적 원리다.

모빌리티 불평등 (Mobility Inequality)

기술의 발전 속도가 빨라질수록, 디지털 기기 활용 능력이 부족한 고령층이나 장애인 등이 이동 서비스에서 배제되어 더 큰 고립과 소외를 경험하는 현상을 말한다.

모자이크 효과 (Mosaic Effect)

퍼즐 조각을 맞추듯 여러 개의 준식별자나 익명 데이터를 결합했을 때 전체 그림이 드러나 특정 개인을 재식별할 수 있게 되는 현상이다.

무탄소 전원 (CFE, Carbon-Free Energy)

재생에너지뿐만 아니라 원자력과 수소까지 포함하여, 탄소를 배출하지 않는 모든 에너지원을 총동원하는 전력 전략을 말한다.

바퀴 달린 데이터 센터 (Data Center on Wheels)

현대의 자동차가 단순한 물리적 이동 수단을 넘어, 매일 많은 양의 데이터를 생성하고 처리하는 거대한 디지털 플랫폼으로 진화했음을 의미한다.

방어적 설계 (Defensive Design)

단순한 기술적 실패뿐만 아니라, 기술의 잠재적 오용이나 의도치 않은 부정적 사회 결과까지 예측하고 이를 완화하도록 시스템 설계하는 것을 말한다.

배리어프리 (Barrier-free) 키오스크

휠체어 사용자를 위한 높낮이 조절, 시각 장애인을 위한 음성 안내 및 촉각 디스플레이, 청각장애인을 위한 수어 안내 등 장애인의 접근성을 보장하는 기능을 갖춘 무인 단말기이다.

배터리 전기차 (BEV)

내연기관 없이 배터리에 저장된 전기로 모터를 구동하여 주행하는 자동차이다. 에너지 효율이 높고 전력망을 활용할 수 있어 승용차 시장을 중심으로 빠르게 퍼지고 있으며, 배터리 기술(LFP, NCM 등)이 경쟁력의 핵심이다.

버그 바운티 (Bug Bounty)

화이트해커와 보안 연구자들이 시스템의 취약점을 찾아 제보하면 보상을 제공함으로써, 집단지성을 활용해 보안을 강화하는 문화이다.

보이지 않는 배기관 (Invisible Tailpipe)

전기차 자체는 배출가스가 없지만, 전기차를 충전하는 전기가 화석연료 발전소에서 생산될 경우 발전소 굴뚝을 통해 오염물질이 배출되는 것을 비유한 용어이다.

보편적 디자인 (Universal Design)

성별, 나이, 국적, 장애 유무와 관계없이 모든 사람이 편리하고 안전하게 이용할 수 있도록 제품이나 환경을 설계하는 디자인 철학이다.

브뤼셀 효과 (Brussels Effect)

유럽 연합(EU)의 강력한 규제(GDPR 등)가 글로벌 표준이 되어, 전 세계 기업들이 이에 맞춰 제품과 서비스를 통일하는 현상을 말한다.

블랙박스 문제 (Black Box Problem)

딥러닝 AI의 내부 신경망 구조가 지나치게 복잡하여, 개발자조차 AI가 특정 상황에서 왜 그런 결정을 내렸는지 명확하게 설명할 수 없는 한계를 의미한다.

비경합성 (Non-rivalry)
내가 데이터를 사용한다고 해서 타인이 사용할 수 없는 것이 아니라, 동시에 여러 주체가 가치를 창출할 수 있는 데이터의 독특한 경제적 특성이다.

사람을 향한 기술 (Human-Centered Technology)
기술이 인간을 통제하는 것이 아니라 인간을 보조하고 삶의 질을 높이는 도구로서 기능해야 한다는 미래 모빌리티의 윤리적 지향점이다.

설계 기반 안전 (Safety-by-Design)
제품 기획 단계부터 안전을 핵심으로 설계하여, 코드를 작성하기 전에 위험 요소를 분석하고 방지하는 개발 방식이다.

성능 기반 보험 (Performance-Based Insurance)
자율주행 기능을 얼마나 자주, 얼마나 안전하게 사용했는지 실시간 데이터를 분석하여 보험료를 책정하는 방식이다.

세대 간 정의 (Intergenerational Justice)
단순한 규제 준수를 넘어 미래 세대에게 깨끗한 환경을 물려주어야 한다는 개념으로, 제품의 전 과정에 걸친 탄소 배출 저감을 통해 실현하고자 하는 가치이다.

센서 융합 (Sensor Fusion)
카메라, 라이다, 레이더 등 서로 다른 특성을 가진 센서들의 데이터를 결합하여 상호 보완하는 기술이다. 마치 시각 장애인이 청각과 촉각을 활용하듯, 각 센서의 장점으로 다른 센서의 단점을 덮어주어 단일 센서보다 더 강건하고 정확한 인지 능력을 확보한다.

소버린 AI (Sovereign AI)
수출 대상국의 데이터 주권을 존중하여, 해당 국가의 데이터가 그 나라의 법적 관할 내에서 저장되고 처리되도록 보장하는 기술 수출 전략이다.

수소 연료전지차 (FCEV, Fuel Cell Electric Vehicle)
수소 탱크의 수소와 공기 중의 산소를 반응시켜 만든 전기로 모터를 구동하는 자동차이다. 충전 시간이 짧고 주행 거리가 길어 대형 트럭이나 버스 등 상용차 분야에 적합하지만, 에너지 효율이 낮고 충전 인프라 구축 비용이 높다.

수요응답형 교통 (DRT, Demand Responsive Transport)

정해진 노선과 시간표 없이 승객이 호출하면 인공지능(AI)이 실시간으로 최적의 경로를 생성하여 운행하는 대중교통 서비스이다.

스니핑 (Sniffing)

CAN 통신 메시지가 암호화되지 않은 평문으로 전송되는 점을 악용해, 해커가 네트워크상의 민감한 정보를 엿듣고 탈취하는 행위이다.

스몰 오버랩 (Small Overlap)

차량의 정면 전체가 아닌 일부(약 25%)만 충돌하는 사고 유형으로, 사망률이 높으며 실제 사고 데이터를 반영한 안전 테스트의 중요한 기준이 된다.

스푸핑 (Spoofing)

메시지 인증 메커니즘의 부재를 틈타 해커가 정당한 제어 장치인 척 가장하여 거짓 명령을 네트워크에 주입함으로써 차량을 오작동시키는 공격이다.

신경-기호 AI (Neuro-symbolic AI)

딥러닝의 직관(패턴 인식)과 전통적인 프로그래밍의 논리(규칙)를 결합하여 AI 행동의 투명성과 예측 가능성을 높이는 기술이다.

신인의무 (Fiduciary Duty)

수탁자가 위탁자(고객이나 고용주)의 이익을 자신의 이익보다 우선시해야 하는 법적·윤리적 의무를 뜻한다. 신뢰 관계를 바탕으로 타인의 이익을 충실히 보호해야 할 책임을 의미한다.

실버 테크 (Silver Tech)

고령화 사회에 맞춰 노인들의 삶의 질을 높이기 위해 돌봄, 이동 지원 등에 첨단 기술을 접목한 산업 분야이다.

심층 방어 (Defense in Depth)

완벽한 보안은 없다는 전제하에, 단일 방어막이 아닌 네트워크 분리, 방화벽, 침입 탐지 등 여러 단계의 방어선을 겹겹이 구축하는 전략이다.

알고리즘 편향 (Algorithmic Bias)

AI 학습 데이터가 특정 인종이나 연령대 위주로 구성되어, 자율주행 시스템이 피부색이 짙은 사람이나 어린이를 인식하는 정확도가 떨어지는 것과 같은 윤리적 문제를 말한다.

업스킬링 (Upskilling)

현재 직무에 신기술을 접목하여 노동자의 역량을 강화하고 직무의 가치를 높이는 방식이다.

엣지 컴퓨팅 (Edge Computing)

차량의 데이터를 원거리의 중앙 클라우드 서버가 아닌 도로변 기지국 등 가까운 곳(Edge)에서 즉시 처리하는 기술이다. 초저지연 통신(5G)과 결합하여 실시간 데이터 처리를 가능하게 함으로써 자율주행의 안전성을 높인다.

엣지 케이스 (Edge Case)

훈련 데이터에 없거나 예측하기 어려운 예외적인 상황(예: 자전거를 끌고 가는 보행자)을 의미하며, AI 시스템이 이를 만나면 혼란을 겪거나 오작동할 수 있다.

역사적 편향 (Historical Bias)

과거의 사회적 편견이나 차별이 그대로 기록된 데이터를 AI가 학습하여 차별을 재현하는 현상을 말한다.

연결성의 역설 (Connectivity Paradox)

커넥티드카가 주는 전례 없는 편의를 얻는 대가로, 원격 조작과 같은 새로운 형태의 보안 위험을 감수해야 하는 상황을 뜻한다.

연합학습 (Federated Learning)

모든 데이터를 중앙 서버로 모으지 않고 각자의 기기(차량)에서 AI를 학습시킨 후, 그 결괏값(가중치)만 서버로 보내 합치는 방식으로 원본 데이터 유출을 차단한다.

예방 윤리 (Preventive Ethics)

사고 직전의 선택보다 사고 자체를 원천적으로 차단하기 위해 회복 탄력적 시스템 설계, 안전 표준 구축 등에 집중하는 선제적 윤리관이다.

예측 가능한 오용 (Foreseeable Misuse)

사용자의 실수나 부주의, 엉뚱한 사용 방식까지 고려하여 제품을 안전하게 설계해야 한다는 공학적 책임 개념이다.

오탐지 (False Positive)

시스템이 위험하지 않은 상황을 위험한 것으로 잘못 인식하는 오류를 말한다. 우버 자율주행차 사망 사고 당시 시스템은 이러한 오탐지로 인한 급제동을 줄이기 위해 불확실한 물체에 대해 즉각 반응하지 않도록 설정되어 있었다.

오픈 루프 (Open Loop)

외국인 관광객이 별도의 교통카드를 구매하지 않고, 자신이 보유한 해외 신용카드(Visa, Master 등)로 대중교통 요금을 바로 결제할 수 있는 시스템이다.

옵트인 (Opt-in)

사용자가 명시적으로 동의해야만 데이터를 수집할 수 있는 방식으로, 유럽 GDPR 등에서 채택한 프라이버시 보호 중심의 동의 방식이다.

윤리 워싱 (Ethics Washing)

윤리적 가치를 비즈니스 모델에 내재화하지 않고, 기업의 이미지를 세탁하기 위해 나중에 덧붙이는 행위를 비판적으로 일컫는 용어이다.

윤리적 디자인 사고 (Ethical Design Thinking)

전통적인 디자인 사고 프로세스(공감, 문제 정의, 아이디어, 프로토타입, 테스트)의 각 단계에 윤리적 검토 지점을 의도적으로 포함한 방법론이다.

의도된 기능의 안전 (SOTIF)

시스템에 고장이 없더라도 센서의 성능 한계나 인공지능의 오판과 같이 의도된 기능의 부족으로 인해 발생할 수 있는 위험을 다루는 최신 안전 표준이다. ISO 21448이 대표적이다.

의무론 (Deontology)

칸트가 대표하는 윤리 이론으로, 행위의 결과보다는 그 행위를 이끄는 동기와 원칙 자체에 초점을 맞춘다. 보편적 입법의 원리가 될 수 있는 준칙에 따라 행동할 것을 강조하며, 결과가 아무리 좋을지라도 무고한 한 사람을 수단으로 삼아 희생시키는 행위 자체는 도덕적 법칙에 어긋난다고 본다.

이동의 자유 (Freedom of Mobility)

신체적 제약 없이 누구나 자유롭게 이동할 수 있는 모빌리티 솔루션을 통해 이동권을 보편적 권리로 확장하는 개념이다.

중복 설계 (Redundancy)

어떠한 돌발 상황에서도 단일 실패점(Single Point of Failure)으로 인해 시스템 전체가 붕괴하는 것을 방지하기 위한 핵심 전략이다. 센서나 컴퓨터 등 주요 장치에 이중, 삼중의 안전

장치를 마련하여, 일부 시스템이 고장 나도 안전을 유지하도록 하는 설계 방식이다.

인산철 배터리 (LFP, Lithium Iron Phosphate)

리튬, 인산, 철을 사용하는 배터리로, 코발트와 니켈을 쓰지 않아 가격이 저렴하고 화재 위험이 낮으며 수명이 길다는 장점이 있다.

임의 설정 장치 (Defeat Device)

폭스바겐 디젤게이트 사례에서 사용된 소프트웨어로, 차량이 배출가스 검사를 받는 조건에서는 저감 장치를 최대 가동하고, 실제 도로 주행 시에는 작동을 중단시키도록 설계된 조작 장치이다.

임팩트 비즈니스 (Impact Business)

시장의 원리를 활용하여 지속 가능한 수익을 창출하면서 동시에 사회적 문제를 해결하는 기업 활동을 말한다.

자기 인증 (Self-Certification)

미국이 채택한 규제 방식으로, 정부의 사전 승인 없이 제조사가 스스로 연방 안전 기준 준수 여부를 인증하여 차량을 출시하되, 결함 발생 시 막대한 법적 책임을 지는 제도이다.

자동화 안주 (Automation Complacency)

시스템이 잘 작동할수록 인간이 긴장을 풀고 스마트폰을 보거나 딴생각을 하게 되는 과도한 신뢰 현상을 뜻한다.

자율주행 레벨 (SAE Levels)

미국 자동차공학회(SAE)가 정의한 자율주행 기술의 6단계(레벨 0~5) 분류 기준이다. 시스템의 개입 정도와 운전의 주체, 비상시 책임 소재 등을 규정하며, 현재 기술은 조건부 자율주행인 레벨 3과 고도 자율주행인 레벨 4의 경계에 있다.

적대적 공격 (Adversarial Attack)

해커가 알고리즘이나 센서 데이터를 조작하여 자율주행차가 편향된 판단을 내리게 하거나, 특정 대상을 인식하지 못하도록 만드는 공격이다.

전고체 배터리 (Solid-State Battery)

배터리 내부의 액체 전해질을 고체로 대체한 차세대 배터리이다. 화재 및 폭발 위험이 원천적으로 차단되고 에너지 밀도를 획기적으로 높일 수 있어 차세대 전기차의 핵심기술로 주목받고 있으나, 높은 양산 비용이 과제다.

전문가의 공적 책임 (Professional Responsibility to the Public)

전문가가 고용주나 고객의 이익을 넘어 공공의 복지와 안전을 최우선으로 고려해야 하는 윤리적 의무를 뜻한다. 특히 엔지니어나 의사 등 전문직 종사자에게 요구되는 사회적 책무를 의미한다.

정언명령 (Categorical Imperative)

칸트 의무론의 핵심 개념으로, "네 행위의 준칙이 언제나 동시에 보편적 입법의 원리가 될 수 있도록 행위하라"는 절대적 도덕 명령을 의미한다.

정의로운 전환 (Just Transition)

기술이나 기후 변화로 인한 산업 전환 과정에서 노동자가 일방적으로 희생되지 않고, 재교육이나 전직 지원 등을 통해 사회적 충격을 최소화해야 한다는 개념이다.

제어권 전환 (Handover)

레벨 3 자율주행에서 시스템이 상황을 해결할 수 없을 때 운전자에게 운전대를 넘기는 과정을 말한다. 운전자가 딴짓하다가 갑작스럽게 운전에 복귀해야 하는 위험성 때문에, 일부 기업은 이 단계를 건너뛰고 레벨 4로 직행하는 전략을 취하기도 한다.

조건부 지속가능성 (Conditional Sustainability)

전기차의 친환경성은 절대적인 것이 아니라 전력 생산 방식, 공급망 윤리, 재활용 체계 등 여러 조건이 충족되어야만 달성된다는 개념이다.

주의 의무 (Duty of Care)

자율주행 사용자가 시스템의 한계를 명확히 인지하고, 비상 상황 시 언제든 운전에 개입할 준비를 해야 한다는 책임을 말한다.

준식별자 (Quasi-identifier)

성별, 출생 연도처럼 그 자체로는 특정인을 지목할 수 없지만, 여러 정보가 결합하면 개인을 식별할 수 있는 데이터 조각들을 뜻한다.

중요도 지도 (Saliency Maps)

설명 가능한 AI(XAI)의 기법의 하나로, AI가 판단을 내릴 때 화면의 어느 부분을 중요하게 인식했는지를 히트맵 형태로 시각화하여 보여준다.

중용 (Golden Mean)

아리스토텔레스 덕 윤리의 핵심 개념으로, 양극단을 피하고 균형 잡힌 중간 지점을 찾는 것을 말한다.

지속가능한 발전 (Sustainable Development)

기술의 진보가 인간과 사회에 긍정적으로 기여할 수 있도록 기술 개발 단계부터 서비스 운영에 이르기까지 전 과정에 걸쳐 윤리적 가치를 내재화하려는 노력을 의미한다.

지오펜싱 (Geofencing)

지리적(Geographic) 울타리(Fencing)의 합성어로, 위성 항법 장치(GPS)를 이용해 구획된 가상의 경계를 의미한다. 레벨 4 자율주행차(로보택시)가 운행되는 특정 허가 구역을 설정하는 데 사용된다.

직접 리튬 추출 (DLE, Direct Lithium Extraction)

특수 필터나 이온 교환 수지를 이용해 염수에서 리튬만 추출하는 기술로, 물 소비를 줄이고 공정 시간을 획기적으로 단축한다.

차등 프라이버시 (Differential Privacy)

데이터에 의도적인 수학적 소음(Noise)을 섞어 개별 데이터의 진위는 알 수 없게 하되, 전체 집단의 통계적 특성은 정확하게 산출하는 기술이다.

차량-인프라 협력 (Vehicle-Infrastructure Cooperative)

중국이 추진하는 전략으로, 개별 차량뿐만 아니라 도로, 신호등, 통신망 등 인프라 전체를 지능화하여 차량과 연결함으로써 자율주행을 구현하는 국가 주도형 모델이다.

창조적 파괴 (Creative Destruction)

기술 혁신이 기존의 일자리를 소멸시키는 동시에 생산성 향상을 통해 새로운 산업과 더 많은 일자리를 창출하는 현상을 뜻한다.

책임의 공백 (Liability Vacuum)

모빌리티 산업 구조가 수직적 구조에서 수평적 네트워크로 변화함에 따라, 사고 발생 시 책임 소재가 불분명해지고 희석되어 피해자가 구제받기 어려워지는 상태를 말한다. 자율주행 시대에 책임의 소재가 명확한 개인에서 보이지 않는 분산된 네트워크로 이동하면서 발생하는 낯설고 위험한 영역을 의미한다.

촉각 디스플레이 (Tactile Display)

텍스트뿐만 아니라 그림, 그래프, 지도 등의 시각적 정보를 수천 개의 핀을 이용해 촉각 정보로 변환하여 시각장애인에게 전달하는 기기이다.

추적성 (Traceability)

센서 모듈의 생산 날짜, 칩 제조 번호, 소프트웨어 버전 등 모든 이력을 기록하여 사고 원인 규명을 가능하게 하는 개념이다.

칼만 필터 (Kalman Filter)

서로 다른 센서가 보내오는 정보를 실시간으로 비교하고 융합하기 위해 사용하는 수학적 알고리즘이다.

켄타우로스 전략 (Centaur Strategy)

완전자동화를 고집하는 대신, 인간의 유연성과 AI의 효율성을 결합하여 최상의 성과를 내는 인간-AI 협업 비즈니스 모델이다.

키오스크 포비아 (Kiosk Phobia)

무인 단말기(키오스크) 조작의 어려움과 뒷사람의 눈치 등으로 인해 고령층이 기기 이용에 대해 느끼는 심리적 공포와 부담감을 뜻한다.

타다 금지법

2020년 통과된 여객자동차 운수사업법 개정안을 일컫는 말로, 타다의 기존 렌터카 기반 영업 방식을 불법으로 규정하는 대신 플랫폼 운송사업이라는 새로운 제도를 신설한 법안이다.

탄소 부채 (Carbon Debt)

전기차가 배터리 생산 등 제조 단계에서 내연기관차보다 더 많은 탄소를 배출하여, 주행을 시작하기도 전에 환경적 부담을 안고 있는 현상을 말한다.

텔레오퍼레이션 (Teleoperation)

자율주행차가 해결하기 힘든 돌발 상황에 직면했을 때, 원격 관제 센터의 인간 운영자가 개입하여 차량을 제어하는 원격 지원 기술이다.

트롤리 문제 (Trolley Problem)

브레이크가 고장 난 전차가 달릴 때 5명을 살리기 위해 1명을 희생할 것인지 묻는 사고실험으로, 자율주행차가 마주할 피할 수 없는 사고 상황에서의 가치 판단 문제를 상징한다.

파괴적 혁신 (Disruptive Innovation)

기존 산업의 질서를 급격하게 무너뜨리며 새로운 가치를 창출하는 혁신 방식이나, 한국 모빌리티 시장에서는 사회적 갈등을 유발할 위험이 있어 신중한 접근이 요구된다.

페일 오퍼레이셔널 (Fail-operational)

시스템 고장이 발생하더라도 보조 컴퓨터가 즉시 권한을 이어받아 주행 기능을 유지하도록 하는 이중화 설계 방식이다.

포용적 비즈니스 모델

창업 초기 단계부터 택시 업계나 지역 상권 등 기존 이해관계자를 존중하고, 그들과 이익을 공유할 수 있도록 설계된 사업 방식이다.

포용적 이동 (Inclusive Mobility)

기술 발전의 혜택에서 단 한 사람도 소외시키지 않고, 누구나 이동의 자유를 누릴 수 있도록 기술과 서비스가 설계되어야 한다는 개념이다.

포인트 클라우드 (Point Cloud)

라이다 센서가 수집한 수백만 개의 거리 데이터 점(Point)들의 집합이다. 이 점들이 모여 주변 환경의 형상을 정밀한 3차원 입체 지도로 시각화하며, 도로의 연석이나 보행자의 동작까지 파악할 수 있게 해 준다.

프라이버시 영양 성분표 (Privacy Nutrition Label)

식품의 영양 성분표처럼 데이터 수집 항목, 목적, 공유 여부 등을 사용자가 알기 쉽게 라벨 형태로 표시하는 것이다.

프라이버시-편의성 상충 (Privacy-Utility Trade-off)

자동차가 똑똑해질수록 사용자는 편리함이라는 혜택을 누리는 대신 프라이버시라는 비용을 내야 하는 역설적 상황을 말한다.

플랫폼 운송사업

플랫폼 기업이 매출의 일정 비율을 기여금으로 내고 차량 총량 규제를 받는 조건에 합법적으로 운송사업을 영위할 수 있도록 허용한 제도이다.

플렉시큐리티 (Flexicurity)

기업에는 고용의 유연성(Flexibility)을 보장하고, 노동자에게는 튼튼한 사회적 안전망(Security)을 제공하여 소득과 고용 가능성을 동시에 지키는 덴마크식 모델이다.

플릿 매니저 (Fleet Manager)

수백, 수천 대의 자율주행차 차량 군(Fleet)의 위치, 상태, 수요 등을 분석하여 차량을 적재적소에 배치하고 효율적으로 관리하는 임무를 수행한다.

합성 연료 (E-Fuel)

포집한 이산화탄소와 그린 수소를 결합해 만든 인공 액체 연료로, 기존 내연기관 엔진을 그대로 사용할 수 있다는 장점이 있다.

해석 가능성 (Interpretability)

AI가 내린 판단의 근거를 설명할 수 있는 능력으로, 채용이나 의료 등 고위험 영역에서 필수적으로 요구되는 요소이다.

현지화 (Localization)

글로벌 시장 진출 시 각국의 문화와 규제를 존중하여 기업 활동을 해당 지역의 특성에 맞게 적응시키는 전략으로, 기업 생존을 위한 필수 조건이다.

형식 승인 (Type Approval)

EU가 채택한 규제 방식으로, 차량이 시장에 출시되기 전에 정부가 지정한 인증기관으로부터 엄격한 테스트를 거쳐 안전성을 사전에 입증받아야 하는 제도이다.

회복 탄력적 설계 (Resilient Design)

단일 장애 지점을 없애기 위해 센서나 컴퓨터 등 주요 장치에 이중, 삼중의 안전장치(Redundancy)를 마련하여, 일부 시스템이 고장 나도 안전을 유지하도록 하는 설계 방식이다.

회생 제동 (Regenerative Braking)

감속 시 모터를 발전기로 사용하여 운동 에너지를 전기로 회수하는 기능으로, 브레이크 패드 사용량을 줄여 미세먼지 발생을 감소시킨다.

횡적 이동 (Lateral Movement)

해커가 외부와 연결된 인포테인먼트 시스템을 먼저 장악한 후, 게이트웨이를 통과하여 보안이 중요한 차량 제어 영역으로 침투 경로를 확장하는 기법이다.

ASIL (Automotive Safety Integrity Level)

ISO 26262에서 위험의 크기에 따라 매기는 등급으로, A(최저)에서 D(최고)까지 분류되며 D등급은 생명과 직결되는 가장 높은 위험을 뜻한다.

C-V2X (Cellular Vehicle-to-Everything)

이동통신 기술(LTE/5G)을 기반으로 하여 차량 간, 차량과 인프라 간 정보를 교환하는 통신 기술로, 긴 통신 거리와 고속 데이터 전송이 장점이며 현재 글로벌 표준 전쟁에서 우위를 점하고 있다.

CAN (Controller Area Network) 통신

1980년대에 개발되어 현재까지 쓰이는 차량 내부 통신 표준으로, 신뢰성은 높으나 암호화와 인증 절차가 없어 해킹에 취약한 구조적 한계를 지닌다.

CNN (Convolutional Neural Network)

합성곱 신경망. 인간의 시각 피질 구조를 모방한 딥러닝 모델로, 자율주행의 '인지' 단계에서 핵심적인 역할을 한다. 이미지 데이터에서 선, 형태, 객체 등의 특징을 단계적으로 추출하여 카메라가 본 물체가 자동차인지, 사람인지 등을 식별한다.

ESG

환경(Environmental), 사회(Social), 지배구조(Governance)의 약자로, 최근 투자 시장의 핵심 키워드이다. 모빌리티 분야에서는 단순한 규제 준수를 넘어 혁신과 가치 창출을 위한 전략적 프레임워크로 활용된다.

FMEA (Failure Mode and Effects Analysis)

제품을 구성하는 모든 부품에 대해 고장 가능성과 그 고장이 시스템 전체에 미치는 영향을 체계적으로 따져보는 공학 방법론이다.

ISO 21448 (SOTIF)

'의도된 기능의 안전성'을 다루는 표준으로, 하드웨어 고장이 없는 상태에서도 발생할 수 있는 AI의 인지 오류나 예측 불가능한 외부 환경에 대한 대응력을 검증한다.

ISO 26262

자동차 전자 장치가 고장 났을 때 사고로 이어지지 않도록 개발 절차와 요구사항을 규정한 국제 기능 안전 표준이다.

ISO/SAE 21434

자동차의 기획부터 개발, 생산, 폐기에 이르는 전체 수명 주기 동안 제조사가 준수해야 할 사이버 보안 엔지니어링 절차를 규정한 국제 표준이다.

K-익명성 (k-anonymity)

데이터를 뭉뚱그려(일반화) 같은 속성을 가진 데이터가 최소 K개 이상 존재하도록 만듦으로써 개인을 특정할 수 없게 하는 프라이버시 보존 기술이다.

LCA (Life Cycle Assessment)

전 과정 평가. 제품의 탄생부터 소멸까지 환경에 미치는 총체적인 부담을 정량화하는 국제 표준 방법론으로, 기술의 진정한 지속가능성을 평가하는 도구이다.

LTV (Life Time Value)

차량 생애주기 이익. 차량의 도입부터 운영, 매각에 이르기까지 전체 생애주기에서 발생하는 이익을 극대화하여 수익성을 높이는 경영전략 지표이다.

MaaS (Mobility as a Service)

서비스형 모빌리티. 자동차를 소유의 대상이 아닌 서비스로 접근하는 개념이다. 다양한 교통수단을 하나의 플랫폼에서 통합하여 사용자에게 끊김 없는 이동 경험을 제공하는 것을 목표로 한다.

MCDM (Multi-Criteria Decision Making)

다기준 의사결정 모델. 단순히 경제적 효율성만을 따지는 비용-편익 분석을 넘어 안전성, 환경 영향, 사회적 형평성 등 다양한 가치를 종합적으로 고려하는 의사결정 방식이다.

MPC (Model Predictive Control)

모델 예측 제어. 현재 상태에서 미래의 차량 움직임을 물리 모델을 통해 미리 시뮬레이션하여 최적의 제어를 수행하는 기술이다. 단순히 현재의 오차를 줄이는 PID 제어와 달리, 미래 상태를 예측하고 선제적으로 대응하므로 승차감과 안전성을 높여주지만 높은 연산 능력이 요구된다.

MRC (Minimal Risk Condition)

최소 위험 상태. 시스템이 고장 나거나 운전자가 제어권을 넘겨받지 못할 때 차량 스스로 안전을 확보하는 능력으로, 단순히 정지하는 것을 넘어 충돌 위험을 줄이는 능동적 조치를 포함한다.

NCM 배터리

삼원계 배터리. 니켈, 코발트, 망간을 주원료로 하는 삼원계 배터리로, 에너지 밀도가 높아 장거리 주행에 유리하지만 원료 채굴 과정의 윤리적 문제가 크다.

NEE (Non-Exhaust Emissions)

비배기 배출. 배기관 배기가스가 아니라 타이어 마모, 브레이크 패드 마모, 도로 재비산 먼지 등에서 발생하는 미세먼지를 의미한다.

OTA (Over-the-Air)

무선 업데이트. 서비스센터 방문 없이 무선 통신을 통해 차량의 소프트웨어를 업데이트하는 기술이다. 이를 통해 차량의 성능을 개선하거나 새로운 기능을 추가하고, 리콜 문제를 해결할 수 있어 자동차 비즈니스 모델을 제조업에서 서비스업으로 변화시키는 핵심 기술이다.

PBV (Purpose Built Vehicle)

목적 기반 모빌리티. 물류나 교통 약자 이동 지원 등 특정 목적에 맞춰 설계 단계부터 실내 공간과 기능을 최적화한 차량이다.

RNN (Recurrent Neural Network)

순환 신경망. 시간의 흐름에 따른 데이터의 패턴을 기억하고 분석하는 데 특화된 인공지능 모델이다. 자율주행 시스템의 '예측' 단계에서 사용되며, 주변 차량의 과거 움직임 데이터를 분석하여 미래의 경로와 의도를 추론하는 역할을 한다.

S 커브 (S-Curve)

기술 도입 초기에는 서서히 증가하다가 임계점을 넘으면 폭발적으로 확산되고, 시장이 포화되면 다시 완만해지는 기술 수용 곡선을 의미한다.

SAE J3016

미국 자동차공학회(SAE)가 제정한 자율주행 기술 단계 분류 표준으로, 비자동화인 레벨 0부터 완전자동화인 레벨 5까지 총 6단계로 기술 수준을 명확히 정의한다.

SBOM (Software Bill of Materials)

소프트웨어 자재 명세서. 복잡한 소프트웨어 공급망 리스크를 관리하기 위해, 소프트웨어를 구성하는 모든 컴포넌트의 이름, 버전, 라이선스 정보 등을 상세히 기록한 디지털 성분표이다.

SDV (Software Defined Vehicle)

소프트웨어로 정의된 차량. 하드웨어가 아닌 소프트웨어가 차량의 주행 성능, 편의 기능, 안전 사양 등을 결정하고 제어하는 자동차를 의미한다. 중앙 집중형 아키텍처를 기반으로 스마트폰처럼 지속적인 업데이트를 통해 기능이 발전하고 진화하는 것이 특징이다.

TARA (Threat Analysis and Risk Assessment)

설계 단계에서 해커의 관점으로 시스템의 위협을 식별하고 위험을 평가하여, 적절한 보안 대책을 수립했음을 증명하는 분석 도구이다.

TBT (Technical Barriers to Trade)

기술적 무역 장벽. 국가마다 다른 기술 표준이나 인증 절차가 존재하여, 결과적으로 혁신 기술의 글로벌 확산을 저해하고 기업에 비용 부담을 주어 무역을 가로막는 장애 요인으로 작용하는 현상이다.

UBI (Usage-Based Insurance)

사용량 기반 보험. 급가속, 급제동 등 운전자의 실제 주행 습관 데이터를 분석하여 안전 운전자에게 보험료를 할인해 주는 맞춤형 보험 상품이다.

UN R155

유럽경제위원회가 제정한 규정으로, 자동차 제조사가 체계적인 사이버 보안 관리 시스템(CSMS)을 갖추었음을 증명하지 못하면 차량 판매 승인을 거부하는 법적 의무 사항이다.

V-모델 (V-Model)

설계 단계와 검증 단계가 거울처럼 대칭을 이루는 소프트웨어 개발 프로세스로, 코드를 작성하기 전부터 테스트 방법을 고민하게 만든다.

V2X (Vehicle-to-Everything)

자동차가 유무선 통신망을 통해 다른 차량(V2V), 인프라(V2I), 보행자 등 주변의 모든 사물과 정보를 교환하는 기술이다. 센서의 시야 밖 사각지대 정보를 공유하여 돌발 상황에 대처하고 자율주행의 안전성을 획기적으로 높인다.

VSL (Value of Statistical Life)
통계적 생명 가치. 사회 전체적으로 사망 위험을 일정 수준 낮추기 위해 사람들이 기꺼이 낼 용의가 있는 금액을 역산한 개념이다.

VSOC (Vehicle Security Operations Center)
차량 보안 관제 센터. 주행 중인 차량으로부터 수집된 보안 로그를 실시간으로 분석하여 해킹 징후를 탐지하고, 대응 패치를 배포하는 차량의 디지털 면역 시스템이다.

WAV (Wheelchair Accessible Vehicle)
휠체어 사용자가 리프트나 슬로프를 이용해 탑승할 수 있도록 특수 제작되거나 개조된 차량을 의미한다.

WEIRD 편향
AI 개발을 주도하는 연구자들이 대부분 서구의(Western), 교육받은(Educated), 산업화된(Industrialized), 부유하고(Rich), 민주적인(Democratic) 배경을 가지고 있어, 이들의 문화적 특성이 보편적 상식으로 알고리즘에 반영되는 문제를 일컫는다.

XAI (Explainable AI)
설명 가능한 AI. 딥러닝 기반 AI의 판단 과정을 블랙박스처럼 모르는 상태가 아니라, 인간이 이해할 수 있는 형태로 근거를 제시해 주는 기술이다. 복잡한 AI의 내부 작동 원리와 판단 근거를 인간이 이해할 수 있는 언어나 시각 자료(히트맵 등)로 번역해 준다.

YOLO (You Only Look Once)
이미지를 한 번만 훑어보고(Look Once) 물체의 종류와 위치를 실시간으로 파악하는 고속 객체 검출 알고리즘이다. 연산 속도가 매우 빨라 고속 주행 중인 자율주행차가 주변 상황을 지연 없이 인식하는 데 활용된다.